Contrats

sacrés

Contrats sacrés

Caroline Myss

Ariane Éditions Inc.

Titre original anglais :
Sacred Contracts
Copyright © 2001
par Caroline Myss

Publié par arrangements avec :
Harmony Books, une division de Random House, Inc.

"The Trial by Existence" de THE POETRY OF ROBERT FROST par Edward
Connery Lathem. Copyright 1934, 1969 by Henry Holt and Company. © 1962 by
Robert Frost. Publié avec la permission de Henry Holt and Company, LLC.

© 2002 Ariane Éditions inc.
1209, av. Bernard O., bureau 110, Outremont, Qc, Canada H2V 1V7
Téléphone : (514) 276-2949, télécopieur : (514) 276-4121
Courrier électronique : info@ariane.qc.ca
Site Internet : ariane.qc.ca
Tous droits réservés

Traduction : Michel St-Germain
Révision linguistique : Anne-Marie Deraspe, Michèle Bachand
Graphisme : Carl Lemyre
Mise en page : Bergeron communications graphiques

ISBN : 2-920987-65-8
Dépôt légal : 3e trimestre 2002
Bibliothèque nationale du Québec
Bibliothèque nationale du Canada
Bibliothèque nationale de Paris

Diffusion
Québec : ADA Diffusion – (450) 929-0296
Site Web : www.ada-inc.com
France : D.G. Diffusion – 05.61.000.999
Belgique : Vander Éditions et Diffusion – 32.2.761.1212
Suisse : Transat – 23.42.77.40

Imprimé au Canada

À mon père et à mon frère Joseph,
ma famille céleste

Table des matières

Remerciements

Je n'aurais pu écrire ce livre sans le fidèle appui de Peter Occhiogrosso. Auteur admirable, encyclopédie vivante des religions du monde, Peter m'a épaulée sur le plan de l'écriture et du contenu. Pour consolider ces quinze années de recherches en un outil archétypal de travail sur soi, il me fallait un complice comme Peter. Sa collaboration constante et amicale m'a nourrie, sur le plan spirituel, à chaque étape de la mise au monde de ce livre. Je ne pourrai jamais l'en remercier suffisamment.

Ma chère amie et rédactrice si talentueuse, Leslie Meredith, m'a guidée par son génie, son intuition et son éternel crayon à mine de plomb. Je n'ai jamais connu personne qui soit aussi doué pour personnifier la vision d'un autre, et aucun don n'est plus généreux. Leslie maîtrise la « fermeté affectueuse » en édition, et toutes les facettes de son talent m'ont servie dans la conception et la rédaction de tous mes livres, surtout celui-ci, qui n'aurait pu être écrit sans elle. Elle incarne l'un des Contrats sacrés les plus chers que le Ciel m'ait accordés.

Je déborde de gratitude envers mon agent Ned Leavitt, qui défend mon travail depuis de longues années. Je remercie également Linda Loewenthal, directrice éditoriale, et l'éditeur Chip Gibson, pour leur foi constante en ce projet. À Clarissa Pinkola Estés, ma très chère *madrina*, mon amour et mes remerciements pour sa fidèle disponibilité au téléphone, son cœur immense, ardent et attentif, ainsi que ses généreuses perles de sagesse et d'encouragement. Mon amour et mon estime envers Donald Meshirer sont incommensurables. Son affection et sa loyauté m'ont tirée de tous les écueils de ce projet. Mon tendresse et ma reconnaissance envers ma vieille amie Penny Simon, l'une des publicitaires les plus dévouées qu'un auteur puisse compter dans son équipe.

Le docteur C. Norman Shealy est mon collaborateur et ami intime depuis dix-sept ans. Il m'a permis de perfectionner mon talent en médecine intuitive et, depuis neuf ans, il enseigne avec moi. L'apport de Norm à ce livre est indescriptible. Son zèle envers la fructification des Contrats sacrés m'a servi de seconde épine dorsale. Il a fourni à ce livre sa propre intuition et son génie naturel de l'idéation. Son dévouement et son indéfectible énergie d'enseignant ont inspiré des milliers de participants à approfondir leurs Contrats sacrés. C'est mon seul et unique compagnon de créativité. Mon Contrat avec lui dépasse largement cette vie.

Tant de gens méritent ma gratitude ! Ma très chère amie, Mary Neville, m'a appuyée à chaque étape de ma vie professionnelle. Son soutien amical et ses astuces du métier m'inspirent continuellement. Ma gratitude envers elle est inexprimable. À Judy Haskett, mon assistante en tout, j'exprime ma profonde reconnaissance et mon affection. À David Smith, mon associé et sage ami, mes remerciements sans fin pour avoir prêté son génie créateur à mes entreprises. Et à ma cousine Colleen Daley, qui a conçu les magnifiques illustrations de ce livre : merci, cousine.

La liste d'amis qui m'ont prodigué leur aide est vraiment longue. Je remercie surtout Jim Curtan, que j'ai consulté pour l'identification des archétypes cinématographiques. Son expérience d'impresario m'a été d'un apport inestimable. Mes remerciements à Lynn Bell et à Chandra Sammons pour m'avoir aidée dans mes recherches sur les contes de fées et les mythes. Je veux aussi remercier Ron Roth et Paul Funfsinn pour la grâce qu'ils ont apportée à ma vie et à mon travail. À Michael Gluck, tout mon amour pour ta compagnie attachante et ton constant témoignage d'amour inconditionnel et d'optimisme. J'éprouve pour toi une reconnaissance remplie de tendresse. Et à mon cher ami Peter Shaw, mon attachement et ma gratitude pour avoir généreusement soutenu pendant des années mon travail et notre amitié.

Mais surtout, je veux remercier ma famille, en particulier ma mère, mon frère Ed et ma belle-sœur Amy, de même que mes nièces, Rachel et Sarah, et mon neveu Eddie, dont la dévotion et l'amour m'ont aidée au jour le jour. Ils incarnent la générosité du Ciel à mon égard.

Finalement, j'aimerais remercier tous les gens qui ont nourri ces pages du récit de leur vie, en particulier Mickey Magic. Leurs périples constituent l'ossature de ce texte. Ce livre n'aurait jamais pu être écrit sans l'aide de ces individus qui ont si généreusement partagé leurs douleurs et leurs triomphes.

Une appréciation

J e travaille avec Caroline depuis que j'ai fait sa connaissance, il y a presque deux décennies. À l'époque, j'étais particulièrement impressionné par sa conviction que nous avons tous un Contrat sacré : celui d'apprendre à utiliser le pouvoir avec sagesse, amour et responsabilité. Lorsque Caroline commença à élaborer ce concept au cours de nos ateliers et en vue de ce livre, elle percevait l'énergie sous forme d'archétypes. Peu à peu, elle comprit que les archétypes sont les forces qui nous permettent d'apprendre l'usage du pouvoir.

On attribue généralement à Carl Jung l'introduction des archétypes dans le monde moderne, bien que la notion ait été suggérée à l'origine par Platon. C'est Jung qui présenta le concept d'inconscient collectif, somme éternelle des expériences acquises par l'espèce humaine au cours de l'histoire. Celles-ci apparaissent à toutes les époques et sous toutes les latitudes, mais aussi dans les rêves, les fantasmes, les visions et les idées des individus[1]. En énonçant ces concepts déterminants, Jung décrivit un nombre plutôt limité d'archétypes. Il ne développa que l'Ombre, le Vieux Sage, l'Enfant et l'Enfant Héros, la Mère (Primordiale et Terre), la Jeune Fille Anima (le Modèle féminin), l'Animus (le Modèle masculin). Ils prennent, disait-il, une foule de variantes et évoluent constamment. Ils sont fluides et l'on ne peut les classer de façon rigoureuse. Selon Jung, c'est sur les archétypes que se fondent notre personnalité, nos désirs, nos sentiments, nos croyances, nos motivations et nos actions.

---

[1] Carl Gustav Jung, *The Structure and Dynamics of the Psyche* (*Collected Works of C. G. Jung, Volume 8*), édité et traduit par G. Adler et R. F. C. Hull, Princeton, N.J. , Princeton University Press, 1970.

Jung précisait avec insistance qu'il ne présentait qu'une « introduction » à la compréhension des archétypes et que d'autres prolongeraient ce travail. En effet, de nombreux auteurs, psychologues et philosophes, ont décrit les archétypes d'une façon évocatrice, précise et pénétrante. Jusqu'à présent, toutefois, il n'existait ni tableau cohérent, ni mode d'emploi détaillé de la psychologie archétypale. Avec *Contrats sacrés*, Caroline Myss approfondit remarquablement et différemment notre compréhension et notre usage des archétypes. Elle fait véritablement passer au XXIe siècle tout le champ de la psychologie et des archétypes.

Il y a huit ans, pendant trois jours, j'ai eu le privilège unique de travailler avec Caroline à développer mes propres cartes archétypales : ce livre vous en apprendra le processus. Pendant trois journées entières, nous avons analysé non seulement mes douze archétypes de base, mais aussi leur mouvement et leur interaction à trois étapes de ma vie. Au bout de ces trois jours, j'étais complètement transformé : comme si j'avais été démonté, d'une manière douce et aimante, une cellule à la fois, puis remonté. Dans les six mois qui ont suivi cette expérience, j'ai eu ce qu'on appelle une expérience de kundalini, et les rêves archétypaux les plus vivants et les plus forts que je n'aie jamais faits. L'intégration se poursuit de façon périodique.

Peu après, lorsque nous avons présenté ce système à notre première classe d'étudiants, j'ai affirmé croire que les Contrats sacrés deviendraient un puissant outil diagnostique et thérapeutique. Ma confiance et ma conviction à l'égard de ce système ont été constamment renforcées par notre travail auprès de centaines d'étudiants. Dans *Contrats sacrés*, vous explorerez vos relations archétypales avec votre carrière, vos finances ; votre usage du pouvoir en général avec la justice humaine et avec la justice divine, avec l'abandon, la maladie, la famille, la sexualité, la créativité, les relations, la mort et la persécution. Vous réfléchirez à la signification des énergies archétypales ainsi qu'à leur influence sur les douze catégories qui englobent tous les aspects de la vie humaine. Les révélations des archétypes favoriseront également votre développement spirituel pour vous mener à la réalisation de votre potentiel divin. En définitive, un archétype n'est qu'une expression particulière d'un seul et unique modèle énergétique universel, qui est notre lien au Divin. La force du système des Contrats sacrés de Caroline Myss se trouve maintenant à votre disposition. Je suis certain que l'exploration de votre essence au moyen de cet outil spirituel inégalé sera aussi agréable et aussi durable que fut la mienne. Merci, Caroline !

– DR C. NORMAN SHEALY, PH.D., *professeur de médecine énergétique, Holos University Graduate Seminary ; président fondateur, Americana Holistic Medical Association ; président, Holos Institutes of Health, Inc.*

Extrait de « The Trial by Existence » de Robert Frost

Et du haut d'une falaise est proclamé
Le rassemblement des âmes pour la naissance,
Le procès par l'existence nommé,
L'obscurité sur la terre...

Et les plus flâneuses reviennent
Voir une fois de plus le sacrifice
De celles qui par discernement
Seront heureuses de céder le paradis...

Et aucune n'est prise qui ne consent,
Ayant d'abord entendu lire la vie
Qui s'ouvre du côté de la terre, bonne et mauvaise,
Sans l'ombre d'un doute...

Il n'y a pas non plus de volonté dans la foule,
D'esprit qui s'avance simplement,
Héroïque dans sa nudité,
Perdu aux confins de la terre...

Mais toujours, Dieu parle à la fin :
« Dans la souffrance atroce de la lutte,
Les plus braves auraient une pensée pour un ami,
La souvenance d'avoir choisi sa vie ;
Mais le sort absolu vers lequel vous vous dirigez
N'admet nul souvenir d'un choix,
Sinon, le malheur ne serait pas un malheur terrestre
Auquel vous avez donné votre consentement. »

Il faut donc refaire ce choix,
Mais à la fin, c'est toujours le même ;
Et la crainte dépasse alors l'émerveillement,
Et un silence étouffe toute acclamation.

Et Dieu a pris la fleur d'or
Et l'a coupée, puis a utilisé par la suite
Le lien mystique pour greffer
L'esprit à la matière jusqu'à ce que la mort vienne.

Voilà donc l'essence de la vie ici-bas,
Bien que nous ayons largement le choix, il nous manque
    toutefois
Le souvenir durable et clair
Que cette vie a pour nous, tourmentés,
De ce que nous choisissons ;
Nous voilà ainsi tout à fait dépouillés d'orgueil
Dans la douleur qui n'a qu'une conclusion :
La supporter, écrasé et mystifié.

Introduction

Selon la sagesse ancienne du monde, nous pouvons consciemment nous unir au divin par cette incarnation ; car cet homme naîtra dans la réalité. S'il rate sa destinée, la Nature n'est pas pressée ; un jour, elle le rattrapera et l'obligera à accomplir sa secrète raison d'être.

SARVEPALLI RADHAKRISHNAN
Président de l'Inde, 1962-67

Nous voulons tous connaître notre raison d'être. Quelle est donc notre mission ? Les initiés sont faciles à repérer : leur vie rayonne de sens. Comme ils perçoivent le dessein de leur vie, ils ont la force d'en traverser les périodes difficiles autant que d'en apprécier les meilleures. Mais bien des gens n'en ont pas d'idée précise, ou ignorent tout à fait leur raison d'être.

Depuis que je pratique l'intuition médicale (c'est-à-dire la capacité de « lire » l'état psychologique de quelqu'un par l'intuition plutôt que par l'examen et le diagnostic physiques), on me demande souvent : « Pourquoi suis-je malade, et comment guérir ? » Encore plus souvent et avec plus d'insistance, on me demande : « Pourquoi suis-je ici ? Quelle est ma véritable raison d'être ? Que faire de ma vie ? » En un sens, ce manque de direction et de compréhension de soi constitue un problème de santé, car il peut engendrer diverses formes de stress émotionnel, comme la dépression, la fatigue et l'anxiété. Lorsque ces tensions et ces émotions négatives s'installent, elles peuvent engendrer la maladie. La connaissance de votre mission n'est pas qu'une aspiration de l'esprit : elle est également essentielle à votre corps et à votre âme.

Une vie confuse et dépourvue d'orientation peut entraîner d'autres conséquences. L'ignorance de votre mission peut avoir un effet destructeur sur vos relations. Comme le disait souvent le regretté Howard Thurman, théologien, mystique et professeur à

Harvard, nous devons nous poser deux questions : « La première est "Où vais-je ?" et la seconde, "Qui viendra avec moi ?" Si vous ne vous les posez pas dans cet ordre, vous aurez des difficultés[1]. »

Sans cette compréhension de soi, sans ce dessein, nous pouvons porter atteinte à notre entourage et nous faire du tort. Sans une idée claire du « tableau d'ensemble », nous ne pouvons réagir correctement aux événements et aux gens lorsque les choses vont mal. Un dénommé Philip me dit qu'il vivrait probablement encore un mariage heureux s'il avait mieux connu sa mission et son rôle dans la vie. Ses frustrations durèrent des années, et son mécontentement chronique fit tant de ravages que sa femme finit par le quitter. Même après son divorce, Philippe fut incapable d'effectuer les changements nécessaires dans sa vie et sa carrière. « L'ennui, en ce qui concerne le changement, me dit Philip, c'est qu'il ne suffit pas de changer une chose. Une fois le processus entamé, on ne peut l'arrêter. »

Il a raison, bien sûr, mais comme l'a dit un jour le célèbre psychologue jungien James Hillman : « Il faut abandonner la vie qu'on a pour arriver à celle qui nous attend. » Si Philip avait vu où il s'en allait, il aurait pu agir de manière plus appropriée. Il n'aurait pas été si égocentrique, et sa femme et lui s'en seraient tous deux trouvés mieux. Mais il n'a pas pu réformer sa vie.

Après avoir, pendant plus de dix-sept ans, aidé des gens à trouver et à utiliser leur boussole intérieure, j'en conclus que cette absence d'orientation spirituelle et émotionnelle est endémique. En plus de représenter un problème personnel pour bien des gens, c'est aussi une préoccupation mondiale : d'un point de vue cosmico-pratique, à quoi sert à l'univers une planète remplie d'âmes qui n'ont pas la moindre idée de leur raison d'être ni de leur mission ?

Lorsqu'on me demandait comment « se réapproprier sa propre existence » ou guérir ses blessures, comment trouver la bonne direction, je recommandais souvent la prière. Mais malgré toutes les qualités de cet exercice, j'ai cherché un autre chemin ou processus précis par lequel on puisse clarifier sa vie et trouver sa raison d'être. Personne ne peut tout prévoir, bien sûr, mais si nous pouvions envisager le sens symbolique de nos expériences, nous serions mieux préparés à affronter les inévitables changements et à nous y adapter. Au lieu de nous opposer à la transformation (tout en accumulant des cicatrices émotionnelles), nous pourrions choisir, voir les événements sous un jour différent, accepter les changements et profiter de notre vie.

Considérant l'importance personnelle et planétaire de la connaissance de notre mission, pourquoi est-elle si difficile à trouver ? Comment peut-on mieux la chercher et s'en informer ? Pourquoi certains la découvrent-ils facilement, tandis que d'autres peinent sur le moindre indice ? Comment nous en faire une idée ?

Chacun de nous a intérêt à connaître sa mission, car notre façon d'aborder les diverses circonstances de la vie améliorent ou compromettent notre santé. Comme je l'ai découvert après plus de huit mille lectures intuitives médicales au cours de ces dix-sept années, « notre biographie devient notre biologie » : c'est ce que j'écrivais dans *Anatomie de l'Esprit*. Autrement dit, les petits problèmes et les grands traumatismes s'installent et vivent dans notre corps, et affectent ou bloquent notre énergie. Il va sans dire que plus nous nous écartons de notre mission véritable, plus nos frustrations s'accumulent et plus notre énergie est déphasée.

Une fois informé de sa mission, on peut vivre de façon à tirer le meilleur parti de son énergie. Lorsqu'on s'accorde à son énergie, on exprime mieux son propre pouvoir. J'appelle cela vivre en accord avec son Contrat sacré.

Lors de mes lectures intuitives, j'aide des gens à exploiter plus consciemment leur énergie, en repérant les traumatismes ou autres événements de leur vie qui sont restés dans leur champ énergétique. Lorsque je ramène ces souvenirs à leur conscience, ils voient souvent comment ils ont perdu leur énergie ou leur pouvoir en s'identifiant à l'excès à ces blessures ou à ces expériences. En identifiant ces « fuites d'énergie », ils peuvent regagner leur âme. Même si ce rappel est parfois utile, la plupart des gens n'ont pas besoin de mon aide pour se souvenir de ces expériences majeures. Mais là où je crois avoir vraiment aidé certains, c'est dans l'identification et l'interprétation des schémas sous-jacents de pensées et de croyances qui affectent leurs souvenirs. Ces schémas sous-jacents portent les interprétations et les sens que vous assignez à vos expériences. Ces interprétations deviennent des souvenirs cellulaires et traînent la charge d'énergie émotionnelle qui affecte votre biographie et, par conséquent, votre biologie.

Lorsque vous vous rappelez, par exemple, avoir excellé en mathématiques à l'école, ce souvenir d'une réussite peut stimuler et inspirer votre corps et votre esprit. Mais si votre talent pour les mathématiques a provoqué du ressentiment ou du rejet de la part d'un entourage jaloux, il portera également une charge émotionnelle négative. Celle-ci peut s'attacher à tout succès subséquent, et vous commencez à associer la culpabilité à l'accomplissement. Supposons, par contre, que votre expérience de ces complications émotionnelles vous ait, en réalité, préparé à affronter des défis ultérieurs. Au lieu d'en vouloir à cet entourage jaloux, vous pouvez lui être reconnaissant d'avoir contribué à votre apprentissage de la vie. En percevant votre propre énergie, en prenant conscience de votre perspective sur votre monde, vous pouvez changer votre point de vue et votre vie.

En détectant une charge émotionnelle dans votre biographie, vous voyez comment les fragments rassemblés de votre histoire ont affecté votre passé, votre présent et votre état de santé. Cette perspective, c'est ce que j'appelle la *vision symbolique*. Entrevoir votre vie à larges traits et en zones de couleurs vives vous permet de redessiner votre conception de l'avenir et d'en interpréter plus clairement et plus consciemment les détails. La vue symbolique vous permet de retrouver votre énergie ou votre âme, pour guérir du point de vue émotionnel, spirituel et parfois même physique. La vision symbolique constituera une façon importante de travailler votre énergie lorsque vous ferez le point sur votre Contrat sacré.

En faisant la lecture symbolique de quelqu'un, je vois son énergie (dans toutes ses attributions) circuler autour de lui. Mais je la perçois simultanément, comme la somme unifiée de toutes ses parties, et comme une cellule unique reliée à une grande matrice énergétique. Pendant ces lectures, mes sujets deviennent des hologrammes humains. Leur schéma énergétique général se reflète dans chacune de leurs cellules, tout comme chacune de nos âmes bourdonne activement pour former une sorte d'âme planétaire qui englobe toute la vie terrestre. Nos paroles, pensées, actions et visions influencent notre santé individuelle et celle de notre entourage. Parcelles essentielles d'une Âme universelle, nous avons tous été placés sur la terre pour remplir un Contrat sacré qui améliore notre croissance spirituelle personnelle tout en contribuant à l'évolution de la grande âme mondiale.

Notre mission de vie, ou Contrat, ne peut se définir ni se mesurer uniquement à l'aune de notre vie extérieure. Notre raison d'être ne se limite pas à notre carrière, à notre passe-temps ni à notre relation amoureuse. Notre Contrat, c'est notre relation globale à notre pouvoir personnel et spirituel. C'est notre façon de fonctionner avec notre énergie et avec les gens à qui nous la donnons. C'est aussi la mesure dans laquelle on est prêt à se soumettre à la direction du divin. Même si un Contrat ne correspond pas aux détails matériels de notre vie, on peut utiliser ces derniers pour le découvrir. Notre vie comporte de nombreuses facettes qui chatoient et reflètent à la fois notre énergie physique et notre énergie intérieure. En tentant de saisir l'ensemble de ce reflet, vous pouvez discerner et définir votre mission. Tout comme un hologramme contient une image entière en chacun de ses fragments, notre mission se reflète, peut-être sous un angle légèrement différent, en chacun de nos nombreux rayons énergétiques.

Mais il faut de l'entraînement pour arriver à percevoir le tableau d'ensemble dans ces fragments et à les combiner pour obtenir la somme de notre mission. La découverte de votre Contrat est susceptible de vous réserver des surprises. Vous vous ferez couper l'herbe sous le pied et serez secoué par des prises de conscience. Mais en cours de route, vous apprendrez à utiliser une vision symbolique, à gérer votre pouvoir personnel et à accomplir votre Contrat sacré.

Dans mes livres précédents, *Anatomie de l'Esprit* (Éd. *Ariane*) et *Why people don't heal and how they can*, j'ai expliqué comment fonctionne l'énergie, comment elle s'organise autour de nos sept centres émotionnels ou chakras, et comment vous pouvez apprendre à percevoir votre énergie et à aiguiser votre intuition afin de voir d'où proviennent vos perturbations spirituelles et physiques. J'ai enseigné comment et pourquoi l'énergie pouvait se bloquer ou se dénaturer, et comment se guérir en brisant ce blocage qui provient souvent de comptes à régler. En général, la guérison émotionnelle ou spirituelle est reliée à l'apprentissage d'une leçon prodiguée par le ou les centres émotionnels en cause dans la maladie. Cette leçon, c'est parfois la maladie elle-même, et travailler avec cette forme d'énergie permet de découvrir les changements mentaux et émotionnels nécessaires.

Au bout de milliers de lectures, j'en conclus qu'un principe organisateur encore plus grand que le jeu des chakras structure notre énergie et, ce faisant, notre vie. J'ai commencé à identifier des formes universelles d'intelligence cosmique directement à l'œuvre dans l'organisation quotidienne de notre vie. En fait, à chacune des lectures que j'ai faites depuis 1989, un modèle archétypal s'est dégagé des détails et des fragments de chaque vie pour prendre une forme définie, offrant une idée claire de la psyché de cette personne et de la raison de son état. Souvent d'origine ancienne, ces modèles peuplent notre esprit, et leur mode d'existence nous affecte profondément, mais nous en sommes généralement inconscients. Ces modèles intelligents sont des archétypes, des formes de vie énergétiques dynamiques qui circulent dans les pensées et les émotions de beaucoup de gens, dans toutes les cultures et dans tous les pays.

Par exemple, au cours d'une de ces lectures, il y a une dizaine d'années, alors que je cherchais des informations émotionnelles chez une femme appelée Laura, j'ai failli négliger un « signal » énergétique. Même si cela ne me semblait pas important à l'époque, j'ai vu une paire d'yeux lancer un bref regard impérieux et hypercritique. J'ai mentionné cette image à Laura, qui m'a dit que son mari la regardait toujours ainsi : en la jugeant, comme s'il était le Maître et elle la Servante. Bien sûr, Laura avait elle aussi son propre regard, implorant silencieusement l'approbation de son mari. Mais pour elle, les coups d'œil condescendants de son mari constituaient le symbole énergétique de leur douloureux mariage.

Après notre rencontre, Laura participa à plusieurs groupes de soutien de femmes, et finit par comprendre qu'il ne lui servait à rien d'attendre la permission de son mari pour être fidèle à sa nature ou à ses aspirations. Elle réalisa que c'était elle qui laissait son mari, dont les coups d'œil condescendants symbolisaient l'attitude dominatrice, lui donner ce sentiment d'inadéquation et d'impuissance. Elle sentit aussi qu'il craignait tellement d'être abandonné qu'il devait la maintenir impuissante – métaphoriquement « enceinte et nu-pieds ». Puis, à l'aide de conseillers, le couple réussit à opérer des changements qui leur permirent de rester mariés tout en grandissant ensemble.

Le fait de se voir empêtrée dans le modèle énergétique de la Servante et du Maître permit à Laura de briser ce modèle et de devenir son propre maître. En outre, travailler avec cet archétype lui permit d'être plus utile. Laura vint à incarner l'aspect positif de la Servante, en se mettant au service d'un bien supérieur, en aidant son mari à dépasser ses peurs et en bonifiant son mariage.

Apprendre à interpréter les modèles archétypaux qui influencent votre énergie complète d'une façon naturelle le travail sur les énergies des chakras. Tout comme celles-ci vous fournissent une carte de l'information physique et énergétique, le corps collectif de vos archétypes engendre une vision des forces qui gouvernent votre psyché et votre âme. L'interrelation de ces forces explique pourquoi je suis passée si naturellement de la lecture énergétique des chakras à celle des archétypes. Comme le corps énergétique qui vous entoure, créé par les chakras, contient toutes les données de votre biologie et de votre biographie, il est naturel que cette énergie se manifeste selon des modèles archétypaux qui affectent notre vie.

Pour travailler avec ces énergies supérieures, ces modèles archétypaux, il faut prendre du recul par rapport à sa vie, s'écarter des fins détails de cet autoportrait énergétique pour en voir le panorama. Oeuvrer avec ses archétypes exige de voir sa vie sous forme de symboles disposés au centre d'un tableau. Ce point de vue nous permet d'envisager l'ensemble de notre vie. On ne se contente plus alors de focaliser sur les événements majeurs ou sur les blessures importantes.

Au cours des années 1990, j'ai commencé à animer des séminaires sur ces énergies archétypales. En apprenant à identifier leurs modèles archétypaux, puis à relier les caractéristiques de chaque archétype à des comportements décisifs et à des relations déterminantes, mes étudiants en tiraient souvent des indications instantanées sur leur mission de vie. L'énergie d'un archétype et sa manifestation dans notre psyché et notre vie sont si pénétrantes et si intimes qu'on peut associer au moins un modèle archétypal à chaque aspect de notre existence. En général, une douzaine d'entre eux nous accompagnent constamment. Chacun a une histoire à nous raconter ; chacun transporte avec lui la force des mythes et des légendes dans lesquels il a figuré à travers le monde et les âges, de même que l'énergie des modèles de croyance et de comportement à partir duquel l'archétype a été créé.

Les archétypes sont les architectes de nos vies. Ils constituent les compagnons énergétiques grâce auxquels nous pouvons apprendre à nous comprendre, comme Laura. Ces modèles psychologiques et émotionnels (notre façon de vivre et les gens que nous aimons) peuvent nous amener à la compréhension profonde de notre raison d'être. Leur énergie peut nous mettre en contact avec notre grand Contrat sacré, avec notre grande mission sur cette planète. Comme je l'ai constaté lors de ma lecture de Laura, aucune relation n'est insignifiante. Chacune de nos expériences inclut un but et un sens. Chaque événement, chaque personne de notre vie incarne un fragment énergétique de notre psyché et de notre âme. La tâche spirituelle de chacun consiste à reconnaître et à intégrer tout cela dans sa conscience, afin que le modèle général de sa mission puisse briller dans toutes ses dimensions.

Cette prise de conscience est à l'origine de ce livre, qui révèle un processus de découverte et d'intégration des fragments de la psyché. Ce guide d'exploration de soi permet de découvrir nos compagnons archétypaux et de travailler avec eux pour accomplir notre mission de vie et notre Contrat sacré.

En outre, ce livre est une introduction à une école du mystère. Il nous permet d'envisager différemment le temps et l'espace que nous habitons à travers nos relations, qui sont en réalité nos Contrats avec les autres. Cette école de mystères utilise le langage de l'alchimie spirituelle. Nous nous en servirons pour apprendre à transformer en or spirituel, des relations et des émotions physiques lourdes. Ce processus englobe la prière et la contemplation, et exige d'examiner chaque aspect de nos expériences et relations, d'observer la chimie énergétique de nos archétypes et leur façon de s'exprimer et de s'affirmer dans votre vie. Découvrir et travailler avec nos compagnons archétypaux, qui nous relient aux forces cosmiques de notre vie, nous permet d'infléchir en toute conscience le cours de notre vie.

Nous voici sur le point d'entamer un voyage dans la dimension archétypale de la vie, une dimension de la conscience qui nous englobe tous collectivement, mais aussi, en quelque sorte, individuellement. Car même si chacun de nous exprime à sa manière ses archétypes, ces énergies correspondent aussi à celles des gens qui peuplent notre vie. Ils interagissent. Chacun de nous a un archétype Enfant, par exemple, et ainsi, notre Enfant intérieur nous relie à celui de chaque autre personne. Apprendre à lire nos propres archétypes nous permet de lire ceux des autres. Et nous permet de mieux comprendre et d'apprécier nos proches : la famille, les amis, les collègues… et même les inconnus.

Selon Carl Jung, les archétypes habitent un inconscient collectif qui relie toutes les âmes. L'inconscient collectif englobe l'énergie de tous ceux qui ont pris part à un archétype au cours des siècles, dans les récits, dans les mythes, dans les légendes et dans les prototypes. Leur histoire, résumée en appendice, nous aide à identifier les énergies archétypales qui ont le plus d'influence sur nous. En retour, la connaissance des archétypes nous permet de comprendre pourquoi certaines relations ont été nécessaires dans notre vie, et pourquoi nous avons dû nous charger de tâches précises qui ont pu nous surprendre et nous ravir, ou nous paraître encombrantes et destructrices. En travaillant avec les archétypes, nous réapprenons sans cesse que tout événement, pénible ou joyeux, joue un rôle.

Lorsque nous avons déterminé nos archétypes et travaillé avec eux pendant un certain temps, la somme d'observations qu'ils nous procurent nous entraîne dans une plus grande révélation : notre mission émerge sous sa forme la plus pure. « Je suis née pour servir les pauvres de Dieu », a un jour déclaré Mère Teresa. Avant de pouvoir affirmer cela, elle affronta par contre d'énormes difficultés et essuya de rudes critiques qui lui permirent de fortifier sa résolution, ses talents et ses contacts de relationniste, et sa croissance spirituelle. Même si les ennemis de sa jeunesse mirent son courage à l'épreuve et parurent entraver son progrès, ils lui rendirent en vérité un grand service en l'aidant à préciser son dessein. Par exemple, les deux premiers ordres religieux dans lesquels entra Mère Teresa la laissèrent insatisfaite, car aucun n'avait été fondé pour accomplir le travail charitable vers lequel elle était guidée. Elle finit par établir sa propre communauté pour satisfaire les besoins des pauvres ainsi que son Contrat sacré.

Ce livre découle donc de mon désir de partager les observations que j'ai recueillies sur notre raison d'être individuelle et collective pendant presque deux décennies de travail avec les énergies de l'âme humaine. Il présente un nouveau langage d'interprétation spirituelle destiné à vous aider à faciliter votre compréhension de vous-même et de votre mission de vie. Vous apprendrez d'abord les « noms » de votre psyché (vos compagnons spirituels archétypaux). Vous verrez également comment leur énergie agit dans votre vie (les « verbes » de l'énergie et de la manifestation archétypale) et comment leurs actions expriment votre mission en phrases courtes ou longues. Vous finirez par apprendre à élaborer des images verbales de plus en plus grandes de votre vie, jusqu'à ce qu'il en émerge une nouvelle vision, complète et profonde, de votre plein potentiel, de votre raison d'être et de votre grand Contrat sacré.

Ce livre est interactif. Il vous permettra de réagir aux histoires et aux enseignements pour comprendre la nature et le but de vos Contrats ainsi que le rôle de vos archétypes personnels. Veuillez donc vous procurer un journal ou un cahier dans lequel vous consignerez les observations et les associations qui vous viendront au fil de votre lecture. Je vous demanderai de vous rappeler les intuitions et les autres étincelles que vous avez reçues des gens que vous êtes venu rencontrer, et des choses que vous êtes venu faire ici. Et à partir du chapitre 5, vous devrez noter vos réponses à une série de questions, ainsi que les intuitions et les observations qui vous viendront en explorant vos modèles énergétiques. Consacrez si possible un cahier à l'information et aux observations qui surgiront de votre travail avec ce livre, et servez-vous-en pour poursuivre ce travail avec vos archétypes et votre Contrat sacré.

En développant une vision symbolique et un langage archétypal, vous saisirez l'ensemble de votre vie avec un degré de clarté qui vous permettra de guérir les blessures émotionnelles et spirituelles, et vous remplira d'émerveillement devant l'importance de votre vie pour tous les gens que vous rencontrerez. Soyez assuré que tous les événements et les gens qui sont destinés à croiser votre chemin se présenteront à temps, et que les conseils du divin affluent sans fin vers votre âme. Il ne peut en être autrement : si nous gérons nos Contrats, le Divin s'occupe du Sacré.

CHAPITRE 1

Qu'est-ce qu'un Contrat sacré ?

Un contrat ne vous sert pas à résumer vos engagements, mais à les assumer.
OLIVER WENDELL HOLMES
(1809-1894), médecin, poète et humoriste

Quand j'étais jeune, mon père me disait toujours : « Tu pourras pratiquer le métier que tu voudras, pourvu que tu sois infirmière ou enseignante ! » Je me rappelle encore : j'étais furieuse de l'entendre, car je ne m'intéressais qu'à l'écriture. Il était hors de question, pour moi, de même envisager l'enseignement. Mais aujourd'hui, malgré tous mes efforts pour éviter l'école, j'enseigne (sous forme d'ateliers de théologie et de développement humain) et en plus, j'adore cela ! Et je me sens un peu l'infirmière qu'entrevoyait mon père, car mon travail a eu des effets de guérison sur bien des gens.

Mon père est mort en 1989. Quelques années plus tard, en discutant de mon travail avec ma mère, j'ai avoué qu'après tout, il avait gagné. Puis, je réalisai que papa n'avait pas « remporté » une sorte de joute ou de lutte pour la maîtrise de ma vie. C'était le Contrat qui avait gagné. Mon père en avait saisi des aspects — comme bien des parents, même si leur vision est brouillée par leurs propres attentes et leurs désirs à l'égard de leurs enfants. Même sans rien connaître des archétypes, papa avait vu en moi, à grands traits, la fonction et le sens du rôle d'infirmière et d'enseignante, qu'il associait à des choix de carrière répandus chez les jeunes femmes de l'époque.

En effet, mon Contrat comprend les archétypes de l'Enseignant et du Guérisseur, qui se sont manifestés à travers les événements de ma vie, même si je n'ai jamais reçu de formation académique de guérisseuse ou d'enseignante. J'ai étudié le journalisme et la théologie, mais mon travail d' « intuitive médicale » s'est « manifesté », tout simplement. Ma première lecture intuitive d'une personne s'est produite presque par hasard, suivie d'une autre, puis d'une autre. Tout le voisinage s'est passé le mot et bientôt, j'en faisais de dix à quinze par semaine. Ma réputation grandissante m'a valu des invitations à prononcer des conférences et, en retour, on m'a conviée à animer des ateliers.

Le plus étonnant, dans mon apprentissage de l'anatomie de l'énergie, c'est la précision avec laquelle s'est organisée ma formation. Elle aussi s'est « manifestée ». Sur une période de sept à dix jours, trois personnes atteintes de la même maladie firent appel à moi. Elles étaient aux prises avec des problèmes similaires, à quelques variantes près, qui avaient contribué au développement de leur condition. Après avoir fait la lecture de ces trois individus, j'avais l'impression d'avoir saisi les facteurs de stress énergétique majeurs qui sous-tendaient leur condition. Peu après ce premier trio, trois autres personnes vinrent me voir coup sur coup. Elles aussi souffraient d'une même maladie. Ma compréhension de l'anatomie énergétique m'amena peu à peu à réaliser que notre biographie devient notre biologie.

Lorsque je compris ce principe, mon éducation sembla prendre une autre direction. Tandis que mes lectures précédentes retraçaient la chronologie physique et émotionnelle d'un individu, je me mis à percevoir des images sans rapport apparent avec la personne. Face à une femme qui cherchait à comprendre sa douleur au cou, par exemple, je vis dans son champ d'énergie l'image d'un pirate. Comme c'était une ménagère du Midwest, cette information ne lui disait absolument rien. Mais plus tard, en se soumettant à des exercices de relaxation et de visualisation avec un hypnothérapeute, elle sentit elle aussi l'énergie du pirate dans son champ. Elle le « vit » lui trancher la gorge avec son sabre. Curieusement, elle établit aussi des effets plus positifs, comme l'affranchissement et la libération sexuelle. Ces impressions conflictuelles lui disaient qu'elle était étranglée ou dominée par sa situation, aspirant à une liberté qu'elle ne pouvait exprimer consciemment.

Peu après, faisant lecture d'une autre femme, torturée par de l'arthrite aux mains, je retrouvais sans cesse l'image d'un artiste. Quand je le lui dis, elle resta perplexe, affirmant qu'elle n'avait aucun talent artistique. Je lui suggérai néanmoins de faire de la poterie pour se soigner. Elle commença par confectionner de petits vases de terre cuite et, avec le temps, devint une potière douée. Elle produit maintenant des pièces d'art.

Enfin, procédant à la lecture d'un représentant des ventes australien nommé Jimmy, en grave dépression depuis des années, je vis apparaître un grand acteur dans son champ d'énergie. Jimmy n'avait aucune expérience du jeu théâtral, même s'il s'y sentait attiré, car, il était gay, se trouvait encore « dans le placard » et craignait de faire son *coming out* en jouant, car il était gay. En fait, il jouait déjà (à l'hétéro !), mais le blocage de son talent et la dissimulation de son identité avaient produit chez lui un effondrement émotionnel. Quelques années plus tard, j'appris avec reconnaissance que Jimmy s'était tiré de sa dépression et qu'il jouait dans des théâtres d'été. Il prend son travail d'acteur au sérieux et ne cache plus son orientation sexuelle. Lorsque ces images étranges se mirent à émerger, elles semblaient si décalées, si dissociées des gens que je lisais, que je croyais avoir plus ou moins perdu la justesse de mon intuition. Mais ces lectures s'avéraient utiles à chaque personne. Puis, un jour de 1991, tout me parut clair. Au cours de l'un de mes ateliers, j'écoutais une conversation entre deux femmes. Cinq minutes après avoir fait connaissance, elles s'étaient déjà révélé les détails banals de leurs vies, tels leur lieu d'habitation et leur occupation. Après ces menus propos, elles se mirent à parler des expériences de vie qui les avaient attirées dans un atelier spirituel. Soudainement, elle se découvraient un modèle de vie commun, un lien énergétique immédiatement reconnaissable à l'intensité de leur réaction mutuelle. Leurs enfants avaient grandi, leur mariage était réussi et leur vie se trouvait à un stade de transition naturel : elles en avaient assez d'être la « servante » de tout le monde. Elles voulaient à présent se servir elles-mêmes. Retraitées et libérées, elles comptaient cultiver leurs propres intérêts et développer leur âme.

En écoutant ces douces personnes décrire leur modèle de vie, je déchiffrais leur conversation sur le plan symbolique. En tant que bonnes mères et conjointes, elles avaient passé la majeure partie de leur vie au service des autres, mais ayant complété cette première mission, elles volaient de leurs propres ailes, comme doit le faire le Serviteur du mythe et de la légende. Dans la Bible, par exemple, lorsque Joseph est vendu en esclavage par ses frères, il attend le moment opportun en passant des années à accomplir les tâches qu'on exige de lui. Mais par la suite, en utilisant ses dons singuliers pour l'interprétation des rêves, il conquiert sa liberté et devient un grand chef de la nation : de Serviteur, il devient Maître.

Les images vives mais intrigantes que j'avais recueillies au cours de mes dernières lectures prenaient soudain un sens. Le Pirate, l'Artiste, l'Acteur et le Serviteur ne faisaient pas partie de la chronologie individuelle et physique, celle que j'avais l'habitude de lire. Ces images formaient plutôt des aspects de la chronologie spirituelle de chaque individu, une mythologie personnelle existait avant même son incarnation. Ces images étaient des archétypes, des guides énergétiques qui indiquaient à l'individu sa raison d'être spirituelle, son Contrat.

La légendaire lanterne qui s'alluma cet après-midi-là luit toujours. Depuis lors, chacune de mes lectures s'ouvre sur une évaluation de la chronologie spirituelle d'une personne, des modèles archétypaux qui s'expriment à travers sa personnalité et ses expériences de vie. Et tout comme les trois personnes atteintes des mêmes maladies physiques qui m'avaient demandé des lectures intuitives, des personnes partageant des vies semblables s'adressèrent à moi en un temps relativement court, mais étalé sur des mois plutôt que sur des jours. Par exemple, je fis certaines de mes premières lectures sur des gens dont l'archétype était celui de l'Enfant Blessé, celui qui a tendance à garder des cicatrices émotionnelles depuis l'enfance. Puis, je rencontrai quelques personnes ayant en commun un archétype dominant de Victime. Là encore, chacune d'elles reflétait des aspects légèrement différents de cet archétype, selon leur personnalité et leur expérience.

Lorsque je me mis résolument à travailler les archétypes, dans mes lectures et mes ateliers, je recueillis d'autres observations sur leur fonctionnement dans notre psyché. Lorsque Jung proposa sa théorie de l'inconscient collectif, il signala que ce dernier était peuplé d'innombrables modèles psychologiques tirés de rôles historiques, tels que la Mère, l'Escroc, le Roi et le Serviteur. En plus de notre inconscient individuel et unique, dit-il, « il existe un second système psychique, d'une nature collective, universelle et impersonnelle, identique pour tous les individus ». Selon lui, cet inconscient collectif est inné : il ne se développe pas sur le plan individuel. J'ai remarqué que certains archétypes se distinguent de ce grand inconscient collectif pour jouer un rôle beaucoup plus signifiant dans la vie des gens, et que chacun de nous possède son propre assortiment d'archétypes-clés.

Après un processus de recherche, de réflexion et de tâtonnements, je conclus qu'une combinaison unique de douze modèles archétypaux, correspondant aux douze maisons du zodiaque, est à l'œuvre en chacun de nous et soutient notre développement personnel. Ces douze modèles affectent tous les domaines de notre vie. Ils peuvent être particulièrement vivants et perceptibles lorsque nous éprouvons des difficultés, ou un sentiment de défaillance ; et particulièrement tout aussi utiles pour guérir des souvenirs pénibles, donner une nouvelle direction à notre vie ou trouver une façon d'exprimer notre potentiel créatif inexploité.

En un sens, chacun de ces archétypes représente un « visage » et une « fonction » du Divin qui se manifeste individuellement en chacun de nous. L'humanité a toujours donné des noms aux nombreuses puissances du Ciel et tenté d'identifier les qualités inhérentes à chacune. La puissance archétypale féminine, par exemple, s'exprime sous des formes diverses, de la Vierge Marie à Mère Nature. Les Romains et les Grecs voyaient les puissances féminines universelles dans les traits d'Athéna (déesse du conseil), Vénus (déesse de l'amour) et Sophia (déesse de la sagesse). En Inde, la culture hindoue a donné à la Déesse des noms incarnant divers attributs de la maternité divine, tels que Laxmi (la prospérité), Durga (la fertilité), Uma (l'unité) et Kâli (la destruction et la renaissance). Comme si Dieu s'était présenté en maints aspects différents pour nous permettre d'aborder ce pouvoir. Puisqu'il portait un nom, nous pouvions l'invoquer, l'assimiler et l'exprimer.

Les schémas archétypaux réveillent notre potentiel divin. Ils peuvent nous libérer des limites de nos pensées et sentiments, nous aider à éclairer les coins sombres ou peu connus de notre âme, et amplifier notre éclat et nos forces. Les archétypes constituent une source de pouvoir émotionnel, physique et spirituel, et peuvent nous aider à nous libérer de la peur, même si parfois, certains d'entre eux peuvent, au départ, déclencher des peurs en nous. Chaque archétype (ou peur) nous lance un défi spirituel : celui de l'affronter et d'y reconnaître une occasion d'apprentissage et une chance de développer un aspect de notre pouvoir. Lorsqu'un archétype nous paraît difficile ou même malveillant, notre tâche consiste à le reconnaître, à surmonter la faiblesse qu'il souligne et à nous approprier son potentiel divin.

La déesse Kâli, par exemple, représente l'énergie destructrice. Elle a le pouvoir de l'archétype du Saboteur, présent en chacun de nous. Mais quel est le revers de la destruction, sinon la reconstruction et la renaissance ? Dans le langage symbolique des Contrats, l'archétype du Saboteur peut nous désarçonner si nous ne résistons pas à son pouvoir, qui est considérable. Nous pouvons aussi utiliser cette énergie consciemment, pour revisiter des lieux de notre vie qu'il nous faut parcourir, aménager ou assainir. Chaque archétype présente toujours deux faces, qui peuvent toutes deux servir à notre avantage.

Nous avons tendance à nous percevoir, de même que notre univers, sous des aspects doubles : bon ou mauvais, intérieur ou extérieur, moi ou vous, bien ou mal, symbolique ou littéral, joyeux ou triste. Nos forces et nos peurs divisent notre esprit en polarités (ou en dualité, selon la terminologie orientale) : voilà pourquoi la foi et le doute se livrent d'éternelles batailles dans notre psyché. Mais en identifiant et en utilisant nos archétypes, nous pouvons apprendre à consolider les aspects de notre âme et à insuffler sa force à notre vie quotidienne afin d'orienter nos pensées et actions. Ces guides énergétiques nous permettent d'agir d'une façon attentive et honorable ; ils nous aident à gérer notre pouvoir et à nous montrer dignes de notre potentiel divin.

Pour ma part, chaque lecture m'a révélé que mon travail archétypal contribuait à ma croissance spirituelle. Les expériences et les révélations que j'ai reçues pendant ces lectures m'ont permis de raffiner mon intuition médicale et de prendre conscience de mes propres archétypes, et m'ont même aidée en périodes difficiles. Mes rencontres avec ces gens (étudiants, participants à mes ateliers, lecteurs) n'ont rien de banal. Tout comme la façon extraordinairement avisée dont j'ai appris l'anatomie énergétique et, plus tard, la lecture des schémas archétypaux, l'ordre divin se manifeste dans tous les domaines de notre vie.

Les Contrats sacrés et votre potentiel divin

Le jour où la lumière jaillit dans ma tête et où je compris que les archétypes font partie de notre chronologie spirituelle, je réalisai également qu'ils sont anciens, probablement antérieurs à notre naissance physique. Notre héritage archétypal est préhistorique, primitif. Il vient de nos origines énergétiques dans le Divin, qui est aussi la source de notre Contrat sacré, le plan-guide de notre vie. Ce Contrat, que nous co-créons en tenant compte des indications du Divin, comprend de nombreuses ententes individuelles (ou accords de sous-traitance) qui nous feront rencontrer certaines personnes et travailler avec elles, à certains endroits, à certains moments. Voilà pourquoi, dans ce livre, j'utilise indifféremment les mots *Contrats* et *ententes*. Tous deux représentent les engagements terrestres, les tâches qui nous échoient et les leçons que nous avons accepté de tirer de cette incarnation afin de réaliser notre potentiel divin.

Ces expériences et ces relations, nous sommes destiné à les vivre avec nos parents, nos enfants, nos amis intimes et toute personne avec laquelle nous partageons une passion. Ces gens (de même que nos adversaires) se trouvent dans notre vie parce qu'au préalable, nous avons conclu avec eux un accord de soutien mutuel concernant notre croissance spirituelle. En effet, chaque relation et chaque expérience est une occasion de croissance et de transformation. Certaines relations peuvent même nous en fournir plusieurs. Pour chacune, nous devrons déterminer de quelle façon exercer notre pouvoir.

Comme je le souligne dans tout mon travail, ce choix est *vraiment* notre plus grand pouvoir. Il est encore plus grand que l'amour, car pour aimer, il faut d'abord le vouloir. Prenons un cas simple : quelqu'un s'excuse de vous avoir parlé d'une façon irréfléchie ou blessante. À cet instant, le pouvoir de transformation est entre vos mains. Vous pouvez transcender l'intensité de votre colère et choisir de pardonner, et métamorphoser cet instant en un échange qui rétablisse l'énergie entre vous deux. Ou vous pouvez réprimer votre nature divine et faire de cette chance de guérison une transaction énergétique négative. La décision d'agir en fonction de votre potentiel divin consolide le pouvoir de vos nombreux « visages », de vos mondes, intérieur et extérieur.

Notre potentiel divin se fait souvent entendre par l'intermédiaire de notre conscience morale, qui nous signale nos gestes inopportuns. Nous avons tous ressenti la lourde et poignante sensation de culpabilité qui vient du fait d'avoir jugé quelqu'un, trahi notre parole ou laissé passer une bonne occasion. En observant ce sentiment, nous devinons qu'il nous vient du fait d'avoir réprimé notre potentiel divin, ou d'y avoir fait obstacle. Nous reconnaissons inversement le sentiment d'équilibre qui ressort d'un geste d'amour, de compassion, de générosité et d'amitié.

Grâce à notre intuition, notre potentiel divin nous procure toujours un surcroît d'énergie au moment d'un choix contractuel, ou lorsque nous reconnaissons une personne avec laquelle nous avons une entente. Chaque relation contractuelle porte un fragment de notre âme, tout comme nous portons un fragment de l'âme des autres : ainsi, lorsque nous réagissons fortement à une personne, à un endroit ou à une situation, c'est que nous avons rencontré une part de notre âme à l'extérieur de notre être. L'atmosphère autour de nous et en nous s'intensifie ! Nos émotions et notre pouls s'accélèrent, et notre raison s'éclaire ou fonce dans le brouillard. Notre corps transmet des signaux éloquents. Comme je le dis dans mes ateliers, si nous nous arrêtions à ce moment précis pour procéder à une lecture symbolique, nous interpréterions les événements ou les liens immédiats d'une toute autre façon. Par exemple, nous verrions notre Guerrier intérieur émerger de notre accès de colère, ou l'Amoureux combler nos sens alors que nous sommes en parfaite harmonie avec la beauté tranquille d'un coucher de soleil.

Notre potentiel divin nous parle aussi à travers nos rêves. C'est un désir de vivre plus intensément, mais au-delà de la performance ou du gain matériel, bien que ces choses fassent souvent partie de l'accomplissement de notre potentiel. Notre potentiel divin est l'expression intégrale de notre âme ; c'est la découverte de notre profonde capacité à créer et à exprimer l'amour, la compassion, le pardon, la générosité et la sagesse. Notre potentiel divin devient plus sensible à mesure que nous étanchons notre soif de comprendre. Il devient plus perceptible lorsque nous décidons de dépasser l'aspect matériel de la vie, ce que les Hindous et les Bouddhistes appellent la *maya* ou l'illusion. Ne révélant jamais sa pleine mesure d'un seul coup, notre potentiel nous incite à découvrir la raison d'être et la signification supérieures de votre vie. Nous ne savions pas, à la naissance, à quel point nous pouvions aimer et prendre soin de quelqu'un. Nous devons apprendre à agir avec foi, courage et confiance en nous. Ce potentiel, nous devons le découvrir en nous-même. Ces qualités spirituelles doivent se mériter.

Tels les héros d'un périple mythique, nous sommes censés nous efforcer d'opérer les bons choix. Notre potentiel divin nous appelle à transcender les besoins de survie primaire du Soi dans le monde matériel. Nous sommes appelés à dépasser notre Soi. Mais pour grandir spirituellement, nous devons user de notre intellect. La logique et l'ordre divins diffèrent de la logique et de la raison terrestres, mais notre esprit ne les perçoit pas toujours. Songez aux nombreux récits bibliques ou mythiques dans lesquels le Divin s'est révélé dans toute sa grandeur. Lorsque le Seigneur apparut sur le mont Sinaï, il dit à Moïse d'avertir les gens de ne pas Le regarder, sous peine de périr. Saint Paul fut jeté de son cheval et temporairement aveuglé par la vision du Christ ressuscité. La tête humaine de Ganesh, la déité hindoue à tête d'éléphant, fut réduite en cendres lorsque sa mère, Parvâti, invita le dieu Shani à le regarder, oubliant dans son orgueil le pouvoir destructeur du regard de Shani. Ces récits révèlent une vérité profonde : nos facultés humaines n'appréhendent pas facilement la conscience divine.

C'est ici que vos archétypes peuvent vous aider. Pour accomplir votre potentiel divin et même résoudre les nombreuses questions de votre vie quotidienne (comme les jeux de pouvoir au bureau ou la guérison des blessures anciennes), vous devez faire appel à un niveau de conscience plus élevé. Vous devez dépasser la raison pour arriver à « voir » et à « comprendre » la signification symbolique ou supérieure de ces expériences. Vos archétypes vous guident dans cet univers symbolique. Votre quête de sens est en soi une forme de pratique spirituelle. Des questions telles que « Pourquoi suis-je né ? » et « Comment trouver la voix de Dieu en moi ? » sont en fait des invocations spirituelles, des prières qui trouvent réponse non pas dans des paroles, mais dans l'expérience. Ces questions activent votre potentiel divin, énergisent vos archétypes et vous obligent à compléter vos ententes, ou Contrats, avec d'autres gens.

Pour accéder au plan symbolique, pour suivre vos intuitions, il faut de l'entraînement, et ce livre a pour but de vous aider à développer ces capacités. Selon moi, la meilleure façon de favoriser votre santé spirituelle sera de décoder votre Contrat sacré qui est inscrit dans votre langage archétypal. Apprendre à identifier vos modèles énergétiques vous permettra de mieux comprendre vos nombreuses expériences et relations. En faisant la lecture symbolique du contenu de votre vie, vous pourrez effectuer des choix nettement meilleurs. Lorsque vos projets de vie seront soudainement interrompus, vous pourrez délibérément considérer cet événement comme une « intervention contractuelle » et non comme une crise. La vision symbolique vous donne surtout un choix : celui de considérer les événements comme des faits arbitraires et antagonistes, ou comme les bienfaits d'un plan dans lequel vous avez votre mot à dire. La vision symbolique vous aide à comprendre le quotidien et favorise l'épanouissement spirituel de votre vie.

L'équilibre entre destin et liberté dans votre Contrat sacré

Dans d'autres cultures et à d'autre époques, des gens ont vu dans leur Contrat sacré l'action du destin, la grâce de Dieu ou le karma accumulé par les gestes du passé. Le fatalisme sur la vie et la mort pousse certains à dire, par exemple : « Le moment était venu pour lui », « Ils étaient faits l'un pour l'autre » ou « C'est l'emploi pour lequel elle était née ». La culture scientifique moderne attribue de tels événements à une prédisposition génétique, à un facteur de causalité ou au hasard. Les cultures orientales, qui ont étudié les processus intérieurs de l'âme et de la psyché plus longtemps et plus intensément que l'Occident, ont développé une croyance en un continuum de vies, plutôt qu'en une vie unique suivie d'une récompense ou d'une punition éternelles. Selon les lois du karma, votre vie actuelle reflète vos actions passées tout comme vos gestes en cette vie sèment des graines qui, arrivées à maturité, produisent des fruits dans des vies futures. Bien que le système oriental du karma (et de la réincarnation) soit censé être supervisé par des dieux ou par une énergie supérieure, nos récompenses et punitions, ainsi que le rythme de notre évolution spirituelle, reposent presque entièrement sur nos propres efforts.

L'Occident avait tendance à favoriser un mélange de fatalité et d'ordre divin. La mythologie grecque et nordique rendait hommage aux trois Parques qui filent, tissent et coupent le fil de la vie. Dans les sociétés traditionnelles de la Méditerranée et du Moyen-Orient, on avait recours aux devins, oracles et astrologues pour interpréter le cours de sa vie comme une série d'événements prédéterminés ou « écrits dans le ciel ». Les traditions monothéistes occidentales nées au Moyen-Orient attribuaient un grand pouvoir au rôle de Dieu dans la détermination de nos destinées, et imposaient aux individus l'obligation de suivre ses lois, sous peine d'en subir les conséquences. Cependant, la doctrine protestante de la prédestination, prêchée par John Calvin et d'autres au XVIe siècle, a donné la prépondérance à Dieu. Selon ces croyances, notre vie a pour but l'accomplissement des devoirs et l'acceptation des responsabilités que Dieu nous a assignés, mais comme la nature humaine est essentiellement corrompue, nous ne pouvons atteindre le salut (la récompense du Ciel) que par la Grâce. De plus, pour les Calvinistes, Dieu a prédestiné certaines personnes plutôt que d'autres à recevoir cette grâce, ce qui nous laisse dépendants d'une sorte d'invitation du Divin, qui a déjà décidé de notre sort. L'action morale se réduit à l'espoir de déjà faire partie des élus.

Pour vous aider à prendre part à ma vision des Contrats sacrés, j'utilise des comparaisons provenant des croyances orientales et occidentales sur les rôles relatifs du destin, du libre-arbitre et de la volonté divine. Mais selon moi, nous avons une relation profondément intime avec le Divin et une relation très impersonnelle avec l'ordre cosmique. Les lois universelles, telles que la causalité et l'électromagnétisme, s'appliquent également à tout le monde. L'orbite des planètes et le rythme des marées ne nécessitent aucune intervention de ma part. En réalité, nous incarnons les lois de l'univers chaque fois que nous exerçons notre pouvoir de choisir : lorsque j'opère tel choix, il y a telle conséquence, peu importe qui je suis. Mais je peux influencer la qualité de cette conséquence en demeurant consciente de mon intention. Cette capacité de déterminer nos motivations reflète notre lien intime avec le Divin. Mes intentions ne changent pas les lois, car chacun de mes choix aura tout de même des conséquences. Mais si mes motivations sont empreintes de compassion et de sincérité, elles auront des conséquences vraisemblablement positives. Et un simple geste peut entraîner une cascade inestimable d'effets physiques, émotionnels et spirituels.

Dans le cadre de notre relation intime avec le Divin, ce dernier nous incite à tirer des leçons et à travailler à notre croissance spirituelle selon une méthode à laquelle nous résistons parfois. Cela peut paraître contradictoire : puisque nous avons co-créé notre Contrat avec le Divin, pourquoi y résister ou l'ignorer ? Parce qu'avant de naître, nous oublions les détails de notre entente. Nous devons nous rappeler notre dessein, le cher-cher. Ce n'est pas aussi difficile qu'il n'y paraît, car lorsque vous vivez en accord avec votre Contrat, vous savez habituellement que vous êtes sur la bonne voie. Cependant, nous nous écartons tous de la bonne voie à un moment ou à un autre, peut-être en essayant, comme le disaient les religieuses qui m'ont enseigné, de prendre la voie de la facilité. Ironiquement, ce peut être la plus ardue à long terme si l'on déroge à son Contrat.

En définitive, nous faisons tous les jours des choix, cons-cients ou non, qui honorent notre Contrat en nous gardant sur la voie ou nous y ramenant. Nous pouvons également choisir de faire appel à des archétypes, à des guides spirituels et même à la grâce de Dieu, par la prière et la méditation, pour tenter de rem-plir plus promptement nos engagements. Si vous préférez ne pas croire en un véritable contrat prénatal ni en la réincarnation, ni même au pouvoir de la grâce, vous pouvez envisager votre vie sous un angle métaphorique, tel un voyage que vous avez accep-té d'entreprendre. Dans la thérapie fondée sur la régression dans les vies antérieures, par exemple, on invite des patients sous hypnose à se replonger dans des événements qui ont eu lieu au cours d'existences précédentes. Mais comme l'ont démontré les principaux partisans de cette méthode, il n'est pas nécessaire de prendre ces récits vécus au sens littéral pour en bénéficier sur le plan émotionnel, car on peut les envisager sous l'angle symbo-lique. Les gens qui « se rappellent » les blessures, les croyances, les révélations et les histoires familiales des vies passées ont tous le sentiment d'avoir tiré de ces souvenirs des révélations sur leur inconscient et sur leur situation personnelle[1].

Vous pouvez également envisager votre Contrat sacré comme votre contribution unique à la vie qui vous entoure et qui découle de votre situation, de vos relations, de votre famille. Peu importe comment nous apparaît notre Contrat, nous devons, pour le décoder, accepter que tous nos gestes aient un but qui nous dépassera toujours, que chacune de nos actions affecte notre vie et celle des autres, pour le meilleur ou pour le pire. Comme l'enseigne Thich Nhat Hanh, nous sommes un et d'autres en même temps. Croire à un ordre invisible, à un ordre divin ou implicite, comme l'appelle la physique quantique, ou au désordre qui contient de l'ordre décrit par la théorie du chaos, est un choix plus sain et plus intéressant que de n'entrevoir aucun sens à la vie.

Le fait de découvrir et de travailler avec vos archétypes et d'autres éléments de votre Contrat changera votre point de vue sur votre destinée. Vous donnerez un nouveau sens à votre vie et, au lieu de la considérer comme un amas aléatoire et pêle-mêle, vous accepterez de la voir habilement planifiée et dirigée, et d'en être un participant actif.

Les ententes transformatrices

Liza, que j'ai rencontrée dans un atelier à Seattle, a subi un changement de vie radical, que son travail avec le Contrat sacré lui a permis d'envisager en termes de transformation. Tous ses plans de vie ont été bouleversés par un grave accident que bien des gens trouveraient tragique, mais Liza a fini par s'apercevoir que le ciel la réorienterait à des fins précises. Même si son esprit rationnel refusait au départ d'accepter ces changements de vie, Liza a fini par comprendre que tout la menait à la réalisation de son potentiel divin.

À l'époque de ma rencontre avec Liza, je menais depuis environ sept ans des recherches sur les Contrats. Le sujet de l'atelier était « Contrats sacrés et langage archétypal ». Pendant la pause, Liza vint me parler de sa vie. À 26 ans, un accident de voiture l'avait laissée partiellement paralysée du côté droit. Comme elle enseignait la gymnastique et entraînait une équipe de soccer dans un collège, cette blessure changea radicalement sa vie. Pendant notre conversation, je fis une lecture d'elle : parmi les nombreuses impressions que je reçus de son système énergétique, une image importante persistait : celle d'Humpty Dumpty tombant de son mur.

Je demandai à Liza, alors âgée de 31 ans, si la comptine d'Humpty Dumpty la touchait, ou si elle l'avait aimée, enfant. « Vous savez, vers huit ans, dit-elle, je me suis trouvée en rêve dans une barque voguant sur un grand fleuve. Je voulais la quitter pour monter sur l'un des immenses paquebots qui s'y trouvaient aussi, mais on m'a dit que cette barque était la mienne et que je devais naviguer avec elle. Après mon accident, j'ai dit à ma mère que j'étais tombée du mur, comme Humpty Dumpty, et elle a répondu que j'aurais à travailler très fort pour remettre en place les morceaux de ma vie. D'après moi, la barque dans laquelle je refusais de me trouver, dans ce rêve, représentait les difficultés physiques avec lesquelles j'aurais à travailler dans cette vie. »

Liza me dit qu'après son accident, elle avait laissé pendant des mois les morceaux d'elle-même étalés sur le plancher, comme Humpty Dumpty. Puis, elle fit un rêve à propos de la même barque et du même fleuve, sauf que cette fois, la barque tournait en rond. Elle déduisit que c'était à cause de sa paralysie, qui l'obligeait à ramer d'un seul bras. « Je devais décider soit d'apprendre à ramer dans cette barque, soit de me noyer dans mon désespoir, dit-elle. Je conclus aussi que malgré une volonté acharnée, je ne pourrais jamais l'échanger contre une autre. J'ai décidé de tout mettre en œuvre pour maîtriser cette minuscule barque qui était la mienne. »

Les limites physiques de Liza l'ont amenée à se dépasser. « D'abord, j'ai dû changer mon image de moi-même. Même si mon corps ne pouvait plus bouger au même rythme qu'avant, je possédait le contrôle de la mobilité de mon esprit, de mon cœur et de mon âme. Je me suis dit que les accidents n'arrivent pas par hasard et qu'en définitive, il devait y avoir une raison pour laquelle le ciel m'avait donné ce bateau. Alors, un après-midi, je me suis mise en prière. Je me suis imaginée dans cette barque et j'ai laissé tomber les rames dans l'eau en priant : "Bon, maintenant, c'est toi qui rames." »

Liza insista pour dire que ce geste d'abandon fut très difficile à soutenir. Le matin, elle s'éveilla en nage à cause de la colère extrême qui était montée en elle pendant son sommeil. Elle vécut également de nombreuses périodes de dépression. « Les gens qui n'ont vécu ni traumatismes, ni handicaps n'imaginent pas ce que ça signifie, dit-elle. Tout votre monde change, y compris vos amitiés, vos rêves, vos possibilités de mariage et d'enfantement. Ce n'est pas seulement une diminution des possibilités physiques, mais un changement de tous vos projets. Et il faut affronter des peurs phénoménales, à commencer par celle de survivre. Mais Liza choisit de répondre à sa crise d'une façon positive, car elle voulait décider de son avenir.

Durant sa convalescence, Liza se permit d'être ouverte à toutes les nouvelles options que l'univers lui offrait. Six mois après l'accident, elle retourna à l'enseignement, mais, comme elle le dit : « Mon cœur n'y était plus. Je me sentais incroyablement inadéquate, et les autres enseignants semblaient croire que je n'avais plus l'étoffe d'un grand entraîneur sportif. Il me fallait trouver autre chose. Mais je n'avais aucune idée de ce que ce serait. »

Presque un an après son retour au travail, Liza fut invitée à prononcer une conférence pour une organisation qui aide les enfants et les jeunes adultes physiquement handicapés à participer à des programmes de gymnastique. Elle accepta immédiatement et, peu après, aida ces enfants à développer leurs capacités physiques. Elle commença par travailler bénévolement, car elle ne savait pas vraiment si elle pouvait aider ces jeunes ni si l'organisme prévoyait d'ouvrir un poste. Mais dès la fin de l'année scolaire, elle était devenue une employée. Au moment de notre conversation, elle y travaillait encore.

« Pour moi, ce n'est pas du travail, dit-elle. Maintenant, je vois que tout ce que je fais et ce que j'ai dû traverser pour y arriver, sans parler de ce qui m'attend peut-être, ce sont des aspects de mon Contrat. Mon accident, si on veut l'appeler ainsi, m'a obligée à me situer face à moi-même et face à ma relation à la vie. Pour y arriver, j'ai dû m'appuyer sur la force de ma foi, qui n'était plus aussi grande qu'avant l'accident. En convalescence, j'ai éprouvé des sentiments ambivalents, hostiles, que j'ignorais avoir en moi, j'ai ressenti des émotions accablantes comme le fait d'être jalouse des gens capables de marcher. Ma plus grande difficulté a été d'éprouver ces émotions en trouvant un sens à ma vie. Avant mon accident, j'y arrivais par ma volonté. Mais je suis également la preuve que la vie de chacun a une valeur suprême, quel que soit l'état de son corps. L'essentiel est d'apprendre à mener sa barque. »

En s'efforçant d'assumer le changement radical de sa vie, Liza a entièrement repensé sa raison d'être. Voici ce qu'elle m'a écrit après l'atelier : « Comme la plupart des gens, je croyais devoir faire quelque chose de particulier, comme être un bon prof de gym. Alors, quand ce "quelque chose de particulier" m'a été enlevé, j'ai également senti que ma raison d'être avait disparu. Mais j'ai appris que j'en avais une conception extrêmement limitée. Sans mon accident, je n'aurais jamais cru ma vie guidée par un Contrat. Je n'aurais jamais entrevu l'objectif de ma vie comme un état plutôt que comme un effort. Maintenant, je peux tout co-créer concernant qui je suis. »

La grâce et le charisme

Bien des choses ont rendu possible la convalescence de Liza : les encouragements de sa mère, sa volonté de poursuivre fidèlement ses rêves, et quelques « ouvertures » qui lui sont venues. Sa décision de remettre à Dieu la tâche de ramer vous apparaît peut-être comme un simple acte de détermination et de volonté, ou peut-être même de frustration. Mais je l'attribue à quelque chose d'entièrement différent : une infusion de grâce divine qui lui a permis de s'ouvrir aux forces de guérison de l'univers et de reconnaître l'étendue de son propre potentiel.

Les philosophes et théologiens occidentaux se sont longuement interrogés sur la nature de la grâce et les modalités de sa réception. La grâce m'apparaît comme une forme d'énergie vitale en provenance du Divin, l'équivalent occidental de ce que les Indiens appellent le *prâna* (littéralement, le « souffle de vie ») et les Chinois, le *chi*. Le *chi* a plusieurs sens, comme l'air, le souffle, le tempérament et la force, mais il désigne habituellement l'énergie vitale qui circule dans le corps, emmagasinée par celui-ci et par le souffle même : ce sont deux aspects du *chi* considérés comme étant inséparables. On conçoit souvent cette énergie vitale comme une force impersonnelle émanant de la source d'énergie magnétique de l'univers ; selon les croyances taoïstes, elle arrive directement de l'Étoile polaire et de la Grande Ourse. La différence essentielle entre les conceptions orientale et occidentale de cette force vitale, c'est que les Orientaux croient pouvoir favoriser le flux du *prâna* et du *chi* par la méditation et par des exercices physiques comme la maîtrise de la respiration, le yoga et le qigong.

Bien que la plupart des Occidentaux croient que la grâce coule du Divin, la religion occidentale est divisée quant à la nature de ce qui déclenche le processus. Selon certains, la grâce est nécessaire à notre santé spirituelle et à notre salut ultime, mais nous dépendons complètement d'un Dieu capable de nous l'accorder : cette perspective semble diminuer le rôle du libre-arbitre. D'autres estiment que nous ne pouvons compter que sur nos propres efforts en vue du salut, mais trouvent difficile d'expliquer ces infusions soudaines et inattendues d'énergie et d'intuition qui peuvent retourner notre vie sens dessus dessous d'une façon constructive. Pour certains chrétiens, la grâce est un supplément spirituel qui nous est donné lorsque nous le demandons par la prière ou le méritons par l'usage de rituels sacramentaux. D'autres croient que la grâce nous vient de Dieu sans qu'on la demande, tout comme elle afflue dans le cœur d'un enfant que l'on baptise, ou qu'elle agit comme une sorte de force secrète, dans le cœur d'un pécheur, pour l'amener au repentir.

Mais quels que soient le moyen et le moment de son arrivée, la grâce, selon la plupart des gens, accroît notre force vitale et nous confère pouvoir, protection et courage lorsque nous en avons besoin. Elle peut guérir des maladies et prodiguer des bienfaits. Je crois que nous pouvons mériter la grâce par la prière, la méditation et d'autres pratiques spirituelles qui accroissent sa présence en nous. Mais je crois également qu'une forme divine de grâce nous prodigue la force et l'orientation spirituelles, et afflue en nous au besoin, sans nécessairement que nous la demandions. Cette énergie divine, c'est notre *charisme*, une expression unique de la grâce qui nous donne le pouvoir de remplir notre Contrat sacré. Le mot *charisme* vient d'une racine grecque qui signifie « don ». Il dérive de l'ancienne théologie chrétienne, dans laquelle il désigne un certain don divin, accordé aux croyants pour démontrer la force de la présence divine dans leur vie. Un don était censé prouver l'intimité de la présence divine dans la tâche à accomplir en cette vie. (Ce sens survit dans notre autre usage du mot *charisme*.)

Parfois, nous ne prenons conscience d'avoir reçu ce don de grâce qu'après en avoir constaté les effets dans notre vie, comme Liza. Mais à certaines occasions, nous pouvons faire l'expérience d'une *épiphanie* (du grec, signifiant « manifester »), une soudaine illumination de notre union intime au Divin. Lors d'une épiphanie, votre relation à Dieu passe du doute ou de la peur à la confiance profonde. Vous comprenez soudainement que tout, dans votre vie, découle de l'intervention divine, de la grâce de Dieu. Des gens m'ont décrit leurs expériences d'épiphanie comme la fin soudaine du chaos intérieur et du manque d'orientation ou de sens qu'ils éprouvaient. Par une subite infusion de charisme, vous perdez votre incapacité de trouver un sens aux difficultés de la vie, incapacité qui était associée au poids émotionnel d'une vie apparemment sans but ni raison, et vous savez que chaque instant de votre vie est soumis à l'ordre divin.

Le charisme peut même surgir inopinément dans notre vie. Une femme appelée Cindy me raconta qu'elle avait enfin trouvé le sien en prenant un café dans une librairie. « Cela peut paraître ridicule, dit-elle, mais je lisais un article dans un journal local à propos d'un mariage qui devait être célébré au cours du week-end, et je me suis sentie très seule. J'ai commencé à glisser dans ce sombre espace d'apitoiement dans lequel on se dit que l'on ne vivra jamais ce genre d'enchantement. Je me suis mise à réfléchir à ma place dans le plan divin de la vie, et j'avais l'impression d'être un protagoniste assez insignifiant de ce monde. Puis, soudain, une intuition a pénétré à la fois mon corps, mon esprit et mon âme. On aurait dit qu'un projecteur s'allumait et faisait briller les objets et les personnes proches avec toute la clarté que mon regard pouvait supporter. Même les gens que je n'aimais pas me paraissaient adorables.

« Lors de cette expérience, j'ai vu défiler ma vie dans une sorte de rétrospective et je me suis rappelée chacune des émotions que je n'avais jamais éprouvées à l'égard de ceux que j'avais côtoyés. À la fin, je savais que toute ma vie, je reconnaîtrais cette énergie qui circule en moi. Il m'est alors resté une indescriptible sensation de lien avec Dieu, qui m'a laissé l'impression que j'avais toujours été guidée et que je n'étais pas seule. »

L'énergie que Cindy a senti surgir en elle dans son épiphanie à la librairie, c'est son charisme, qu'elle appelle maintenant « la voix de Dieu en moi ». De sainte Thérèse d'Avila et saint Ignace de Loyola à Sri Ramakrishna et Satya Sai Baba, des mystiques ont également ressenti cette présence du Divin à l'œuvre en eux. Par exemple, Ramakrishna, prêtre d'un temple hindou et visionnaire, eut des visions de Mahomet, de Jésus et du Bouddha, à la suite desquelles il embrassa l'islam, le christianisme et le bouddhisme, pratique extraordinaire dans l'Inde du XIXe siècle. Durant sa jeunesse au début du XVIe siècle, Ignace de Loyola s'intéressait davantage à la vie d'aristocrate et aux exploits militaires qu'à la carrière administrative que son père avait prévue pour lui. En se rétablissant d'une blessure à la jambe reçue dans une bataille, Ignace lut les biographies de saint François et de saint Dominique, et ressentit soudain une joie intense et une énergie qui l'amenèrent bientôt à la vie spirituelle. Son livre de pratique mystique, *Les Exercices spirituels*, sert encore à des laïcs cherchant à développer la conscience du Divin en eux.

Avec le déclin actuel de la vie monastique, les mystiques s'intègrent souvent à la société laïque. Votre propre recherche d'une raison d'être vous donne une semblable aspiration à la présence de Dieu et une chance de recevoir la grâce. Même si votre expérience du charisme n'est pas aussi radicale ni aussi immédiate que celle de Cindy (ou celles de Ramakrishna et d'Ignace de Loyola), vous devez être à l'affût de son travail en vous. Par exemple, votre soif de connaître la nature individuelle de votre âme est nourrie par votre charisme. Ce dernier est aussi l'énergie par laquelle le caractère unique de votre identité spirituelle est révélé aux autres : c'est l'équivalent de votre logo spirituel. À mesure que cette grâce vous aide à vous connaître, vous la canalisez vers les autres. Et l'inverse est aussi vrai. L'énergie que vous percevez intuitivement chez vos proches est l'essence de leur charisme.

Les groupes comme les individus possèdent leur propre charisme. Les tribus et les autres organisations communautaires ont
une grâce collective par laquelle elles identifient leur dessein
spirituel particulier. Les rituels et les cérémonies tirés du centre
d'intérêt d'un groupe s'appuient sur le charisme qui les guide ;
ils constituent également une façon pour ce groupe de savoir s'il
est approprié d'y admettre telle personne. Un moine chrétien
m'a dit : « Le charisme de notre communauté consiste à servir
Dieu en consacrant notre vie à la prière. Dans le cloître, tous
nos gestes font partie d'une dévotion du groupe destinée à attirer l'Esprit dans la vie de ceux qui en ont besoin sur cette terre.
Si quelqu'un désire se joindre à notre communauté, son charisme individuel doit être aligné sur celui de ce groupe. Sans cette
unité, cette personne ne pourrait survivre aux rigueurs de cette
vie. Elle ne serait pas nourrie par la grâce particulière accordée
à notre groupe, non pas parce qu'elle lui est refusée, mais parce
que son âme requiert une forme de nourriture qui n'est tout
simplement pas présente dans la grâce de notre communauté. »

Certains essaient d'ignorer cette grâce divine, alors même
qu'elle circule en eux. Dans ma jeunesse, à l'école paroissiale, les
religieuses aimaient nous parler de notre « vocation ». Pour
elles, bien sûr, la vocation ne voulait dire qu'une chose : un
appel à la vie religieuse. Elles nous faisaient clairement comprendre que nous avions toujours le libre-arbitre et pouvions
refuser la vocation, mais que nous ne serions jamais aussi heureuses ni comblées que si nous l'avions suivie. Même si j'estime
qu'elles avaient tort en nous pressant de nous joindre à un ordre
religieux, je vois que l'ignorance de notre charisme, de notre
vocation ou de notre Contrat peut rendre la vie plus difficile et
moins satisfaisante. Comme l'écrit Gregg Levoy dans son livre
Callings, les vocations peuvent avoir plus d'un sens :

> Elles peuvent nous appeler à faire quelque chose
> (devenir travailleur autonome, retourner à l'école,
> interrompre ou entamer une relation, déménager à la
> campagne, changer de carrière, avoir un enfant) ou à
> être quelque chose (plus créatif, moins critique, plus

affectueux, moins peureux). Elles peuvent nous appeler à nous rapprocher ou à nous éloigner de quelque chose ; à changer quelque chose, à revoir un engagement ou à y retourner d'une façon entièrement nouvelle ; nous appeler à tout ce que nous avons osé… faire, dans tous nos souvenirs…

Hélas, nous nous contentons souvent d'écarter nos grands désirs au lieu de les assumer et de passer aux actes. Nous n'oublions peut-être pas nos appels, mais nous craignons ce qu'ils pourraient exiger de nous. Anticiper les conséquences du changement nous empêche d'avouer que nous connaissons notre vocation, et l'avons toujours connue[2].

À certains égards, ce livre même émane de la grâce qui m'est venue au cours d'une série d'intuitions inattendues. Comme l'a dit Joseph Campbell à Bill Moyers dans *Le Pouvoir du Mythe*, lorsqu'on rédige une œuvre de création, « on cède, et le livre nous parle et s'élabore de lui-même. Dans une certaine mesure, on devient le porteur de quelque chose qui nous est donné par ce qu'on a appelé les Muses, ou, en langage biblique, "Dieu". Ce n'est pas une lubie, mais un fait. Puisque l'inspiration provient de l'inconscient, et que l'inconscient des gens d'une petite société a beaucoup de points communs, ce que suscite le chamane ou le prophète, c'est quelque chose qui attend d'être éveillé en chacun[3]. » En ce sens, je veux que vous considériez ce livre comme une occasion d'évoquer et de reconnaître votre propre charisme, vos muses et vos intuitions, d'entrer en contact avec ces grands désirs et ces vocations cachées qui enrichiront tellement votre vie lorsque vous apprendrez à les reconnaître.

Dans la mesure où vous pourrez reconnaître et accepter la grâce et les conseils qui vous parviennent, votre vie deviendra plus gratifiante. Le fait d'envisager la vie sur le plan symbolique veut dire toujours chercher le sens élargi et profond de n'importe quel événement. Cette vision transcende le plan physique et, surtout en période de stress et d'affrontements, vous permet de transcender des événements et de les considérer dans le contexte de votre vie entière – du point de vue de votre esprit guide, par exemple.

Même si vous n'avez pas ressenti la présence d'un esprit guide ou que vous ne soupçonnez pas d'être en train de vivre une mission qui vous a été confiée avant la naissance, vous avez peut-être remarqué certains schémas récurrents de problèmes ou d'événements apparaissant dans votre vie. Peut-être éprouvez-vous des difficultés avec vos parents ou vivez-vous des relations troublées avec d'autres hommes ou femmes. Certaines maladies ou difficultés se répètent peut-être au cours de votre carrière. Même si votre vie est satisfaisante dans l'ensemble, peut-être avez-vous le sentiment qu'il vous manque quelque chose. Vous devez peut-être essayer de voir ces choses d'un point de vue différent. Pour ce faire, il vous faut être sensible non seulement à votre environnement physique, mais aussi à des lieux où le paysage est plus symbolique qu'authentique. L'un de ces plans, qui nous est tous familier, est le domaine des rêves.

Vol de nuit

Dès les débuts de l'histoire et sans doute bien avant, les rêves ont fourni une voie symbolique à nos peurs et à nos désirs cachés. En nous révélant le langage de notre psyché, les rêves éclairent non seulement les dilemmes ou les occasions qui nous sont présentés, mais aussi la façon dont notre âme les entrevoit. Sigmund Freud, qui appelait les rêves « la voie royale d'accès à l'inconscient », Carl Jung et bien d'autres ont tous présenté des méthodes élaborées d'interprétation des rêves en fonction de leur imagerie symbolique complexe. Mais pour trouver la clé de certains rêves, il suffit de comprendre le sens d'une image centrale.

Pendant dix-huit ans, par exemple, j'ai fait une série de rêves liés, qui tournaient tous autour d'une même image cohérente : le décollage d'un avion. Le premier s'est produit en 1982, alors que je me trouvais à un tournant extrêmement critique dans ma vie. Quelques années plus tôt, j'étais devenue de plus en plus désillusionnée par mon travail de journaliste. Un jour, on m'envoya couvrir un atelier sur la mort, animé par Elisabeth Kübler-Ross. L'intensité de la souffrance des participants, de même que la façon étonnante dont Kübler-Ross aidait des gens atterrés par la mort d'un proche, m'incitèrent à retourner à l'école pour étudier la religion et la mythologie. Mais ce diplôme de troisième cycle en théologie ne me permit pas plus que ma licence en journalisme de trouver mon créneau. Deux ans après mes nouvelles études, je m'efforçais de donner une direction claire à ma vie. Secrétaire à l'emploi du département de pharmacologie à l'Université Northwestern, je n'arrivais pas à m'orienter.

J'avais l'impression de vivre sur un pendule qui oscillait entre deux mondes. Mes études en spiritualité me transportaient, puis j'étais ramenée sur terre par les paniques et peurs de la vie ordinaire. Je m'enfonçai dans une profonde dépression, semblable à un boulet mental, qui déclencha une décennie de pénibles migraines. Après des mois de cette noirceur, je dis même à un ami : « Je dois faire quelque chose. Une partie de moi est en train de mourir, et si je ne fais rien bientôt, je vais mourir pour vrai. » J'en avais la ferme intention. J'avais perdu confiance en la vie, même si je croyais toujours en l'aide de Dieu. Je vivais dans un état psychologique et émotif contradictoire qui me désespérait encore davantage.

Puis, je fis un rêve fort étrange. Jung l'aurait qualifié de « grand rêve ». J'étais le seul passager dans un avion à réaction, petit mais puissant, encore posé au sol, immobile dans ce qui ressemblait à une stalle d'étable, avec d'autres avions. Ces derniers décollaient tour à tour, comme il se devait, mais mon avion continuait d'attendre la permission de la tour de contrôle, tandis que ma colère montait à chaque instant. Finalement, j'envoyai un message au contrôleur aérien : « Eh ! Et moi ? »

« Éteignez votre moteur, répondit une voix. Nous vous retenons jusqu'à ce que le ciel soit sécuritaire pour votre voyage. »

Mon avion se trouvait dans en attente tout comme je « stagnais » du point de vue physique, émotionnel, personnel et professionnel. Mais la tour de contrôle, qui pour moi, même en rêve, représentait Dieu, me signifia que l'on veillait sur moi et que l'on prenait soin de moi. Encore endormie, je fus envahie par le sentiment que Dieu était bel et bien au ciel et que mon univers tournait rond.

Au réveil, j'acceptai d'attendre le bon moment pour partir. Je ne désespérais plus de trouver concrètement ma direction. Dès lors, chaque aspect de ma vie parut différent. On veillait sur moi ; il y avait pour moi un plan déjà lancé derrière l'immobilité figée de ma vie extérieure.

Revigorée par le message rassurant de mon rêve, je décidai de jouir de l'indétermination dans laquelle je flottais. Mon emploi de secrétaire assurait ma survie matérielle. J'avais un chèque de paie, de même qu'un précieux cadeau : le temps de faire tout ce que je voulais après le travail. Je n'avais aucune tâche professionnelle suspendue au-dessus de ma tête, aucune date de tombée ni aucune tension reliée à l'exécution de mon travail. Je menais une vie de liberté. J'étais libre de passer du temps avec mes amis et ma famille, et je goûtais la vie avec une insouciance que je n'ai pas retrouvée depuis.

Parce que j'étais absolument dépourvue d'objectif personnel et d'ambition au sein de l'organisme politique et financier pour lequel je travaillais, une perte d'emploi ne m'aurait absolument pas affectée. Je n'avais aucun désir d'atteindre un échelon ou d'obtenir un privilège au sein de ce groupe de professionnels, et cela me rendait heureuse. Même si je ne possédais rien aux yeux de ces scientifiques, en réalité, j'avais tout. Ces gens m'ont montré quel degré d'atrocité les humains peuvent atteindre lorsqu'ils sont motivés par l'ambition et l'insécurité. S'arrachant subventions, promotions et pouvoir, les scientifiques étaient tenus en otage par leur crainte du succès des autres. Chaque soir, en partant du bureau, j'y laissais mes tâches, mais ces gens retournaient chez eux avec des porte-documents chargés du poids du travail et de la peur.

Ce poste me permit d'apprendre l'une des vérités les plus productives, du point de vue spirituel, que j'applique à présent à chaque jour de ma vie : c'est quand on ne cherche pas l'approbation des autres qu'on a le plus de pouvoir. Du point de vue émotionnel ou psychologique, personne ne peut vous en priver. Cette sécurité spirituelle me procura un sentiment de libération quasi euphorique. Elle me fit apprécier pourquoi la célèbre phrase « Sois sincère avec toi-même », du *Hamlet* de Shakespeare, est considérée comme un commandement spirituel. On ne peut longtemps être à la fois sincère avec soi-même et dépendant de l'approbation des autres. À un moment donné, on comprend qu'on se pénalise en n'étant que ce qu'on croit devoir être pour obtenir de l'approbation. Dans le langage du Contrat, compromettre qui on est pour obtenir de l'approbation, c'est céder une part de son âme. Vous finissez pas laisser une part de plus en plus grande de vous-même jusqu'à ce qu'il ne vous reste plus ni force, ni sentiment de soi. Je compris alors que la manipulation est l'art de faire danser l'âme d'un autre pour s'amuser, et que ce n'est qu'en se respectant soi-même qu'on développe la force nécessaire pour refuser cette danse. Mon rêve d'avion me libéra de mon propre poids mental, de ma dépression et de mon anxiété quant à mon avenir et à ma raison d'être. Quelques années plus tard, en effet, je rencontrai un couple qui partageait mon intérêt croissant pour la conscience humaine ; ils m'invitèrent à me joindre à eux pour lancer une maison d'édition au New Hampshire.

Treize ans plus tard, ma vie avait radicalement changé. J'étais devenue une intuitive médicale professionnelle, une enseignante et une écrivaine. En 1995, en commençant *Anatomie de l'Esprit*, je fis un autre rêve d'avion, le premier depuis celui de 1982, qui fera ainsi partie d'une série. L'avion devint le symbole ou l'archétype précis, analogue à un numéro de téléphone privé, qui m'aurait été fourni dans mon rêve pour attirer mon attention. Chaque rêve d'avion constituait un message direct du Divin. L'avion signifiait que j'allais dans la bonne direction, celle qu'on m'avait assignée et que j'avais en quelque sorte acceptée.

Chaque rêve indiquait également les progrès de mon plan de vol et du décollage d'un livre. À l'époque de ces rêves, je n'avais pas encore l'impression d'avoir atteint la profondeur du message que je voulais communiquer dans *Anatomie de l'Esprit*. Je tour-

nais autour, pour ainsi dire, sans en avoir perçu toute la signification. Dans le premier rêve de la séquence « Anatomie », je
filais à travers un aéroport pour attraper un vol, mais l'avion partit sans moi. Quelque temps après, j'étais sur le point de m'embarquer lorsqu'une voix m'appela par les haut-parleurs en disant :
« S'il-vous-plaît, décrochez le téléphone blanc. » Je savais que, si
je répondais à ce message, l'avion partirait sans moi. Je décidai
tout de même de prendre l'appel. En soulevant le combiné du
téléphone blanc au mur, je me retournai pour voir décoller mon
avion, comme je l'avais prévu. Je m'attendais à entendre une voix
en portant le combiné à mon oreille : quelqu'un qui me fournirait
les pistes dont j'avais besoin à propos de mon livre. Mais il n'y
avait aucune voix à l'autre bout du fil. Je raccrochai, me retournai face à une porte d'embarquement vide, et quittai l'aéroport
avec un sentiment d'abandon.

Au cours du rêve suivant, je parvins à monter dans l'avion,
pour me faire dire qu'il ne restait aucun siège pour moi et que je
devrais redescendre. L'humiliation me fit rougir : des centaines
de gens me fixaient comme si j'avais envahi leur « espace
aérien ». Pour moi, l'air représentait l'élément astrologique associé à l'esprit, et le rêve signifiait que je parcourais un territoire
conceptuel qui n'était pas encore le mien. Peu après ce rêve, j'é-
tais encore irritée de n'avoir toujours pas trouvé l'idée principale
de mon livre, mais en prononçant une conférence devant un
groupe de vingt-huit étudiants, je me retournai pour écrire
quelque chose au tableau et « téléchargeai » instantanément une
image qui fusionnait trois grandes traditions mystiques et leurs
implications biologiques : les sept chakras de l'Orient, les sept
sacrements chrétiens et les dix séfirots de l'Arbre de Vie de la
kabbale juive. En une fraction de seconde, je reçus, et je compris,
et j'acceptai de recommencer ce livre.

Au cours du rêve subséquent de cette série, je finis par prendre place à bord. Je remarquai un siège vide au fond de la cabine, mais alors que je m'y dirigeais, l'hôtesse me regarda. Je ten-
tai de l'éviter et, arrivée à mon siège, je m'y glissai aussi bas que
possible en me couvrant le visage avec un magazine. Mais il était
trop tard. Nous nous étions vues, et il était évident qu'elle ne me

permettrait pas de rester à bord. Même en rêve, je voyais bien que je ne pouvais tout simplement pas me cacher de qui que ce soit. Si ce siège m'avait été destiné, on m'aurait permis de rester. Mais il portait le nom de quelqu'un d'autre, et je n'y étais absolument pas à ma place. Découragée, je me dis que finalement, tout était dans l'ordre. Et j'avais extrêmement hâte que le manuscrit soit terminé.

Voilà le problème, réalisai-je plus tard. J'étais trop pressée. Le manuscrit serait complété à temps, mais pas dans le délai que je m'étais fixé, et j'avais encore beaucoup de travail à y consacrer avant qu'il ne soit accepté. Avant de m'envoler, je devais mieux développer les idées et les intuitions qui m'avaient paru évidentes, et je n'avais pas encore reçu le feu vert.

Après des mois de peaufinage, le manuscrit fut enfin accepté. Alors que j'attendais sa publication, je fis le dernier rêve d'avion relié à ce livre. Une fois de plus, je m'embarquai et repérai le même siège vide où je m'étais assise lors du vol précédent. Je m'y glissai rapidement, bouclai ma ceinture et retins mon souffle en attendant le décollage. Mon cœur battait la chamade et mon corps tremblait d'anxiété. Puis, à nouveau, l'hôtesse me repéra. Juste au moment où je me préparais à prendre mon sac de cabine et à quitter mon siège, elle me dit : « S'il-vous-plaît, prenez vos affaires et venez avec moi, car il y a eu une erreur. » Je la suivis dans l'allée en me demandant ce que ça pouvait bien être, cette fois. Mais nous dépassâmes la porte de sortie de l'avion et elle m'amena directement en première classe. « Voilà, dit-elle. C'est votre siège. Vous l'avez mérité. » Là-dessus, on me donna une bouteille de champagne et l'avion décolla.

Le rêve de l'avion me vint lorsque je commençai à écrire ce livre-ci, *Contrats sacrés*. Le manuscrit n'avançait pas et, une fois de plus, je m'enfonçais dans des sables mouvants émotionnels. Au début du rêve, j'entrais dans le bureau d'une ligne aérienne pour y déposer une demande d'emploi. Pour la première fois, cependant, je connaissais le nom de cette ligne : Aer Lingus, la compagnie irlandaise. Je faisais la queue au comptoir des billets, en compagnie d'un ensemble de gens vraiment farfelus. Je me demandais ce que je faisais là et, lorsque je compris que je remplissais une demande quelconque, je fus convaincue de n'être pas qualifiée. Lorsque vint mon tour de tendre mon formulaire, la préposée bourrue me l'arracha de la main et entra dans une pièce attenante. Je restai là une éternité à attendre qu'elle revienne.

« Très bien, alors, vous avez obtenu l'emploi, annonça-t-elle. Maintenant, montez dans cet avion.

– Mais je n'ai ni vêtements, ni argent, ni même de passeport, dis-je.

– Tant pis, dit la femme d'un ton sévère. Laissez tout ce que vous avez, sinon vous ne pourrez pas prendre l'avion.

–Mais, dis-je, j'ai des choses très précieuses. »

Elle était inflexible. « Ou bien vous montez dans cet avion sans rien apporter, ou bien vous restez ici. »

Je regardai tous les gens qui s'embarquaient : aucun ne portait de bagage, pas même un sac à main, et je lui dis que j'avais besoin de temps pour mettre mes choses en ordre. Comment peuvent-ils y arriver ? me demandai-je. Comment peuvent-ils monter sans bagages ? Lorsque je protestai à nouveau que je n'avais ni argent ni vêtements, la femme répondit : « On vous fournira tout ce qu'il vous faut. Vous serez accueillie à l'atterrissage. »

Tout ce que je me rappelle avoir pensé alors, ce fut : j'espère que les vêtements qu'ils me réservent sont de la bonne taille, et griffés. À ce moment, j'entendis mon nom au haut-parleur et vis au mur, le téléphone blanc de mon rêve antérieur. Je savais par expérience ce qui arriverait si je décrochais. L'embarquement était presque terminé et la femme à la voix sévère répéta son avertissement. « Ou bien vous laissez tout derrière et vous montez tout de suite, dit-elle, ou bien vous restez ici et vous reculez. »

En courant pour monter à bord de l'avion d'Aer Lingus, je me demandais : Qu'est-ce que je fais ici ? Je n'habite pas en Irlande. Je ne connais pas ces gens. Je ne sais pas où je m'en vais. Je pars pour l'étranger. Je savais plus ou moins que les questions que j'avais posées n'étaient ni mythiques ni hypothétiques. C'étaient des questions profondément spirituelles : Veux-tu vraiment t'envoler dans la seconde moitié de ta vie ? Es-tu prête à tout quitter pour ça ?

Après être embarquée, je découvris que les sièges de première classe, vers lesquels je fus à nouveau escortée, étaient disposés en rangées comme ceux d'un cinéma, face au cockpit qui était pourvu d'énormes fenêtres, comme dans l'adaptation cinématographique de *Vingt mille lieues sous les mers*. À l'extérieur, j'avais une vue panoramique jusqu'à ce que l'avion pénètre dans une immense zone de brouillard. Exacerbée par le manque de visibilité, j'entrepris de me lever de mon siège, mais l'hôtesse me dit de rester où j'étais. J'insistai pour voir le pilote, mais elle se contenta de répondre : « Ce n'est pas permis. » Je savais qu'il me fallait sortir du brouillard, tout comme je savais qu'il me fallait répondre « oui » aux questions antérieures. Mais je ne savais toujours pas exactement à quoi j'avais consenti.

Même si c'était un rêve, la décision de sortir de cet avion me parut être le choix le plus terrifiant de ma vie. D'ailleurs, j'avais raison. Ce tout dernier rêve inaugura un cycle de déchirantes pertes personnelles : je me trouvai écartée d'amis intimes, de parents et d'associés, soit par la mort littérale, soit par une séparation pénible. J'étais au grand tournant du milieu de ma vie. J'avais l'impression de vivre dans un champ de la mort, de devoir abandonner des choses et des gens auxquels je tenais énormément, dont un frère aîné qui décéda durant cette intense et insoutenable période d'approfondissement spirituel. Étrangement, le jour de sa mort, j'étais censée donner un atelier de dix jours en Irlande et, en effet, après son service, je m'envolai vers l'aéroport de Shannon… et terminai mon trajet à bord d'Aer Lingus.

Mais même au milieu de mon enfer, ce rêve me réconforta, car il me prédisait que j'étais sur le point de m'envoler vers une zone d'expériences nouvelles, plus gratifiantes. Malgré ce que présageaient ces rêves, en définitive ils me rassurèrent. Ils me répétaient en termes sans équivoque : « Tu voles dans la bonne direction. » Ils me disaient aussi : « Tu as encore besoin de t'orienter, de faire des choix, d'affronter l'inconnu ; et nous sommes encore en train de vérifier ton attitude. » Mais ils le disaient d'une façon si affectueuse que je ne me réveillais jamais dans la peur, bien que, dans ces rêves mêmes, je me sois souvent sentie anxieuse, abandonnée ou confuse.

Alors que je travaillais à mon nouveau livre, le sens de ce rêve et des précédents me parut de plus en plus clair. Je savais que j'étais soutenue, que l'univers ne me laisserait pas m'emballer ni rater ma destination. Pour moi, ce rêve était largement lié au livre. Même le nom d'Aer Lingus suggérait que le moyen de transport avec lequel je voyageais se rapportait au langage, à l'expression des idées du livre que je m'étais efforcée de faire décoller. Il me confirmait également que l'avion avait une destination particulière, qu'une force supérieure était à l'œuvre, et que cette force qui m'avait réservé un siège s'attendait à ce que j'embarque.

Bien que je n'aie jamais cessé d'espérer l'aide de Dieu, je ne m'attendais pas à ce qu'elle me vienne en rêve. Je n'avais jamais vraiment fait attention à mes rêves ni même lu d'ouvrages sur leur interprétation. Mais ils m'avaient fourni les conseils les plus extraordinaires dans les moments difficiles de ma vie. Ils m'avaient également aidée à abandonner une vieille image de moi-même, celle d'un être sans direction ni certitude, et à voir ma vie sous un jour différent. Même si je n'avais pas cru en Dieu, mes rêves m'auraient fait réviser ma position.

Les rêves ont renforcé ma croyance qu'un dessein sous-tend les événements, que notre vie est tracée, que ses étapes et ses stades nous donnent toujours l'occasion d'une transformation spirituelle, qui est le but ultime du travail avec notre Contrat. La transformation spirituelle survient lorsque, ne voyant plus les choses en termes strictement physiques et matériels, on s'aperçoit que leur déroulement s'appuie sur une logique, qu'elles sont comprises dans un vaste plan. Notre Contrat sacré nous offre d'innombrables chances de croissance et de changement, qui ne dépendent que de notre volonté de saisir les indices et les signaux subtils apparaissant en cours de route. Les rêves, les intuitions, les coïncidences apparentes et les rencontres aléatoires ne sont que quelques-uns des indices qui nous guident sur la voie de la transformation véritable.

Le but de la transformation
spirituelle

La plupart d'entre nous avouerions probablement que le changement positif (et le fait d'aider les autres) est l'une de nos raisons d'être. Sans cette possibilité d'apprendre, de grandir ou d'être une force bénéfique, la vie serait plutôt stagnante. La connaissance de votre Contrat sacré vous permet de voir comment des événements et des rencontres apparemment aléatoires (positifs ou négatifs) font partie, en réalité, d'un scénario de vie qui vous fournit d'innombrables occasions de transformation spirituelle.

On croit souvent à tort que la transformation spirituelle doit être déclenchée par un traumatisme ou une tragédie : une maladie grave, la perte d'un être cher, une catastrophe financière ou personnelle. La plupart d'entre nous avons de la difficulté à croire qu'un changement de perspective majeur puisse être motivé par le simple contenu d'un livre ou par les sujets de conversation d'un déjeuner entre amis. Mais comme je l'ai appris en parlant à Sharon, une journaliste spécialisée dans la nouvelle sérieuse, les changements de vie peuvent être catalysés par des rencontres apparemment accidentelles. « Les reporters ont une nature cynique, me dit-elle. Il le faut bien, car il est trop facile d'être séduit par les histoires des gens. Au début de ma carrière, j'avais l'ambition d'écrire de grands articles d'intérêt humain. Mais j'aimais particulièrement les sujets dramatiques et politiques. Un jour, on m'a envoyé dresser un portrait d'un agent de police qui visitait bénévolement les écoliers des quartiers pauvres pour leur parler des dangers des armes à feu et de la drogue. Au départ, j'ai cru que le service de police local l'avait chargé d'un rôle de relationniste pour s'attirer une bonne couverture de presse. Je l'ai rencontré le matin et nous avons passé la journée à faire la tournée de trois écoles. Sa sincérité et son intérêt authentique envers les jeunes m'ont tellement troublée que je suis tombée amoureuse de cet homme. Dès midi, je me fichais pas mal de l'article. Tout ce que je voulais savoir, c'était s'il était marié. »

À un moment donné, au cours de son entrevue avec Bill, Sharon lui demanda comment sa femme voyait ses efforts de bénévolat. « Lorsqu'il m'a dit qu'il était célibataire, j'ai eu du mal à tenir mon magnétophone sans trembler, dit-elle. Comme j'étais terrifiée à l'idée de laisser paraître mes émotions, je l'ai interrogé à fond sur ses motifs. Puis, il m'a dit qu'il se sentait tout simplement attiré par l'idée d'aider les enfants à augmenter leurs chances de réussites matérielle et spirituelle dans la vie. »

Lorsque Sharon demanda à Bill si ses motivations étaient spirituelles, il écarta la question. « C'est un point de vue, mais je ne le trouve pas nécessaire, dit-il. Ce qui m'intrigue davantage, c'est qu'une personne qui passe cinq heures par semaine à donner bénévolement de son temps paraisse tellement "unique" ou "étonnante" qu'elle peut même faire l'objet d'un article de journal. Nous semblons trouver exceptionnel le geste de donner de soi-même aux autres. »

Sharon décida d'écrire son article sous cet angle, en fouillant la question que Bill avait posée. Cet article engendra une réaction si enthousiaste qu'on les invita tous deux à participer à un débat local, puis à des émissions de radio. « Bientôt, nous animions des forums ouverts pour discuter de ce qui motive les gens à aider les autres, dit-elle. Cette avalanche de réactions a transformé mon attitude à l'égard de mon métier. J'ai décidé de me spécialiser dans les articles de ce que j'appelle la Minorité sacrée. J'interviewe des gens qui donnent de leur temps et d'autres qui ont des raisons de croire qu'aucune aide ni aucun don ne changera la vie. Je n'avouerais jamais à mes collègues que j'envisage ce que je fais comme une mission spirituelle, mais c'est bien le cas. J'écris sur la façon dont les humains sont, par l'âme, en liaison les uns avec les autres et avec leur propre pouvoir de changer les choses. »

En langage symbolique, Sharon reconnaissait que tout son travail et toutes ses rencontres représentent le Contrat de sa vie. Bill y compris, car leur rencontre « aléatoire » les avaient conduits au mariage et à engendrer deux enfants.

Contrats sacrés
et relations humaines

Bill et Sharon avaient clairement un Contrat l'un avec l'autre. Les Turcs pourrait l'appeler *kismet* (destinée ou condition) et les Juifs, *be'shert* : un mot yiddish qui veut dire « destiné à être ton bien-aimé ». Leur union ne se limite pas à une simple idylle, bien qu'elle en fasse certainement partie. Ils étaient par-dessus tout, destinés à travailler ensemble sur des questions et problèmes dépassant largement leur vie personnelle. Dans leur développement des qualités transpersonnelles, ils étaient amenés à atteindre une sorte de transformation spirituelle. Ce genre de travail peut se dérouler dans l'amour et l'intimité, mais exige aussi, parfois, une honnêteté brutale. Dans son adorable livre intitulé *Anam Cara* (une expression en gaélique qui signifie « compagnon de l'âme »), John O'Donohue parle de la tradition bouddhiste du *kalyana-mitra* ou « noble ami ». Votre noble ami, dit-il, « n'accepte aucune prétention mais vous confronte avec beaucoup de douceur et de fermeté à votre propre cécité. Personne ne voit la vie dans sa totalité. Tout comme il y a une tache aveugle sur la rétine de l'œil humain, il y a aussi dans l'âme un point aveugle que l'on ignore. Par conséquent, il faut demander à un être aimé de regarder pour soi ce qu'on ne peut voir soi-même[4]. »

Parce que la vie est si complexe et qu'il y a tant à « voir » (de nous-même, du monde et du Divin), nous avons des Contrats avec bien des gens dans notre vie. Imaginez qu'en s'incarnant, chaque âme se divise en innombrables fragments qui passent instantanément à l'exploration de l'âme globale. Vous le savez quand vous rencontrez des gens qui dégagent quelque chose de profondément attirant pour vous, et vous vous sentez peut-être « vide » lorsqu'ils partent. Le terme populaire *âme-sœur*, appliqué à un partenaire romantique idéal, reflète à peine cette vérité ; en fait, nous avons plusieurs âmes-sœurs qui jouent des rôles fort différents dans la vie. *Noble ami* est peut-être un meilleur terme. Ce sont les gens que vous êtes non seulement destiné à rencontrer mais que vous *devez* rencontrer. Peu importe le nombre d'occasions de les rencontrer qui vous échapperont, si vous avez un Contrat, vous *finirez* par les rencontrer, peut-être plusieurs fois, jusqu'à ce que vous ayez complété tout ce que vous aviez à régler dans l'échange de vos âmes.

Une dénommée Jill m'a dit qu'elle avait fréquenté, durant ses études universitaires, un homme dont elle était profondément amoureuse, mais qu'elle refusa d'épouser parce qu'elle croyait n'avoir pas encore à ce moment-là exploré sa vie d'adulte. Elle réalisa, comme elle le dit, qu' « entre les deux son cœur balançait » : elle adorait son copain, mais elle était tout aussi follement amoureuse de son désir de voyager et de vivre sa vingtaine en toute liberté d'esprit. « Comme je savais, de toute façon, que j'allais être blessée et remplie de regrets, j'ai choisi de suivre mon pouvoir. Je savais que, si je l'avais épousé alors, j'aurais fini par me fermer. Mon choix m'a donné le potentiel nécessaire pour m'ouvrir, et en définitive, je ne pouvais que refuser le mariage. »

Bien que Jill n'ait jamais oublié son ex, ses souvenirs ne provoquèrent pas chez elle autant de tristesse que si elle avait réprimé son désir de voyager. Mais quinze ans après leur séparation, « la destinée ou le destin ou mon Contrat nous a ramenés l'un vers l'autre, se rappelle-t-elle. J'étais chez moi, le téléphone a sonné et c'était Andy. Il avait rencontré de vieux amis, demandé de mes nouvelles, découvert que je ne m'étais pas mariée, et bingo ! Nous avons recommencé à nous voir. Nous étions de toute évidence faits pour être ensemble. Entretemps, nous n'avions eu qu'à nous occuper un peu. »

Je ne peux démontrer scientifiquement que même en tentant d'éviter une rencontre que l'on est censé faire par contrat elle finira par avoir lieu. Mais nous semblons entretenir une croyance innée en la destinée. Il existe une vieille légende orientale, intitulée « Rendez-vous à Samarra » (dont John O'Hara s'est inspiré pour écrire son célèbre roman), dans laquelle un maître envoie son esclave faire des courses au village. Là-bas, l'esclave rencontre le personnage de la Mort et il en est si effrayé qu'il court jusqu'au prochain village, Samarra, pour s'y cacher. Entendant dire que son esclave a disparu, le maître se rend au village et affronte la Mort. « Pourquoi as-tu effrayé mon serviteur ? » demande-t-il.

« En fait, répond la Mort, je n'essayais pas de l'effrayer. J'étais seulement surprise de le voir ici, car je suis censée le rencontrer ce soir à Samarra. »

D'un point de vue symbolique, de même que de la position traditionnelle d'une grande part de la pensée orientale, personne ne se trouve dans votre vie par hasard. Cela étant dit, cependant, il semble que certaines personnes comptent davantage. Vos intimes, tels que votre famille, vos amis, vos partenaires, vos amants, vos collègues proches, et même vos adversaires, font tous partie de vos ententes d'apprentissage sur terre. Mais parce que votre Contrat concerne l'ensemble de votre vie, on ne peut qualifier d'insignifiantes certaines autres relations qui semblent brèves ou banales.

Je me rappelle encore une brève conversation avec un professeur d'anglais, au collège, qui me retint après le cours un soir pour m'offrir des conseils à la fois sur mon style d'écriture et sur mon attitude. À l'époque, j'étais mordue du Théâtre de l'Absurde (celui des dramaturges Eugène Ionesco, Samuel Beckett et Harold Pinter) et mes contributions littéraires à ce cours reflétaient mon engouement. À cause de mon manque de formation et de mes lacunes dans l'appréciation de l'anglais classique, mon travail était à un cheveu du désastre. Mon professeur m'offrit aimablement un conseil (d'une phrase) qui transforma sur tous les plans, et pour le reste de mes jours, mon appréciation de l'éducation. « Vous savez, Caroline, dit-elle, pour bien écrire, même la présentation de l'absurdité, il faut apprendre les lois de l'anglais comme un maître, afin de pouvoir les enfreindre comme un artiste. » Adolescente, j'avais cru que la créativité signifiait la liberté absolue de faire tout ce qu'on voulait ; mais à cet instant, elle m'enseigna que la créativité véritable repose sur de solides fondements de connaissance et de discipline. J'avais dû m'engager à rencontrer cette sage enseignante, car elle changea toute ma compréhension de la création artistique et littéraire.

À l'inverse, vous avez probablement déjà tenté de « provoquer » une relation sans que, malgré tous vos efforts, le lien ne se forme. Il y a des gens avec qui vous êtes censé vous trouver, et d'autres qui, quoi que vous fassiez, ne seront pas de votre vie. De même, certains ont beau frapper bruyamment à la porte de *notre* vie, mais malgré leurs efforts pour nous plaire ou attirer notre attention, nous ne sommes pas ouvert à l'idée de les accueillir. Aucun d'entre nous n'appartient à la vie d'un autre. Voici un indice qui vous aidera à déterminer si quelqu'un a sa place dans votre vie : devenez sensible à ce que j'appelle le facteur d'« animation ». J'entends par le mot *animation* une sorte de courant électrique qui circule entre deux personnes lorsque l'énergie vitale fait irruption, comme entre des amants qui s'adorent absolument. (Lorsque je parlerai du rôle des chakras au chapitre 6, vous apprendrez comment saisir d'autres indices fondés sur ces centres subtils d'énergie intérieure.)

L'absence d'électricité entre les gens est aussi évidente que sa présence. Sans ce courant, rien ne pourrait vous rapprocher pour former une relation. Vous serez peut-être à même d'établir un lien temporaire, mais à moins qu'il ne circule un flux naturel entre vous, votre lien sera instable et embrouillé.

Parmi les liens riches en animation, mentionnons les relations avec des gens pour qui vous ressentez une aversion immédiate ou avec qui vous tombez dans une forme instantanée de jeu de pouvoir. Dans ces cas, vous pouvez être assuré d'avoir également quelque chose à apprendre d'eux, bien que ce soit plus difficile que l'attraction mutuelle. Selon Carlos Castaneda, les gens qui nous en apprennent le plus dans la vie sont les « petits tyrans », ceux qui nous font réagir et nous font voir chez eux les qualités que nous détestons le plus en nous-mêmes. Gurdjieff jouait souvent ce rôle avec ses propres disciples, en leur faisant passer une journée entière à creuser un énorme trou dans le sol, pour ensuite leur dire de le remplir.

Selon les termes de votre Contrat, les petits tyrans de votre vie sont aussi utiles et importants que vos nobles amis les plus chers. Vous avez des accords à conclure de part et d'autre, car tous ont à vous enseigner sur vous-même quelque chose que vous ne pourrez apprendre nulle part ailleurs.

CHAPITRE 2

Contrats de mythes et de maîtres

Votre Contrat, de même que toutes les ententes de sous-traitance qui le constituent, n'est pas une fin en soi. C'est un moyen, un plan destiné à vous aider à développer votre potentiel divin. Vous pouvez considérer votre Contrat sacré comme un « cours sur la vie » dont vous êtes censé tirer nombre d'enseignements. En commençant à explorer un cours, mieux vaut ne pas tenter outre mesure de le définir en une seule phrase ni de le réduire à une seule leçon. Il vous faudra un certain temps avant de pouvoir dire que vous étiez né dans un but précis, comme Mère Teresa, car vous allez tenter de découvrir les nombreuses ententes et leçons de votre mission.

Ce concept qui nous attribue des leçons de vie et des « tâches » à compléter ne date pas d'hier. Dans *Femmes qui courent avec les loups*, le Dr Clarissa Pinkola Estés raconte l'histoire de Vasilisa et Baba Yaga, un récit archétypal qu'elle fait remonter aux cultes préhistoriques de la déesse-jument, antérieurs même à la mythologie grecque[1]. Vasilisa est une jeune fille dont la mère est mourante. Avant son décès, celle-ci lui donne une minuscule poupée magique destinée à la guider. « Si jamais tu perds ton chemin ou que tu as besoin d'aide, lui dit la mère, demande conseil à cette poupée. Tu seras épaulée. »

Après la mort de sa femme, le père de Vasilisa se remarie à une veuve dont les deux filles sont, comme dans tant de fables, cruelles envers Vasilisa parce qu'elle est plus séduisante et plus jolie. Espérant s'en débarrasser, elles éteignent délibérément le feu qui chauffe la maison et l'obligent à aller dans la forêt chercher du charbon auprès de la vieille sorcière Baba Yaga. Pour trouver son chemin à travers les bois sombres et menaçants, Vasilisa fouille dans sa poche et consulte la poupée, qui lui indique le chemin à suivre à chaque bifurcation de la route.

Lorsque Vasilisa finit par retrouver la vieille sorcière et lui demander du feu, Baba Yaga lui dit qu'elle devra d'abord accomplir plusieurs tâches apparemment impossibles, comme de séparer le bon maïs du grain pourri et de retrouver des millions de graines de pavot dans un tas de poussière. Pendant le sommeil de Vasilisa, la poupée complète les tâches. Ce minuscule personnage caché dans une poche symbolise le besoin qu'a toute femme d'écouter son intuition pour effectuer des choix difficiles et subtils fondés sur le discernement. Tout comme nos rêves, cette petite voix peut nous aider à résoudre nos problèmes si nous lui accordons notre attention. Le maïs frais et pourri, les graines de pavot et la terre représentent ce qu'Estés appelle « les restes d'un ancienne pharmacie de guérison », symbolisant également la guérison de l'esprit et de l'âme par l'intuition.

Lorsque Vasilisa a complété les tâches, Baba Yaga lui donne un crâne aux yeux de feu qu'elle devra rapporter chez elle pour rallumer le foyer. Vasilisa effectue un retour triomphal et, au moyen de ce feu « intérieur », ranime les indispensables flammes. Au matin, le crâne de feu a réduit en cendres la cruelle belle-famille.

Comme le souligne avec justesse Estés, ce récit se rapporte au pouvoir de l'intuition, en particulier celui que transmet la mère à l'enfant. « Pendant des générations, écrit-elle, ces pouvoirs intuitifs sont restés enfouis chez les femmes comme des courants souterrains, enterrés sous les couches de l'abandon et des accusations non fondées. Mais Jung fit un jour remarquer que rien n'était jamais perdu dans la psyché. » Les femmes peuvent redécouvrir leurs pouvoirs intérieurs et s'en servir. Les hommes aussi ont appris à se détacher de leurs pouvoirs intuitifs naturels et doivent se les réapproprier, tout comme le père de Vasilisa dut le faire pour prendre conscience du mal qu'il avait involontairement laissé entrer chez lui. Nous devons tous être attentifs à nos pensées et à nos actions pour ne pas nous blesser ni blesser nos proches.

L'effrayant périple et les tâches que Vasilisa accepte d'entamer constituent pour elle le parcours à entreprendre pour retrouver son pouvoir et l'accomplissement de soi. Comme elle, nous devons apprendre à nous fier à notre petite poupée, à notre être intérieur, ainsi qu'au sentiment intuitif d'avoir une destination et une capacité pour avancer dans la vie malgré ses dangers et exigences. En définitive, comme dans le classique périple du héros mythologique décrit par Joseph Campbell, Vasilisa revient avec quelque chose de précieux pour elle et sa tribu. Sa volonté d'accepter son Contrat et d'en tirer des leçons lui confère le pouvoir personnel et l'invulnérabilité pour contrer les influences extérieures.

Comme Vasilisa, vous aurez bien des tâches à accomplir dans maints aspects de votre vie. Votre Contrat sacré ou votre mission ne peut se réduire à un élément unique : un emploi, une relation, un objectif. Pour vous aider à saisir la pleine étendue de votre Contrat sacré et de ses ententes, il pourrait vous être utile de les comparer à un simple accord commercial.

En bref, c'est une entente que votre âme conclut avant la naissance. Vous promettez d'accomplir certaines choses pour vous-mêmes et pour les autres, de même qu'à des fins divines. Une partie de votre mission vous oblige à découvrir ce que vous êtes venu faire sur Terre. Le Divin, en retour, promet de vous fournir les indications nécessaires à travers votre intuition, vos rêves, vos prémonitions, les coïncidences et autres indices.

Les contrats juridiques nous rendent responsables des nombreuses clauses et conditions de l'entente générale. Le simple fait de prendre une hypothèque pour acheter une maison, par exemple, vous oblige à plus qu'un simple paiement mensuel. Vous devez conserver la maison et la propriété en bon état, payer les taxes et l'assurance et, généralement, pour ce faire, conclure des ententes avec de nombreuses autres parties. Vous acceptez aussi de respecter la loi du pays dans lequel vous signez l'accord ou prenez l'hypothèque.

De même, votre Contrat sacré vous assujettit aux lois d'un plus grand État : celui du Divin. En fait, toute la création obéit à des règles qui gouvernent et entretiennent le flux de l'énergie et de la vie, de la loi de la gravitation à celles de la thermodynamique. Depuis l'aube de la civilisation, l'humanité reçoit des directives et accepte la nécessité de les respecter. Parmi les plus fréquentes, celles qui peuvent être considérées comme des clauses de votre Contrat sacré, figurent les Dix Commandements.

Mais bien avant que Yahvé ait donné à Moïse ces règles codifiées, il a conclu d'autres alliances avec Noé et Abraham, promettant de protéger leur progéniture et de les aider à prospérer s'ils répondaient à certaines conditions. Pour la première fois, les Écritures utilisaient le mot *alliance*, un terme qui signifiait à l'origine une entente juridique entre au moins deux parties : essentiellement un contrat. Pour donner un symbole visible à son alliance, Dieu fit apparaître un arc-en-ciel qui lui rappelait de respecter sa part de l'entente. En retour, il exigea que Noé et ses descendants « croissent et se multiplient ». Et surtout, Yahvé leur commanda de respecter le caractère sacré de la vie, en disant : « Aux hommes entre eux, je demanderai compte de l'âme de l'homme. Qui verse le sang de l'homme, par l'homme aura son sang versé. Car à l'image de Dieu l'homme a été fait. » Dieu conclut son alliance avec Noé et ses descendants « et avec tous les êtres vivants qui sont avec vous ; oiseaux, bestiaux, toutes les bêtes sauvages qui sont avec vous, tout ce qui sort de l'arche, toutes les bêtes de la terre. » (Gen. 7 : 9). Autrement dit, nous sommes censés être les gardiens de la planète.

Dieu instaurera plus tard une alliance semblable avec Abraham, lui offrant de préserver et de multiplier sa descendance à condition qu'Abraham accepte de faire circoncire tous les enfants mâles de son peuple. Bien que les Contrats d'Abraham et de Noé soient tous deux ancrés dans ce que nous pourrions appeler le domaine spirituel, ils précisaient des conditions particulières d'action dans le monde matériel, et le fait de s'y soumettre allait prodiguer de grands bienfaits à tous.

Voici quelques autres comparaisons entre les contrats terrestres et les contrats sacrés :

- Dans un contrat juridique, deux parties s'entendent pour participer à une certaine tâche ou se rendre responsables des mêmes engagements, pour le bien commun.

  Dans un contrat sacré, un individu s'engage avec le Divin dans une mission qui promet d'étendre la conscience spirituelle de cet individu ainsi que l'expression du Divin sur terre.

- Dans un contrat profane, vous vous engagez à respecter les termes juridiques du contrat. Vous pouvez aussi recourir à des sous-traitants ou vous procurer les matières premières nécessaires pour compléter les tâches convenues.

  Dans un Contrat sacré, le Divin garantit la fourniture de tous les matériaux ou de l'énergie essentielle à l'exécution complète de votre tâche. Ces dispositions peuvent se rapporter à l'obtention du capital terrestre nécessaire et aller jusqu'à vous orienter vers certaines relations ou vous faire contracter une maladie.

- Le contrat juridique vous rend responsable de la qualité du projet ou du produit. Vous garantissez vos qualifications pour la tâche.

  Même si vous respectez toutes les exigences requises pour honorer votre Contrat sacré, vous ne recevrez pas tout ce que vous voulez. Vous devrez probablement repérer vos ressources intérieures nécessaires pour l'exécuter. Vous devrez découvrir vos forces et vos capacités de dépassement.

- Dans un contrat commercial, le travail vous est offert en échange d'un soutien quelconque, habituellement financier, souvent sous forme d'une avance. Certaines ententes assurent régulièrement des revenus tout au long de leur durée, à mesure que certaines clauses sont remplies. On peut vous promettre certaines gratifications, comme des dividendes, des résidus ou des options d'achat d'actions, et vous pouvez bénéficier de certains avantages sociaux tels la formation au travail, le remboursement de certains frais et les assurances. Il existe aussi d'autres formes d'aide en plus de la rémunération financière. Dans une entente entre un écrivain et un éditeur, par exemple, ce dernier peut également prendre en charge la promotion du livre au moyen d'une campagne ou d'une tournée publicitaire.

Dans un Contrat sacré, vous êtes récompensé en capital spirituel : vous recevez des révélations, vous saisissez votre raison d'être, vous vous comprenez et vous développez des qualités spirituelles comme la compassion, le désintéressement et la foi. Votre mission est soutenue par des conseils divins, que nous pourrions appeler un « compte bancaire céleste » duquel vous pouvez retirer l'inspiration et l'énergie nécessaires à l'exécution de votre tâche. En outre, vous pouvez recevoir de temps à autre des infusions inattendues de grâce qui vous aideront à compléter vos tâches.

- Bien qu'on puisse résilier un contrat juridique, ce geste entraîne souvent de sévères conséquences, comme des pénalités juridiques et financières, qui peuvent s'étendre sur des années.

Comme un Contrat sacré est un processus d'apprentissage, il ne peut être résilié. Il vous oblige à développer votre conscience intérieure et à mieux comprendre comment composer avec des forces indépendantes de votre volonté. Notre croissance personnelle et spirituelle profite à notre entourage. Nous apprenons notamment que nous vivons pour nous aider mutuellement. C'est une occasion de mettre votre âme en valeur, vous êtes tenu par des lois supérieures de poursuivre ce processus. On vous donne souvent plus d'une occasion de compléter un processus d'apprentissage. Chaque fois que vous essayez d'éviter une occasion ou refusez un défi, les conséquences s'alourdissent.

- Si le contexte change pendant la durée d'un contrat commercial, vous pouvez en renégocier les conditions en toute bonne foi. Si, par exemple, pour des raisons qui ne sont pas de votre ressort, vos dépenses dépassent vos prévisions et vous empêchent de respecter votre entente, vous pouvez demander une forme d'aide financière.

Par exemple, les professionnels du sport renégocient des contrats à long terme si leur valeur marchande semble avoir largement augmenté.

À mesure que vous comprendrez les conditions de votre Contrat et de l'apprentissage auquel vous avez consenti, vous découvrirez peut-être que ce Contrat que vous croyiez destiné au développement de votre potentiel personnel (améliorer vos compétences, par exemple) est en fait destiné à l'épanouissement de votre potentiel divin. Même si votre Contrat ne change pas, vous pouvez mieux le comprendre et avoir l'impression de le renégocier. Le philosophe espagnol Miguel de Unamuno a écrit que, tout comme l'humanité souffre sur terre, Dieu souffre avec nous (après tout, c'est la racine étymologique du mot compassion). Bien que nous ayons accepté certaines conditions, il est possible que celles-ci évoluent en même temps que nous, et que même le Divin ne sache pas exactement comment les choses se termineront.

- Un contrat juridique comporte un certain choix. Vous êtes libre de décider de quelle façon remplir ses conditions, pourvu que ce soit avant la date convenue. Si mon contrat m'oblige à livrer un manuscrit avant le 1er janvier prochain, peu importe que j'écrive une page par jour durant mes temps libres ou que je prenne plusieurs mois de congé pour travailler intensivement à tout le manuscrit. Je peux l'écrire à la main, à la machine ou à l'ordinateur, pourvu que le résultat final soit cohérent et traite du sujet promis.

Un Contrat sacré comprend également un élément de choix. Concernant tout apport du Divin, vous avez l'entière liberté de considérer les dispositions comme des bienfaits ou des fardeaux. Vous pouvez choisir de retarder l'application des conditions, mais vous ne pouvez les éviter complètement.

Pour vous donner un exemple de la manière qu'un choix se fait, imaginez que vous ayez accepté, avant votre naissance, de maîtriser l'usage d'un couteau. Avant votre naissance, votre guide vous a offert un sage conseil : « Si tu le saisis par la lame, tu vas te couper et saigner, et tu mettras du temps à guérir. Tu seras en colère contre ton couteau et, le prenant pour une arme, tu l'utiliseras pour blesser les autres. Si, par contre, tu le saisis par le manche, tu considéreras ce couteau comme un outil de création, en tant que cuisinier, sculpteur, concepteur ou chirurgien. D'une façon ou d'une autre, lorsque tu reviendras aux cieux, tu auras maîtrisé l'usage de ce couteau. Mais le mode d'utilisation et les conséquences qu'il entraîne repose entre tes mains, littéralement et symboliquement. »

Vous pouvez comprendre à travers la sagesse ou la difficulté. Prenons cet exemple : apprendre le pouvoir du pardon est essentiel à votre voie spirituelle. Comme l'apprentissage du pardon indique que vous avez quelqu'un à qui pardonner, supposons que vous ayez besoin de pardonner à vos parents les pressions qu'ils vous ont fait subir ou les exigences qu'ils vous ont imposées. Ou encore que vous ayez à pardonner à un patron qui vous a congédié d'un poste qui vous assurait la sécurité financière mais vous laissait insatisfait et malheureux. Ces gens jouent dans votre vie un rôle qu'il vous faut comprendre. En interaction avec eux, vous apprendrez quelque chose sur votre raison d'être. Vous devrez décider consciemment de leur pardonner ou non. Sans aucun doute, le choix du pardon représente un plus grand défi que celui du ressentiment, mais cette voie plus difficile vous apportera la paix et la sagesse spirituelle. Bien qu'il convienne à notre sentiment d'indignation vertueuse, le ressentiment coûte plus cher à long terme : il affecte votre santé physique, mentale et émotionnelle. Lorsque vous choisissez de ne *pas* pardonner à vos parents, à vos employeurs et à d'autres supposés adversaires, vous vous isolez et vous vous aliénez des autres et du monde. Vous vous piégez dans une forme énergétique malsaine qui peut même vous amener, ironiquement, à dépendre des autres à cause de la maladie ou d'autres circonstances de la vie. Refuser une tâche spirituelle comme le pardon est une voie d'apprentissage pénible, mais, éventuellement, vous l'apprendrez. Et si vous repoussez la leçon, vous la retrouverez à maintes reprises sur votre route.

Les contrats mythiques

La croyance aux Contrats sacrés a un certain nombre d'antécédents historiques. Les Écritures du monde entier rapportent que Dieu a parlé directement à bien des gens, depuis Adam, Noé et Jésus en Occident, et à un grand nombre de prophètes et de mystiques orientaux. Mais le Divin nous envoie aussi d'extraordinaires messages spirituels afin d'attirer notre attention et de nous amener à respecter son plan. Parmi les messagers célestes prodiguant conseils et soutien, nommons l'ange Gabriel, qui joue un rôle clé, à la fois dans les Évangiles et dans le Coran, de même qu'une longue série d'anonymes anges gardiens, d'esprits, de sylphes, de djinns, d'asuras, de fées et de « petits êtres ». Les messagers spirituels constituent la base d'une grande part de la littérature religieuse du monde, depuis l'Ange du Seigneur qui parla à Abraham, à Jacob et à Mahomet, jusqu'à l'ange Moroni des Mormons. Ils transmettent des bénédictions, des avertissements, des messages de sagesse et des requêtes aux humains, soit directement, par des voix et des apparitions, ou indirectement, à travers des rêves ou des révélations qui traversent notre conscience « à brûle-pourpoint ».

Bien des gens ont rapporté des rencontres divines avec des anges dans lesquelles ils recevaient de l'assistance, de la consolation ou des guidances profondes sur la façon de mener leur vie. Et bien des gens ont décrit les interventions divines lors desquelles ils ont reçu un avertissement. J'ai vécu une telle expérience un soir, en revenant du travail, il y a des années. Alors que je roulais sur une grande artère de Chicago, j'ai entendu une voix très claire me dire : « Ralentis. Un camion rouge va brûler un stop au prochain coin de rue. » J'ai immédiatement mis les freins et, un camion rouge filait aussitôt à trois mètres devant moi, ayant brûlé un stop. Sur le coup, je réalisai que quelque chose au delà de mon intuition m'avait avertie.

Les messagers apportent également des nouvelles moins dramatiques, mais non moins déterminantes. Le film *Grand Canyon* (1991) décrit merveilleusement l'intervention déterminante des anges au quotidien. Écrit et réalisé par Lawrence Kasdan, le film entremêle plusieurs intrigues dans lesquelles des cas de synchro-nicité apparemment innocentes rassemblent des gens de telle manière que leur vie en est transformée. En changeant légère-ment sa routine lors de sa séance de jogging, l'un des caractères principaux, Claire, interprétée par Mary McDonnell, trouve un bébé abandonné sous un buisson. Elle est convaincue d'avoir été destinée à trouver et à prendre soin de ce bébé et en parle à son mari sceptique, Mack, joué par Kevin Kline. « Une connexion a été faite, dit-elle, et il faut aller jusqu'au bout. » Lorsque Mack tente sans succès de lui faire changer d'avis, puis de mettre un terme à la discussion en disant qu'il a mal à la tête, Claire s'y oppose, en prononçant cette phrase mémorable : « Il est fâcheux de réagir à un miracle par un mal de tête. »

Plus tard, Mack se rappelle d'avoir lui-même vécu un mira-cle. Un matin, alors qu'il était sur le point de traverser une rue animée de Los Angeles, une main le saisit et le ramena soudai-nement sur le trottoir. À ce moment précis, un autobus roula droit devant lui et il réalisa que sa vie avait été épargnée ; cet événement, dit-il, « changea littéralement toute ma vie ». Regardant autour de lui, il vit la femme qui l'avait tiré vers le trottoir : elle souriait et portait une casquette des Pirates de Pittsburgh. Or, c'est l'équipe préférée de Mack (il a même donné à son fils le nom du grand Roberto Clemente des Pirates). Il comprit que c'est plus qu'une simple coïncidence : « Ce n'est pas habituel à neuf heures du matin sur Wilshire Boulevard : une femme avec une casquette de baseball des Pirates de Pittsburgh, dit-il. C'est un peu louche. »

Les événements du film me rappellent l'histoire vécue de Maureen, une jeune mariée dans la trentaine qui développa une tumeur des ovaires et dut subir une hystérectomie. Constatant qu'elle ne pourrait jamais avoir d'enfant, elle fut si déprimée que ses parents et son mari craignirent qu'elle tente de mettre fin à ses jours. En plus d'être attristée par son infertilité, Maureen redoutait que cette situation finisse par désintégrer son mariage, car elle savait à quel point son mari voulait un enfant.

« Depuis mon enfance, je croyais être destinée à la materni-té », me dit-elle lors de notre rencontre, quelques années plus tard. « Je ne pouvais pas imaginer mon avenir sans être épouse et mère. Après l'opération, on aurait dit que ma vie était finie. En fait, une partie de ma vie s'est vraiment terminée. Je n'étais plus la même, à aucun point de vue. Environ trois mois après l'opération, au cours d'une sortie avec ma mère, j'ai repéré une femme accompagnée de jumelles de deux ans absolument adorables. Je n'avais jamais ressenti autant d'envie et de rage. Je voulais courir vers elle, la secouer et lui dire qu'elle vivait la vie que j'étais censée mener. »

Puis, une nuit, Maureen reçut la visite d'un ange. « J'étais à la fois endormie et éveillée, dit-elle. C'est un état de conscience très difficile à décrire. J'ai vu cet ange magnifique assis au pied de mon lit. Il m'a demandé : "Pourquoi es-tu si triste ?" Je lui ai répondu que j'avais fait une erreur en acceptant cette vie. Ce n'était pas ce que je voulais, et la douleur était trop grande. Il répondit : "Tu n'as aucune raison de ressentir un tel désespoir. Je suis venu te dire que demain, tu rencontreras ton fils." Je l'ai regardé et j'ai répondu : "C'est impossible." Mais il a dit : "Vraiment ? Tu n'as pas commis d'erreur en acceptant cette vie. Et ton grand désir pour la maternité ne t'a pas été donné pour causer une telle douleur. Ton entente sera respectée d'une façon différente de celle à laquelle tu t'attendais, c'est tout." » Puis, l'ange lui dit de se rendormir.

Le lendemain, au réveil, Maureen ne se rappelait plus son rêve. Elle n'était pas certaine de ce qui s'était passé, mais elle sentait que quelque chose avait changé. « Le téléphone a sonné vers dix heures du matin, dit-elle. Une amie à moi, nommée Lynn, à qui je n'avais pas parlé depuis longtemps, m'appelait pour me dire qu'elle dirigeait maintenant un centre d'adoption. Je n'arrivais pas à lui dire ce qui m'était arrivé, et elle m'a dit trouver son travail à la fois satisfaisant et déchirant. "Écoute, dit-elle, nous cherchons maintenant un foyer pour ce gentil petit garçon dont la mère veut se débarrasser." »

Aussitôt, Maureen répondit : « Je le prends ! Il est à moi ! C'est mon fils ! »

Lynn fit une pause et dit : « D'accord, commençons à remplir les formalités. Ce doit être pour cela que j'ai pensé t'appeler. »

« Puis, le rêve explosa dans mon esprit, me dit Maureen. Ce n'était pas un rêve. Mon ange était vraiment venu, durant la nuit, me dire que j'aurais un bébé. »

Il ne fait aucun doute que nous sommes entourés d'anges, d'invisibles êtres de lumière qui nous guident à travers les mystères de notre vie. Maureen avait vraiment un Contrat de mère, et le moment venu, la « livraison » eut lieu.

Dans les cultures anciennes, les messages angéliques provenaient d'une source supérieure : le ou les dieux, qui ont l'habitude de communiquer des avertissements et des demandes. Plusieurs de ces cultures furent modelées en partie par leur croyance en un système d'ordre cosmique imposé par une déité. Dans leur univers, les individus étaient censés servir la volonté de ce dieu ou du moins se trouver sous sa supervision. Les Aryens qui envahirent l'Inde et établirent la religion védique (précurseur de l'hindouisme) dans la vallée de l'Indus, vers le deuxième millénaire avant J.-C., appelaient leur dieu de l'ordre Mitra. En Perse, envahie par d'autres groupes d'Aryens, cette même déité s'appelait Mithra. Des siècles plus tard, les Romains l'appelèrent Mithras. Le point commun entre ces trois conceptions de la force divine était la croyance que tous les humains avaient conclu des contrats avec le Ciel et devaient s'y conformer. Dans son livre *Mithras*, D. Jason Cooper écrit que même s'il n'offrait pas de contrat entre égaux, le Mitra aryen était un seigneur juste. Les deux parties avaient certaines obligations. « Mitra supervisait les affaires de ses adorateurs. Il leur octroyait la justice. En retour, ses adorateurs devaient être honnêtes dans leurs relations avec les autres. Ainsi, Mitra était le "seigneur du contrat[2]" ».

Selon le Rig Veda, le texte sacré le plus ancien de l'Inde, Mitra (dont le nom provient d'une racine indo-européenne qui signifie à la fois « ami » et « contrat ») était un Dieu juste qui prenait soin de ses fidèles. Toutefois, en tant que Seigneur de la Justice, Mitra décidait de la punition autant que de la récompense. Il s'attendait donc à ce que les gens complètent honorablement toutes les tâches qui leur avaient été assignées. Parce que Mitra supervisait les activités de toute l'humanité, on l'appelait également le dieu aux dix mille yeux, capable d'observer et d'entendre, à partir de sa place dans les cieux, chaque action imaginable : conversations tenues dans des coins ou participation à des rituels sociaux de grande envergure. Mitra était partout, rappelant constamment à ses fidèles la nécessité de répondre aux attentes des dieux. Malgré tout, Mitra n'était pas un dieu menaçant, mais son pouvoir consistait à créer l'ordre et l'équilibre. Même s'il punissait les malfaiteurs, il pouvait également pardonner aux humains repentants, et ce fut peut-être (en même temps que Yahvé) le premier dieu à récompenser la pénitence.

Dans la culture persane, Mithra supervisait également les contrats de l'humanité. Dans un hymne zoroastrien dédié à Mithra, on l'appelle fréquemment « celui qui demande des comptes ». Comme Mitra, Mithra était considéré comme un dieu moral, qui jugeait les contrats non seulement entre individus mais aussi entre nations. Mithra punissait ceux qui ne respectaient pas leurs ententes, ne remplissaient pas leurs obligations et vivaient d'une façon immorale. Ses punitions pouvaient aller d'une maladie provoquée par une malédiction jusqu'à la mort violente. Mithra soutenait un gouvernement juste et bien organisé, et agissait d'une manière destructrice envers les gens au pouvoir lorsqu'ils nuisaient à leur propre peuple. Mithra jugeait également ceux que le peuple ne pouvait juger : ses rois et autres monarques hautains. Aucun être humain n'était au-dessus de sa colère. C'est Mithra qui donna, à ses adorateurs, la vérité comme valeur suprême.

Les Indiens, Perses, Grecs et Romains ne furent pas les seuls peuples antiques à croire que les dieux veillaient sur les humains, tenaient des comptes et contrôlaient la destinée humaine. L'une des principales déités de la mythologie norvégienne, par exemple, est Var, la déesse des contrats et des accords de mariage. Var devait écouter les vœux et pactes de mariage et se venger de tous ceux qui ne les respectaient pas. En Amérique centrale, vers le tournant du second millénaire, les Toltèques et Aztèques vénéraient un dieu nommé Tezcatlipoca. Associé à la destruction (comme Shiva et Kâli, déités indiennes hautement respectées), Tezcatlipoca régnait sur le ciel nocturne, la lune et les étoiles. Il présidait le terrain de balle cosmique, situé pour les Aztèques dans la constellation des Gémeaux, et où les dieux jouaient pour régler le sort de l'humanité[3]. Tezcatlipoca était également la déité protectrice des esclaves et punissait quiconque leur causait un préjudice. Son nom veut dire « Miroir de fumée » et ce maître de la magie noire était souvent dépeint avec un bandeau noir en travers du visage ou, portant sur la poitrine un miroir noir, en obsidienne ou en hématite, dans lequel se reflètent les pensées et les gestes de l'humanité.

Les documents historiques concernant Mitra-Mithra ne nous disent pas combien de personnes auraient dû reconnaître leurs contrats de vie ni comment ils auraient pu leur être révélés. Ces contrats obligeaient peut-être les gens à faire partie d'une classe en particulier, ou peut-être le contrat était-il considéré comme une façon de participer au mystère de toute une vie qui se dévoilait une étape à la fois. Il n'est pas clairement indiqué, non plus, si les gens croyaient que leurs contrats avaient été acceptés avant la naissance, ou qu'ils avaient un rôle ou une liberté à exercer dans le choix de leur travail. Le compte-rendu le plus ancien à ce sujet nous vient de la Grèce du quatrième siècle avant J.-C.

Dans le livre X de *La République*, Platon donne une description riche et détaillée des étapes qu'une âme doit franchir avant de s'incarner sur terre. Selon certains chercheurs, Platon aurait tout simplement voulu se servir du mythe d'Er, qui conclut *La République*, comme d'une métaphore poétique destinée à appuyer son argument en faveur d'une vie vertueuse. Mais le mythe comporte une ressemblance frappante avec des témoignages de certains de nos contemporains qui ont vécu des expériences de mort imminente ou se sont rappelé des expériences spirituelles désincarnées qu'ils croient avoir eu lieu avant leur naissance.

Dans ce récit de Platon, le dénommé Er, est un soldat grec qui revient à la conscience après douze jours d'une mort apparente qui s'était produite sur un champ de bataille. S'éveillant sur son propre bûcher funéraire (dans une scène à la Edgar Allan Poe), Er raconte un événement remarquable dont il a été le témoin entre la vie et la mort. Comme Platon le raconte par la

voix de Socrate, Er se trouvait dans une sorte d'étape entre le
Ciel et la terre, où les âmes passaient d'un plan à l'autre. Les
morts attendaient leur jugement, avec leur récompense ou leur
punition, tandis que d'autres préparaient leur voyage sur terre.
Dans une grande plaine, les âmes attendant leur retour sur terre
se rendaient devant les trois Parques : Clôthô, qui tisse le fil de
la vie ; Lachésis, qui détermine sa longueur ; et Atropos, qui le
coupe. Platon écrit ensuite :

> Donc, lorsqu'ils arrivèrent, il leur fallut aussitôt se pré-
> senter à Lachésis. Et d'abord un hiérophante les plaça
> en ordre ; puis, prenant sur les genoux de Lachésis des
> sorts et des modèles de vie, il monta sur une estrade éle-
> vée et parla ainsi :
> « Déclaration de la vierge Lachésis, fille de la Nécessité.
> Âmes éphémères, vous allez commencer une nouvelle
> carrière et renaître à la condition mortelle. Ce n'est
> point un génie qui vous tirera au sort, c'est vous-même
> qui choisirez votre génie. Que le premier désigné par le
> sort choisisse le premier la vie à laquelle il sera lié par la
> nécessité. La vertu n'a point de maître : chacun de vous,
> selon qu'il l'honore ou la dédaigne, en aura plus ou
> moins. La responsabilité appartient à celui qui choisit. »
> (Traduction Robert Baccou, éditions Garnier, 1966.)

Après cette annonce, le prophète établit plusieurs scénarios
de vie possibles pour les âmes en attente d'incarnation, et leur
conseilla de choisir l'un de ces « modèles de vie ». Selon Platon,
ces derniers se trouvaient « en nombre beaucoup plus élevé que
celui des âmes présentes. Il y avait des modèles de vie de toutes
sortes et de toutes conditions autant animales qu'humaines », y
compris celui de tyrans.

Il y avait aussi des vies d'hommes renommés pour leur
aspect physique, leur beauté, leur force ou leur aptitude
à la lutte, soit pour leur noblesse et les grandes qualités
de leurs ancêtres ; on en trouvait également d'obscures

sous tous rapports, et pour les femmes il en était de même. Mais ces vies n'impliquaient aucun caractère déterminé de l'âme, parce que celle-ci devait nécessairement changer suivant le choix qu'elle faisait. Tous les autres éléments de l'existence étaient entremêlés, et avec la richesse, la pauvreté, la maladie et la santé ; entre ces extrêmes il existait des partages moyens.[4]

Platon le dit clairement : même si ceux qui choisissaient leur condition de vie étaient parfois des âmes fraîchement arrivées du Ciel, beaucoup d'autres avaient déjà vécu, et leurs choix étaient influencés par des vies antérieures. Par exemple, Ulysse fut si désenchanté par l'ambition, après sa lutte sans fin, qu'il choisit « la condition tranquille d'un homme privé ».

Le psychologue jungien James Hillman offre un résumé convaincant de la fin du récit de Platon dans son livre *Le Code caché de votre destin* (Laffont, 1999). « Lorsque toutes les âmes eurent choisi leur vie en fonction de leur sort », écrit Hillman,

elles se rendirent devant Lachésis (lachos = la condition ou portion de sort particulière de quelqu'un). Et elle envoya à chacun, pour garder sa vie et réaliser son choix, le génie (daimôn) *... Lachésis amena l'âme à la deuxième des trois personnifications de la destinée, Clôthô (klotho = tordre en tournant)... La destinée de la condition choisie fut ratifiée sous sa main et par le mouvement de torsion de son fuseau. Puis, le génie (daimôn) menait l'âme au filage d'Atropos (atropos = inchangeable, inflexible) pour rendre irréversible la toile de sa destinée. Puis, sans un regard vers le passé, l'âme passa sous le trône de la Nécessité, parfois appelé « les genoux de la Nécessité[5] ».

Toutefois, avant d'entrer dans la vie sur le plan terrestre, les âmes se dirigèrent vers la Plaine de l'Oubli, un terrain désert dénué d'arbres et de végétation, et furent obligées de boire à la

---

* Génie Daimôn : attaché à chaque être et qui personnifie son destin.

Rivière de l'Inattention. En buvant, elles oubliaient tout ce qui venait de se dérouler. Les dieux nous le demandent pour une raison évidente : si vous savez à l'avance exactement comment se déroulera votre vie, celle-ci vous paraîtra aussi emballante que la reprise d'une parade de l'année dernière. Comment pourriez-vous entamer une relation avec quelqu'un qui, vous le savez, vous mentira et abusera de vous, mais dont vous devez tirer une leçon valable ? Pourriez-vous supporter de compter les jours avant la mort d'un de vos proches ?

La difficulté de vivre avec la connaissance préalable d'un dilemme futur, je l'ai nettement observé au cours d'une consultation privée avec un dénommé Paul, qui se trouvait dans un grave état dépressif. En lisant son « dossier » énergétique (l'information encodée dans ses centres énergétiques, ou chakras), je fus frappée par son absence de sentiment d'histoire personnelle, généralement présent chez les gens que je lis. Je captais une information plutôt vague, qui ne m'incitait à parler qu'en termes d'approbation (ce que je trouvais frustrant), du genre : « Vous avez l'impression de ne pouvoir faire aucun choix durable dans la vie », ou « Vous arrivez presque à démarrer quelque chose, puis vous laissez tomber. » Il manquait à Paul la substance que je détecte chez des gens ayant accumulé une expérience de vie et une « mémoire cellulaire ». En un sens, il était psychologiquement vide : impossible de lui donner une information directe et claire. Une seule image semi-concrète me venait, celle de Paul discutant avec des « gens », mais je ne pouvais relier ces interactions à sa dépression.

Lui avouant ma frustration, Paul s'ouvrit et dit qu'en fait, l'une de mes images lui était fort utile, car j'avais validé certains souvenirs qui l'avaient longtemps troublé. Paul se rappelait un certain nombre d'incidents survenus avant sa « descente » dans la vie physique. Lorsque je lui demandai des précisions, il dit, à ma grande surprise, que les « gens » avec qui je l'avais vu en conversation étaient en fait deux « êtres de lumière » qui, il en gardait un vif souvenir, l'avaient aidé à créer les éléments de sa vie... avant sa naissance. Comme dans l'histoire d'Er que raconte Platon, Paul avait reçu un éventail de choix, et on l'avait pressé de donner forme à la mission de sa vie, à partir d'événements et d'influences de vies antérieures, d'obligations qu'il devait remplir pour aider les autres dans leur développement spirituel, pour régler des dettes personnelles et vivre les nouvelles expériences qu'on lui proposait. Tous les événements et relations choisis à l'aide de ses conseillers spirituels étaient tissés autour d'une voie principale. Ces êtres avaient décrit avec précision certains événements auxquels il était censé prendre part, ajoutant qu'ils se chargeraient des détails qui y mèneraient. Paul avait l'impression d'avoir été présenté à une sorte de « groupe de soutien » (une version céleste des AA, ou Archétypes Anonymes) très semblable aux modèles archétypaux que je venais d'identifier dans mes ateliers et mes lectures.

Paul croyait que nombre de détails avaient été prévus et lui avaient été expliqués, mais la plupart lui échappaient. Il se rappelait ces choix qu'on lui avait accordés concernant des événements auxquels il devrait « assister », et le contrat qui l'obligeait à apprendre la tolérance, notamment. On avait également demandé à Paul de quelle façon il voudrait voir se dérouler son apprentissage, en lui présentant trois options. Après en avoir choisi une, il sut qu'en dépit des plans prédéterminés, il y avait tout de même des « espaces de création » qui seraient remplis par ses propres choix en cette vie. Tout cela ressemblait beaucoup à une inscription à un programme universitaire : vous choisissez une matière principale avec ses cours obligatoires, puis quelques cours facultatifs pour vous amuser.

Hélas, Paul ne semblait pas beaucoup s'amuser. Il n'était certain que d'une chose : avant de descendre du plan énergétique au plan physique, il devait boire à même une rivière similaire au Fleuve de l'Oubli de Platon. Mais parce qu'il ne voulait pas tout oublier de ce qui venait de se dérouler, il décida de ne pas boire. Selon ses paroles, il « sauta la rivière » et « glissa sur un ruban de lumière » qui le mena directement au ventre de sa mère. D'ailleurs, cette décision de se moquer des directives eut des conséquences néfastes. À cause de sa mémoire considérable, il ne s'était jamais senti bien ancré avec la terre et ne pouvait donc fonctionner dans le monde réel, où chaque choix l'épuisait, car il craignait qu'une part de lui sache à l'avance que cela était voué à l'échec.

« En refusant d'oublier, j'ai abdiqué tout pouvoir de choisir, dit Paul. Je me noie vivant dans le sentiment de n'avoir de pouvoir sur aucun aspect de ma vie. J'aurais dû accepter d'oublier, car cela m'aurait donné des choix. »

Paul croit qu'il était destiné à prendre la première vie venue, que même si nous avons « des lieux à visiter et des promesses à tenir », nous devons tout de même décider comment se manifesteront nos défis et ouvertures. Par exemple, vous devez peut-être vivre une certaine expérience (lors d'une promotion, on vous délaisse pour un autre candidat) pour découvrir vos besoins véritables. Mais si, avant d'accepter un poste, vous savez que vous aboutirez à une impasse, vous aurez peut-être beaucoup de difficulté à vous y présenter au départ. Donc, vous n'atteindrez pas le genre de révélation intérieure que l'on ne reçoit qu'acculé au mur. Paul se sentait figé dans l'inaction par le sentiment constant de connaître l'issue de toute situation.

Même si cette histoire est particulière, je lui suggérai de croire qu'il avait un pouvoir de décision, même s'il ne pouvait le reconnaître, entravé qu'il était par ses extraordinaires souvenirs – car on ne peut enlever à qui que ce soit son pouvoir de décision. Que les souvenirs de Paul soient authentiques ou non, il les utilisait peut-être comme des excuses pour ne pas s'engager à fond (comme une incapacité métaphorique de prendre des décision), ce qui suffit à déprimer n'importe qui. Mais les parallèles avec le récit de Platon sont intrigants.

Que les récits fascinants de Platon et de Paul nous apparaissent comme des reportages, des mythes ou des métaphores, nous pouvons en tirer des leçons valables. Platon dit clairement que le choix de notre « condition dans la vie » est un effort de coopération avec le Divin. À travers une série d'assistants ou de messagers, comme le « prophète », les trois Parques et notre « daimôn » personnel, le Divin nous offre un éventail de vies possibles. Chaque vie variera en nature et en durée, mais il nous appartient d'en définir le cadre, avec ses défis concomitants. Notre statut social et économique, notre apparence physique, notre santé et notre prédisposition génétique, tout cela fait partie d'un ensemble. Nous pouvons même, semble-t-il, choisir des « partages moyens », et même une vie d'égocentrisme et de mégalomanie.

Mais la clé du mythe et de la métaphore, c'est que ces « vies » potentielles sont essentiellement des gabarits sans « caractère déterminé». Chacun de nous précise ce caractère dans son interaction avec la vie et les défis qu'il accepte. Selon Platon, le libre choix est donc un processus continu qui commence au moment où nous choisissons les conditions de notre vie, et se poursuit jusqu'à notre dernière action sur terre. Nous avons vraiment la maîtrise de notre sort. « La vertu n'a point de maître, écrit Platon : chacun de vous, selon qu'il l'honore ou la dédaigne, en aura plus ou moins. La responsabilité appartient à celui qui choisit. Dieu n'est point responsable. »

Cette liberté peut même sembler redoutable, comme si nous étions « condamnés à être libres », comme l'affirme Jean-Paul Sartre. Même si nous acceptons le principe de la grâce et des conseils divins, nous pourrions tout de même avoir besoin d'une carte routière précise, d'un guide pour l'exécution de notre Contrat. Selon moi, on peut trouver cette carte routière en étudiant la vie des plus grands maîtres spirituels qui, même s'ils ont atteint un niveau de réalisation élevé, ont vécu sur cette terre et affronté un grand nombre des mêmes doutes et des mêmes peurs que nous.

Les Contrats des maîtres

La Bible hébraïque, ou Ancien testament, constitue avec le Nouveau Testament chrétien une mine d'informations sur les ententes contractuelles que Dieu ratifia avec le peuple d'Israël, et plus tard avec les disciples de Jésus. En effet, le mot *testament* désigne un accord juridique, comme dans l'expression « dernières volontés et testament ». Aux premiers chapitres de la Genèse, Yahvé conclut un accord avec Adam : « Tu peux manger de tous les arbres du jardin », sauf celui de la connaissance du bien et du mal, « car, le jour où tu en mangeras, tu deviendras mortel », dit Yahvé. Adam et Ève ne respectèrent pas leur entente et en subirent les conséquences : la mort et sa connaissance préalable. Selon l'étonnante théorie du rabbin Harold Kushner, Adam et Ève ne furent pas vraiment punis pour avoir mangé de l'arbre de la connaissance, mais pour avoir accédé à la conscience qui nous sépare des animaux, car ceux-ci n'ont pas à prendre les sortes de décisions morales et éthiques qui font partie de la vie des êtres pensants… ou d'un Contrat sacré[6]. Mais comme les ennuis d'Adam et Ève débutèrent lorsqu'ils contrevinrent à leur part de l'entente avec le Divin, cela montre l'importance accordée aux Contrats par nos ancêtres spirituels en Occident. Et le Contrat de Dieu avec Noé, comme nous l'avons vu, ne proposait rien de moins que la survie et l'épanouissement de l'espèce humaine.

Adam, Ève et Noé, des figures tout à fait métaphoriques, représentent des réinterprétations des mythes mésopotamiens de la Création et du Déluge, que les Hébreux auraient assimilés à leur culture en même temps qu'un respect de la loi et de l'ordre. Mais Abram, plus tard appelé Abraham, dut être inspiré par un personnage en chair et en os, le fondateur de la race et de la religion hébraïques. Son histoire personnelle et celle des autres chefs spirituels qui ont fondé un grand nombre des grandes traditions du monde représentent des manifestations fascinantes de l'application d'un Contrat sacré.

La sagesse de Moïse, de Jésus, de Mahomet, du Bouddha et de leurs semblables brille sous des apparences mythiques et des dogmes religieux. Les vérités que ces personnages ont incarnées transcendent les cultures et les croyances personnelles. Il n'est pas nécessaire, par exemple, d'être un chrétien orthodoxe pour être convaincu qu'il faut aimer son prochain comme soi-même. Ni un bouddhiste pour reconnaître que l'avidité, la haine et l'ignorance découlant de notre sentiment d'être séparé de tous les autres êtres constituent la source principale de souffrance dans nos vies.

Quelles que soient leurs traditions, les enseignements des maîtres nous rejoignent parce qu'ils ont vécu physiquement parmi nous. Ils ont également affronté des défis universels sur la voie de la conscience de soi et de la compréhension du pouvoir dont ils étaient dépositaires. Chacun d'eux dut s'éveiller à l'ampleur de son Contrat : ils n'étaient pas illuminés à la naissance. Leurs enseignements nous proposent de passer d'un point de vue matérialiste à la compréhension symbolique du but et du sens de la vie.

Nombre d'entre nous estiment qu'il suffit d'être brillant, plus dévoué ou plus saint pour savoir ce que nous sommes venus faire sur terre, car alors, Dieu ou l'univers nous éclaireront sur notre mission véritable. Nous croyons à tort que les grands chefs spirituels, tels qu'Abraham, Moïse, le Bouddha, Jésus et Mahomet se sont fait expliquer leurs contrats. Mais aucun de ces personnages n'a vraiment vu son Contrat au préalable. La trajectoire de leur vie n'était *pas* évidente, mais a exigé qu'ils *développent* la confiance et la force nécessaires pour s'abandonner sans condition à la volonté du Ciel. En général, cela n'arrive pas à un enfant, ni à un adolescent, ni même à un jeune adulte. Ni d'un seul coup. C'est par étapes que nous développons la foi et d'autres capacités, et notre progrès se manifeste davantage vers le milieu de notre vie. Il est vrai, cependant, que certains reçoivent une révélation soudaine. Par exemple, des gens par ailleurs ordinaires, ayant vécu une expérience de mort imminente, rapportent un éveil instantané qui leur a permis de voir le plan global de leur vie, qu'ils vivront désormais autrement. Dans la tradition hindoue, des gens, spirituels ou non, ont décrit une extraordinaire montée d'énergie, l'éveil de la kundalini, qui jaillit le long de la colonne vertébrale jusqu'au sommet de la tête et, qui a souvent orienté leur vie vers le service spirituel.

En tant qu'hommes, ces chefs spirituels ont vu Dieu et la vérité. Dans leur humanité, ces prophètes, comme d'innombrables saints et saintes, ont éprouvé de la confusion et de la peur en découvrant le sens de leur mandat. Ils furent souvent guidés, au besoin, mais cela ne les empêcha pas de douter d'eux-mêmes et de se sentir abandonnés, et même désespérés, en cherchant à remplir leur mission, que certains d'entre eux connurent assez tard dans la vie. Chacun fut aux prises avec son ego et mis à l'épreuve, parfois à maintes reprises, afin de déterminer s'il pouvait enfin se relier à la divinité qui était en lui. Collectivement, leur vie forme le prototype archétypal du processus de révélation d'un Contrat sacré. Au prochain chapitre, nous nous pencherons sur les cinq étapes d'un Contrat sacré, mais d'abord, examinons certains des thèmes ou « tâches » de l'âme qui apparaissent au long de ces étapes.

Quatre des prophètes renoncèrent à leur vie passée pour renaître sous une nouvelle identité. Chacun reçut également un nouveau nom, afin de confirmer cette réalisation spirituelle. Un rituel de changement de nom a lieu lorsqu'un individu ne peut plus être reconnu sous son identité originelle par la société qu'il sert, lorsqu'il a dépassé sa fonction humaine pour devenir un Soi éternel, un chef universel ou l'incarnation d'une vérité supérieure. Abram devint Abraham lorsque le Seigneur scella leur alliance. Jésus fut appelé le Messie et, après sa mort, le Christ (l'Oint, celui qui a reçu l'onction). Après sa transformation spirituelle, Siddhârta Gautama devint le Bouddha (l'Éveillé). Et Mahomet, fils d'Abd Allah, fut appelé le Prophète.

On donne également un nouveau nom à une âme pour souligner l'accomplissement conscient des tâches nécessaires : le Contrat sacré. L'individu est arrivé à son plein pouvoir, même s'il n'a pas encore terminé son Contrat ni sa vie. Désormais, il ne fait appel qu'au pouvoir de l'âme et ne parle qu'avec la voix de l'âme. Alors, c'est l'âme qui reçoit un nom. L'ego ou l'ancienne identité ne domine plus, mais devient un fidèle serviteur, un véhicule par lequel l'âme communique les messages du Divin.

Héros orphelins
et expatriés

Comme l'écrit Joseph Campbell dans *Les héros sont éternels*, « les actes vraiment créateurs donnent l'impression de provenir d'une sorte de mourir au monde[7] ». Le Périple archétypal du héros, décrit par Campbell ainsi que dans *Le Rameau d'Or* de Sir James G. Frazer, commence toujours par un processus de séparation ou d'aliénation de la tribu, suivi d'une série de difficultés que le héros doit affronter seul. Au plus fort du périple surviennent une descente dans l'abîme du doute de soi et une perte de confiance dans le Divin, qui entraînent par la suite une transformation essentielle et un renouvellement de la confiance, qui mènent à la révélation d'une connaissance, ou d'une sagesse nouvelles. Le héros retourne ensuite à la tribu pour partager cette révélation, ou tente de le faire, puisqu'on n'est pas toujours héros, ni prophète, en son pays. La présence du héros nous dérange, car elle nous informe qu'il existe d'autres vérités et d'autres vies au-delà de nos habitudes. Cependant, nous craignons la rupture que provoquerait la poursuite de notre potentiel divin, car notre confort quotidien sera perturbé s'il fait obstacle à notre Contrat.

Lorsqu'on vit son Contrat dans la conscience plutôt que dans l'inconscience, on subit un pénible processus de séparation, semblable au Périple du Héros, car on s'écarte de l'esprit tribal. « Quiconque voudra sauver sa vie la perdra », a dit Jésus. Comme vous avez rompu avec la mentalité générale, le groupe est susceptible de percevoir votre individuation comme une menace fondamentale à sa propre unité, comme tout ce qui est nouveau ou s'écarte de l'ordre établi. Ironiquement, à l'exemple de ces grands enseignants, se séparer de sa propre tribu peut aider à la survie de la tribu humaine universelle. Dès le début de leur mission, tous les grands mystiques (Abraham, Moïse, le Bouddha, Jésus, Mahomet) partagèrent un sort commun d'abandon et de séparation de leur tribu, et cette aliénation ou exclusion fut essentielle à l'accomplissement de leur contrat. Abram quitta la ville sumérienne d'Ur et partit pour Canaan, puis la famine l'obligea à séjourner en Égypte. « Quitte ton pays, ta parenté et la maison de ton père, pour le pays que je t'indiquerai », lui dit le Seigneur.

Un autre personnage clé de la Bible hébraïque, Moïse, était un orphelin qui dut fuir l'Égypte après avoir tué un Égyptien dans un accès de rage. Après que Dieu lui apparut dans le buisson ardent, Moïse le supplia de ne pas le nommer chef de son peuple, alléguant ne posséder aucune des qualités requises.

L'ascendance de Jésus fut remise en question par ses voisins, car Marie était enceinte lorsque Joseph l'épousa. Perçu comme un bâtard, ou *mamzer* (l'enfant d'une femme fécondée par un homme étranger à la communauté), Jésus n'aurait pas été bien reçu par sa congrégation locale. « Le Bâtard ne sera pas admis à l'assemblée de Yahvé », ordonne la Torah[8] (Deut. 23, 2). Après son illumination, lorsqu'il retourna à son village natal de Nazareth pour y enseigner, Jésus fut froidement reçu par les gens du pays qui dirent d'un ton méprisant : « N'est-ce pas le charpentier, le fils de Marie, le frère de Jacques, de Joses, de Jude et de Simon ? et ses sœurs ne sont-elles pas ici parmi nous ? » Mais plus tard, alors que Jésus prêchait et fut informé que sa famille biologique écoutait à l'extérieur, il répondit : « Qui sont ma mère, mes frères et mes sœurs ? » Regardant l'assemblée assise autour de lui, il fit remarquer que c'étaient *elle*, sa famille. Même si un grand nombre d'Israélites suivaient Jésus et ses enseignements, la plupart des chefs de sa propre tradition religieuse le rejetèrent ainsi que son message. Son statut d'étranger allait marquer Jésus tout au long de son ministère public.

Par contraste marqué avec les origines humbles et obscures de Jésus, le Bouddha naquit dans une famille riche et puissante des contreforts des Himalayas ; s'il était resté chez lui, il serait probablement devenu un chef tribal et un grand guerrier. La légende veut qu'à la naissance de Siddhârta Gautama, le futur Bouddha, un astrologue ait dit à son père, Suddhodana, que ce garçon deviendrait soit un monarque universel dont le chariot allait rouler dans tout le pays, soit un illuminé qui allait mettre en mouvement la roue du Dharma, ou celle de la grande vérité qui soulagerait la souffrance de l'humanité. Suddhodana préférait la première possibilité mais, malgré tous ses efforts, il ne put empêcher son fils de découvrir un monde de souffrance et de mort à l'extérieur de son opulent palais.

Bien qu'il fût marié et père d'un nouveau-né, Siddhârta décida de quitter maison, famille, héritage et tribu pour entamer le Périple du Héros au nom de l'humanité. Orphelin volontaire, il se mit à la recherche de la vérité et explora son être intérieur. Attiré par le personnage d'un moine errant en robe safran, qui paraissait serein au milieu de la souffrance du monde, Siddhârta se rasa la tête et partit à la recherche d'un maître spirituel. Selon la tradition, il étudia avec deux des plus grands maîtres de méditation de son époque et pratiqua un ascétisme extrême en compagnie d'un petit groupe d'adeptes. Mais avec le temps, Siddhârta rejeta à la fois la méditation conventionnelle et l'ascétisme des moines de la forêt, en même temps que la religion officielle des Brahmanes hindous, devenant à nouveau orphelin afin de découvrir sa propre voie. Comme Jésus, il revint de son périple avec un trésor pour la tribu.

Le Prophète Mahomet perdit son père avant sa naissance et sa mère à six ans pour se retrouver sous la protection de son oncle Abu Talib. Même s'il était bien traité, son statut d'orphelin, dans la société tribale arabe du VIIe siècle, l'exposait à la vulnérabilité physique et financière. Mais Mahomet tira parti de ses réserves de force intérieure et d'intégrité pour s'établir en travaillant pour des caravaniers. On lui confia les biens de marchands et on le surnomma al-Amin, « le Fiable ». À l'âge de 25 ans, après avoir administré avec succès les caravanes d'une riche marchande nommée Khadidjah, il accepta sa demande en mariage, même si elle avait quinze ans de plus que lui.

Lorsque Mahomet eut lui-même atteint la quarantaine, il reçut des révélations de l'ange Gabriel dans une caverne où il se rendait pour méditer. Ces messages d'Allah (le mot arabe qui désigne Dieu) finirent par former le Coran, le texte sacré de l'Islam. Mais alors que Mahomet transmettait ses révélations, d'abord à un cercle intime de parents et d'amis, puis à d'autres dans les villes de La Mecque et de Médine, il se heurta à une forte résistance de la part de ses coreligionnaires. Beaucoup d'Arabes s'opposaient à ces nouveaux enseignements, qui interdisaient le culte des idoles et menaçaient le rôle de la Ka'aba : cet ancien lieu de culte de La Mecque était également une grande source de commerce dans cette partie de la péninsule arabe (l'Arabie saoudite actuelle). Les clans locaux dénoncèrent également les réformes sociales proposées par le Coran, qui rendaient obligatoire la prise en charge des veuves et des orphelins, et donnaient des droits accrus aux femmes, qui, à l'époque étaient largement traitées comme des biens matériels. À un moment donné, pour échapper aux menaces de mort, Mahomet dut se réfugier dans la forteresse d'Abu Talib, à toutes fins pratiques se faire prisonnier. S'ensuivirent une longue campagne militaire et des batailles rangées, mais Mahomet finit par l'emporter, inaugurant une longue période de croissance spirituelle et matérielle pour la tribu même qui l'avait d'abord si férocement rejeté. Depuis, son message s'est répandu auprès d'un sixième de la tribu universelle.

Lorsque chacun de ces quatre chefs spirituels prit conscience de sa raison d'être, sa vie s'en trouva aussitôt transformée. Par exemple, Abram était un berger assez prospère dans la tradition nomade des Sémites, avant d'être éveillé par la voix de Dieu. Moïse se contentait de garder le troupeau de son beau-père, Jethro, avant que la même voix l'éveille. Jésus travaillait comme charpentier jusqu'à ce que les cieux lui parlent alors qu'il avait 30 ans. Le Bouddha avait 29 ans et menait une existence privilégiée lorsque résonna l'appel intérieur ; Mahomet était prospère à quarante ans. Ces hommes ne grandirent pas dans la certitude d'une destinée divine ; ils durent apprendre à connaître leurs Contrats.

Les grandes missions

Même après avoir reçu leur mission, Abraham, Jésus et Mahomet remirent en cause leurs ententes avec le ciel. Ils s'efforçaient d'accomplir des tâches suivant les ordres divins, mais n'en connaissaient pas les raisons. Comme ils demeuraient incertains *en dépit* d'une intervention directe et des conseils du ciel, il faut croire que ce n'est qu'en s'efforçant de déceler votre Contrat que celui-ci vous est révélé.

Les biographies de maîtres débordent de récits de miracles, d'apparitions, d'interactions profondes avec le Divin, ou d'actes quasi-surhumains d'autodiscipline, d'amour et de volonté, mais taisent les détails de leur vie quotidienne : nous ignorons donc sur quoi s'appuyait leur foi entre deux communications divines.

Durant les jours et les semaines ordinaires de leurs vies, ils se demandaient peut-être encore avec plus de détermination et d'insistance s'ils faisaient bien ce qu'on attendait d'eux. Ils ont peut-être même douté de leur propre identité. Jésus demanda un jour à Pierre : « Qui dites-vous que je suis ? » C'était probablement moins pour savoir s'il reconnaissait sa divinité que pour se faire confirmer à nouveau qu'il était sur la bonne voie.

Bien sûr, le processus d'apprentissage de notre Contrat sacré n'égalera sans doute pas l'expérience de ces chefs extraordinaires. Il est peu probable qu'il nous vienne de profondes expériences mystiques ou un contact direct avec le Divin. Mais nous pouvons tout de même apprendre, à travers la vie des maîtres, à reconnaître les grandes lignes de la manifestation du déploiement de notre Contrat.

Le premier Contrat sacré

L'histoire d'Abraham, l'une des plus célèbres des saintes Écritures, relate les origines de la nation d'Israël et du peuple juif, qui deviendra l'une des cultures les plus mystiques et les plus durables du monde. La fondation d'Israël tire son origine d'une vision : le Dieu appelé Yahvé communiqua à un mortel ordinaire nommé Abram qu'il allait fonder une nation et engendrer un peuple. Yahvé donna un ordre précis qui allait représenter pour l'éternité le lien entre Abraham, ses descendants et Dieu : l'alliance de la circoncision. Yahvé avait créé un précédent en créant l'alliance avec Noé, mais il nous reste peu de détails sur son application. La nouvelle alliance (Dieu proposait de venir en aide à Abram et à sa descendance s'ils adhéraient à ses conditions et démontraient leur fidélité à Yahvé) constitue la première déclaration officielle de Contrat sacré dont nous ayons un récit détaillé. Le récit biblique accompagne la révélation graduelle du Contrat d'Abraham et présente sa réaction à chacune des étapes. Pour comprendre la nature des Contrats sacrés, il faut saisir la relation d'Abraham à Yahvé. Voici le début du récit d'Abraham dans la Bible hébraïque :

Yahvé dit à Abram : Quitte ton pays, ta parenté et la maison de ton père, pour le pays que je t'indiquerai.

Je ferai de toi un grand peuple, je te bénirai, je magnifierai ton nom; sois une bénédiction !

Je bénirai ceux qui te béniront, je réprouverai ceux qui te maudiront. Par toi seront bénis tous les clans de la terre.

Abram partit, comme lui avait dit Yahvé, et Lot partit avec lui. Abram avait 75 ans lorsqu'il quitta Harân.

Abram prit sa femme Saraï, son neveu Lot, tout l'avoir qu'ils avaient amassé et le personnel qu'ils avaient acquis à Harân; ils se mirent en route pour le pays de Canaan et ils y parvinrent.

Abram traversa le pays jusqu'au lieu saint de Sichem, au Chêne de Moré. Les Cananéens étaient alors dans le pays.

Yahvé apparut à Abram et dit : C'est à ta postérité que je donnerai ce pays. Et là, Abram bâtit un autel à Yahvé qui lui était apparu.

Il passa de là dans la montagne, à l'orient de Béthel, et il dressa sa tente, ayant Béthel à l'ouest et Aï à l'est. Là, il bâtit un autel à Yahvé et il invoqua son nom.

Puis, de campement en campement, Abram alla au Négeb. (GENÈSE 12 : 1-9)

Nous ne voyons pas toujours à quel point l'ordre du Seigneur était étonnant, compte tenu de la vie d'Abram. Selon les Écritures, avant cette divine rencontre, Abram n'avait jamais fondé de nation. Nous pouvons supposer à juste titre que c'était un chef, car en préparation au voyage, il avait rassemblé « tout l'avoir qu'ils avaient amassé et le personnel qu'ils avaient acquis à Harân ». Mais il serait exagéré de dire qu'un chef d'une stature aussi modeste se soit cru destiné à créer une nation ou à engendrer une vaste tribu.

Abram venait à peine de s'établir à Canaan qu'il dut emmener son peuple en Égypte pour échapper à une famine. Il craignait les Égyptiens et s'arrangea pour avoir la vie sauve en offrant sa jolie épouse au Pharaon. Il dit à Saraï de se faire passer pour sa sœur afin que les Égyptiens le traitent bien et lui épargnent la vie par considération pour elle, ou pour le droit de la courtiser et probablement de coucher avec elle, bien que ce ne soit jamais affirmé ouvertement. Lorsque le Pharaon reçut Saraï dans son palais, Abram fut récompensé par « du petit et du gros bétail, des ânes, des esclaves, des servantes, des ânesses, des chameaux. ». Yahvé infligea plusieurs fléaux au Pharaon et à sa famille à cause de la femme d'Abram (sans toutefois punir ce dernier). Le Pharaon convoqua Abram et lui dit : « Qu'est-ce que tu m'as fait? Pourquoi ne m'as-tu pas déclaré qu'elle était ta femme ? Maintenant, voilà ta femme : prends-la et va-t'en ! » Par mesure de sécurité, le Pharaon ordonna à ses hommes d'escorter Abram jusqu'à la frontière avec sa femme et ses biens.

Ce récit du séjour d'Abram en Égypte nous donne un premier aperçu du caractère de l'homme à qui échut la tâche la plus importante de l'histoire d'Israël, mais il n'est pas édifiant. C'était un lâche inquiet de son propre sort qui mentit et servit d'entremetteur à sa femme pour se sauver et accumuler des richesses. Ayant accepté de compléter un projet pour le compte de Yahvé, Abram fit aussitôt montre de son manque de foi en tenant pour acquis que Yahvé ne le protégerait pas du danger, même s'ils étaient liés par un Contrat qui supposait qu'Abram vivrait assez longtemps pour le remplir. Il n'est pas mentionné qu'Abram invoqua la grâce de Yahvé. De plus, en acceptant les cadeaux du Pharaon, il n'eut aucune difficulté à obtenir de la richesse sous de faux prétextes, ni aucun scrupule concernant la possession d'esclaves venant du Pharaon. En fait, plus tard, une fois devenu Abraham, il livra à nouveau Saraï, que Dieu appelait maintenant Sara, à un autre monarque, s'expliquant ainsi : « Pour sûr, personne ne craint Dieu dans cet endroit, et on va me tuer à cause de ma femme. » (Gen. 20 : 11) Cette fois, cependant, Dieu apparut en rêve au roi pour lui dire qu'Abraham étant un prophète, qu'il devait lui redonner Sara et vivre en paix avec lui.

De quelle façon ces aspects de la vie d'Abram, vieux de quatre mille ans, sont-ils reliés à notre périple de découverte de nos Contrats sacrés ? Permettez-moi de revoir l'histoire d'Abram sur le plan symbolique plutôt que matériel. Tout d'abord, les défauts du caractère d'Abram indiquent qu'il n'était pas un être spirituel parfait ni un homme à la foi et à la vision infinies. Dès qu'il eut des difficultés, il recourut à des actes de tromperie pour survivre, malgré sa rencontre intime le Divin. L'homme qui avait reçu le Contrat de fonder la nation d'Israël se débattait contre sa propre nature, qui comportait des faiblesses morales, de la peur et même de l'avidité. Mais il faut reconnaître que c'étaient des caractéristiques de son ego, et non de son âme. Sous la personnalité d'Abram se trouvait une âme éveillée par l'intervention divine, une âme dotée d'une force visionnaire et d'un potentiel d'endurance spirituelle. Je soupçonne Abram de n'avoir pas eu conscience de porter en lui ces qualités profondes, mais elles firent surface le moment venu, lorsque sa foi fut assez forte pour leur permettre de s'épanouir.

Pour comprendre pourquoi Dieu choisit Abram comme véhicule de la volonté divine, il faut reconnaître que l'âme d'Abraham pouvait bien être à la hauteur des exigences, et la nôtre aussi. Les attributs qui vous paraissent ordinaires ne rendent pas justice aux attributs spirituels extraordinaires qui sommeillent en vous. Les apparences sont parfois trompeuses. Il faut souvent emballer la vérité dans une grande illusion pour la protéger de celui qui la porte et de ceux dont elle changera la vie. Abraham était un homme ordinaire, avec les mêmes défauts que les autres humains, mais il portait en lui un Contrat extraordinaire, dont les conséquences allaient engendrer la naissance d'Israël et la montée de l'une des grandes traditions spirituelles du monde. L'histoire d'Abraham nous dit que nos propres failles ne servent qu'à masquer la nature véritable de notre contribution potentielle à l'humanité. Malgré tout notre égotisme et notre narcissisme, nous avons tendance à focaliser davantage sur nos défauts que sur nos capacités et nos promesses. Mais nous avons tous un potentiel de noblesse et de service aux autres.

En fait, l'histoire d'Abraham est celle de la naissance de deux grandes nations, et l'on y trouve une autre leçon d'un Contrat sacré. La femme d'Abram, Saraï, était stérile, ce qui les affligeait tellement, tous les deux, que Saraï dit à Abram de coucher avec Hagar, sa servante. Il accepta et Hagar engendra bientôt un enfant, ce qui changea immédiatement son statut social dans la maison. Même si elle avait contribué à l'avènement de cette situation, Saraï devint furieuse et dit à Abram qu'elle trouvait insultante l'attention qu'il portait à Hagar. Pour apaiser Saraï, Abram lui dit de faire ce qu'elle voulait d'Hagar. Saraï la maltraita à tel point qu'elle s'enfuit.

En tant que servante, Hagar n'avait probablement aucun pouvoir de décision sur le fait d'enfanter un descendant à Abram : elle y fut sans doute forcée. Elle dut en outre endurer un traitement cruel de la part d'une femme jalouse, en raison d'une grossesse qu'elle n'avait pas désirée. Elle finit donc par s'enfuir, et c'est alors qu'elle rencontra un messager angélique envoyé par Yahvé, qui lui dit de retourner vers Saraï en dépit de ses mauvais traitements.

Pardonner aux gens qui vous maltraitent, cela ne veut pas dire les absoudre de leur responsabilité personnelle et approuver leurs gestes. Nous exerçons tous un libre-arbitre dans l'exécution de notre contrat, et nous avons toujours la possibilité d'éviter le mal. Mais le fait d'endurer un mal ou un obstacle peut-être nécessaire, mena Hagar à l'ultime libération. Car l'ange lui dit aussi que son fils devait s'appeler Ismaël, qui, en hébreu, veut dire « Dieu entend », indiquant que Yahvé avait entendu ses cris de détresse. Lorsque Hagar retourna vers Abram et Saraï, elle reçut la protection divine, et Dieu promit à Hagar et à Abram que leur fils fonderait lui aussi une nation. Après la naissance du fils qu'il eut avec Saraï, qui s'appela Isaac, Abram renvoya Hagar et, une fois encore, Dieu la protégea avec Ismaël dans le désert. Selon la tradition musulmane, Hagar quitta les Israélites et voyagea dans la péninsule arabe jusqu'à la vallée de Becca avec son fils Ismaël, dont la lignée s'étendit jusqu'au Prophète Mahomet. Aujourd'hui, les musulmans du monde reconnaissent qu'Abraham est le père de leur peuple et Hagar la mère. Leur histoire montre que nous avons peut-être besoin d'endurer des maux nécessaires pour remplir notre Contrat.

Deux autres événements importants de l'histoire d'Abraham exigent une explication, car ils illustrent les actes de foi que comporte et exige tout Contrat sacré. Le premier est la fondation de l'alliance entre Dieu et Abraham, qui se lit comme suit :

> *Lorsqu'Abram eut atteint 99 ans, Yahvé lui apparut et lui dit : Je suis El Shaddaï* [en hébreu, « le Tout-Puissant »], *marche en ma présence et sois parfait.*
>
> *J'institue mon alliance entre moi et toi, et je t'accorderai une grande descendance. Et Abram tomba la face contre terre. Dieu lui parla ainsi : Moi, voici mon alliance avec toi : tu deviendras père d'une multitude de nations. Et l'on ne t'appellera plus Abram* [en hébreu, « père exalté »], *mais ton nom sera Abraham* [père d'une multitude], *car je te fais père d'une multitude de nations. Je te rendrai extrêmement fécond, à partir de toi je ferai des nations, et des rois en ressortiront. J'établirai mon alliance entre toi et moi, et ta race après toi, de génération en génération, une alliance perpétuelle, pour être ton Dieu et celui de ta race après toi. À toi et à ta race après toi, je donnerai le pays où tu séjournes, tout le pays de Canaan, en possession à perpétuité, et je serai votre Dieu.*
>
> *Dieu dit à Abraham : Et toi, tu observeras mon alliance, toi et ta race après toi, de génération en génération. Et voici mon alliance qui sera observée entre moi et vous, c'est-à-dire ta race après toi : que tous vos mâles soient circoncis. Vous ferez circoncire la chair de votre prépuce, et ce sera le signe de l'alliance entre moi et vous.*
> (GEN. 17 : 1-11)

Cette Alliance devint la manifestation extérieure et spirituelle du Contrat d'Abraham avec le Divin. En fait, c'était la deuxième fois que Dieu utilisait le mot *alliance* avec Abraham, mais dans ce cas, il exigeait un signe de loyauté de la part d'Abraham et des hommes de sa famille. Plus tôt, lorsqu'Abram eut déploré qu'il lui manquait un fils, Yahvé lui ordonna de sacrifier du bétail, puis apparut en rêve à Abram, réaffirmant Sa promesse de faire de lui le père d'un grand peuple (Gen. 15 : 7-21). Cependant, les ordres qu'il donne maintenant à Abraham firent croire à sa tribu qu'une force divine nous surveille et veut que nous complétions les tâches exigées. Les expériences et les relations dans nos vies se présentent à dessein pour soutenir le Contrat sacré établi entre nous et Dieu avant notre naissance. L'Alliance représente l'image d'une force divine « honorable », qui respecte ses engagements aussi longtemps qu'Abraham et ses semblables font la même chose.

Lors de ce profond échange entre Abraham et Yahvé, une empreinte archétypale fut introduite dans la psyché occidentale, analogue à celle transmise par les Védas en Inde et le culte de Mithra en Iran : des alliances se fondent entre Dieu et nous. L'histoire d'Abraham nous fournit un premier regard détaillé sur l'intimité entre le Divin et l'humain, et fait de cette qualité d'union un désir actif dans l'inconscient de chaque être humain. De plus, l'idée d'être responsable envers les autres avant de l'être envers Dieu, une notion mise au monde par Israël, représente une contribution incalculable au développement de la spiritualité humaine que cette même Alliance scellait implicitement.

Le premier événement important de la vie d'Abraham fut la naissance de son fils Isaac, alors qu'Abraham avait 100 ans. Dans le récit biblique, lorsque le fils était encore assez jeune, Dieu aurait « tenté » Abraham en lui disant : « Prends ton fils Isaac, ton fils unique que tu aimes, et va vers la région de Moriah. Sacrifie-le sur un bûcher, sur l'une des montagnes que je t'indiquerai. » Sans protester, Abraham accepta l'ordre du Seigneur. Tôt le lendemain matin, il se leva, sella son âne, coupa suffisamment de bois pour l'offrande et, avec son fils, partit vers le lieu que Dieu lui avait indiqué. Lorsqu'ils arrivèrent,

> *Abraham prit le bois de l'holocauste et le chargea sur son fils Isaac, lui-même prit en mains le feu et le couteau et ils s'en allèrent tous deux ensemble. Isaac s'adressa à son père Abraham et dit : Mon père ! Il répondit : Oui, mon fils ! - Eh bien, reprit-il, voilà le feu et le bois, mais où est l'agneau pour l'holocauste ?*

Abraham répondit : C'est Dieu qui pourvoira à l'a-
gneau pour l'holocauste, mon fils, et ils s'en allèrent tous
deux ensemble.

Quand ils furent arrivés à l'endroit que Dieu lui avait
indiqué, Abraham y éleva l'autel et disposa le bois, puis il
attacha son fils Isaac et le mit sur l'autel, par-dessus le bois.

Abraham étendit la main et saisit le couteau pour
immoler son fils.

Mais l'Ange de Yahvé l'appela du ciel et dit : Abraham !
Abraham ! Il répondit : Me voici !

L'Ange dit : N'étends pas la main contre l'enfant ! Ne
lui fais aucun mal ! Je sais maintenant que tu crains Dieu :
tu ne m'as pas refusé ton fils, ton unique fils. Abraham leva
les yeux et vit un bélier, qui s'était pris les cornes dans un
buisson, et Abraham alla chercher le bélier et l'offrit en
sacrifice à la place de son fils.

À ce lieu, Abraham donna le nom de Yahvé pourvoit,
en sorte qu'on dit aujourd'hui : Sur la montagne, Yahvé
pourvoit. (GEN. 22 : 6-14)

Bien qu'Abraham eut déjà accepté la circoncision comme
symbole de l'Alliance entre Dieu et lui, Yahvé lui demanda d'accomplir une autre tâche destinée à éprouver sa foi. Par conséquent, même si, à un moment donné, nous croyons avoir enfin
accompli notre devoir, notre foi sera sans cesse mise à l'épreuve,
car la meilleure compréhension de notre Contrat n'est pas synonyme de foi parfaite. Finalement, on nous demandera maintes
fois de faire le deuil des aspects de notre vie auxquels nous
tenons le plus. Mais après l' « épreuve », nous verrons que nous
n'avons rien perdu, bien au contraire, qu'on nous a donné bien
plus en retour. Je ne dis pas qu'on nous demande littéralement
de tuer nos proches pour mettre notre foi à l'épreuve ; il faut
considérer l'acte de sacrifice comme un symbole. Mais on ne
peut arriver à connaître en profondeur le but de sa vie sans en
sacrifier des aspects devenus caduques.

Votre Contrat sacré peut vous permettre de traverser les périodes sombres de votre vie, tout comme la minuscule poupée de Vasilisa dirigeait ses pas dans la forêt. Ainsi, on vous présente des tâches apparemment ardues et on vous donne l'intuition nécessaire pour les accomplir. Et comme les grands maîtres spirituels, vous pouvez parfois mettre en question les intentions du Divin ou avoir l'impression de ne pas pouvoir faire ce qu'on attend de vous. Vous devez alors vous rappeler à quel point les maîtres se sont débattus avec leurs Contrats, et rester confiant de posséder déjà, l'intuition et les qualités intérieures voulues pour remplir le vôtre.

Même si les événements vous semblent parfois se présenter par hasard, votre Contrat se déroule graduellement, et chaque aspect se présente lorsque vous êtes prêt et vous donne de nombreuses occasions de répondre à ses défis. Par exemple, dans le récit de l'interaction d'Abraham avec Dieu (Genèse 12 à 22), Dieu apparaît ou parle à Abraham pas moins de sept fois sur plusieurs décennies. En cours de route, lorsqu'Abraham exprime ses doutes sur les promesses du Seigneur, non seulement Dieu répète-t-il les termes de son Alliance, mais aussi, il les élargit de façon à inclure l'exigence de la circoncision et des mesures pour protéger Isaac. Cette histoire comprend des exigences, des épreuves, des rebondissements (Hagar et Ismaël partent, reviennent et repartent) et des grâces inattendues (la naissance d'un fils alors que Sara et lui ont atteint un âge avancé). Lorsque surviennent des développements inattendus et des doutes, la volonté d'Abraham ne faiblit pas, et il respecte son contrat jusqu'à la fin.

Avec le temps, vous discernerez une progression dans la révélation de votre propre Contrat. Même si votre vie peut vous paraître différente de celle d'Abraham et des autres maîtres, son déroulement obéit à un modèle semblable. Au prochain chapitre, nous examinerons comment se sont révélés leurs Contrats et nous apprendrons à reconnaître les étapes de cette progression.

CHAPITRE 3

Les étapes
d'un Contrat sacré

Comme toute forme de croissance, le développement spirituel se déroule par étapes. Mais il nous faut parfois un certain temps pour prendre conscience d'en avoir franchi une. L'un des plus grands mystiques occidentaux contemporains, Ram Dass, originaire d'une famille aisée, poursuivait déjà une prometteuse carrière de professeur et chercheur en psychologie lorsque sa vie bascula. Dès le début des années 1960 à Harvard, Richard Alpert (c'était son nom, à l'époque) s'intéressait à la conscience humaine. Avec Timothy Leary, il mena une recherche intensive sur le LSD, la psilocybine et autres drogues psychédéliques, à l'intérieur d'un cercle qui comprenait Aldous Huxley et Allen Ginsberg. Ces expériences psychédéliques retournèrent sens dessus dessous l'univers rationaliste d'Alpert et lui donnèrent accès à des champs de conscience différents de tout ce qu'il avait connu lors de ses études et de sa recherche en psychologie.

Alpert et Leary ayant été renvoyés de Harvard à cause de la nature controversée de leur travail, Alpert poursuivit ses recherches auprès d'une fondation privée pendant plus de quatre ans. Les psychotropes l'avaient transformé, mais il se préoccupait aussi de la nature transitoire de ses états d'euphorie : même les plus merveilleux d'entre eux finissaient toujours par décroître. Comme Leary et Ginsberg, Alpert décida en 1967 de parcourir l'Inde en quête de nouvelles expériences. Il y rencontra un autre adepte américain qui le mit en contact avec un maître spirituel nommé Neem Karoli Baba. Le saint homme lui enseigna le yoga et la méditation, et lui donna le nom spirituel de Baba Ram Dass, ou « Serviteur de Dieu ». Alpert avait fini par trouver un état d'euphorie permanent. Revenu aux États-Unis sous le nom de Baba Ram Dass, il prononça nombre de conférences, écrivit plusieurs ouvrages marquants sur la voie spirituelle, comme *Be Here Now*, et développa le *Prison Ashram Project*, destiné à favoriser la croissance spirituelle des détenus et, plus tard, le *Living Dying Project*, qui aiderait les malades en phase terminale à faire l'expérience de l'attention, de l'observation de soi et de la paix au moment de mourir.

« Mon périple s'est déroulé en trois étapes ! » écrivit Ram Dass après son retour de l'Inde. « L'étape sociologique, l'étape psychédélique et l'étape yogique. » Chacune contribuait à la suivante, dit-il, « comme s'épanouit une fleur de lotus ». En revoyant sa vie, il réalisa que « beaucoup d'expériences qui m'avaient paru insensées à l'époque avaient pavé la voie pour la suite[1] ».

Mais les étapes du voyage de Ram Dass n'étaient pas terminées. Maintenant sexagénaire, il avait terminé la rédaction d'un nouveau livre sur le vieillissement conscient, lorsque son éditeur lui retourna le manuscrit en disant qu'il ressentait son manque de conviction. Alors qu'il travaillait à améliorer son livre, Ram Dass subit une attaque cérébrale qui le laissa paralysé, mais lucide. Pour la première fois de sa vie, l'éloquent professeur et le mystique, qu'on avait parfois accusé d'arrogance, se trouva totalement dépendant, pour sa survie, de l'aide d'amis intimes et d'assistants médicaux. Après des années de lutte en vue d'une guérison, Ram Dass se remit à l'enseignement et, ayant vécu certains des défis du vieillissement, il put ajouter des observations profondes sur le sujet (intitulé *Still Here*) à son livre, qui fut fort apprécié lors de sa publication. (L'édition française, *Vieillir en pleine conscience*, a été publiée aux éditions du Relié.)

Les étapes de l'épanouissement spirituel de Ram Dass auraient pu difficilement lui apparaître avec clarté à l'époque où elles se produisirent. Avant son attaque, il ne pensait probablement pas devoir affronter des difficultés de croissance et de vie. Chaque étape était tombée au moment opportun (comme l'épanouissement de la fleur de lotus), mais seulement en rétrospective.

Bien d'autres mystiques, comme Thérèse d'Avila et Jean de la Croix, traversèrent eux aussi les nombreux stades de l'éveil ou de la connaissance : sainte Thérèse comparait sa progression au fait de parcourir les pièces d'une demeure, et saint Jean, à l'ascension d'une montagne. À partir de leurs expériences et de celles d'autres mystiques de traditions spirituelles différentes, l'universitaire Evelyn Underhill, dans son ouvrage classique intitulé *Mysticism*, ramène le processus de l'éveil à cinq étapes. Elle les appelle les étapes de l'éveil, de la purification, de la lumière, de l'obscure nuit de l'âme et de l'union divine[2].

Nous constatons une semblable progression dans le déroulement des Contrats sacrés des grands maîtres spirituels. Ces étapes mystiques représentent un modèle archétypal de progression vers la « clarté de l'âme », c'est-à-dire la capacité de reconnaître que la matière et les relations, dans notre monde physique, ne sont que des accessoires ou des aspects du respect de notre Contrat. Les étapes grâce auxquelles les maîtres spirituels prirent conscience de la nature de leurs Contrats sont identiques aux cinq qui nous échoient. En effet, la résistance que les prophètes ont ressentie à l'égard de ce qu'on pourrait appeler l' « appel divin » apparaît dans notre propre résistance à la voix intérieure de l'intuition. Il s'agit surtout d'une différence de degré.

Arrêtez-vous un instant pour réfléchir à toute communication, coïncidence ou intuition que vous ayez reçues au fil des ans. Consignez-les dans votre journal ou dans un cahier. Notez si elles vous sont venues en rêve ; d'un commentaire, d'un avertissement ou d'un compliment provenant d'un proche ou d'un inconnu ; à travers les paroles d'une chanson ou d'un sentiment suscité en vous par de la musique ou par la nature ; ou d'une chose que vous avez vécue ou apprise au travail ou grâce à un passe-temps. Comment avez-vous réagi à ces idées, au départ ? Les avez-vous accueillies ou ignorées ? Les avez-vous mises en pratique ? Que s'est-il passé par la suite ? Votre façon de recevoir l'intuition, l'appel ou les conseils vous aidera à déterminer les forces archétypales à l'œuvre dans votre vie et, en définitive, à reconnaître votre Contrat sacré.

L'éveil d'Abraham à la nature de son Contrat sacré correspond aux cinq étapes exposées ci-dessous. En général, comme dans tout apprentissage, celles-ci se chevauchent et se poursuivent tout au long de notre vie, selon notre croissance ou le développement d'une habileté ou de la réflexion. Ces étapes ne constituent pas une progression strictement linéaire, mais un processus continu de croissance et d'épanouissement que vous pouvez vivre un certain nombre de fois dans votre vie, lorsque vous affrontez de nouvelles épreuves ou de nouvelles conditions d'existence.

Le contact.
Un lien se forme entre vous et le Divin.

Selon le récit biblique de la Genèse, Abraham rencontra Yahvé sept fois. La première, Seigneur parla à Abram, mais dans les directives subséquentes, il lui « apparut » sept fois et « la parole de Yahvé fut adressée à Abram, dans une vision ». C'est lors de son baptême par Jean, au Jourdain, que Jésus vécut l'éveil : « Les cieux s'ouvrirent : il vit l'Esprit de Dieu descendre comme une colombe et venir sur lui. » (Mathieu 3, 16). Pour le Prophète Mahomet, le contact se produisit alors qu'il méditait dans une caverne des environs de La Mecque, et que l'ange Jibril (le nom arabe de Gabriel) lui livra la première révélation d'Allah. Le Bouddha ne croyait pas en un Être Suprême, bien qu'il acceptât la présence de nombreux dieux mineurs du panthéon hindou, comme Brahma. Mais lors de son éveil, alors qu'il était assis en méditation prolongée sous l'arbre de bodhi, il se relia à un niveau de connaissance et de sagesse universelles qui le rendirent omniscient.

Nous sommes tous mis en contact avec le Divin au moyen d'expériences ordinaires et extraordinaires, même sans l'intermédiaire de messagers spirituels. Par exemple, l'influence divine est évidente lorsqu'une série de désastres se produit sur une période remarquablement courte et réoriente votre vie, (« Désastre » veut dire « venant des astres » : selon une croyance ancienne, les mauvaises choses se produisent pour des raisons connues des cieux.) ou lorsqu'une occasion imprévue se présente. Le Divin pourrait aussi se révéler en rêve, ou lors de « coïncidences » extraordinaires, dans une expérience transcendant le monde naturel, en prière ou en méditation. Quelle que soit sa forme, l'expérience divine attire immanquablement votre attention et vous amène à penser qu'il pourrait vous arriver quelque chose d'extraordinaire. Les rencontres divines seront des événements continus, et non isolés. Cela ne veut pas dire que les désastres seront continus, mais que, lorsque vous aurez établi un lien conscient avec l'énergie divine, cette Présence sera ancrée à jamais dans votre conscience et dans votre vie.

Vos rencontres ne sont peut-être pas aussi dramatiques ni aussi nettes que celles d'Abraham, mais leur issue est généralement irréversible. Prenez quelques minutes pour examiner votre vie à la recherche de points tournants qui vous ont éloigné des valeurs tribales de votre milieu d'enfance. Vous avez peut-être rencontré un personnage inspirant ou un mentor, soit en personne, soit par la lecture ou par les arts. Demandez-vous comment cet individu, ce livre ou cette expérience esthétique est entré dans votre vie, et tracez une ligne entre ce moment et votre stade actuel. Puis, ajoutez le long de cette ligne d'autres points indiquant d'autres individus ou d'autres expériences qui ont aidé à renforcer le message initial.

Pour Ram Dass, le moment du contact se produisit lors de son premier voyage en Inde, alors qu'il s'appelait encore Richard Alpert. Une nuit, en voyage, raconte Ram Dass dans *Be Here Now*, il eut une vision de sa mère, morte un an plus tôt d'une maladie de la rate. Dans cette vision, elle le pressait de ne pas renoncer à sa quête de libération intérieure. Peu après, debout sous les étoiles, il pensa à sa mère et sentit sa présence le guider. Le lendemain, on lui présenta celui qui allait devenir son gourou, et qu'il appelait alors tout simplement Maharaji. Ce dernier commença par lui demander de lui donner la coûteuse Land Rover qu'il avait conduite jusque-là et qui appartenait à un ami d'Alpert. Il refusa rapidement.

Un peu plus tard, Maharaji prit Alpert en aparté et lui dit : « Vous vous trouviez sous les étoiles, hier soir. Vous pensiez à votre mère. » Maharaji savait que la mère d'Alpert était morte l'année précédente. « Elle avait le ventre très gros avant de mourir, dit le gourou. La rate. Elle est morte d'une maladie de la rate. »

« Aussitôt, écrivit plus tard Alpert à propos de ce moment, mon esprit s'est agité à une vitesse folle pour tenter de retrouver l'équilibre, pour saisir ce qui venait de se passer. J'ai revécu toute ma super-paranoïa par rapport aux complots de la CIA : « Qui est-il ? » « Qui représente-t-il ? » « Quel bouton pousse-t-il pour faire apparaître mon fichier ? » et « Pourquoi m'a-t-on amené ici ? » Rien de tout cela ne tenait debout. Ce qui venait de se passer était tout simplement impossible. Ce type ne pouvait en savoir autant sur mon compte, j'étais un simple touriste en voiture, et le tout était vraiment tiré par les cheveux. »

Alpert essaya de relier son expérience à celles qu'il avait eues avec des drogues psychédéliques, mais elles ne correspondaient pas à ce modèle, et son esprit continua plutôt à s'agiter fébrilement. "Cela m'a fait la même impression que lorsqu'on donne un problème insoluble à un ordinateur : la cloche sonne, le voyant rouge s'allume et la machine s'arrête. Et mon esprit a tout simplement cédé. Il a brûlé ses circuits... en s'efforçant désespérément de trouver une explication. Il me fallait une conclusion rationnelle et je n'en trouvais aucune. Je ne pouvais me cacher nulle part dans ma tête. »

« Au même moment, j'ai ressenti cette douleur extrêmement violente dans ma poitrine, accompagnée d'un sentiment de déchirement immense, et je me suis mis à pleurer. J'ai pleuré longtemps. Ni de bonheur, ni de tristesse : ce n'était pas ce genre de larmes. Je savais seulement que j'étais arrivé chez moi. Le voyage était fini. J'avais terminé. »

À ce moment, Alpert fut prêt à offrir à Maharaji la Land Rover ou tout ce qu'il voulait, mais le gourou se contenta de l'accepter comme disciple, sans aucun frais. Par l'intermédiaire d'un saint homme indien, cet universitaire américain avait pris contact avec le pouvoir divin, et sa vie en fut irrévocablement changée, bien davantage que par le LSD et la psilocybine.

La réponse à l'appel.
Après l'éveil, vous appliquez votre nouvelle sagesse dans votre vie courante.

La première étape qu'entreprit Abraham après l'injonction de Dieu (à l'âge de 75 ans) fut de partir pour la terre de Canaan avec sa femme, sa famille et ses biens. L'éveil au Divin n'a de sens que s'il constitue une étape d'un périple de transformation spirituelle. Cette première phase est importante, bien sûr, mais ensuite, il faut agir et entreprendre la deuxième, comme le démontra Abraham.

Un vieux proverbe zen dit ceci : « Avant l'éveil, coupe du bois et porte de l'eau. Après l'éveil, coupe du bois et porte de l'eau. » Entendre l'appel du Divin ne veut pas dire se retirer dans une vie contemplative dans les montagnes du Népal ou dans une cabane des forêts nordiques. Si rigoureuse et exigeante que soit la vie monastique traditionnelle, avec ses périodes de silence et ses vœux d'obéissance, c'est une situation privilégiée dans laquelle les responsabilités familiales et professionnelles sont remplacées par la prière et l'étude dans un cadre protégé. Les mystiques actuels ont tendance à rester dans le monde matériel, mais avec une orientation et des valeurs tout à fait différentes : ce défi peut être plus rigoureux que n'importe quelle vie cloîtrée.

Lorsque vous sentirez les premières manifestations d'un contact initial avec le Divin, cherchez des façons de mettre cette expérience en pratique. Ram Dass a dit avec insistance que le véritable éveil spirituel se manifeste toujours comme un désir de rendre service aux autres. Ce service peut prendre d'innombrables formes : on peut être parent, enseignant, conseiller, guérisseur, bénévole, ou accomplir toute autre forme de travail créatif, pourvu que l'on vise à aider les autres à réaliser leur potentiel divin. Comme le dit Jésus dans l'Évangile selon Matthieu :

« Vous les reconnaîtrez à leurs fruits » et, dans nombre de ses paraboles, il accorde plus de valeur aux actes de compassion qu'aux pratiques religieuses. Vos gestes de compassion sont la manifestation physique de tout votre travail spirituel intérieur.

L'apôtre Jacques, dans son Épître aux chrétiens juifs, demande (Jacques 2, 14 à 26) : « À quoi cela sert-il, mes frères, que quelqu'un dise : "J'ai la foi", s'il n'accomplit pas les œuvres ? La foi peut-elle le sauver ? Si un frère ou une sœur sont nus, s'ils manquent de nourriture quotidienne, et que l'un d'entre vous leur dise : "Allez en paix, chauffez-vous, rassasiez-vous", sans leur donner ce qui est nécessaire à leur corps, à quoi cela sert-il ? Ainsi en est-il de la foi : si elle n'accompagne pas les œuvres, elle est tout à fait morte... C'est par les œuvres que je te montrerai ma foi. » Comme Jésus, Jacques fut trempé dans la tradition juive, qui met l'accent sur la compassion. Le mot hébreu *mitzvah* désigne un commandement de la tradition juive comme il en existe des centaines, mais dans l'usage habituel, *mitzvah* désigne un acte de gentillesse.

Le changement de nom.
Ce nouveau nom ou rôle possède une signification spirituelle.

Après que Dieu eut établi son Alliance avec Abram, il l'appela Abraham (et nomma son épouse Sara) pour signifier son nouveau rôle de père d'une grande nation. Même si ce nom avait un sens littéral, il tirait toute sa signification de la réorientation d'Abram : patriarche d'un clan traditionnel, il engendra non seulement une nouvelle nation, mais un nouveau paradigme spirituel. Comme le décrit Thomas Cahill dans son livre *The Gifts of the Jews*, ce paradigme englobe la croyance du peuple juif en « un univers unifié et signifiant », dans lequel chaque individu a de la valeur et de l'importance, par opposition à l'éthique impersonnelle et sans compassion du polythéisme de l'époque. Mais selon Cahill, les descendants d'Abraham nous ont légué bien davantage :

Ils nous ont donné la Conscience morale de l'Occident, la croyance en un Dieu Unique qui n'est pas celui de l'extérieur, mais la « petite voix calme » de la conscience morale, le Dieu de la compassion, celui qui « sera toujours là », celui qui prend soin de chacune de ses créatures, surtout des êtres humains qu'il créa « à son image », et qui nous demande de faire de même[3].

Dans la tradition catholique romaine, les garçons et les filles, à l'âge de 13 ans, prennent un nouveau « nom de Confirmation » pour la cérémonie qui confirme leur foi. Comme la bar-mitzvah et la bas-mitzvah, célébration de la majorité religieuse des jeunes juifs, cette cérémonie est l'écho d'un ancien rituel d'initiation. Un nombre important d'adultes ont subi des rituels de changement de nom, souvent après avoir entamé une voie spirituelle consciente. Ceux qui sont initiés aux diverses branches du bouddhisme, du soufisme, du yoga, du védanta et d'autres traditions mystiques peuvent prendre ou recevoir des noms dans le langage rituel de leur tradition respective, afin d'indiquer leur nouvelle identité spirituelle. Lorsque Neem Karoli Baba donna à Richard Alpert le nom spirituel de Ram Dass, il marqua l'entrée d'Alpert dans une vie de dévotion envers les besoins spirituels des autres.

Bien entendu, la plupart d'entre nous ne prenons aucun nom véritable en entamant notre voie. Mais si vous sentez un changement significatif, vous pouvez le signaler de diverses façons. Vous pouvez créer un autel domestique ou quelque autre espace sacré dans votre lieu d'habitation ; consacrer chaque jour du temps à la prière et à la méditation ; travailler avec un enseignant ou un directeur spirituel à l'orientation de votre développement ; faire naître ou vous joindre à une petite communauté d'âmes semblables dont les rencontres régulières peuvent faire avancer votre pratique spirituelle ; ou changer de régime ou d'habitudes, de façon à refléter le nouvel être que vous sentez émerger en vous. Tout comme un nom signifie une identité, ces changements d'identité spirituelle constituent l'équivalent métaphorique d'un nouveau nom.

Les tâches.
Tout au long de la vie, vous rencontrez
des occasions et défis extraordinaires qui exigent
des transitions et des ajustements continuels.

Abraham était un chef de clan et un homme de moyens, mais rien, dans son passé, ne semblait présager qu'il engendrerait deux nations ainsi que deux des grandes traditions spirituelles de l'histoire : le judaïsme et l'islam. Les tâches d'Abraham comprenaient des épreuves à la fois physiques (se rendre dans un nouveau pays) et d'ordre émotionnel et intellectuel (transiger avec le Pharaon et d'autres chefs étrangers). Dans une scène fortement détaillée de la Genèse 18, il prit même la responsabilité d'intervenir auprès du Seigneur pour que celui-ci épargne la vie des justes de Sodome et Gomorrhe, bien qu'il ne fût lui-même que « cendres et poussière ». En tant qu'homme et âme, il accepta et soutint ses défis au point de devenir un modèle valable pour tous ceux qui ont un Contrat à respecter.

Dans les moments cruciaux de notre vie, nous sommes placés dans des situations qui nous demandent une habileté, un courage ou une sagesse extraordinaires. Ces moments nous signalent que notre Contrat sacré est en train de se dérouler, mais que le choix de notre réaction nous revient. Ce qui nous permet de grandir, ce sont surtout nos épreuves, en particulier ces moments déterminants où nous commençons à reconnaître des aspects de notre nature qui nous différencient de notre famille et de notre culture d'origine. Notre vocabulaire énergétique comprend de plus en plus l'expression « nager à contre-courant » : cette attitude peut débuter sous la forme d'une rébellion d'adolescent, mais plus tard, fournir des occasions valables d'expression artistique, politique ou spirituelle.

En vous penchant sur votre vie, cherchez des épreuves extraordinaires qui se sont présentées et qui semblaient aller à l'encontre de votre nature en vous obligeant plus ou moins à opérer des changements que vous n'auriez pas faits autrement. Notre réaction à ces épreuves et occasions nous laisse souvent insatisfaits, mais l'habileté complète, le succès ou la victoire ne sont pas toujours nécessaires, pourvu que l'on réagisse *d'une façon ou d'une autre*. Le vieux truisme « Tout ce qui ne vous tue pas vous renforce » peut fort bien s'appliquer. Ne vous évaluez pas avec une dureté excessive, mais soyez à l'affût des résultats inattendus. De son propre aveu, Christopher Reeve voulut mourir après un accident d'équitation qui le laissa quadriplégique, et il demanda à sa femme de débrancher son respirateur. Mais avec le temps, il choisit non seulement de vivre, mais d'enseigner à vivre. Il décida d'incarner cette vérité : la valeur d'une âme n'est pas diminuée par de graves atteintes au corps. Il accepta d'incarner son potentiel le plus élevé. Sans son accident, il n'aurait vraisemblablement pas pu le faire, même si ses antécédents dénotaient déjà une aspiration à des buts élevés. Cependant, l'image de Superman en fauteuil roulant est d'un tel pouvoir archétypal que cela seul a sans doute incité bien des gens à repenser leur propre vie.

L'abandon de soi.
On vous soumet à des tests continuels qui posent la question : Quelle voix suivrez-vous, celle du Divin ou celle du monde ?

Isaac représentait tout pour son père Abraham, mais lorsque Dieu demanda à ce dernier de sacrifier l'enfant, il entreprit d'obéir. Même si cet ordre était le plus difficile de sa vie et semblait nettement s'opposer à ses intérêts, Abraham choisit de suivre la voix du Divin.

Que vous indique la réaction d'Abraham ? Que votre Contrat ne vous demandera jamais plus que ce que vous pouvez donner. Vous n'arriverez au terme de ce processus de choix et d'abandon de soi qu'après vous être totalement soumis à la volonté du Divin. Au moment même où vous croyiez avoir atteint vos limites, vous voilà poussé encore plus loin. Supposons par exemple que votre carrière ou une relation semblent décliner tandis que vous tentez de la ranimer. Vous choisissez ensuite de laisser Dieu guider votre vie, advienne que pourra, et celle-ci décolle, mais dans une direction inattendue. Peut-être ressentez-vous un besoin impérieux d'essayer un travail plus créatif, ce qui est financièrement risqué mais pourrait vous récompenser par un sentiment de satisfaction plus profond. Devriez-vous suivre votre intuition ? Vous devez peut-être faire une plus grande place à l'activité spirituelle dans votre quotidien, même si votre esprit rationnel vous dit de consacrer plus de temps au travail, de gagner plus d'argent et de mettre de côté un capital de retraite ? Vous devez alors combiner intuition et intellect, et envisager dans une perspective symbolique vos besoins intérieurs et extérieurs, afin de déceler en vous la voix du Divin. Au cours des prochains chapitres, nous verrons davantage comment développer la vision symbolique.

Les cinq étapes de votre Contrat se chevauchent et s'entremêlent tout au long de votre vie, mais surtout à l'étape de l'Abandon de soi. Abraham s'abandonna à la volonté de Dieu lorsqu'il obéit à sa voix et partit de chez lui à un âge avancé. Il continua de s'abandonner lorsque la voix du Divin en lui le fit traverser l'Égypte jusqu'à Canaan, où il dut diriger une armée pour sauver son frère Lot de la captivité et des forces d'invasion, et que son esprit rationnel lui dit qu'il ne pourrait pas avoir d'enfant à 100 ans avec Sara âgée de 90. Consentir au sacrifice de son fils fut peut-être son plus grand geste d'abandon de soi devant son défi le plus ardu.

Alors que nous verrons davantage comment ces cinq étapes se sont déroulées dans la vie de Jésus, de Mahomet et du Bouddha, essayez de voir comment elles s'appliquent à votre vie. Ne focalisez pas uniquement sur les détails extraordinaires de leurs carrières, mais aussi sur leur signification symbolique et leurs vérités sous-jacentes. Car un extraordinaire paradoxe repose au cœur de chacun de leurs récits : même s'ils étaient incertains de leur Contrat sacré à des moments clés de leur vie et qu'ils l'ont parfois remis en question ou ont même demandé d'en être libérés, ils se sont abandonnés à la volonté divine à chacune de ces étapes.

Le Contrat de Jésus

On peut interpréter la vie entière de Jésus comme le déroulement de son Contrat sacré et son abandon continuel à ce dernier. Mais je limiterai l'exposé à quatre des événements les plus
significatifs de sa vie : son baptême et son éveil ; son jeûne de
quarante jours dans le désert ; son expérience au jardin de
Gethsémani ; et sa crucifixion.

Les Évangiles synoptiques relatent le baptême de Jésus par
Jean-Baptiste. L'Évangile selon Marc commence même par un
récit de cet événement déterminant : « Et aussitôt, remontant de
l'eau, il vit les cieux se déchirer et l'Esprit comme une colombe
descendre vers lui. » La plus ancienne des traditions évangé-
liques donne donc la description la plus claire d'une expérience
d'éveil classique. Luc la dépeint d'une manière semblable, mais
place cette « ouverture » juste après le baptême, alors que Jésus
est en prière. Une voix dit : « Tu es mon Fils bien-aimé en qui
j'ai mis toute ma complaisance. »

Ce rituel marque l'initiation de Jésus, un acte de révélation
publique aux proportions archétypales : Jésus a atteint un stade
d'éveil qui lui vaut un contact direct avec le Divin. C'est la première étape de son Contrat sacré, qui amorce un contact entre
Jésus et le Divin, qu'il appelle *Père* (ou *Abba*, un mot qui se traduit mieux par « Papa »). Le baptême est aussi un rituel archétypal qui suggère qu'on accepte pleinement la vie annoncée.
Dans le cas de Jésus, le baptême montre la médiation d'un autre
maître spirituel, en la personne de Jean aidant Jésus à atteindre
l'éveil. Toute sa vie, à partir de cet événement, Jésus sera reconnu en tant que maître. Son âme a été ointe et son pouvoir
éveillé.

Jésus partit aussitôt jeûner quarante jours dans le désert, afin
d'approfondir les révélations et le niveau d'engagement qui sui-
virent son éveil. Mais il y rencontra le diable, qui tenta Jésus afin
qu'il vende son droit spirituel en échange de trois stades crois-
sants d'avancement de l'ego. Le diable attendit que Jésus attei-
gne la plus grande faiblesse physique en raison du manque de

nourriture, puis il lui suggéra d'utiliser ses pouvoirs spirituels avancés pour satisfaire sa faim et ses désirs matériels. Bien sûr, Jésus refusa tous les « biens matériels » : ce geste est une réaction profonde à son premier grand défi spirituel.

Ne nous y trompons pas : nous rencontrerons plusieurs fois ce genre d'épreuves sous forme de « tentations ». Chaque fois que nous entrons dans une nouvelle sphère du pouvoir, notamment lorsque nous obtenons plus d'argent, décrochons de meilleurs diplômes universitaires ou, comme Jésus, atteignons un niveau plus élevé de révélation spirituelle, on nous soumet à une épreuve afin de voir comment nous allons gérer l'apport de cet autre aspect du pouvoir terrestre dans notre vie. En soi, le pouvoir n'est pas une énergie négative : tout dépend de ce qu'on en fait. Sorti victorieux de sa guerre contre les illusions de l'ego, Jésus commença sa vie publique et présenta un nouveau paradigme spirituel tout aussi important que celui qu'avait amorcé Abraham presque deux mille ans plus tôt.

Nous ne pouvons pleinement apprécier ce nouveau paradigme sans comprendre le monde géographique et historique dans lequel Jésus naquit, un monde caractérisé par le déclin de la stabilité économique et l'augmentation de la tension psychologique entraînée par l'occupation romaine de la Judée. L'imposition et l'endettement forçaient les juifs qui détenaient leur territoire depuis plusieurs générations à le céder pour s'acquitter de leur fardeau fiscal. Voici ce qu'en dit une étude récente des réalités politiques et économiques de l'époque de Jésus :

> Les villageois qui, auparavant, assumaient la responsabilité d'aider leurs voisins en temps de pénurie, n'y étaient plus tenus du point de vue juridique, surtout parce qu'ils étaient eux-mêmes devenus débiteurs et qu'ils avaient du mal à nourrir leurs propres enfants. Des conflits locaux, aisément résolus en temps normal, éclataient souvent, à présent, sous forme d'insultes, de combats de corps à corps et de querelles familiales. Les terres et les biens saisis en garantie sur les prêts (censés retourner à leurs propriétaires originaux, selon la loi de

l'année sabbatique) devenaient maintenant la propriété permanente des créanciers des grandes villes. En fait,
le peuple d'Israël était gravement divisé[4].

Les missions dont Jésus se chargea répondaient en partie à la
nécessité d'aider les gens de l'époque et du lieu, de guérir leur
anxiété psychologique et leur angoisse sociale, et de les ramener
à la pratique de l'amour et de la compassion qui se trouve aux
sources de la tradition juive. À cause de l'extrême instabilité
politique, Jésus allait, en remplissant son Contrat, être entraîné
vers sa mort. Mais il accepta tous ces facteurs et réserva en premier lieu ses enseignements et ses guérisons aux pauvres et aux
laissés-pour-compte.

C'est ainsi que les Évangiles synoptiques décrivent le troisième événement significatif de la vie de Jésus. Après la Dernière
Cène, il se rend prier avec ses disciples au jardin de Gethsémani
et leur dit : « Mon âme est triste à en mourir » et leur demande
de rester pendant qu'il prie son Père. Dans sa douloureuse prière, Jésus demande au Père : « Éloigne de moi cette coupe !
Cependant, que ce ne soit pas ma volonté, mais la tienne qui se
fasse ! » Dans le récit de Luc, un ange apparaît à Jésus, « venant
du ciel, un ange qui le réconfortait. Entré en agonie, il priait de
façon plus instante, et sa sueur devint comme de grosses gouttes
de sang qui tombaient à terre ». (Luc 22 : 39-44).

Ce passage est un joyau qui éclaire notre rapport au pouvoir
divin et notre progression vers la clarté de l'âme. Jésus en prière
affirme ouvertement qu'il ne veut pas faire ce qu'on lui demande. Selon moi, il cherche à se dégager de cette partie de son
Contrat qu'il doit subir « par nécessité ». Jésus reçoit l'aide et le
réconfort d'un ange, mais ne sera pas dispensé de compléter sa
destinée. Il abandonne sa volonté au Divin en prononçant une
phrase qui deviendra le plus important mantra chrétien : « Que
ta volonté soit faite. » Sans poser de question, après une vie d'a-
mour et de service, devant une mort atroce, Jésus accepte son
sort. Sa prière est une déclaration de confiance suprême en la
sagesse du Divin, un abandon conscient de l'autorité nécessaire
pour diriger la dynamique de sa vie.

Dans une note fascinante concernant Luc 22 : 43-44, dans la Nouvelle Bible de Jérusalem, longtemps renommée pour sa fidélité et son érudition, les éditeurs affirment que certains traducteurs ont négligé les versets faisant mention d'une angoisse si grande que Jésus semblait suer du sang. Ils invoquaient « un souci d'éviter d'humilier Jésus, qui paraissait alors trop humain ». L'idée que Jésus puisse éprouver autant d'angoisse que nous en pressentant une grande souffrance physique et psychologique semblait trop gênante aux yeux de certains traducteurs du Nouveau Testament. Mais que Jésus, après avoir souffert ainsi, soit encore capable de céder sa volonté à la « nécessité » de son Contrat, cela rend le passage d'autant plus remarquable.

Mais l'agonie de Jésus au jardin ne fut pas son dernier acte d'abandon de soi ; elle fut suivie de près par la crucifixion. La description qu'en fait Luc est intrigante, car il cite Jésus ainsi : « Mon Père, pardonnez-leur, car ils ne savent pas ce qu'ils font. » Cette affirmation, qui n'est pas reprise par les autres évangélistes canoniques, est essentielle au christianisme et nous indique comment réagir lorsque des « actes de nécessité » surviennent dans notre vie en raison d'une entente antérieure à notre naissance.

En Jésus, nous rencontrons un être humain véritable qui consent à une mort difficile et apparemment injuste. Mais à partir de ce scénario, il crée un modèle de pardon qui, encore aujourd'hui, inspire tous ceux dont la souffrance est imméritée. En tant qu'homme, Jésus juge bon de demander de l'aide pour s'éveiller à son Contrat et se préparer à le vivre. Il se soumet au rituel du baptême pour exprimer sa gratitude pour avoir reçu son Contrat, même s'il pressent la fin de sa vie terrestre. Et il vit cette réalité divine : chacun de nous sera mis à l'épreuve maintes fois, toujours au moment d'un nouveau choix qui définira son pouvoir.

Au cours de ses derniers jours, Jésus modela le rituel archétypal d'abandon de tout ce que nous sommes, au Divin. Il montre que nous sommes venus pour servir la sagesse divine et non pour nous en servir. Ainsi, au cœur de ces expériences désespérément pénibles que nous font traverser les ententes conclues avant notre vie terrestre, la pratique du pardon, aussi illogique soit-elle dans notre esprit, est la seule, en définitive, qui puisse soulager notre âme.

La plupart d'entre nous ne serons probablement pas appelés au même genre de sacrifice que Jésus, mais des moments déterminants de contact avec le Divin ont amené bien des gens à changer leur façon de penser et de vivre. Certaines des rencontres les plus frappantes se produisent lors des expériences de mort imminente (EMI) de plus en plus souvent rapportées depuis quelques années. En raison, notamment, des progrès de la technologie médicale, on procède beaucoup plus souvent à la réanimation après une mort clinique temporaire. Souvent, ces gens racontent avoir été attirés dans un tunnel de lumière et accueillis par des parents et par leurs guides angéliques. La plupart des sujets que j'ai rencontrés se sont fait dire que le moment n'était pas venu et qu'ils devaient retourner à la vie, car il leur restait des tâches à accomplir.

Alors que Sheri était au milieu de la vingtaine, elle subit un accident de voiture qui la laissa gravement blessée et inconsciente. Elle se sentit entraînée hors de son corps et dirigée vers un tunnel de lumière. Elle y vit son père qui marchait vers elle, accompagné d'un ange. « Je suis venu te dire, lui avoua son père, que je regrette de n'avoir jamais soutenu tes rêves dans la vie. Maintenant, réalise-les. »

À 18 ans, Sheri avait vécu une relation avec un Américain d'origine asiatique nommé Yoshi, qu'elle aimait tendrement. Mais son père, qui s'opposait fortement à cette relation, l'obligea à rompre. Sheri réalisa que sa famille n'accepterait jamais Yoshi, et elle était trop jeune pour voler de ses propres ailes. Même après la mort de son père, Sheri, se rappelant l'amertume que sa relation avait causée, ne tenta pas de la rétablir.

Maintenant qu'elle étreignait affectueusement son père en décorporation, toute la rage que Sheri avait ressentie à son égard fut guérie. Lorsqu'on la ranima après l'accident, elle s'émerveilla du seul fait d'être en vie. « Je me sens si bien guidée, à présent, dit-elle, si proche du Ciel. J'ai l'impression que toutes mes paroles et mes actions ont une grande importance. Et je m'engage très sincèrement à connaître cette vérité. L'amour et la gratitude que je ressens à présent envers mon père m'ont fait voir que tout, dans la vie, a une raison d'être, même les aspects les plus pénibles. »

Après sa réconciliation avec son père, Sheri eut envie de revoir son amoureux d'autrefois. Il lui fallut un certain temps pour trouver Yoshi, qui lui en voulait encore de s'être laissée influencer par son père. Mais après quelques mois, ils se revirent et finirent par renouer.

Ce ne sont pas toutes les expériences de décorporation qui donnent des résultats aussi spectaculaires. Une sexagénaire nommée Marilyn me parle d'une EMI durant laquelle le Divin la contacta directement. Elle fut ranimée à la suite d'une crise cardiaque qui l'avait laissée cliniquement morte pendant quelques minutes. « Alors que j'étais sortie de mon corps, dit-elle, j'ai été embrassée par un être rempli d'amour. J'ai soudainement découvert un sens beaucoup plus grand que jamais à ma vie, car j'avais l'impression que tout l'univers connaissait mon nom, sans que je sache trop comment. J'étais émerveillée et, en reprenant conscience, j'ai senti qu'on m'avait permis de vivre pour des raisons divines afin d'effectuer un service spirituel. Maintenant, tous les jours, je remercie Dieu de m'avoir donné cette crise cardiaque ! »

De l'extérieur, la vie de Marilyn n'a pas changé. Mais toute son attitude intérieure envers la vie a subi une transformation remarquable. Elle s'est aperçue que tout se déroulait exactement comme il fallait. Sa peur de la mort s'est dissipée.

Le Contrat de Mahomet

L'Occident connaît beaucoup mieux Jésus et le christianisme que la vie de Mahomet et la fondation de l'islam. Pour des raisons largement reliées à des conflits politiques et à quatorze siècles d'animosité entre musulmans, chrétiens et juifs, nous avons une idée déformée des enseignements de l'islam. En fait, ceux-ci se fondent sur des principes moraux et éthiques qui sont au cœur du judaïsme et du christianisme. Allah, le Dieu des musulmans, est identique au Dieu de la Bible hébraïque et du Nouveau Testament ; dans le Coran, Allah fait référence à ses interactions antérieures avec de nombreux personnages clés de la tradition juive et chrétienne. Les révélations d'Allah qui figurent dans le Coran ont été transmises à Mahomet par l'ange Gabriel, celui-là même qui annonça à Marie la naissance de Jésus. Mahomet est donc vénéré par les musulmans comme étant le dernier d'une série de grands prophètes qui comprend Adam, Noé, Abraham, Isaac, Moïse, Jean-Baptiste et Jésus, ce qui donne un sentiment de continuité entre ces trois grandes traditions monothéistes.

Les musulmans sont parfois aussi susceptibles, en ce qui concerne les interprétations de la vie de Mahomet, que les chrétiens lorsqu'on parle de Jésus, mais selon les comptes rendus les plus répandus de la vie du Prophète, Mahomet n'eut aucune certitude concernant sa mission avant d'avoir atteint la quarantaine. Mahomet passa une grande partie de sa jeunesse à voyager pour des caravaniers arabes jusqu'à la Syrie, ce qui lui permit d'entrer en contact avec les ermites, les moines et les gnostiques juifs des cavernes du désert et des communautés éloignées. Illettré, mais doué d'une mémoire phénoménale, il assimila une grande partie des Écritures juives et chrétiennes en compagnie de ces moines et de ces ermites. Ayant épousé Khadidja à l'âge de 25 ans, Mahomet engendra quatre filles et deux fils, dont deux moururent en bas âge. Pendant les quinze années suivantes, il géra les biens de Khadidja et vécut une vie d'Arabe, apparemment normale, bien que prospère.

Aux dires de tous, Mahomet était déjà un homme droit et honnête avant d'entamer sa mission dans le monde, mais il ne s'était nullement distingué du point de vue spirituel. Tout au plus Mahomet était-il considéré comme un *hanif*, l'un des contemplatifs du désert qui vénéraient exclusivement le Créateur unique, dont le nom *allah*, en arabe, veut dire « le Seul Dieu ». Il n'était pas rare, chez certains hommes du clan désertique de Mahomet, de se retirer comme lui de la société un certain temps, pour s'adonner en solitaire à la méditation et à la prière. Mais la quarantaine arrivée, Mahomet commença à avoir dans son sommeil ce qu'il appelait des « visions réelles… comme l'arrivée de l'aube », et il fut attiré vers la solitude d'une caverne du mont Hira, non loin de La Mecque. Un ange apparut sous une forme humaine et lui ordonna de « réciter ».

Croyant peut-être que l'ange lui demandait de lire un texte, Mahomet refusa. Mais l'ange le prit dans ses bras et lui répéta l'ordre trois fois, jusqu'à ce que Mahomet obéisse. Fuyant la caverne et rempli d'une crainte admirative, Mahomet entendit une voix lui dire : « Tu es le messager d'Allah, et je suis Gabriel. »

Comme Abraham et Jésus, Mahomet dut être éveillé et préparé à cette première étape de la conscience afin de pouvoir exécuter pleinement son Contrat sacré. La mort prématurée de ses parents l'avait incité à se tourner vers l'intérieur et lorsqu'il prit contact avec son âme, la transcendance de son Contrat sacré se révéla. Mahomet passa davantage de temps dans la caverne d'Hira, en adoration et en méditation, se préparant à sa mission.

Selon ses premiers biographes, le Prophète fut d'abord terrifié par ses visions et craignit d'être possédé par un *djinn*, ou esprit, du lieu. Voilà pourquoi il s'enfuit de la caverne du mont Hira. De retour chez lui, fatigué et effrayé, selon une biographie récente, il demanda à sa femme de le revêtir d'une couverture.

> Lorsque sa crainte admirative eut diminué, sa femme Khadidja s'enquit de la raison de sa peur et de son anxiété. Puis, elle le rassura en disant : « Allah (le Seul Dieu) ne t'abandonnera pas, car tu es affectueux envers ta famille, tu ne dis que la vérité, tu aides les pauvres, les orphelins et les nécessiteux, et tu es honnête. »
>
> Khadidja consulta alors son cousin Waraqa, un saint homme âgé qui connaissait les révélations et les Écritures. Waraqa lui confirma que le visiteur était nul autre que l'ange Gabriel[5].

Il est clair que Mahomet ne saisit pas toute l'ampleur de son Contrat sacré avant d'avoir atteint la force d'âme nécessaire pour le remplir. Comme Abraham et Jésus, il ne savait pas ce qu'on lui demandait et, même après la révélation initiale, il eut besoin d'encouragements constants de sources humaines et divines. « Déjà rassuré par Khadidja et Waraqa, il le fut par le Ciel sous la forme d'une deuxième Révélation », écrit l'éminent érudit musulman Martin Lings.

Aucun document ne nous dit comment lui vinrent ses Révélations, mais lorsqu'on le lui demanda, le Prophète mentionna deux sources : « Parfois, elle me vient comme la résonance d'une cloche, et c'est la plus difficile pour moi ; cette résonance ne cesse que lorsque je prends conscience de son message. Et parfois, l'ange prend la forme d'un homme et me parle, et je comprends ce qu'il dit[6]. »

Mais ces premiers et déconcertants messages de l'ange furent suivis d'une période de silence, écrit Lings, « jusqu'à ce que le prophète commence à craindre qu'il avait encouru, d'une certaine façon, le courroux du Ciel, même si Khadidja lui répétait que ce n'était pas possible. Puis, enfin, le silence fut rompu et arriva une nouvelle garantie, et avec elle, le premier ordre directement lié à sa mission. »

Cet ordre est consigné dans le Coran, dans la *sourate* (chapitre) appelé « Le Jour montant » (93), où Allah parle directement à Mahomet :

Par le Jour Montant !
Et par la nuit quand elle couvre tout !
Ton Seigneur ne t'a ni abandonné, ni détesté.
La vie dernière t'a été, certes, meilleure que la vie présente.
Ton Seigneur t'accordera certes [Ses faveurs], et alors tu seras satisfait.
Ne t'a-t-Il pas trouvé orphelin ? Alors, Il t'a accueilli !
Ne t'a-t-Il pas trouvé égaré ? Alors, Il t'a guidé.
Ne t'a-t-Il pas trouvé pauvre ? Alors, Il t'a enrichi.

Quant à l'orphelin, donc, ne le maltraite pas.
Quant au demandeur, ne le repousse pas.
Et quant au bienfait de ton Seigneur, proclame-le.

On aurait dit que, comme pour Abraham, Dieu devait rappeler à Mahomet, à chaque étape, qu'il n'était pas seul dans tout cela. Ce mélange de réconfort et de soutien moral, psychologique et matériel était une forme du charisme que le Divin insufflait à Mahomet pour l'aider à remplir son Contrat. Ces instances de réconfort spirituel ne sont pas rares non plus chez les mystiques contemporains. Sri Ramakrishna, sage indien du XIXᵉ siècle, atteignait souvent des états prolongés de *samadhi* ou d'union extatique avec le Divin : il se trouvait plongé dans une telle béatitude qu'il en oubliait tout ce qui se déroulait autour de lui. Même s'il mourut d'une forme douloureuse de cancer, sa vie spirituelle fut remplie d'intenses périodes de communion avec le Divin.

Hilda Charlton, mystique et enseignante moderne, ex-danseuse et chorégraphe, se rendit en Inde dans les années 1940, lors d'une tournée, et y passa quinze ans à étudier auprès de maîtres comme Sathya Sai Baba. Charlton avait assidûment entretenu une pratique spirituelle afin de développer l'amour et la compassion envers les autres. Mais elle ne ressentit aucun résultat jusqu'au jour où, assise dans la forêt, elle se demanda pourquoi continuer. « J'ai fermé les yeux et respiré profondément, et bam ! écrit-elle dans son autobiographie. Mon centre du cœur, au milieu de ma poitrine, sembla s'ouvrir et l'amour se déversa comme un torrent. » Cette ouverture spontanée lui apparut comme une forme de réconfort et de soutien de la part du Divin, et renforça sa déterminantion à poursuivre sa longue recherche d'une connaissance plus immédiate de Dieu[7].

Lorsque Mahomet transmit le message divin à la communauté en général, il affronta une grande résistance. Dans la société arabe de l'époque, on accordait peu de compassion aux femmes, aux orphelins, aux handicapés et aux pauvres. Les réformes sociales que Mahomet fut appelé à instituer provoquèrent la colère d'Arabes non désireux de changer l'ordre social qui les avantageaient aux dépens des moins fortunés. Ils tentèrent de mener l'assaut, mais Mahomet l'emporta. Il améliora la vie des femmes arabes en interdisant le meurtre des filles en bas âge et la prostitution des esclaves de sexe féminin, et en instituant pour les femmes, le droit d'hériter d'une demi-part. Il tenta de faire pencher la balance du pouvoir dans le mariage en proclamant que les conjoints avaient des devoirs et des droits l'un envers l'autre, et que les femmes pouvaient s'instruire. Il intégra à la loi islamique l'obligation pour les disciples de verser une part de leurs revenus au soutien des orphelins, des mendiants et de quiconque se trouvait en difficulté financière. Les disciples de Mahomet n'ont pas toujours soutenu ses réformes ni pratiqué ses enseignements, pas plus que les fidèles des autres grands chefs mystiques, y compris ceux de Jésus. Après la mort du fondateur, les coutumes de la domination mâle endémique enracinées dans ces cultures du Moyen-Orient et de l'Asie, fondées sur l'honneur et la honte, ont été vite rétablies.

Le Contrat de Mahomet comprenait un grand nombre de tâches difficiles : ce marchand aisé devait déployer une armée pour lutter contre ses ennemis. Mais le plus éclairant, c'est que Mahomet maintint sa conscience des messages et de l'inspiration divine, qu'il continua de recevoir jusqu'à la fin de sa vie. Au cours de ses dernières années, il transmit des révélations sur la nature de l'après-vie, sur le rôle de Jésus en tant que grand prophète et sur notre lutte continuelle avec nous-mêmes. Par exemple, de retour à Médine après des batailles victorieuses à La Mecque et à Hunayn, Mahomet s'exclama : « Nous sommes revenus de la Petite Guerre Sainte pour mener la Grande Guerre Sainte. » Lorsqu'un disciple lui demanda ce qu'il entendait par cette dernière, Mahomet répondit : « La guerre contre l'âme. » Son biographe Martin Lings explique cette affirmation :

L'âme de l'homme déchu est divisée contre elle-même. De ses aspects inférieurs, le Coran dit : *En vérité, l'âme commande le mal.* Son aspect supérieur, qui est la conscience, est appelé *l'âme intransigeante*; et c'est celle-ci qui, à l'aide de l'Esprit, mène la Grande Guerre Sainte contre l'âme inférieure[8].

Mahomet aurait pu parler aussi du combat nécessaire pour acquérir une vision supérieure, symbolique ou archétypale plutôt que physique. Même à l'approche de la mort, il chercha à mieux comprendre les révélations de Dieu et le sens de l'abandon de soi à la volonté divine. En effet, le mot arabe *islam* veut dire « abandon de soi », et *musulman*, « celui qui s'abandonne ». Malgré toute sa volonté de s'abandonner au Divin, rien ne nous dit que Mahomet savait au départ ce que son Contrat lui réservait, ou qu'il aurait pu poursuivre sa mission sans recevoir périodiquement des conseils sur son parcours.

Le Contrat du Bouddha

Selon les historiens bouddhistes, l'individu appelé Siddârtha Gautama naquit au VIe siècle avant l'ère chrétienne, dans une région des contreforts des Himalayas, aujourd'hui annexée au Népal. Son père, Suddhodana, était *raja*, ou roi, du clan Sakya, et membre de la caste guerrière de l'endroit. Après que l'astrologue royal lui eut déclaré que son fils deviendrait soit un grand roi guerrier, soit un grand chef spirituel, selon sa façon de réagir éventuellement à « quatre signes », Suddhodana fit élever un mur autour de son domaine pour protéger Siddhârta de la vue des dures réalités de la vieillesse, de la maladie et de la mort.

Un jour, alors qu'il atteignait la fin de sa vingtaine, Gautama parvint à sortir des murs du palais et flâna dans les rues de sa ville pour voir comment les gens y vivaient. C'est alors qu'il rencontra les « quatre signes » prévus par l'astrologue : la vue d'un vieillard décrépi, celle d'un malade, d'un cadavre et d'un moine. Devant les trois premiers, il réalisa que lui aussi était sujet à la vieillesse, à la maladie et à la mort. Mais il remarqua que le moine paraissait serein malgré cette désintégration de la vie. C'est alors que Gautama renonça à tout attachement au monde matériel, affirmant que « le bonheur en ce monde est transitoire ». Comment pouvait-il profiter de sa vie s'il savait qu'un jour il allait vieillir, tomber malade et puis mourir ?

Bientôt, à l'âge de 29 ans, Gautama fit ses adieux silencieux à sa jeune femme et à son jeune enfant, et quitta la maison pour chercher un maître spirituel. Il travailla, dit-on, avec deux enseignants chevronnés exerçant différentes approches méditatives pratiquées en Inde à l'époque. Gautama maîtrisa les deux formes d'approche et s'éleva rapidement à la position d'enseignant, mais finit par découvrir que les techniques ne le libéraient pas complètement du désir, comme il le voulait. Puis, il entreprit des pratiques yogiques ainsi que le *prânayâma* (la maîtrise du souffle) et s'imposa de sévères privations avec un groupe de cinq disciples. Déterminé à atteindre l'éveil par la mortification, Gautama s'abstint presque entièrement de manger et devint fragile et faible. Il en conclut que l'extrême déni de soi entraîne la mort et un nouveau tour de la roue sans fin du *samsâra* : naissance, mort et renaissance. Se rappelant un état de tranquille béatitude et de liberté par rapport à tous les désirs, état qu'il avait jadis ressenti, enfant, sous une frondaison, en regardant son père labourer, il alla s'asseoir sous un grand arbre que l'on appela plus tard l'arbre de bodhi ou de l'éveil. Conscient de la nécessité de refaire ses forces, il accepta un bol de riz et de yaourt d'une villageoise nommée Sujata, qui semblait accomplir un vœu d'offrande qu'elle avait fait par gratitude, à la naissance de son enfant.

Siddhârta demeura sous l'arbre de l'aube au crépuscule, farouchement déterminé à trouver réponse à la souffrance humaine. Il aurait préféré périr plutôt que de se lever avant d'avoir reçu l'éveil complet. Plongé en méditation profonde, il entra, à la nuit tombée, dans un état d'éveil supraconscient qui aurait duré quarante-neuf jours. Gautama atteignit le plein éveil et découvrit enfin l'état d'être qu'il avait cherché. Cet état s'accompagnait des révélations qui devinrent le centre de ses enseignements.

Le Bouddha ne croyait pas en un être suprême comme Yahvé, Allah ou Parabrahmâ, le dieu des croyances hindoues, mais acceptait la présence de nombreuses déités mineures, telles que le dieu créateur Brahmâ. Ces déités habitaient un royaume de béatitude auquel il ne manquait qu'une chose : la capacité de l'éveil. Bien qu'il n'ait pas reconnu avoir pris contact avec le

Divin, le Bouddha parvint à un plan de sagesse et d'intuition universelles qui transcende la conscience humaine ordinaire et qu'on peut qualifier de première étape d'un Contrat sacré.

Selon la légende, durant ce long processus de méditation et d'éveil, Gautama, devenu le Bouddha (« l'Éveillé », en sanskrit), fut tenté par Mara (« la Mort », « le Mauvais ») qui lui apparut sous divers déguisements. Craignant que Bouddha veuille échapper à la Mort, Mara tenta de l'effrayer et de l'intimider en déchaînant une armée d'affreux démons. Soutenu par la grâce du mérite qu'il avait accumulé dans ses vies passées, le Bouddha n'eut pas peur. Les érudits bouddhistes Richard H. Robinson et Willard L. Johnson racontent la suite :

Puis, Mara, ayant échoué par l'intimidation et par la force, recourut à la tentation. Il envoya ses trois filles, nommées Frustration, Volupté et Convoitise, séduire le futur Bouddha. Ce dernier demeura aussi impassible devant le désir qu'il l'avait été devant la peur. Au crépuscule, Mara et ses hôtes abandonnèrent la partie et se retirèrent.

L'épisode de la tentation est un ajout assez tardif aux textes bouddhistes et tout à fait mythique. Mais ce mythe est l'expression appropriée d'une expérience commune à la plupart des contemplatifs. Le chercheur finit par s'engager à fond, surmonte le doute et l'inertie et se met à l'œuvre. Cela fait apparaître les démons de la peur qui sortent de l'inconscient. Toutes les dispositions ancrées par l'habitude résistent à leur destruction prochaine. Mais les bonnes habitudes soutiennent la résolution du chercheur. Des vagues de peur surviennent et des doutes s'élèvent sur l'aptitude du candidat à relever le défi. Si le chercheur est doté d'une authentique confiance en soi, les doutes sont vaincus. Le dernier péril est bien sûr le plus attrayant et le plus mortel. Même si le parfait amour chasse parfois la peur, il peut trop facilement se changer en plaisir personnel[9].

Selon la tradition, le Bouddha avait vu toutes ses incarnations sur la Roue des Existences, en remontant jusqu'au règne animal, y compris la vie d'un cerf ayant donné sa vie pour sauver le troupeau. Il avait réalisé à quel point il est tragique de s'identifier à l'ego en tant qu'entité séparée de chacun des êtres. Le sentiment de séparation du monde « extérieur » engendre la passion, la haine et l'ignorance. Ces formes d'attachement sont les causes principales de la souffrance.

La tradition veut que, même après son éveil, le Bouddha ait encore été tenté par Mara de garder cette révélation libératrice pour lui-même et de continuer à réaliser la béatitude du nirvâna, se débarrassant de son corps et renonçant au monde matériel. Les dieux furent si perturbés par cette perspective qu'ils envoyèrent Brahmâ, la déité hindoue de la création, convaincre le Bouddha d'aller enseigner ce qu'il avait appris. Répondant à l'appel, le Bouddha se mit à voyager, mendiant nourriture et abri avec sa bande de moines itinérants, et enseignant en langue populaire aux hommes et aux femmes de toutes les castes : cette approche radicale entrait en contradiction avec la mentalité et les lois de l'époque concernant le statut social. Éveillé, c'est-à-dire devenu Bouddha, à l'âge de 35 ans, il passa les quarante-cinq années suivantes à enseigner les révélations qu'il avait apprises dans un profond silence au pied de l'arbre de bodhi. Comme Moïse, qui erra quarante ans dans le désert avec les Israélites, avant de mourir et de permettre à son peuple d'arriver à la Terre Promise, le Bouddha enseigna sa vision, régla des disputes entre ses disciples et parcourut les forêts du Nord de l'Inde.

Les difficultés et les chances qui se présentèrent au Bouddha durant ses six ans de préparation, et même lors de sa grande expérience d'éveil, ne furent pas les dernières. Jusqu'à la fin, il s'acquitta de nombreuses tâches relatives à son enseignement et aux ordres de moines et de nonnes qu'il fonda. Selon la légende bouddhiste, sa vie se termina lorsque, rendant visite à un maréchal-ferrant, il accepta de la nourriture avariée plutôt que d'offenser son hôte.

Comme Abraham, Jésus et Mahomet, Gautama le Bouddha dut assumer un certain temps la plénitude de son Contrat sacré, d'abord sous la direction de mentors, puis en subissant des « épreuves » qui mirent au défi la force de son âme par rapport à celle de son ego. Sa décision de renoncer, à la fois, à l'ascétisme et à la complaisance pour mener une existence plus modérée (qu'il appela la Voie du milieu) fut la clé de son éveil. Aucun effort en soi ne peut provoquer le processus qui éclaire l'âme. Nous pouvons choisir de nous livrer à la discipline, mais c'est le Divin qui choisit à quel moment s'ouvriront nos yeux.

L'approche non conventionnelle de l'enseignement spirituel du Bouddha se perpétue chez un certain nombre d'enseignants actuels qui ont appliqué aux défis nettement différents de la vie moderne, ces principes qu'il découvrit il y a 2 500 ans. Encore aujourd'hui, la vie d'enseignants américains bien connus, tels que Pema Chödrön, Charlotte Joko Beck et Bernie Glassman, démontre que même les Contrats des maîtres spirituels les plus accomplis ne leur sont pas toujours apparents au départ. Par exemple, Glassman naquit à Brooklyn, New York, de parents juifs à peine pratiquants, et s'intéressait peu à la religion durant sa jeunesse. Sa vraie passion, c'était les mathématiques et l'ingénierie, qui le menèrent à une carrière dans l'industrie aérospatiale : il travailla, chez McDonnell-Douglas, à la fabrication des satellites de météorologie et de communication et à un projet de développement de « manuels interplanétaires », c'est-à-dire de tableaux montrant les périodes optimales pour le lancement de vols vers Mars et les autres planètes. Mais il s'intéressa graduellement au boudddhisme zen et développa sa pratique avec le temps, jusqu'à ce qu'elle prenne plus d'importance pour lui que le travail en aérospatial. Après des années d'études auprès du grand maître japonais Mezumi Roshi, Glassman fut ordonné prêtre zen et, en 1980, fonda le *Zen Center New York*.

Presque dès le début, ses pratiques du zen furent controversées. Dans une zone décrépie de Yonkers, il mit sur pied une boulangerie qui eut tant de succès que le Centre acquit, avec les profits, une riche demeure de $600 000. Mais Glassman avait aussi un intérêt inné envers les questions de justice sociale, qu'il avait hérité de sa famille socialiste. Après un certain temps, il vendit la demeure et son élégant *zendo*, ou salle de méditation, et utilisa l'argent pour lancer un programme de création de logement pour les sans-abri du secteur, tout en installant le *zendo* au dernier étage de la boulangerie, juste à côté d'un bar de nuit fréquenté par les prostituées et les revendeurs de drogue.

Glassman établit plus tard un centre œcuménique et des logements pour les gens atteints du VIH et du sida, fonda le *Zen Peacemaker Order*, voué à la cause de la paix mondiale, et dirigea des retraites de zazen dans les camps de la mort d'Auschwitz et de Buchenwald. Mais au sommet de son succès, en dépit de ces projets non conventionnels, Glassman quitta le *Zen Center* et s'en alla vivre dans l'Ouest des États-Unis avec sa femme, également moine Zen, pour établir un nouveau centre à Santa Fe. Peu de temps après leur arrivée, son épouse succomba à une crise cardiaque. Glassman reprit la route, continuant de chercher une voie correspondant davantage à ses dons uniques[10].

Leur message unique d'instruction continuelle

Abraham, Jésus, Mahomet et le Bouddha partagèrent un processus d'éveil qui constitue un périple archétypal. L'étape qu'ils franchirent en accédant à l'éveil correspond à celle que chacun de nous traversera tôt ou tard, car il semble que le périple soit ainsi déterminé. Même les biographies fragmentaires présentées ici évoquent des profils on ne peut plus humains, plutôt que des vies ne requérant ni direction spirituelle, ni introspection, ni prière, ni autodiscipline. Et nous retrouvons des profils semblables dans la vie de mystiques plus contemporains, tels qu'Hilda Charlton et Bernie Glassman. En comparant nos propres doutes, nos questions, nos peurs et nos résistances aux leurs, nous comprenons que le parcours archétypal créé par leur éveil spirituel est déjà à l'œuvre en nous. Nous n'avons peut-être pas progressé autant qu'eux, mais nous sommes sur la même voie ; ils ne vivent pas dans une stratosphère trop éloignée de nous.

À un moment donné, chacun de ces maîtres spirituels a reçu un appel de l'âme et la révélation du sens profond de sa vie.

Chacun à sa façon avait besoin de conseils et de conscientisa-
tion, et chacun fut amené à une série de « marques d'abandon »,
des épreuves qui lui permirent de vérifier si sa foi était devenue
plus forte que son besoin de pouvoir matériel. En complétant ces
étapes de l'éveil spirituel, ils maintinrent tous une profonde pratique spirituelle tout en enseignant à leurs proches. Même après
son éveil, le Bouddha, par exemple, aurait continué à méditer
tous les jours. Jésus et Mahomet prièrent également jusqu'à la fin
de leur vie, et Abraham accomplit même les rituels de sa tradition religieuse naissante.

Notre voie, comme la leur, comporte des devoirs et des
épreuves qui font partie d'un processus d'apprentissage spirituel
par lequel nous avons la possibilité de dépasser nos illusions sur
les mérites relatifs du pouvoir extérieur et du pouvoir intérieur.
Nous ne devons jamais considérer le parcours trop long ou, à
l'inverse, croire que le but est atteint et croire que nous pouvons
cesser de pratiquer les vertus quotidiennes de la compassion et de
l'attention.

Il y a une dernière leçon, la plus importante, à tirer de ces parcours. Dans son contrat, chaque maître spirituel reçut la mission
de rencontrer non seulement ses disciples les plus fidèles, mais
aussi ceux qui feraient ressortir ses ombres et ses peurs : les
« petits tyrans » que j'ai déjà mentionnés. Chacun dut vivre de
la résistance et de la trahison. Surtout Jésus, qui fut trahi par l'un
de ses plus proches disciples, et Mahomet, qui dut mener une
guerre contre les éléments de la société arabe décidés à mettre
fin à l'islam, avant qu'il n'étende ses réformes sociales radicales.
Et il a été démontré que même le Bouddha, qui menait une vie
relativement tranquille de prêcheur itinérant, ne saisissait pas le
rôle des femmes dans l'ordre spirituel qu'il voulait établir. Pour
lui, la sexualité féminine menaçait le célibat et la sérénité de ses
moines et, même si les femmes se consacraient à cette vie d'aus-
térité, elles l'abandonneraient bientôt. Il résista donc, au départ,
à l'idée de permettre aux femmes de former des ordres monas-

tiques. Mais sa mère adoptive, Prajapati, qui s'était occupée du Bouddha lorsque sa mère était morte peu après l'avoir mis au monde, et Ananda, l'un de ses plus proches disciples, en discutèrent avec lui, exposant ainsi l'ombre du Bouddha dans ce domaine, et finirent par le convaincre d'accepter les femmes comme nonnes.

Les grands chefs religieux durent découvrir leurs Contrats sacrés pour surmonter leurs propres limites, leurs peurs et leurs ombres. Vous et moi ne deviendrons peut-être jamais des êtres pleinement accomplis, du moins en cette vie, mais nous devons vraiment nous efforcer d'exploiter tout notre potentiel divin. Ce n'est peut-être pas celui des maîtres que nous avons étudiés ; il peut être plus ou moins considérable, mais c'est *notre* potentiel, et c'est tout ce qu'on attend de nous.

La vie de ces quatre grands maîtres spirituels fournit un schéma pour établir les étapes de votre propre transformation spirituelle. Au chapitre 6, nous examinerons une autre sorte de schéma, qui montre la structure et le flux de l'énergie dans votre corps et dans votre esprit, à travers les centres d'énergie psychospirituelle appelés chakras. Au chapitre 7, nous travaillerons avec la roue cosmique, qui vous aidera à retracer la signification de votre propre groupe d'archétypes. Tous ces schémas vous permettront d'interpréter la signification de votre Contrat et d'envisager votre vie d'une façon tout à fait nouvelle. Mais nous devons d'abord explorer la nature des archétypes et leur rôle dans votre vie.

CHAPITRE 4

Vos quatre principaux guides énergétiques

« Après l'illumination, le mental ne retombe plus dans l'obscurité. »
THOMAS PAINE, *Common Sense*

L es archétypes sont vos guides énergétiques. Ils sont destinés à vous permettre d'atteindre votre potentiel le plus élevé : l'accomplissement des cinq étapes de votre Contrat sacré. Quatre archétypes sont constamment à l'œuvre dans votre vie : l'Enfant, la Victime, la Prostituée et le Saboteur. Nous allons maintenant travailler avec ces quatre archétypes universels.

L'Enfant fait partie des modèles les plus puissants de notre psyché, car nous l'avons reçu à la naissance. C'est notre premier état de conscience. Avant Freud, on observait rarement l'influence des expériences infantiles sur le bien-être psychologique et émotionnel. Vers la fin du XXe siècle, cette attitude a non seulement changé, mais elle est devenue, selon moi, extrême et même complaisante. La plupart des sociétés occidentales imputent maintenant le comportement et les motivations des adultes aux apprentissages de leur enfance. On attribue une grande part du blâme, pour des gestes aberrants, immoraux ou antisociaux, au ressentiment, à la tristesse et à la négligence vécus durant l'enfance. Si je me fie aux consultations que j'ai fournies, nous pouvons accéder à la guérison lorsque quelqu'un valide l'opinion que nous avons de nos premières expériences, mais nous pouvons aussi nous enliser dans nos premières blessures.

En réalité, l'Enfant comporte plusieurs aspects, comme l'Enfant Blessé ou Orphelin (qui touche bien des gens) et l'Enfant Magique ou Innocent. Il est rare de rencontrer l'Enfant

Magique, mais il est délicieux de se trouver en compagnie de quelqu'un qui irradie cet archétype. C'était le cas de Sir George Trevelyan, surnommé le « père du mouvement New Age » en Angleterre. Formé dans la tradition de Cambridge, George était le parfait gentleman victorien, excentrique et captivant, avec sa voix grave. Même si son père désirait le voir suivre le parcours familial et embrasser une carrière universitaire, George voua très tôt un profond intérêt à la spiritualité et aux médecines douces. Sa vie entière fut un voyage mythique au cours duquel il explora la nature de la conscience humaine. Il vécut consciemment dans deux mondes, le monde physique et le monde spirituel. En racontant ses conversations avec les esprits de la nature et les elfes du vent, les esprits et les anges du jardin, il donnait l'impression que ce genre de dialogue entre les différentes dimensions était tout naturel. Même si j'ai une tendance au scepticisme devant ce genre de prétentions fort répandues, j'ai cru Sir George à cause de son attitude détachée, de son désintéressement et de son innocence : il n'a jamais demandé aux autres de croire à son univers.

J'ai rencontré Sir George à la veille du Jour de l'An 1982, dans la communauté de Findhorn, en Écosse. Il était alors dans la jeune septentaine. Durant cette décennie, nous avons présenté ensemble plusieurs ateliers dans différentes régions de l'Angleterre, et chacune constituait une incursion dans sa réalité parallèle. Un jour, il m'amena en un lieu censé être le site mythique de Camelot et d'Avalon, et me parla des Chevaliers de la Table ronde comme s'il les tutoyait. À cette étape de notre relation, j'étais prête à le croire. La scène la plus mémorable au cours de laquelle l'Enfant Magique de George entra en action se déroula en 1986, au cours d'un atelier que nous avons animé dans un manoir anglais classique. Nous prononcions une conférence devant un groupe, lorsque George cessa soudainement de parler et concentra son attention vers l'arrière de la salle. J'hésitai un instant puis, sachant que je provoquais peut-être une véritable surprise pour tous, je lui demandai : « Que cherchez-vous ? »

« Eh bien, répondit-il, le dieu Pan a décidé de se joindre à nous. » Immédiatement, tout le monde se retourna vers l'arrière de la salle, mais n'y vit que le mur, et non le mythique dieu grec de la forêt, moitié homme, moitié bouc, avec ses cornes et ses sabots fendus. « Alors, qu'est-ce qu'il veut ? » demandai-je à George.

« Il veut tout simplement se joindre à nous, pour le plaisir. »

« Eh bien, dites-lui qu'il est bienvenu et qu'il peut rester avec nous aussi longtemps qu'il le voudra », annonçai-je. George poussa un rire joyeux et reprit la communication. Par contre, je ne cessai de fixer l'arrière de la salle, espérant saisir ne serait-ce qu'une vision fugitive de ce dieu qui avait décidé de nous honorer de sa présence. Je ne vis rien du tout, mais pendant que George animait le groupe en lui lisant ses poèmes préférés, je réalisai que j'avais pris trop au sérieux mon propre travail spirituel. Même si les exigences intenses de mon âme me confirmaient sans cesse que j'étais en contact avec une autre dimension, George me montrait que le processus de travail avec nos âmes doit être magique. Il aida bien d'autres gens à s'ouvrir à leurs propres dieux et compagnons énergétiques, en laissant revenir la magie dans leur vie, à travers ses visions et enseignements chevaleresques et enchanteurs.

Ce soir-là, au dîner, je demandai à George comment il pouvait bien voir Pan et les esprits du royaume de la nature. « Oh, c'est facile, dit-il. Je regarde avec l'imagination de mon Enfant Intérieur. Tous les enfants ont accès à ce monde lorsqu'ils sont très jeunes. La porte entre les mondes se referme lorsqu'on vieillit et que l'on commence à croire que ces choses n'existent pas. » Pour George, cet archétype, avec son monde imaginaire, était devenu un compagnon.

Au commencement

Sir George était un personnage extraordinaire, mais son expérience n'est pas unique. D'autres, à travers l'histoire, ont eu conscience de la présence vivante des archétypes, en ont parlé sans ambages et ont conversé avec eux. En Grèce, Platon affirmait l'existence des *Archétypes*, pièce de résistance de sa vision philosophique du monde. Comme le souligne l'historien des idées Richard Tarnas, « Les Formes platoniciennes ne sont pas des abstractions conceptuelles que l'esprit humain crée par généralisation à partir d'une classe d'objets particuliers. Au contraire, elles possèdent une qualité d'être, un degré de réalité supérieur à celui du monde concret. Les archétypes platoniciens forment le monde, mais résident au-delà de celui-ci. Ils se manifestent dans le temps tout en étant intemporels. Ils constituent l'essence voilée des choses[1]. » Selon Tarnas, Platon a souvent considéré les dieux et déesses de la tradition grecque comme des symboles de modèles universels d'émotions. Dans son *Symposium*, par exemple, Platon voyait Éros, le dieu grec de l'amour, comme « un archétype complexe et multidimensionnel qui, sur le plan physique, se manifeste dans l'instinct sexuel, mais à des niveaux supérieurs, stimule la passion du philosophe pour la beauté et la sagesse intellectuelles, et culmine dans la vision mystique de l'éternel, ultime source de toute beauté[2]. »

Comme nous l'avons vu, le grand psychologue suisse Carl Jung fut le premier à définir et à explorer en profondeur la nature et le rôle des archétypes universels dans la conscience humaine[3]. De par leur nature, expliqua Jung, les archétypes sont apparus à l'aube de l'histoire humaine. « La psyché n'est pas née d'hier, écrit-il, et son ascendance remonte à des millions d'années. La conscience individuelle n'est que la fleur et le fruit d'une saison, jaillie de l'éternel rhizome souterrain[4]. » Pour Jung, les archétypes étaient inextricablement liés à son concept d'inconscient collectif, distinct de l'inconscient individuel. L'inconscient collectif est l'expérience héritée de toute l'espèce humaine. Votre propre conscience est affectée par cette conscience plus vaste, et la vôtre apporte également sa contribution au collectif. En écho à Platon, Jung définissait les archétypes comme « des formes définies de la psyché qui semblent être présentes en tout temps et en tout lieu ».

Le disciple le mieux connu de Jung, Joseph Campbell, affirme ceci : « comme les archétypes ou normes du mythe sont communs à l'espèce humaine, ils constituent intrinsèquement des façons d'exprimer... des besoins, des instincts et des potentiels communs aux humains[5]. » Lorsque Jung proposa sa théorie des archétypes, il s'était plongé dans la mythologie et le folklore universel des Égyptiens, des Babyloniens et des Grecs, jusqu'aux Gnostiques et aux Amérindiens.

> Tout comme il était nécessaire de recourir à une forme de technique analytique pour comprendre un rêve, il faut connaître la mythologie pour saisir la signification d'une seule parcelle des profondeurs de la psyché... L'inconscient collectif (si tant est qu'on peut en parler) semble composé de représentations mythologiques ou images originelles, et c'est pour cela que les mythes de tous les pays en sont les véritables interprètes. En fait, on peut considérer toute la mythologie comme une projection de l'inconscient collectif[6].

Depuis, on a écrit des volumes entiers sur les archétypes. Clarissa Pinkola Estés, Jean Shinoda Bolen, Robert Bly et nombres d'auteurs ont apporté une contribution immense à ce vaste sujet. Puisant à même une réserve disparate et apparemment illimitée de mythes et de contes folkloriques de toutes les cultures du monde, ces auteurs ont identifié des centaines de modèles archétypaux ayant un effet important sur notre vie quotidienne et nos relations. Même si les archétypes sont des modèles d'influence à la fois anciens et universels, disent-ils, ils prennent un caractère plutôt personnel lorsqu'ils font partie de la psyché individuelle. Puisque votre Contrat sacré est soutenu par un système de douze archétypes, il vaut peut-être mieux envisager ces derniers comme des compagnons intimes.

En fait, la nature de vos archétypes est à la fois intime et impersonnelle. Vus du cœur, ils sont suffisamment personnels pour qu'on s'en fasse des compagnons. Vus de l'esprit, ce sont des modèles impersonnels et symboliques qui servent à déployer l'organisation énergétique de votre évolution spirituelle. Comme je le dis dans mes ateliers, une expérience personnelle filtrée par une attitude impersonnelle ou symbolique crée des affinités psychiques nettement différentes d'une vision toute personnelle. Tout comme vos archétypes ont une double nature, vous aussi êtes aux prises avec le constant défi d'entretenir en vous-même une vision personnelle du cœur et une symbolique vision de l'esprit.

Ne vous méprenez pas sur cette affirmation : elle ne veut pas dire que toutes les relations et les expériences de vie seront simples et indolores si vous traitez vos interactions sur un mode impersonnel et impassible. Ce serait, bien sûr, absurde. Nous devons faire des choix conscients et prendre nos responsabilités, entre autres, celle de nos pensées et de nos attitudes. Travailler ses modèles archétypaux, c'est la meilleure façon que je connaisse pour prendre conscience de soi, des effets de ses actions et de la nécessité de faire, à chaque jour, des choix intelligents.

Les quatre archétypes de la survie : l'Enfant, la Victime, la Prostituée, le Saboteur

Selon notre point de vue actuel, le caractère et la personnalité se forment durant l'enfance, par une combinaison de la nature et de la culture. En effet, durant les deux premières décennies de la vie, nous nous promettons pour la première fois de nous protéger et d'assurer notre survie. Bien des gens m'ont dit qu'adolescents, ils s'étaient promis de ne jamais être maltraités ni humiliés. Les enfants s'engagent à devenir des scientifiques, des artistes ou des mères de famille, ou à trouver une façon de s'enrichir. Ces engagements font partie de notre voie dans le monde matériel. Tous sont influencés par les quatre archétypes primaires.

Au cours de nos premières années, nous prenons conscience du fait que la qualité de notre vie matérielle dépend de notre sentiment de pouvoir personnel, de notre capacité de survie. Bien avant d'avoir accès à notre pouvoir émotionnel et spirituel, nous devons engager notre pouvoir personnel dans le monde matériel. Nous commençons également à comprendre que nous devons affronter des questions d'ordre moral sous peine d'en subir les conséquences. En affrontant le monde physique et les choix moraux qui s'y présentent, nous développons notre estime de nous-même. C'est le commencement de la maturité spirituelle.

Les quatre archétypes primaires (l'Enfant, la Victime, la Prostituée et le Saboteur) symbolisent nos principales épreuves dans la vie et notre façon d'y survivre. Ensemble, ils représentent les questions, les peurs et les faiblesses qui nous incitent à développer la force de notre âme dans le monde matériel. Ils peuvent également représenter des forces spirituelles qui permettent d'affronter des questions concrètes et spirituelles. Ces quatre archétypes ressemblent aux quatre pattes d'une table sur laquelle se trouverait notre Contrat sacré. Ces pattes représentent notre relation au sol qui nous porte et à l'énergie universelle qui soutient notre vie. Elle peuvent être droites ou courbes, ou embellies de gravures et d'images, selon le fonctionnement de ces quatre archétypes dans notre psyché. Mais elles doivent être assez stables pour soutenir le plateau de la table, qui représente notre vie et notre mission.

Ces quatre archétypes influencent notre relation au pouvoir matériel, nos réactions à l'autorité et notre façon de faire des choix. Ces énergies archétypales sont neutres, et j'insiste sur ce point à cause des connotations dont leurs noms sont chargées. Bien qu'il soit difficile de voir comment la Victime, la Prostituée et le Saboteur nous fournissent une imagerie forte et positive, c'est bel et bien le cas. Vous arriverez à voir comment même la variante la plus courante de l'archétype de l'Enfant, l'Enfant Blessé, peut vous permettre de vivre.

Ces quatre archétypes sont les compagnons intimes de votre intuition. Ils vous font prendre conscience de vos points faibles, de vos peurs d'être persécuté. Ils vous permettent de voir comment vous sabotez vos chances de créativité ou abandonnez vos rêves et, à l'avenir, ils deviendront vos alliés pour préserver ces chances et accomplir ces rêves. Vos archétypes deviendront vos gardiens et protégeront votre intégrité, vous refusant la possibilité de l'abdiquer, quelles que soient les circonstances. Vos archétypes peuvent vous aider à transcender la croyance sous-jacente que « tout le monde s'achète » et vous permettre de voir que vous n'êtes pas à vendre. Ils vous aideront à devenir complètement autosuffisant ; grâce à eux, vous pourrez envisager des choix là où d'autres ne voient que des obstacles.

Toutefois, le résultat le plus intéressant du travail des archétypes de survie se révèle dans la manière dont votre Contrat se déroule. Même s'il est certain que les Contrats nous amènent à rencontrer certaines personnes, le type d'interaction que l'on développe n'est pas déterminé à l'avance. Cela nous appartient, à nous et, bien sûr, à eux. Nous pouvons choisir de quelle façon interagir, mais plus nous sommes conscients des modèles qui influencent notre comportement, plus grandes seront nos chances de faire des choix positifs et d'en tirer des leçons positives. Cependant, si nos choix ne découlent que de l'inconscient et que nous ignorons les énergies archétypales qui nous influencent, nous sommes plus susceptibles d'agir par insécurité, d'être sur la défensive. En demeurant sensibles aux énergies archétypales, nous restons en relation avec notre divinité et notre potentiel et avec le monde quotidien. Grâce à nos archétypes, nous trouvons notre Voie du Milieu, celle de notre Contrat sacré.

L'Enfant, gardien de l'innocence

L'archétype de l'Enfant est notre point de départ. Il est facile de nous identifier à lui, surtout après des décennies de publications et d'ateliers de psychologie populaire sur l'Enfant Intérieur. Cet archétype établit nos façons de percevoir la vie, la sécurité, l'affection, la loyauté et la famille. Parmi ses nombreux aspects, mentionnons l'Enfant Blessé, l'Enfant Abandonné ou Orphelin, l'Enfant Dépendant, l'Enfant Innocent, l'Enfant Naturel et l'Enfant Divin. Ces énergies peuvent émerger en réaction à diverses situations, mais la question commune à tous les archétypes de l'Enfant, c'est la dépendance et la responsabilité : quand prendre sa responsabilité, quand entretenir une dépendance saine, quand s'opposer au groupe et quand s'ouvrir à la vie communautaire. Les étapes de la croissance, de l'âge de raison, vers sept ans, au début de l'adolescence, vers 13 ans, jusqu'à l'âge adulte officiel, 21 ans, représentent des plateaux de maturation spirituelle et physique. En dépendance totale, de la naissance à l'âge de sept ans, nous développons nos premières habiletés à nous prendre en charge, corps et biens. À sept ans, nous commençons à apprendre à être responsable non seulement de nos biens, mais aussi de nos gestes. De 7 à 13 ans, nous poursuivons notre développement émotionnel, alors que nous sommes confrontés à des questions plus vastes de moralité, d'éthique, de loyauté, et aux règles des relations.

Durant l'adolescence, on devient conscient de soi et centré. On devient conscient du (sinon dévoré par) pouvoir de son esprit, de l'élan de son cœur et de la passion de son corps. Durant ces années mouvementées, des images de tout ce qu'on pourrait être ou de tout ce que l'on craint de ne jamais devenir se projettent également à l'avant-scène. À la fin de l'adolescence et au début de la vingtaine, on découvre ses faiblesses d'adulte en même temps que ses forces et ses talents. On fait des choix substantiels à propos de sa vie et, même s'il ne fait aucun doute qu'on changera d'idée plusieurs fois, ou que les circonstances nous feront bifurquer, c'est le début d'un contact réel avec le monde de la responsabilité matérielle, en dehors de la tribu. Finalement, le pouvoir de l'esprit émerge vers l'âge de 21 ans, alors que l'on commence à voir au-delà de l'aspect physique de l'existence pour trouver un sens symbolique à ses actions, de l'activisme politique à l'amour et de l'idéalisme social à l'exploration spirituelle. Vers l'âge de 28 ans, on effectue une transition naturelle vers le prochain cycle de vie, celui de l'adulte responsable et relié à l'ensemble de l'univers.

Le processus de mûrissement que je viens de décrire est bien sûr idéal. Toutefois, à cause des défis complexes de la vie quotidienne, le mûrissement spirituel est variable d'une personne à l'autre. D'un point de vue archétypal, lorsque ces cycles ne sont pas suivis d'une façon précise, les adultes trouveront difficile, sinon impossible, de s'assumer dans le monde matériel et de faire naître des relations heureuses. Votre Enfant Intérieur montrera des aspects de l'Enfant Blessé ou Orphelin, et reflétera le fait qu'en cours de route, vous n'avez pas reçu l'affection nécessaire pour devenir responsable et indépendant. Ainsi, vous pourriez passer les premières années de votre vie adulte à essayer de guérir et de compenser ces déficiences.

Cet affrontement avec l'archétype de l'Enfant Intérieur suscite une nouvelle relation avec la vie, une remise à zéro. Quel que soit l'aspect de l'Enfant qui vous touche le plus intimement, ce modèle archétypal vous met en contact avec des ressources inexploitées et liées à la pensée créatrice. Voilà l'essence de l'Enfant Innocent : le sentiment que tout est possible.

Gardien de votre innocence, l'Enfant aide à guérir, à réparer et à mettre un frein aux supplices de l'Enfant Blessé. Si vous êtes dévoré par la psyché de l'Enfant Blessé, Négligé, Abandonné ou Orphelin, vous avez besoin d'identifier (ou d'instaurer) une nouvelle relation ou une entreprise créatrice qui vous fera apprécier votre vie. Demandez à votre Enfant ce dont il a besoin pour se guérir ou se sentir nourri ou aimé. L'Enfant vous inspirera pour agir hors des frontières contraignantes ou pour explorer une aventure dégagée du poids encombrant de la mentalité adulte. Goûtez certains récits inspirants afin de rejoindre votre Enfant Intérieur. Mais ne devenez pas trop attaché à la blessure ; ne surestimez pas l'Enfant au point qu'il devienne un délinquant intérieur. Donnez-lui cependant l'appui dont il a besoin pour grandir.

L'histoire d'Ollie, le garçon interrompu

Lorsque les enfants sont obligés d'accepter plus de responsabilités qu'ils ne le devraient en bas âge, leur développement spirituel est perturbé. Un adulte qui a l'impression de n'avoir jamais eu d'enfance peut se sentir amer ou rancunier envers ses parents ou envers la vie. Nous souffrons profondément lorsqu'on nous prive de ces précieuses années où nous sommes censés vivre en imagination, entre la fantaisie et la réalité. Des tribus amérindiennes, comme les Hopis, croient qu'il faut sept ans à un esprit pour s'incarner pleinement sur le plan physique. Le garçon demeure alors sous la surveillance et les soins de ses esprits protecteurs qui, ensuite, confient la charge première de son imagination aux parents. Les contes de fée, les récits folkloriques et les traditions autour du Père Noël, du Lapin de Pâques et de la Fée des Dents sont destinés à préserver le sentiment d'émerveillement chez l'enfant. Sans ce rapport au fantastique, il est difficile d'envisager la magie, les espoirs et les rêves.

À six ans, en rentrant de sa classe de première année, Ollie découvrit que sa mère était partie pour toujours. Même le père d'Ollie était sous le choc, car sa femme n'avait jamais donné signe d'un tel malheur. Soudain, Ollie fut chargé d'aider son père à s'occuper de ses sœurs, des jumelles de quatre ans. Au lieu d'aller s'amuser avec ses amis après l'école, Ollie devait colorier ou jouer avec ses sœurs, en remplacement d'une gardienne. Avec les années, ses responsabilités domestiques augmentèrent. Dès l'âge de 10 ans, il préparait les repas, nettoyait la maison et faisait la lessive.

« Mon père faisait de son mieux dans les circonstances, dit Ollie. Il revenait directement à la maison après le travail et tentait de passer le plus de temps possible avec nous. Mais il était fatigué et assumait sa part de l'entretien. Parfois, il me servait cette rengaine : " Il faut que tu sois l'homme de la maison ", puis s'excusait du fait que les choses ne pouvaient être différentes. Mais je détestais profondément chacun de ces instants. Je ne pouvais pas jouer au baseball, l'été, ni pratiquer d'autres sports durant l'année scolaire, car je n'étais pas certain de pouvoir me rendre à l'entraînement ni à la joute. Je ne me rappelle même pas à quoi ressemblait mon enfance. »

L'enfance d'Ollie eut un profond effet sur sa vie professionnelle et personnelle. Son poste de vendeur de logiciels impliquait des déplacements occasionnels. « Un an après avoir accepté cet emploi, dit-il, j'ai commencé à ajouter, ici et là, une journée à mes voyages d'affaires, sans le dire à mon patron. J'avais l'impression de le mériter, car je consacrais beaucoup de temps à mon travail. Je n'en étais pas conscient à l'époque, mais je le faisais pour reprendre mon enfance. Je voulais "sortir et aller jouer", et c'est ainsi que je l'ai fait. »

Avec le temps, on découvrit l'habitude d'Ollie d'ajouter une « journée supplémentaire », et on le congédia. Il s'était marié à 22 ans et, comme il se retrouvait en chômage à 28 ans, sa femme devait faire vivre la famille. « Je lui ai dit que je trouverais sans difficulté un autre emploi, puisque tout, en ce monde, est relié aux ordinateurs. J'ai commencé à chercher un emploi quelques jours après avoir perdu le précédent, mais aucun ne me semblait convenable. Les semaines de chômage devinrent des mois, et ma femme se sentait de plus en plus déçue de mon attitude. Je crois qu'elle devinait que je ne voulais pas retourner au travail. J'aimais me faire entretenir. Je lui ai dit que je faisais de mon mieux, mais je n'essayais pas le moins du monde. »

La femme d'Ollie finit par lui présenter un ultimatum : trouver un emploi ou déménager. « C'était le genre d'ultimatum qui allait m'obliger à trouver un travail, que je le veuille ou non », dit-il. Ollie retourna travailler, une fois de plus dans la vente d'ordinateurs, mais l'ambition qu'il consacrait à son emploi précédent faisait maintenant place au ressentiment. « J'étais vexé de retourner au travail, d'être au travail, et de revenir du travail. Je n'avais plus de liberté, et j'ai fini par sombrer dans une dépression nerveuse. »

Ollie entreprit une thérapie et, à l'aide de son conseiller, il commença à ressortir son Enfant Intérieur. « J'ai découvert tellement de choses sur moi-même. Je savais que je regrettais mes jeunes années, mais je n'avais jamais imaginé à quel point j'étais dévoré par mon sentiment d'abandon. J'ai réalisé que ma psyché ordonnait ma vie autour du sentiment d'avoir été abandonné par ma mère et de l'obligation de la remplacer. Ironiquement, en tant qu'adulte, j'abandonnais mes responsabilités, comme l'avait fait ma mère. Je voulais maintenant vivre une partie de ce qu'aurait pu être ma jeunesse. Je me demandais si ma mère avait eu elle aussi une enfance ratée et nous avait laissés pour trouver cette part d'elle-même. Quand j'y pense de ce point de vue, je ressens de la compassion pour elle, car je doute qu'elle ait jamais pu comprendre la source véritable de sa douleur. Mon Enfant Abandonné était si actif dans ma psyché qu'il ordonnait toute ma vie. »

La Victime, gardien de l'estime de soi

La crainte d'être victime est courante. L'archétype de la Victime peut se manifester la première fois que l'on n'obtient pas ce qu'on veut ou ce dont on a besoin ; que l'on est maltraité par un parent, un compagnon de jeu, un frère ou une sœur, un professeur ; ou que l'on est accusé ou puni injustement. On peut réprimer son indignation devant l'injustice si le persécuteur est plus grand et plus fort que soi. Mais à un certain moment, on découvre un avantage pervers dans le rôle de Victime. On craint peut-être de se faire entendre, ou bien on apprécie la sympathie des autres. La question fondamentale, pour la victime, c'est celle-ci : vaut-il la peine de céder son propre sentiment de pouvoir pour éviter de prendre la responsabilité de son indépendance ?

Dans mes ateliers, bien des gens décrivent leur Victime comme étant leur aspect le plus vulnérable. « J'avais l'impression qu'on m'avait entraîné à être une victime, dit Tim, en m'enseignant à ne jamais me défendre, ou plutôt à éviter les conflits. Il est sûrement plus sage d'éviter les conflits, mais seulement si vous savez que vous pouvez vous faire entendre au besoin. Sinon, vous prenez la fuite, et j'ai toujours eu l'impression de fuir quelque chose ou quelqu'un. Un jour, dans un magasin, la caissière s'est trompée en me remettant la monnaie. Je lui avais donné un billet de cinquante dollars, mais elle m'a remis la monnaie d'un billet de vingt. Mais je suis resté sans rien dire. Convaincu qu'il ne fallait pas l'embarrasser, je suis sorti du magasin. Aussitôt dans la rue, j'ai explosé de colère envers moi-même. Une fois de plus, je m'étais laissé persécuter. J'ai vu l'incident, et je me suis contenté de rester là en me laissant arnaquer. Et pour empirer la situation, même quand j'ai voulu retourner sur mes pas pour demander la monnaie exacte, j'ai réussi à me persuader de n'en rien faire, en me disant qu'on ne croirait jamais ma version des faits. »

Tim finit par réaliser qu'il devait régler ses comptes avec cette énergie de Victime, car sa qualité de vie en dépendait. « Je savais que, tant que je ne me protégerais pas, j'aurais toujours l'impression d'être une victime, d'un côté ou d'un autre. Et que, même sans être persécuté, je ne pourrais plus faire la différence, après un certain temps. J'ai pris l'engagement d'agir au nom de mon bien-être, même si cela mettait les autres mal à l'aise.

« J'ai bientôt appris que chacun des gestes qu'on pose après avoir choisi de se protéger est un geste majeur. Un jour, au travail, un type m'a demandé si je voulais aller faire des courses pour lui. Dans le passé, je lui avais toujours dit oui, mais cette fois, j'ai dit non. Nous sommes tous deux restés à nous regarder ; ma réponse avait provoqué un choc de son côté et une surprise en moi-même. Je lui ai dit que je n'étais pas responsable de son travail. Quelques semaines plus tard, je l'ai vu s'approcher de moi dans le couloir. Il avait un petit sourire en coin et m'a dit : "Ne t'en fais pas, je ne vais pas te demander de faire mon travail." Dès qu'il m'a dit cela, je n'ai pu m'empêcher de ressentir du respect envers moi-même, et j'ai su, à partir de ce moment, que je pouvais me protéger, non seulement en réagissant honnêtement, mais aussi en assumant les conséquences de mon honnêteté. »

L'archétype de la Victime avait complété son cycle dans la psyché de Tim, ce symbole de faiblesse devenant un rappel de sa propre force. À présent, lorsqu'il songe à la Victime, ce n'est pas pour désigner l'impuissance, mais pour mesurer ce qu'il fera ou non pour ne jamais plus avoir le sentiment de s'être fait exploiter. Comme le dit Tim : « L'archétype de la Victime est le gardien de mes frontières personnelles. Avant, les frontières personnelles que je reconnaissais étaient surtout des murs de prison que je m'étais infligés. Il est étonnant de voir à quel point le monde change lorsqu'on a l'impression de pouvoir se défendre. »

Les leçons associées à l'archétype de la Victime vous demandent d'évaluer votre relation au pouvoir, surtout face à des gens qui suscitent en vous des questions de pouvoir et d'élaboration des frontières personnelles.

L'objectif premier de l'archétype de la Victime est de développer l'estime de soi et le pouvoir personnel. Lorsque vous vous sentez menacé ou dépourvu du pouvoir social, professionnel ou personnel requis, prenez note de cette réaction, du point de vue physique, émotionnel et mental. C'est la voix intuitive de votre Victime intérieure. Pour guider vos réponses à toutes vos expériences et vos relations, dites-vous ceci : « J'ai pris un engagement envers mon propre pouvoir. Quels choix ai-je à ma disposition pour arriver à le prendre ? » Nommez le problème ou la menace que vous devez surmonter et le pouvoir qu'il vous faut pour cela. Gardez l'œil sur la vérité que toutes les choses et tous les êtres sont arrivés dans votre vie par Contrat, pour faciliter votre maturation spirituelle.

Votre Contrat vous engage auprès de gens directement reliés à l'archétype de la Victime. Leur rôle premier est de vous aider à développer votre estime de soi par des gestes d'honnêteté, d'intégrité, de courage, d'endurance et de respect de soi. Ces gens qui, par Contrat, doivent donner du pouvoir à la Victime, joueront ou ont joué des rôles de première importance en vue de vous éveiller à la valeur de ces qualités spirituelles et à leur place essentielle pour votre bien-être.

La Prostituée, gardienne de la foi

L'acte de prostitution est généralement associé à la vente de son propre corps pour de l'argent, mais selon moi, c'est peut-être l'exemple le moins important de l'archétype de la Prostituée. La Prostituée a des façons subtiles de s'épanouir dans des circonstances bien ordinaires. Elle intervient surtout lorsque notre survie est menacée. Sa question essentielle, c'est : jusqu'à quel point êtes-vous prêt à vous vendre (à céder votre morale, votre intégrité, votre intellect, votre parole, votre corps ou votre âme) en échange de la sécurité matérielle ? En outre, l'archétype de la Prostituée incarne et éprouve d'une façon spectaculaire le pouvoir de la foi. Si vous avez la foi, personne ne pourra vous acheter. Vous savez que vous pourrez vous débrouiller et aussi, que le Divin vous protège. Mais sans la foi, vous finirez par vous faire offrir un prix que vous ne pourrez refuser.

La majorité des archétypes de la Prostituée que je rencontre sont des hommes et des femmes qui sont malheureux dans leur vie conjugale ou au travail. Leur incapacité à sortir de leur cadre néfaste est complètement reliée à l'économie. Des femmes m'ont dit qu'elles ne voulaient pas se retrouver seules à l'âge moyen ni perdre leur statut social, ni devoir assurer leur propre survie : elles demeurent donc dans une situation conjugale malheureuse. Des hommes me disent la même chose, mais en nombre beaucoup moins grand, et les deux groupes prétendent demeurer dans des emplois qui les rendent misérables et malades, trahissent leur éthique personnelle ou leur donnent mauvaise conscience, au nom de la sécurité financière.

Bien des gens se disent insatisfaits et attendent le bon moment pour effectuer un « grand changement » et réaliser leurs rêves. La plupart du temps, ce sont des gens qui se demandent sans cesse : « Mais quel est *donc* mon Contrat ? Si seulement je le savais, je pourrais me mettre à la tâche. » En fait, ces gens espèrent que je les dirige sur une voie qui leur garantira l'argent et la paix intérieure. Ils veulent m'entendre dire que leur Contrat leur donnera tout le temps, tout l'argent dont ils ont besoin, à ne faire que ce qu'ils veulent, une retraite dans une cabane au fond des bois, et surtout une âme sœur. De plus, ils ne veulent pas vieillir. (Il faut s'occuper de *toutes* les énergies et les attentes de la Prostituée, de l'Enfant et de la Victime !)

Tout pouvoir, qu'il vienne d'un gain à la loterie ou de visions spirituelles, vous attirera un adversaire extérieur qui tentera de vous acheter, de vous utiliser ou de vous contaminer. Lorsque Satan s'adressa à Jésus en prière et jeûnant dans le désert, il lui offrit le monde entier en échange du pouvoir que Jésus détenait en lui. De même, chaque fois que vous faites un pas sur la voie de votre prise de pouvoir personnel, vous rencontrerez quelqu'un qui voudra vous acheter une parcelle de votre âme pour vous enlever du pouvoir et s'en donner.

En général, la psyché humaine possède une caractéristique obscure ; nous voulons trouver des raccourcis, même vers notre propre prise de pouvoir. Si nous repérons quelqu'un dont le pouvoir semble s'acheter ou se partager, nous serons attiré vers cette personne. Un exemple parfait : le jeu qui consiste à nommer des gens connus (« Je suis un ami d'un ami de M. ou Mme Célèbre »). Pour beaucoup de gens, l'énergie diluée qui leur arrive par ce circuit de célébrité est suffisamment valable pour qu'ils entretiennent une relation longtemps après que l'amitié soit refroidie, et c'est une autre expression de l'archétype de la Prostituée.

Le fait d'affronter votre Prostituée transforme cet archétype en gardienne. Elle surveillera votre relation à la foi. Considérez la Prostituée comme l'alliée qui vous met en état d'alerte chaque

fois que vous envisagez de transférer votre foi du Divin au matériel. Chaque fois que vous avez une crise de confiance, essayez de
rester attentif à vos pensées et à vos peurs. Nommez exactement
ce dont vous avez peur, surtout ces craintes qui essayent de vous
convaincre de vous compromettre d'une façon quelconque. La
Prostituée apparaît lorsque vous commencez à croire que vous
pourriez mettre de l'ordre dans votre vie si vous aviez l'argent
nécessaire pour dominer le monde qui vous entoure, et pour
acheter un peu de chacun de ses occupants. Elle apparaît lorsque
vous demeurez dans une relation néfaste uniquement pour ne
pas vous retrouver seul. Elle apparaît lorsqu'on vous demande de
faire quelque chose de contraire à l'éthique ou d'illégal « pour le
bien de la compagnie ». Les gens qui sont censés réveiller la
Prostituée en vous représentent vos relations les plus pénibles.
Parce que les interactions de la prostituée nous confrontent à
nos peurs reliées à la survie, elles sont souvent terrifiantes et
humiliantes.

Une dénommée Belinda m'a dit qu'après avoir pris conscience de son archétype de la Prostituée, elle le voyait partout.
« Comme des millions de gens, je croyais qu'une prostituée vendait du sexe. Je n'aurais jamais cru pouvoir m'accoler cette étiquette. Mais je remarque que, même lorsqu'au cours d'un lunch,
on me demande mon opinion sur quoi que ce soit (les chaussures neuves de quelqu'un ou une nouvelle directive au bureau), je
passe la question au filtre de « Qu'est-ce que ça va me coûter ? »
Si je crois qu'une opinion va me coûter en termes de popularité
ou de jeux de pouvoir, je ne réponds pas. Je dis souvent des choses qui me valent des points, même lorsque je n'en crois pas un
mot. Après avoir dit à un cadre que je trouvais ses idées brillan-
tes, j'ai été dévorée par le besoin irrésistible de me laver la bouche au savon. Mais comme il est en position de pouvoir, il peut
me faire avancer dans la vie. J'imagine qu'en disant cela, je suis
encore une Prostituée pratiquante, mais j'ai pris mes distances
car, au moins, je considère la chose d'un point de vue honnête.
J'avoue pleinement ne pas avoir la foi nécessaire pour faire passer mon intégrité avant mon hypothèque et ma direction spirituelle avant mes promotions dans le monde matériel. »

Même si je parle de la prostitution au sens figuré et symbolique, j'ai également rencontré, dans mes séminaires, des prostitués actifs. Ronnie avait contracté le sida par suite de ses activités de prostitué et, au cours d'une conversation privée avec son frère et moi, il a dit avoir utilisé toutes les méthodes de traitement possibles pour changer son état, à l'exception d'une seule. Il était incapable de cesser de travailler dans l'industrie du sexe. « C'est le monde que je connais, et je ne sais absolument pas comment je pourrais assurer ma survie si je cessais de fréquenter les bars, dit-il. Je réalise que cela ne m'aide pas à guérir, mais je ne crois pas avoir le choix. »

J'ai demandé à Ronnie s'il informait ses clients de sa maladie, et après avoir commencé par dire que oui, il m'avoua qu'il ne le faisait pas toujours. « Si un tel bruit courait, et il courrait certainement, dit-il, je ne pourrais pas travailler. » Lorsque je lui demandai pourquoi il avait au départ entrepris cette activité, Ronnie répondit : « Je voulais devenir acteur et, comme aucune occasion ne se présentait, j'ai dû faire autre chose. Et pour moi, le sexe est une sinécure. De toute façon, je baisais à gauche et à droite, alors pourquoi ne pas me faire payer ? Et puis, c'était de l'argent vite fait et j'avais mes propres horaires. »

Hélas, le frère de Ronnie était également un prostitué atteint du sida. Ensemble, ils avaient l'impression de devoir épargner beaucoup d'argent pour s'offrir le genre de soins nécessaires pour guérir, ou du moins en retarder l'évolution. Mais en les écoutant, je réalisai qu'ils décrivaient vraiment le genre de soins dont ils avaient besoin, alors qu'ils étaient sur le point de mourir. J'avais l'impression que leurs archétypes étaient des frères siamois, et que la force collective de leurs énergies, combinée à leur loyauté mutuelle, exigeait qu'ils quittent tous deux la rue, car l'un ne pouvait s'en tirer sans l'autre. Ronnie et son frère décédèrent tous deux à l'automne 1991.

L'archétype de la Prostituée peut vous servir de gardien en vous prévenant de certaines situations dans lesquelles vous devez vous dire « Prends ton grabat et marche ! » En sortant d'une situation trop coûteuse (en termes d'argent, d'énergie, de dignité ou de temps), il est possible d'effectuer une transformation

durable. June occupait un poste d'envergure en tant que secrétaire administrative auprès du président d'une grande multina-
tionale. Elle possédait une grande compétence, et une personnalité vivante et agréable que son patron, Dorian, apprit à utiliser
à son propre avantage. Quelques mois après qu'elle eût été
embauchée, Dorian l'invita à se joindre à un groupe de cadres,
lors d'un cocktail en l'honneur d'un nouveau client. Il remarqua
son bon entregent et sa capacité de mettre les gens à l'aise. June
fut invitée de plus en plus souvent à des rencontres et on lui
demanda d'expliquer à des employés et à des clients importants,
certaines décisions nouvelles de la compagnie. Selon ses propres
termes, elle devint « une arme secrète qu'on utilisait dans l'intérêt de la compagnie ».

Un jour, une autre secrétaire approcha June en lui demandant son impression sur toutes ces rencontres. « Je lui ai dit que
c'était bien, me déclara June, mais ensuite, elle m'a demandé si
on exigeait autre chose de moi lors de ces événements.
"Comme quoi ?" Elle m'a jeté un regard du genre "Tu sais bien
ce que je veux dire". À cet instant, j'ai réalisé que j'étais utili-
sée par ces hommes pour leurs intérêts financiers. Ce fut la première et la dernière fois qu'on me donnait le sentiment d'être
une prostituée. »

Le lendemain, June « explosa » dans le bureau de son patron
et démissionna. « Et je ne me suis pas contentée de démissionner, dit-elle. Je l'ai traité de souteneur et j'ai laissé la porte ouverte afin que tout le monde m'entende. »

Mais June est reconnaissante pour son expérience : « J'ai
appris à quel point il était facile de m'utiliser, dit-elle. Ce que j'a-
vais pris pour un contexte d'appui et de sociabilité avait des
implications tout à fait différentes. Mon patron avait des intentions cachées que je ne voyais pas. Maintenant, je suis très pru-
dente lorsque j'accepte de rendre service à quelqu'un, et je me
rappelle que je peux toujours accepter ou refuser. »

Le Saboteur, gardien du choix

Comme la Prostituée et la Victime, l'archétype du Saboteur
est une énergie neutre qui se fait habituellement connaître par la

perturbation. Il peut saboter vos efforts en vue d'atteindre le bonheur et la réussite si vous n'êtes pas conscient des modèles de pensée et de comportement qu'il suscite en vous. Il peut vous inciter à refuser des avantages. Le Saboteur est le miroir qui reflète vos peurs de vous assumer et d'assumer ce que vous créez.

L'archétype du Saboteur est peut-être celui qui est le plus intimement relié à votre capacité de survie dans le monde matériel. La crainte d'être privé de l'indispensable (de la nourriture au logement, en passant par un réseau de contacts sociaux et personnels) donne souvent à cet archétype le pouvoir de vous hanter. Vous pouvez faire taire le Saboteur par des actes de courage et en suivant votre intuition. Il vous sert d'instinct viscéral en vous incitant à entreprendre une action fondée sur une intuition plutôt que sur la pensée rationnelle. Pour apprendre à percevoir cette voix, vous devrez y réagir. C'est alors, seulement, que vous pourrez manifester le courage nécessaire pour repousser les limites de votre cadre créatif. Commencez par des choix moins compromettants, qui sont souvent modificateurs sous leur apparence d'impulsions anodines.

La question cruciale, pour le Saboteur, est la peur d'accepter le changement, un changement qui exige une réaction positive à des occasions de former et d'approfondir votre âme. Mais il est impossible d'arrêter le processus du changement. Au plus profond de vous-même, vous savez que le contrôle et l'usage du pouvoir exigent un changement. Et même si bien des gens veulent tout avoir, ils ne semblent pas vouloir tout *être*. Vos choix n'ont *pas tous* le même potentiel de transformer votre cadre de vie. En règle générale, la décision de rencontrer un groupe d'amis pour dîner ne changera pas votre vie d'une façon aussi radicale que celle de vous marier, de démarrer une entreprise ou d'aller vivre dans un autre pays. De toute évidence, le choix de réagir lorsqu'une voix intérieure vous incite à approfondir votre vie spirituelle peut remodeler votre monde familier.

« Je peux très facilement saboter l'estime que j'ai de moi-même, a dit Erin. Au lieu de remercier quelqu'un qui m'adresse un compliment, je détourne les mots gentils que l'on m'offre. Je dévalue continuellement mes talents. Mais cet auto-sabotage atteint son sommet dans ma relation amoureuse. J'ai un partenaire merveilleux, et lorsqu'il me dit qu'il m'aime ou qu'il me trouve adorable, je lui dis qu'il est cinglé. C'est une façon radicale de saboter une relation. Il m'a mise au défi, en me demandant pourquoi je ne le croyais pas lorsqu'il m'exprimait ses sentiments. Je lui ai répondu que j'avais ainsi l'impression de lui ficher la paix, comme pour lui dire qu'il n'avait pas à se plier en quatre pour que je me sente bien. C'est une tendance maladive tout droit sortie de mon sombre Saboteur.

« À présent, je pratique l'art d'être consciente des moments où je me fais du tort à moi-même, et je me complimente continuellement. Cela ressemble à un jeu, mais je ne joue pas du tout. J'ai l'impression que le Saboteur, assis de l'autre côté de la table, est devenu mon adversaire aux échecs. À chacun de mes mouvements, je regarde de l'autre côté de cette table pour évaluer la réponse. Je suis déterminée à ne pas faire obstacle à ce que m'offre ma vie de couple. Celle-ci fait partie de mon potentiel le plus élevé : une vie d'épouse et de mère avec quelqu'un que j'adore vraiment. »

Vivre dans l'ombre

Bien que nos modèles archétypaux soient essentiellement neutres, ils possèdent un côté lumineux et une part d'ombre. Le mot *ombre* évoque un visage sombre, secret, malveillant et menaçant, tapi à l'arrière-plan de notre nature, prêt à nuire aux autres autant qu'à nous-même. Toutefois, on peut mieux saisir les côtés sombres de nos archétypes en y reconnaissant la part de notre être la moins familière à notre esprit conscient. « Que l'ombre devienne notre amie ou notre ennemie, cela dépend largement de nous-même », écrivait Marie-Louise von Franz, la collègue et confidente la plus intime de Jung. « L'ombre n'est pas nécessairement un adversaire. En fait, [elle] ressemble exactement à n'importe quel être humain avec qui l'on doit s'entendre, parfois en cédant, parfois en résistant, parfois en donnant de l'amour, selon les exigences de la situation. L'ombre ne devient hostile que lorsqu'[elle] est ignorée ou mal comprise[7]. »

La Reine fait partie de ma propre famille d'archétypes personnels, et elle me sert assez bien lorsque j'anime un atelier. Je dois être certaine d'avoir à ma disposition tout ce dont j'ai besoin pour être au sommet de ma forme au moment où j'en aurai besoin, que ce soient mes conditions d'hébergement ou le tableau sur lequel j'écrirai, ou la tasse de thé au miel qui soulagera ma gorge quand j'aurai beaucoup parlé. Ma Reine s'assure que tout se déroule parfaitement … sinon, des têtes vont tomber ! Mais à d'autres moments, lorsque je m'y attends le moins, ma Reine sort de l'ombre et apparaît pour exprimer des exigences inutiles. Souvent, je ne prends conscience des plans de ma Reine que lorsqu'elle est repartie ; elle reste « dans l'ombre » jusqu'à ce que je voie le tort qu'elle a pu causer.

Je n'oublierai jamais ce jour où j'ai éclaté devant deux agents, au comptoir d'une ligne aérienne, parce que mon vol avait été retardé et que j'avais le sentiment qu'on avait manqué d'honnêteté envers nous, les passagers. Alors que je repartais, furieuse et dégoûtée, un jeune couple qui avait attendu derrière moi a attiré mon attention et est venu me voir. Je croyais qu'ils venaient me remercier pour m'être exprimée sans gêne, mais l'homme a dit : « Nous voulions seulement vous dire à quel point nous aimons vos ateliers. »

« Oui, a renchéri la femme, nous avons tous vos livres et vos cassettes. »

Je voulais leur dire qu'ils venaient de voir un exemple typique de l'ombre de la Reine en pleine action, mais je me sentais trop humiliée pour dire quoi que ce soit. Je me suis contentée de les remercier et j'ai continué à marcher. C'est tout ce que je méritais pour m'en être prise à quelques employés d'une ligne aérienne qui se contentaient sans doute de faire leur travail.

Les aspects sombres de nos archétypes sont nourris par notre relation paradoxale au pouvoir. Nous sommes aussi intimidés par le fait de prendre le contrôle de notre pouvoir que par celui d'en être dépossédés. Il est facile de comprendre que cette perte menace notre bien-être, du moins en surface. Mais pourquoi devrions-nous également craindre de prendre notre pouvoir ? C'est essentiellement le paradoxe qui nourrit l'ombre. On peut considérer cette dernière comme un pouvoir inexploré. Il s'exprime à travers le comportement qui sabote souvent nos désirs et notre image de nous-mêmes. Ces aspects complexes de notre personnalité filtrent jusque dans notre comportement en déjouant notre esprit conscient, après quoi ils assument généralement un rôle dominant. Souvent, nous ne savons pas pourquoi nous agissons, ni pourquoi nous affrontons des peurs inexplicables. Cela engendre des conflits pénibles : nous sentons une chose et en faisons une autre, ce qui sépare l'esprit du cœur.

Vivre dans la division de l'esprit et du cœur, c'est comme avoir deux cantonnements de guerre en nous, chacun luttant pour avoir autorité sur notre pouvoir de choisir. Isolés l'un de l'autre, le cœur et l'esprit sont tous deux handicapés ; l'esprit a tendance à devenir hyperrationnel et le cœur, excessivement émotionnel. Ce déséquilibre des énergies fragmente notre pouvoir. Et comme un pays dans lequel des factions opposées sont en guerre constante l'une contre l'autre, notre nature fragmentée devient vulnérable à la domination de la peur. Comme l'a dit Jésus : « Si un royaume est divisé contre lui-même, ce royaume-là ne peut subsister. » (Marc 3 : 24)

Même lorsque nous savons que nos gestes sont motivés par la peur, nous choisissons parfois volontairement de l'ignorer. Si je ne sais pas pourquoi j'agis d'une manière négative, il est plus facile d'excuser mon comportement ou de blâmer quelqu'un d'autre. Mais si *j'ai* conscience, émotionnellement et intellectuellement, de blesser quelqu'un, je dois non seulement m'en tenir responsable, mais aussi avouer ce choix. Je ne peux plus me cacher derrière la confusion créée par la séparation du cœur et de l'esprit.

Tant que votre esprit et votre cœur ne communiqueront pas clairement, vous n'aurez qu'une idée confuse de la vie que vous voulez vivre. Inévitablement, dès que vous prendrez contact avec la passion de votre vie (ce qui veut dire trouver votre vocation, votre partenaire ou même votre identité sexuelle), vous éprouverez une souffrance spirituelle jusqu'à ce que vous agissiez conformément à cette passion. Cette souffrance est en fait une forme de motivation divine qui vous pousse à mener une vie plus authentique.

La conscience d'une vérité supérieure presse davantage votre psyché et votre âme, car plus vous en savez, plus vous avez besoin de réagir à cette vérité. C'est ce que j'appelle la *responsabilité spirituelle*. Si vous réalisez le tort que provoquent les jugements négatifs, y compris ceux que vous vous infligez, il vous faut aussitôt réévaluer votre comportement. Vous devez également reconnaître les moments où vous justifiez vos actions. Juger les autres et vous justifier tout en sachant que vous pouvez faire autrement, ce ne sont que deux des épreuves spirituelles que comportera votre travail avec vos archétypes de survie. Plus vous serez conscient des exigences de la gestion de votre conscience, moins vous aurez d'échappatoires à la disposition de votre psyché et de votre âme pour le jeu des ombres de l'Enfant, de la Victime, de la Prostituée et du Saboteur. Cette relation entre la conscience et la responsabilité a également des incidences sur votre santé. Lorsque vous voyez à quel point la colère ou la culpabilité empoisonnent votre corps et votre esprit, les conséquences de ces énergies toxiques sont plus graves que si vous n'en aviez pas conscience – ne serait-ce que parce que vous connaissez désormais leurs effets biologiques. C'est l'application de la visualisation négative.

L'ombre et votre potentiel divin

À propos de ses miraculeuses capacités de guérison, Jésus disait à ses disciples : « Tout cela et bien davantage, vous le ferez, si vous avez la foi. » L'éveil du Bouddha lui permit non seulement de revoir ses vies passées, sur des siècles et des siècles, mais aussi de devenir omniscient. Mais il dit également à ses disciples qu'avec diligence, eux aussi pourraient atteindre l'illumination, et il les incita à être leur propre lanterne. Pour ces êtres éveillés, notre potentiel est presque illimité. Jésus et Bouddha ne faisaient pas nécessairement référence à la marche sur l'eau ou aux guérisons miraculeuses, mais plutôt à la capacité de développer autant de confiance dans le Divin. Le Bouddha, par exemple, insistait pour que ses disciples se découvrent eux-mêmes en rompant l'attachement de leur âme aux illusions du monde extérieur. Et Jésus dit : « À vous le mystère du Royaume de Dieu a été donné… Est-ce que la lampe vient pour qu'on la mette sous le boisseau ou sous le lit ? N'est-ce pas pour qu'on la mette sur le lampadaire ? Car il n'y a rien de caché qui ne doive se manifester et rien n'est demeuré secret que pour venir au grand jour. » (Marc 4 :11, 21-22).

Entreprendre le voyage de la vie extérieure au travail intérieur, cela veut dire faire la lumière sur votre ombre. Vos parts d'ombre sont principalement enracinées dans des schémas de peur qui dominent votre comportement plus que ne le fait votre esprit lucide. Cela limite votre capacité de faire des choix dans lesquels vous êtes conscient de vos motivations.

Votre ombre comporte des modèles émotionnels et psychologiques provenant de sentiments réprimés et que vous ne voulez pas vous avouer consciemment, par peur des conséquences. Par exemple, au lieu de reconnaître que votre partenaire a un problème ou que votre enfant se drogue, vous pouvez réprimer ces instincts violents et sûrs… au risque de provoquer des résultats désastreux. Et vous vous retrouvez impatient, en colère et déprimé, sans savoir pourquoi.

Votre ombre recèle aussi vos raisons secrètes de saboter les ouvertures qui se présentent à vous. Les gens me disent souvent qu'ils ont peur du succès. Quand je leur demande d'expliquer d'où vient cette peur, beaucoup restent bouche bée. Ils n'en ont aucune idée ; ils ont peur, c'est tout. Cette force inconnue qui domine une si grande part de l'expression créatrice de notre vie est une ombre. Nous finirons par affronter chacun de ses aspects. Cette exploration est si complexe que c'est peut-être la seule raison pour laquelle la philosophie orientale soutient qu'il nous faut plusieurs vies pour atteindre la libération.

Votre potentiel le plus élevé est alors cette part de vous qui n'est pas limitée dans son expression par les peurs du monde matériel et le fait de vivre. C'est ce que vous actualisez en tentant d'affronter votre ombre, de reconnaître ouvertement la réalité de sa présence en vous, puis de prendre des mesures pour y faire face. Vous appuyer sur vos ressources intérieures et suivre avant tout votre guide intérieur, c'est exprimer votre potentiel supérieur. Il vous montre qui vous seriez si vous viviez dans la certitude constante que le pouvoir véritable se trouve en soi, jamais à l'extérieur.

Affronter votre ombre, cela exige que vous voliez de vos propres ailes. Il ne s'agit pas de refuser l'aide d'amis, de thérapeutes, de sages conseillers, mais plutôt de faire des choix qui excluent les besoins collectifs de votre famille, votre tribu ou votre groupe et vous séparent d'eux. Si vous décidez de suivre un appel intérieur et son inévitable rituel psychologique de séparation, vous devrez retirer votre âme du champ magnétique créé par le pouvoir collectif de votre groupe afin de canaliser votre propre énergie, comme un mystique ou un sage se retire parfois pour entendre des messages divins, comme Jésus se rendit au désert et Mahomet à la caverne du Mont Héra. Ce processus de mise au monde de votre propre pouvoir exige que vous fassiez passer vos intérêts en premier, même si cela peut sembler « égoïste », de l'extérieur.

Lors de votre séparation, vous devrez examiner les aspects les plus narcissiques de votre ego qui, comme l'ombre de l'Enfant ne se souciant que de son propre bien-être, tentera de vous faire revenir au bercail par la peur. Votre Victime se délecte, entre-temps, de sa persécution et vous poussera à vous apitoyer de votre départ. La Prostituée vous poussera à céder à la première occasion, votre intégrité et votre vision de l'indépendance véritable. Et le Saboteur alimentera vos soupçons de ne pouvoir accomplir quoi que ce soit par vos propres moyens. Vous devrez renforcer l'identité de votre âme jusqu'à ce qu'elle soit suffisamment forte pour éclipser toutes ces peurs. Vous êtes en train de faire naître votre capacité d'opter pour un choix individuel, d'augmenter votre potentiel d'exploration intérieure et de profiter des occasions qui serviront votre potentiel supérieur. En affrontant vos ombres, vous vous préparez à accepter la pleine responsabilité de la gestion de votre âme et les conséquences de vos choix.

Les Contrats
de l'ombre

Tout comme les archétypes ne sont ni bons ni mauvais en soi, votre Contrat sacré est une force essentiellement neutre. Pour l'univers, le Contrat d'une personne n'est pas plus important que celui d'une autre. Chaque Contrat est essentiellement le même, en ce sens qu'il couvre ce qu'un individu a besoin d'apprendre durant sa vie. Voilà pourquoi nous sommes dirigés vers les lieux et les rôles les plus propices à l'accomplissement de notre Contrat, que nous naissions dans la royauté, la pauvreté ou quelque part entre les deux. Que votre vie soit remplie d'épreuves, comme une maladie sérieuse, une blessure ou une guerre, ou qu'elle soit relativement dépourvue de traumatismes, vous aurez des ententes à respecter et un Contrat à remplir. Comme se plaît à le dire le maître bouddhiste tibétain Sogyal Rinpoche : « Il y a la souffrance du pauvre et la souffrance du riche. N'enviez pas l'autre, car vous ne pouvez connaître sa souffrance en vous contentant de le regarder de l'extérieur. » Quelles que soient vos conditions matérielles, toutes les difficultés extérieures sont des véhicules destinés à relever vos défis intérieurs. Sous certains aspects, il est évidemment beaucoup plus facile d'être riche que pauvre, mais même les gens prospères ne peuvent échapper à leurs épreuves intérieures, ou à leur *Rendez-vous à Samarra*.

À cet égard, les gens me demandent souvent si un Contrat peut comprendre une entente afin de commettre un meurtre, un viol ou d'autres crimes haineux. Hitler, Staline, Mao ou Pol Pot auraient-ils pour Contrat de tuer des millions de gens ? Il est difficile de traiter de ces infamies, mais non, ces criminels n'avaient pas reçu l'ordre divin de tuer. Il se peut que certaines gens aient accepté de s'accommoder des forces obscures, au cours de leur vie, et de choisir comment les affronter. Tout comme chacun de nous grandit individuellement, nous évoluons tous collectivement. Chacun de nous a un aspect obscur, en même temps qu'il est habité par la grâce et la lumière. Dans la mesure où nous pouvons reconnaître le premier tout en maximisant le second, nous pouvons déterminer la manière de remplir notre Contrat. Lorsque la part d'ombre s'empare même d'une seule personne, les conséquences en sont ressenties par un grand nombre.

Même les psychiatres et les neurologues ne peuvent offrir de réponse concluante, à savoir si les individus naissent meurtriers. L'ouvrage original du psychologue social Stanley Milgram, intitulé *Soumission à l'autorité*, a démontré que « souvent, ce n'est pas tant la nature individuelle d'une personne que le genre de situation dans laquelle elle se trouve qui détermine ses gestes[8] ». Milgram développa les « expériences d'obéissance » qui déclenchèrent une controverse lorsqu'elles furent menées à l'Université Yale en 1961 et 1962, et au cours desquelles des sujets étaient incités par des autorités scientifiques à administrer des chocs électriques à une autre personne si elle répondait incorrectement à une question, peu importe l'effet du choc. Milgram s'attendait à ce que des sujets américains refusent des ordres qui semblaient nuire à un autre individu, surtout lorsque celui-ci hurlait, en proie à une douleur évidente.

Mais il découvrit, étonnamment, que 65% de ses sujets, des résidents ordinaires de New Haven, consentaient à infliger des décharges électriques apparemment douloureuses (jusqu'à 450 volts) à une victime qui protestait et qui, de toute évidence, souffrait. Bien sûr, l'appareil était une supercherie, et personne ne blessait vraiment les cobayes, qui faisaient tout simplement semblant d'avoir mal et suppliaient que l'on cesse à mesure que la force des chocs augmentait. Hélas, rapporta Milgram, « avec une régularité renversante, des braves gens ont cédé aux exigences de l'autorité et accompli des gestes graves et inhumains ». Après la Deuxième guerre mondiale, alors que l'on tenait pour acquis que les Allemands étaient plus soumis aux ordres que d'autres peuples, les « expériences sur l'obéissance » causèrent un choc culturel aux Américains, qui se targuaient de n'être pas orthodoxes. Comme le disait Milgram, « Il se peut que nous soyons des marionnettes aux mains de la société. Mais au moins, nous sommes des marionnettes dotées d'une perception lucide. Et peut-être notre conscience est-elle la première étape de notre libération. »

Ce qui se trouve chez l'un apparaîtra dans l'ensemble : le meurtre et la torture se produisent parce que l'humanité en tant que collectivité n'accorde pas suffisamment de valeur à la vie sous toutes ses expressions. Peut-être le manque d'une vision sacrée mène-t-il à l'incarnation d'expériences sombres et brutales. Nous sommes tous susceptibles de devenir soit l'instigateur ou la victime d'un abus, qu'il soit physique ou émotionnel. Ce que nous faisons pour guérir la victime (et l'agresseur) en nous, contribue à la guérison universelle. Et pour un jour atteindre notre potentiel le plus élevé, nous devons être, à tout le moins, « des marionnettes dotées d'une conscience ».

Les gens qui ont commis des crimes haineux, y compris le meurtre collectif, avaient d'autres possibilités d'apprendre leurs leçons. Ils auraient pu agir d'une façon convenable et morale, comme nous tous, mais en exerçant leur libre-arbitre, ils ont mal choisi et ont infligé des souffrances indicibles. Je crois en fait qu'ils souffrent eux-mêmes, en cette vie ou dans la prochaine ou dans les deux. Peut-être ces individus ont-ils accepté de refléter les ombres les plus noires de la nature humaine. Bien que Dieu ne leur ait pas commandé ces affreux crimes, il leur a peut-être donné le choix d'agir, et ils ont opté pour le mal.

Du point de vue spirituel, il est clair que nous avons tendance à vouloir donner un sens même à la tragédie, ce qui éveille notre besoin d'imaginer dans nos gestes plus de noblesse, plus de justice et plus de défense des droits humains. Le comportement sauvage, le meurtre et la tyrannie renforcent notre foi dans le civisme, la civilisation et la démocratie. Les tendances doctrinaires et la haine nous rappellent le besoin de pratiquer l'amour, la compassion et la tolérance. Il peut sembler facile de dire que les Croisades, l'Inquisition, l'esclavage, l'Holocauste, les purges de Staline ou les champs de la mort des Khmers Rouges étaient destinés à des expériences d'apprentissage pour nous tous, surtout lorsque les atrocités se poursuivent sous le couvert du « nettoyage ethnique » ou de « la volonté de Dieu ». Mais je dirais que notre connaissance de l'escalade possible du mal nous a menés, à l'échelle planétaire, à condamner et à juguler les tentatives de meurtre collectif. Néanmoins, en considérant les forces de l'intégrisme, de la guerre civile et de l'avidité des grandes entreprises dans le monde entier, nous avons peut-être des leçons encore plus difficiles à apprendre.

Affronter l'ombre

Apprendre à affronter (et en définitive, à gérer) son ombre, même si la tâche paraît redoutable, est une étape essentielle sur le chemin de la maturité spirituelle. La vie de Lucy illustre de quelle façon l'univers d'un individu peut changer lorsque celui-ci décide de vaincre son ombre et d'inventer son avenir. Lucy passa des années à tenter de plaire à tout le monde, sauf à elle-même, un dilemme qui n'est pas rare. « Il y a quelques années, j'avais lu la biographie d'une femme qui avait décidé un jour de remplir sa petite valise et de prendre la route sans carte géographique ni plans personnels, me dit Lucy. Elle voulait vivre au jour le jour, tout simplement. Cette lecture m'en a donné envie. Je me sentais prisonnière et, dès lors, j'étais malheureuse. Ce n'était pas mon travail, ni ma famille. C'était moi qui croyais que le bonheur des autres dépendait de ma présence. J'encourageais leur dépendance et, en même temps, j'avais un profond ressentiment envers eux. »

Lucy réalisa qu'elle était déterminée à dominer chacune des personnes dont elle s'occupait, car leur dépendance la dispensait d'affronter ses propres faiblesses. Elle pouvait se dire que les membres de sa famille étaient des Enfants ou des Victimes et qu'elle était en charge de la tribu dont elle était responsable. La colère qui jaillissait en elle lorsque ses problèmes prenaient le dessus lui signifiait qu'elle utilisait son pouvoir pour empêcher les gens de se prendre en main. Sa crainte d'être inutile lui faisait craindre leur indépendance, tandis que leur dépendance lui faisait réprouver leurs faiblesses.

De peur de contrôler leur pouvoir, bien des gens encouragent inconsciemment leur ombre à grandir. Surtout lorsqu'elle représente le changement, car ce dernier peut être terrifiant. Le changement signifie la perte de maîtrise et l'entrée dans l'inconnu. Mais même au-delà de la peur du changement, la prise de pouvoir représente une forme d'isolement, que les gens sont prêts à tout pour éviter. Voilà peut-être le cœur même de notre vision paradoxale de la prise de pouvoir. Notre image de l'éveil au potentiel divin et de sa réalisation évoque l'idée d'un individu entier et complet, séparé des mortels, seul et isolé.

Notre culture n'a pas encore envisagé de modèle réaliste et séduisant d'un humain doté de son propre pouvoir spirituel, à la fois sensible, capable d'amour sensuel et digne d'une compagne ou d'un compagnon. Nous croyons que les gens éveillés n'ont pas les mêmes besoins ou les mêmes faiblesses que nous, ni les mêmes ombres. Nous croyons qu'ils ne vieillissent pas, ne souffrent pas, ne vivent pas le deuil. J'ai vu d'innombrables fois l'archétype de l'Humain entier et parfait à l'œuvre chez des individus. « Je croyais qu'une personne pratiquant ce métier était au-dessus de ces émotions », dit-on lorsqu'un modèle spirituel montre des pieds d'argile. Ou bien : « Vous devriez voir de quelle façon il vit. Il est loin d'être chaste. »

Nous ne voulons pas être entier, si cela veut dire être seul. Et nous ne voulons pas d'éveil s'il faut vivre en ascète. Alors, au plus profond de notre âme, nous nourrissons l'énergie du Saboteur, cette part de nous-même qui entretient chez nous des liens avec l'ombre et qui alimente notre fragmentation. Nous craignons de nous approprier notre pouvoir, car cela représente des changements de vie qui nous écarteraient de l'affection de ceux qui nous aiment pour notre vulnérabilité. Et nous craignons d'assumer ce même pouvoir, car nous ne pourrions alors plus prétendre de ne pas être responsables de nos gestes.

Même si nous souhaitons fréquenter un éclairé ou travailler sciemment à en devenir un, nous craignons profondément le prix élevé de notre éveil. Assumer la vertu de nos gestes, mais aussi de nos attitudes, voilà la discipline de toute une vie. Comme nous ne pouvons nous reposer dans le giron du blâme, nous encourageons inconsciemment, parfois consciemment, nos propres faiblesses, et nous nous accrochons à nos peurs. Tant que l'éveil représentera à nos yeux l'isolement, nous nous détournerons de notre prise de pouvoir. Nous craignons d'accéder à notre propre potentiel et cela affecte inévitablement nos facultés créatives, financières et professionnelles.

« Lorsque vous m'ayez présenté cette idée, m'a dit un certain Maury, j'ai commencé à voir en chacun des personnages de ma vie le représentant d'un pouvoir que j'avais en moi mais qu'il me fallait assumer. Naturellement, cette perspective était beaucoup plus utile lorsqu'il s'agissait des individus avec lesquels j'étais délibérément engagé dans une lutte de pouvoir. Mais je me suis mis à observer de près ce qui me créait un sentiment d'impuissance dans certaines relations, et j'ai analysé ce sentiment en moi. Je me suis ensuite demandé de quelle façon je changerais si je comblais d'estime cet aspect de moi-même, par exemple. Dans tous les cas, je voyais immédiatement que ma vie changerait radicalement lorsque je choisirais de réagir lucidement à chacune de mes interactions.

« Par exemple, je me trouvais avec un ami qui célébrait sa nouvelle entrée dans un country club privé. Comme je n'ai pas le revenu nécessaire pour en faire partie, j'ai d'abord réagi avec envie. Je lui en ai voulu de pouvoir se permettre ce genre de vie. Mais lorsqu'il est reparti, je me suis regardé. J'ai admis le fait qu'il représentait une sorte de pouvoir que je n'avais pas développé. Et plus j'y pensais, plus je réalisais que mon ressentiment dépassait cette seule description. J'ai dû m'avouer mon ressentiment à l'égard de sa réussite. Alors que j'étais plus enclin à chercher des raisons de partir tôt du travail, lui considérait tout comme une occasion à saisir, et donnait le meilleur de lui-même. Mon ressentiment n'avait rien à voir avec l'argent, mais avec sa façon de gérer son potentiel.

« Lorsque je me suis avoué ce constat, j'ai su que, dorénavant, je devrais assumer pleinement mes choix lorsque des occasions se présenteraient dans ma vie, car lui et moi avions autant de chances l'un que l'autre. La seule différence entre nous, c'était notre façon d'y réagir. Maintenant, je m'applique à faire cet effort supplémentaire, même si ce n'est pas facile. Chaque fois que je reste au travail, j'entends une voix qui m'incite à trouver une excuse pour emprunter une voie facile. Il est évident qu'une part de moi ne veut pas grandir, et c'est celle qui attend jusqu'au vendredi après-midi, à trois heures, pour enfin déclarer que le week-end est commencé, tout comme lorsque j'étais enfant. La cloche de l'école qui sonne à trois heures m'a révélé à quel point l'enfant en moi souhaite que la vie soit une partie de plaisir. Mais je me comprends mieux à chaque étape du chemin. Je reconnais mon Saboteur, mon Enfant Dépendant et les autres modèles qui m'informent qu'une part de moi ne veut tout simplement pas assumer son pouvoir. Je dois également avouer que je tire beaucoup d'inspiration de mon ami du country club, car il représente maintenant mon potentiel, et non une vie inaccessible. Il a tout simplement quelques longueurs d'avance sur moi. »

Maury choisit de réagir à ses sentiments d'envie envers son ami du country club en y reconnaissant les conséquences de ses propres déficits de pouvoir. Il distingua les réactions de son ombre de ses sentiments d'amitié. Il réalisa qu'il supportait mal le pouvoir qu'avait son ami de maximiser son potentiel et d'apprécier toutes les occasions que lui offrait la vie. Et il put enfin mettre à jour son ressentiment le plus profond envers son ami qui pouvait gérer de rapides changements de vie, tandis que lui avançait plus lentement, par peur de perdre les pédales. Son ami faisait confiance à l'inconnu, mais pour Maury, cet inconnu était rempli de danger.

Parce que Maury put analyser les réponses de son ombre grâce à ses modèles archétypaux, il fut à même de réaliser qu'en fait, son Saboteur et son Enfant Intérieur l'invitaient à réaliser son potentiel. Sur un autre plan, Maury décida de régler un problème avec son ami avec qui il avait un Contrat : celui d'assumer sa propre prise de pouvoir personnel.

Le retour de l'orphelin

Nous pourrions probablement ramener toutes nos luttes contre la prise de pouvoir personnelle, comme Lucy et Mary, à notre besoin de rendre sain et autosuffisant l'aspect abandonné, blessé ou dépendant de notre archétype de l'Enfant. Parce que les contes de fée et les récits pour enfants fournissent tant de révélations sur le courage et le pouvoir intérieurs que recèlent nos archétypes, j'ai trouvé la description la plus claire de cette transformation dans la fable moderne *Le Magicien d'Oz*. Dans ce conte bien connu, Dorothy doit rechercher des aspects d'elle-même qu'elle ne croyait pas connaître, notamment un courage et une intelligence bien plus grands que ceux de la jeune orpheline qui a quitté sa Tante Em, au Kansas. Vu sous l'angle de l'aventure archétypale, *Le Magicien d'Oz* présente les épreuves de survie qui nous échoient à tous, sur notre propre Chemin de Briques Jaunes.

Dans le livre de L. Frank Baum, paru en 1900, et le film de la MGM tourné en 1939 avec Judy Garland, Dorothy est littéralement, comme bien des héros de contes de fées et de récits folkloriques, l'Enfant Orphelin. Parce qu'elle ne s'adapte pas à la tribu conventionnelle, le développement de sa conscience lui échoit dès le début. Au commencement du récit, l'arrivée d'un cyclone représente le chaos, précurseur classique de la transformation. Lorsque le cyclone s'approche, menaçant, Dorothy court vers la cave, tentant de retourner à la tribu avant le chaos, mais comme celle-ci ne l'entend pas, elle ne la laisse pas entrer.

Dorothy retourne en courant vers la maison avec son chien bien-aimé, Toto, qu'elle tient dans ses bras, allongée sur son lit, lorsque le cyclone soulève la maison. Elle se heurte à la tête de lit et perd conscience. En termes symboliques, archétypaux, une maison représente l'ensemble du soi, du subconscient (le sous-sol) au surmoi (le grenier). Toute la vie de Dorothy est emportée vers le chaos et se met à tourner, en vue d'une reconstitution symbolique. Comme elle doit entreprendre le Périple du Héros, elle a réveillé son charisme, la grâce particulière qui veillera sur elle tout au long de son épreuve de croissance.

Le voyage de Dorothy la mène jusqu'à Oz, où la maison s'écrase et où elle prononce cette parole célèbre : « Toto, nous ne sommes plus au Kansas. » Elle commence à comprendre qu'elle a été séparée de son cadre familier ; que ces aventures ne lui arrivent qu'à elle, et non à la tribu, et qu'elle doit puiser en elle la force et le courage de supporter ce qui s'en vient. Elle découvre les petits Munchkins, qui représentent des fragments d'elle-même. Comme tout héros aventurier ou adepte de la spiritualité qui entreprend un voyage de découverte de soi, Dorothy pose des questions : « Où suis-je ? » et « Comment retourner chez moi ? » Les Munchkins lui disent qu'elle doit se rendre jusqu'à Oz – autrement dit, entreprendre un périple vers une destination inconnue.

Le gardien du périple de Dorothy se nomme Toto, mot latin qui signifie « tout ». Toto est un prolongement de Dorothy ; il est son intuition, comme la poupée de Vasilisa, et une image archétypale du gardien. En termes chamaniques, nous dirions que Toto est son animal de pouvoir. En outre, Toto est là pour rappeler à Dorothy que « tout » ce dont elle a besoin est toujours avec elle, à la seule condition qu'elle reste consciente de ce qui se passe. Toutes les traditions spirituelles insistent sur la nécessité de garder l'attention fixée sur l'instant présent. Tant que l'on demeure présent, tout ce dont on a besoin nous est présenté. Dès que l'on se projette sur le reste de sa vie, on commence à manifester un sentiment de vulnérabilité et d'insécurité caractérisé par la peur de l'échec. La projection est le fait de prendre le moment présent et de l'étirer sur toute sa vie, une formule irréaliste qui laisse toujours impuissant.

Puis, Dorothy rencontre le chef des Munchkins, représentant le soi unifié, surgissant pour la guider. Même lorsque vous vous sentez perdu et que vous vous demandez où vous êtes, une part de votre être intérieur s'élève immédiatement pour répondre. Dans le cas de Dorothy, elle comprit qu'elle devait à se rendre jusqu'à Oz. Alors qu'elle entreprend son Périple de Héros, les quatre archétypes de la survie (Enfant, Victime, Prostituée et Saboteur) entrent en jeu. C'est l'Enfant Orphelin de Dorothy qui l'a amenée à ce stade, son thème fondamental étant : « Je suis une enfant. Je suis égarée. Je dois retourner chez moi. » Mais les forces qui l'entourent disent : « Tu es seule, cocotte, et il est temps pour toi de grandir. »

À ce moment du film (bien que ce ne soit pas dans le livre original), les deux sorcières entrent en scène, représentant l'ombre et la lumière. La Méchante Sorcière de l'Est dit : « Je veux ton chien, Toto », car elle veut priver Dorothy de son gardien.

Lorsque la Méchante Sorcière, courroucée, poursuit Toto, Dorothy prend peur et sa Victime apparaît. Glinda, la Bonne Sorcière du Nord, retient la Méchante Sorcière et confie à Dorothy les célèbres escarpins rouges. Ces chaussures représentent un autre charisme ou grâce, qui accompagnera la fillette tout au long de son voyage à Oz. (Le livre, qui les appelle les souliers d'argent, précise que Dorothy ne les enlève jamais. Elle est si à l'aise dans ces chaussures qu'elle les garde pour dormir : ainsi, la Sorcière aura plus de mal à les lui enlever). Lorsque la Méchante Sorcière dit : « Je veux ces escarpins rouges ! », elle éveille la Prostituée de Dorothy. Ce que lui dit la Sorcière, en réalité, c'est : « À n'importe quel moment, tu pourras te tirer de ce chemin difficile en me vendant ces chaussures. Voilà le marché. » Chaque fois qu'on vous offre un nouveau charisme, ou un sentiment plus clair de votre être, la Prostituée vous met à l'épreuve pour vérifier si vous êtes prêt à vendre votre nouveau pouvoir spirituel en échange d'un quelconque gain matériel. C'est comme si vous aviez gagné à la loterie et que quelqu'un vous appelait pour vous proposer d'investir dans un marécage. C'est là, également, qu'intervient le Saboteur. Allez-vous saboter votre croissance personnelle pour un peu de confort, ou votre Saboteur intérieur vous mettra-t-il en garde à temps pour vous permettre de rester sur le Chemin de Briques Jaunes ?

Ensuite, Dorothy rencontre l'Épouvantail, qui se plaint de ne pas avoir de cerveau. Son interaction avec l'Épouvantail représente un dialogue avec sa propre intelligence, dans lequel elle apprécie pour la première fois sa réalité intellectuelle. En tant qu'extension de son être intérieur, l'Épouvantail devra également se rendre à Oz pour acquérir un nouveau cerveau : ils vont donc cheminer ensemble. En cours de route, ils rencontrent le Bûcheron en Fer-Blanc, rouillé par l'immobilité, qui se plaint, une fois lubrifié, de ne pas avoir de cœur. En termes symboliques, Dorothy a également besoin d'éveiller le sentiment d'amour et de compassion qui repose en elle.

L'Épouvantail et le Bûcheron en Fer-Blanc étaient assoupis jusqu'à ce que Dorothy les réveille, et s'éveille elle-même, à la nécessité d'entamer le Périple du Héros pour acquérir ce qu'il leur manquait essentiellement. En cours de route, ils rencontrent le Lion Lâche, paralysé par la peur. Le Lion manque de courage, une fonction de l'estime de soi et qui est relié à la volonté et au choix.

Sur le chemin d'Oz, Dorothy rencontre beaucoup de difficultés et de détours, et chacun éveille en elle l'archétype de la Victime. Elle peut démissionner, ou demander de l'aide à ses compagnons et à ses guides, et c'est ce qu'elle fait en maintes occasions. L'obstacle le plus dangereux est le champ de pavot, qui la fait tomber, en même temps que le Lion et Toto, dans un profond sommeil. Comme certaines réalités sont trop fortes pour être affrontées consciemment, nous devons les traiter dans un état inconscient : en rêve ou dans un profond sommeil. Par exemple, lorsque Jésus emmena ses douze apôtres au jardin de Gethsémani et leur demanda de rester éveillés et de veiller avec lui, ils en furent incapables. On aurait dit que le champ énergétique de son angoisse était trop fort pour eux et ils s'endormirent. Vous remarquez vous-même que si vous lisez un livre ou assistez à une conférence qui traite de questions sérieuses du point de vue spirituel ou psychologique, vous tomberez peut-être endormi (peut-être aidé en cela par un conférencier ennuyeux). Un phénomène semblable se produit aussi durant des séances de guérison, lorsque certaines personnes « succombent au pouvoir », ce qui signifie qu'elles tombent dans un coma momentané, afin que la guérison ait lieu à un niveau plus profond. Certaines blessures anciennes qui guérissent sont parfois trop traumatisantes pour qu'on les traite d'une manière consciente. La transition de Dorothy de l'enfance à l'Âge adulte, de l'Enfant Orphelin au Héros, va exiger non seulement la grâce, mais aussi une guérison de son passé, partiellement accompli dans l'inconscience.

Dorothy et ses compagnons arrivent finalement à Oz et se présentent au Sorcier. Comme le ferait tout bon maître spirituel, il les met immédiatement à l'épreuve, disant qu'il ne les aidera que s'ils lui rapportent le balai de la Méchante Sorcière. Le paradoxe, ici, c'est que l'on reçoit toujours une épreuve destinée à invoquer la grâce, et que l'on a besoin de cette grâce pour passer l'épreuve. On ne peut devenir courageux de but en blanc ; il faut devoir agir courageusement pour savoir que l'on a du courage.

Lorsqu'ils se rendent au sombre château de la Méchante Sorcière pour quérir le balai, Dorothy est capturée, tout comme nous, au cours de notre développement spirituel. Même si nous dépassons nos désirs, nous sommes toujours capturés, d'une certaine façon, par nos peurs et nous nous sentons isolés et abandonnés. La prison du château nous rappelle l'obscure forêt que Dorothy traversa sur la route d'Oz, en quête d'intégration. La forêt est une image séculaire des dangers de la recherche du soi. Dans la *Divine Comédie* de Dante, autre récit allégorique d'un voyage spirituel dans les régions inférieures au Paradis, en passant par le Purgatoire, le héros traverse « l'obscure forêt de l'erreur ». Lorsque nous sommes coincés dans une sombre forêt ou dans une prison, nous devons chercher le Saboteur, qui nous rappelle de garder la foi et de ne pas céder à l'angoisse.

Mais à chaque étape de son voyage, Dorothy peut faire appel au Lion, au Bûcheron en Fer-blanc et à l'Épouvantail pour la sauver. En effet, elle fait appel à son propre courage, à sa volonté et à son cœur, qu'elle est en voie d'unifier. Alors que ses trois compagnons tentent de la sauver, la Sorcière apparaît et met le feu à l'Épouvantail, lançant son attaque sur le plan intellectuel, comme c'est fréquent lorsque nous tentons de suivre un parcours spirituel. (L'esprit dit : « C'est ridicule, voyons ! Les gens ne peuvent pas atteindre l'éveil en restant assis sur un coussin les yeux fermés. ») Mais Dorothy s'empare d'un seau d'eau, qui représente son inconscient, et le jette sur la Sorcière, prenant ainsi conscience d'elle-même. Trempée par l'eau, cette dernière reproche à Dorothy d'avoir posé le seul geste par lequel elle pouvait se libérer de son pouvoir, puis elle se dissout. Dès que Dorothy fait appel à son inconscient, le monde qui l'avait effrayé s'écroule et elle n'éprouve que la tranquillité, la sérénité.

Dorothy et ses compagnons retournent à Oz tout à fait rassurés. Rapportant le balai au Sorcier, ils apprennent que ça ne suffit pas. Toto le gardien n'accepte pas ce rejet et dit : « C'est épouvantable ! Voyez, c'est une fraude ! Je vais vous montrer. » Le gardien tire alors le rideau qui cache le Sorcier, un simple comédien, et Dorothy découvre qu'elle n'a pas besoin du secours d'un obscur gourou pour faire son travail spirituel à sa place. En fait, si vous projetez vos propres besoins et fantasmes sur un gourou, vous pourriez finir par vous brûler.

Une fois révélé, le Sorcier est obligé de tenir sa promesse et d'aider Dorothy à retourner chez elle. Bien qu'Oz représente l'atteinte du pouvoir spirituel et de l'indépendance, il n'a aucun sens à moins qu'elle ne s'approprie sa connaissance et ne l'applique à sa vie quotidienne. La révélation spirituelle n'est pas une fin en soi, mais un moyen de transformer notre vie sur terre en passant de la survie et de la domination, à la compassion, et au service des autres. Dorothy affronte maintenant une autre épreuve, cette fois à propos du faux pouvoir. Même si le Sorcier est resté plutôt réservé quant à ses promesses, Dorothy se prépare à accepter ses conseils et à l'accompagner dans sa montgolfière (remarquez le choix ironique du véhicule, qui dénote ses « paroles en l'air »), mais Toto (suivant sa nature en poursuivant un écureuil) saute de la nacelle comme pour dire : « Allons-nous-en d'ici. »

Dorothy a le bon réflexe de ne pas vouloir se séparer de son gardien, et se précipite à la poursuite de Toto, laissant le Sorcier partir sans elle. Ayant fait un choix éclairé, Dorothy est récompensée par l'apparition de son autre gardien, Glinda, la Bonne Sorcière du Nord. Celle-ci rappelle à Dorothy que tout ce temps, elle avait eu la capacité de retourner chez elle, mais qu'elle l'ignorait. Il lui suffira désormais de porter les escarpins rouges qui n'ont jamais quitté ses pieds depuis qu'elle les a mis. Ses paroles rappellent l'enseignement bouddhiste qui affirme que nous sommes déjà des bouddhas parfaits, même sans nous en apercevoir, et que nous agissons par conséquent comme des enfants étourdis. Si nous avions vraiment conscience de notre nature de Bouddha, ou une conscience christique, ou réalisation divine, nous serions déjà des êtres accomplis. Dorothy claque alors ses talons l'un contre l'autre, comme on le lui a dit, et répète le mantra que son ange gardien lui donne : « On n'est nulle part si bien que chez soi. On n'est nulle part si bien que chez soi. »

Dans le texte original de L. Frank Baum, l'échange est encore plus clair que dans la version cinématographique :

« Tes Escarpins argentés te transporteront même à travers le désert, répondit Glinda. Si tu avais connu leur pouvoir, tu serais retournée chez ta tante Em le premier jour où tu es arrivée ici. »

« Mais alors, je n'aurais pas développé mon merveilleux cerveau ! s'écria l'Épouvantail. J'aurais passé toute ma vie dans le champ de maïs du fermier. »

« Et je n'aurais pas acquis mon adorable cœur, dit le Bûcheron en Fer-blanc. Je serais resté immobile à rouiller dans la forêt jusqu'à la fin du monde. »

« Et je serais resté lâche, déclara le Lion, et aucun animal de toute la forêt n'aurait jamais eu une seule bonne parole pour moi. »

« Toute cela est vrai, dit Dorothy, et je suis contente d'avoir été utile à ces bons amis. Mais maintenant que chacun d'eux a trouvé ce qu'il désirait le plus, et que chacun est heureux du fait d'avoir un royaume à gouverner, je crois bien que je devrais retourner au Kansas. »

« Les Escarpins argentés, dit la Bonne Sorcière, ont des pouvoirs merveilleux. Et l'une des choses les plus curieuses à leur propos, c'est qu'ils peuvent te transporter vers n'importe quel endroit du monde en trois pas, et chaque pas se fait en un clin d'œil. Tu n'as qu'à claquer les talons ensemble trois fois, et à ordonner aux chaussures de te transporter partout où tu voudras[9]. »

Dorothy a complété son Périple de Héros, a assumé ses quatre archétypes de survie et courageusement consolidé son esprit, son cœur et sa volonté. Son adversaire le plus redoutable, la Méchante Sorcière, est celle qui, en fin de compte, a le plus favorisé la croissance de son âme. Ainsi, Dorothy s'éveille en sécurité dans son lit, de retour au Kansas avec les mêmes parents adoptifs qui l'exaspéraient au début de l'histoire. Maintenant, elle les accepte cependant de grand cœur.

Même si Dorothy semble se retrouver dans la même réalité extérieure, ce n'est pas le cas ; elle est tout à fait transformée. Elle réapparaît, non pas comme le petit Enfant Orphelin effrayé, mais comme un cœur-conscience intelligent, pleinement éveillé, dans le même corps. Elle est revenue entière du chaos et de son voyage.

Notre travail a essentiellement le même but. En apprenant à reconnaître les modèles archétypaux à l'œuvre dans votre psyché (ce que je vous enseignerai au chapitre 5), vous pouvez commencez à envisager votre vie sur le plan symbolique, au lieu de vous sentir interpellé par chaque interaction et de ne la voir que sur le plan physique.

Comme le Lion, vous avez besoin de courage pour reconnaître en vous l'archétype de la Victime et apprendre à vous en faire un allié. Vous avez besoin du cœur que le Bûcheron de Ferblanc cherche, afin de pouvoir vous aimer lorsque vous verrez la Prostituée à l'œuvre dans votre psyché, et la transformer ainsi à votre avantage. Et l'intellect, auquel l'Épouvantail accordait tant de prix, peut collaborer avec votre Saboteur pour reconnaître les signaux qui vous avertissent que vous êtes sur le point de vous épuiser. En le reliant, vous pouvez, comme Dorothy, utiliser votre volonté pour transformer l'Enfant Intérieur (Abandonné, Blessé ou Dépendant) en un être puissant, capable de diriger sa propre vie avec passion et talent. Car, vous aurez alors les éléments de l'âme, de l'être éternel, et vous serez en passe de découvrir votre identité spirituelle.

CHAPITRE 5

Comment identifier vos modèles archétypaux

Le monde matériel quotidien dans lequel vous vivez est un théâtre d'archétypes. La substance des mythes et des contes anciens se manifeste constamment dans les jeux de pouvoir, les conflits de personnalité et les forces psychiques rivales qui abondent même dans les quelques mètres carrés d'un bureau d'apparence banale. Si vos relations interpersonnelles ne vous apparaissent qu'en termes de conflits d'egos ou de concurrence, c'est que vous négligez la signification spirituelle de ces interactions quotidiennes. Lorsque vous ne vous fondez que sur la perception de vos trois premiers chakras, vous risquez de poser des gestes inappropriés, de sauter aux conclusions, d'interpréter les autres, de vous sentir visé par tout, et même de prendre la gentillesse ordinaire pour de l'amour romantique.

Vous avez douze compagnons archétypaux primaires. Quatre d'entre eux sont des archétypes de survie, déjà présents chez tout le monde : l'Enfant, la Victime, la Prostituée et le Saboteur. Vous avez huit autres archétypes personnels que vous apprendrez à identifier au cours de ce chapitre. Ce peut être des personnages anciens (comme la Déesse, le Guerrier, le Roi et l'Esclave) ou contemporains, comme le *Networker*, l'Écologiste et le Manifestant politique, qui sont en fait des variantes sur des thèmes anciens (le Messager, le Gardien et le Rebelle, respectivement).

Le *Networker*, par exemple, est devenu un archétype moderne dès que les gens ont commencé à associer à ce nom certaines caractéristiques de comportement. Mais il a des origines mythiques qui proviennent du dieu grec Hermès (qui a inspiré Mercure, dieu romain plus familier). Patron des hérauts et porte-bonheur, Hermès était également le messager des dieux, supposément le seul être capable de se frayer un chemin jusqu'aux enfers et d'en revenir. Avec ses sandales ailées et son bâton magique de héraut, appelé caducée, Hermès-Mercure engendra au fil des siècles un grand nombre de descendants qui reflétaient les structures sociales et les besoins de la civilisation d'une époque donnée. Dans le monde tribal originel, certains personnages se chargeaient de la communication au moyen de « tambours parlants », de signaux de fumée et de coureurs de fond, des marathoniens qui livraient des messages d'une tribu à l'autre. À mesure que grandirent les besoins de communiquer par lettre et au moyen d'autres documents, le personnage du Messager émergea.

Les télégraphistes et téléphonistes, le facteur et le journaliste ont donné à Mercure son visage pour les générations ultérieures. Nous avons à présent les réseaux de radio et de télévision et l'Internet. Tous ces médias représentent la capacité mercurienne de revêtir la garde-robe du jour pour livrer « le message ». Ainsi, même si le terme *networker* évoque parfois les gens qui disséminent des avertissements politiques et sociaux au moyen de listes de courriel étendues, il est inextricablement lié au messager des dieux.

Plus tard dans ce chapitre, une série de questions vous aidera à déterminer les huit modèles archétypaux les plus influents de votre vie. L'identification de vos modèles archétypaux est un processus agréable, car il vous permet d'examiner les expériences et les relations de votre vie sous des angles nouveaux et souvent merveilleux. Règle générale (c'est aussi un indice), les archétypes qui guideront votre Contrat sacré ont une influence directe sur vos relations physiques avec les gens.

L'identification de vos archétypes peut également s'avérer difficile, surtout s'il vous faut revoir votre vie en envisageant vos relations et vos expériences sur le plan symbolique. Par exemple, vous reconnaîtrez peut-être que vous vous êtes engagé dans une relation non pas en tant qu'Amoureux, mais en tant que

Sauveteur. Cette prise de conscience peut vous aider à comprendre pourquoi vos liens romantiques ont tendance à s'effriter aisément, puisque le mélange du Sauveteur avec l'énergie romantique produit la codépendance. Elle peut être également libératrice, car elle vous permet de revoir l'histoire entière de votre relation. Au lieu de croire qu'il a échoué à maintes reprises dans toutes ses relations, le Sauveteur commence à comprendre pourquoi il est attiré vers les gens qui ont besoin d'aide, plutôt que vers ceux qui s'assument. Il comprend que ses sentiments de rejet constituent un comportement inhérent au modèle, une conséquence inévitable de programmes conflictuels, plutôt qu'une disgrâce personnelle. Ce changement de perspective, du personnel au symbolique, présente une occasion de guérir les blessures du passé et de réinventer l'avenir.

Un dénommé Kert, par exemple, savait qu'il avait tendance à user injustement de son sens critique et de ses jugements à l'égard des autres, mais il persistait à afficher ses opinions. Puis, un jour, une connaissance l'affronta et lui dit que son attitude dédaigneuse ne faisait qu'inciter les gens à reproduire les mêmes sentiments vis-à-vis de lui. « Je me suis senti profondément humilié, dit Kert, lorsque ce type m'a dit que ses amis, mes cibles, pour ainsi dire, seraient enchantés de me compter parmi eux, à condition que je consente à trouver quelque chose d'appréciable en chacun d'eux. Je ne savais pas quoi dire, et je me suis vraiment mis à pleurer. Ce type est parti et j'étais envahi par d'intenses sentiments d'humiliation et de haine envers moi-même. Je me jugeais avec l'affreuse dureté dont j'avais toujours usé envers les autres, et maintenant, je prenais conscience de son effet. Je ne croyais pas pouvoir me pardonner, ni même m'approcher de ce groupe de gens qui disaient maintenant "Nous aimerions te connaître".

« J'ai dû tirer la leçon de cet événement. Il me fallait adopter une vision plus élevée, car je ne trouvais certainement aucun réconfort au niveau zéro. J'ai décidé d'utiliser ma vision symbolique. J'en suis arrivé à voir que, d'un point de vue archétypal, mon énergie Enfant était un Orphelin, et que les autres gens étaient une « famille » éloignée de moi. J'étais jaloux de leur lien, de leur amour et de leur soutien mutuel. Je supportais mal le plaisir qu'ils avaient ensemble, leurs taquineries, leurs surnoms et l'histoire commune qu'ils se créaient. À présent, ils m'adoptaient, et j'avais la charge d'entériner cette adoption. C'est ce que j'ai fait. Un soir, je suis allé dîner avec eux et c'est ainsi que j'ai commencé à avoir une famille d'amis. »

Apprendre à lire le langage des symboles a un effet positif sur votre énergie et sur l'image que vous avez de vous-même. Vous n'avez pas à attendre une crise pour voir les choses sur un plan symbolique et avec exactitude. Vous pouvez commencer à partir de votre situation présente. Vous pouvez acquérir autant de révélations spirituelles des modèles archétypaux qui influencent les aspects agréables de votre vie, que ceux qui entrent en jeu par gros temps. Chaque aspect de votre vie est digne d'être compris dans une perspective symbolique, et vous pouvez même vous demander pourquoi vous avez une bonne relation avec telle personne ou pratiquez une profession particulièrement valorisante. En commençant à travailler vos modèles archétypaux et à interpréter leur rôle dans votre vie, n'oubliez pas d'examiner tout ce qui vous procure votre joie de vivre. Je rappelle toujours aux gens que leur vie spirituelle ne doit pas se limiter à chercher les raisons des contrariétés qui leur sont arrivées ni à trouver les prières qui leur permettraient de sortir de leur nuit noire. Trop de gens mettent l'accent sur la guérison plutôt que sur la joie de vivre. Une femme adorable m'a déjà fait remarquer : « J'ai un archétype de Muse. J'adore inspirer les gens. Pendant un moment, j'atterris là où le Ciel me le demande, pour murmurer une parole ou une pensée positive à l'esprit de quelqu'un et lui dire de croire en son propre talent. J'ai lu sur la mythologie des neuf Muses, les filles de Zeus, et je crois bien être une "descendante" de ces archétypes. »

Néanmoins, les gens ont beaucoup plus envie de commencer un voyage intérieur à la suite d'une crise amoureuse ou professionnelle que lorsque tout va bien dans leur monde. Quelle que soit votre motivation, la première étape consiste à faire la connaissance de vos archétypes.

Où commencer

Rappelez-vous que tous les archétypes sont essentiellement des modèles « neutres » de la psyché, ni positifs ni négatifs. Même ceux envers lesquels vous entretenez des associations négatives au départ, telle que la Prostituée ou la Victime, sont des forces utiles sur le plan psychologique. En gardant cela à l'esprit, vous pouvez commencer à réfléchir aux douze archétypes de votre famille personnelle et immédiate. Vous avez peut-être déjà pris conscience de certains d'entre eux à la lecture de ce livre. Sinon, vous pouvez commencer à parcourir la liste des archétypes qui figure en appendice, en cochant ou en transcrivant dans votre journal les noms qui résonnent le plus fort en vous. Même s'il s'agit d'un processus rationnel, veuillez demeurer ouvert à vos sentiments intuitifs et à vos impressions. Il vous paraîtra sans doute utile d'effectuer vos choix à un moment où vous serez relativement dégagé de vos distractions et, au préalable, de calmer votre esprit par la méditation, la prière ou la respiration profonde.

Vous découvrirez initialement que vous vous identifiez à plus de huit archétypes. C'est une part naturelle du processus de détermination des énergies les plus proches de vous. Nous pouvons nous sentir affectés par presque tous les archétypes, car notre âme et notre psyché sont reliées au grand collectif de tous les modèles archétypaux. Au cours de mes séminaires, lorsque je demande aux participants lesquels peuvent se voir en Sauveteur, en Serviteur ou en Martyr, entre autres, la plupart lèvent la main. Bien des gens résonnent avec cette trilogie parce que notre culture a remplacé son insistance sur les vertus de la rudesse par une obsession de la persécution. Ces trois archétypes sont des modèles de perte de pouvoir, mais ne prenez pas pour un archétype des sentiments occasionnels de martyr ou les quelques cas où vous avez secouru des gens en crise émotionnelle ou financière. Nous avons tous aidé des gens et nous avons tous vécu des « crises de martyr ». Restez attentif à l'identification des modèles archétypaux constants plutôt qu'avec les forces occasionnelles de votre vie. Choisissez au moins huit archétypes

« primaires » qui vous touchent très fortement, mais incluez aussi quelques archétypes « secondaires » avec lesquels vous vous sentez en liaison.

Le choix de vos archétypes exige un effort d'imagination et la capacité de vous évaluer avec honnêteté. Votre esprit conscient peut complètement négliger un archétype majeur de votre vie en refusant d'avouer son influence ou de reconnaître l'une de ses variantes. Dans l'un de mes ateliers, un homme dégageait fortement l'énergie de l'Amoureux. Cependant, il n'avait pas choisi cet archétype parmi ses huit plus intimes, car il prenait l'Amoureux pour une énergie exclusivement romantique ou sexuelle. Tranquille, passif et timide au point d'être effacé, il pratiquait le métier de poète. L'objet de son amour était la vie même. Dans ses vers, il ne voyait que la beauté du monde. Même s'il vivait seul (l'Ermite), ce n'était pas par simple aversion pour la société ni par rancune envers le reste du monde. Il voulait vivre simplement et d'une façon réfléchie (le Mystique). L'Amoureux en lui était une force spirituelle et son écriture exprimait l'amour intense que décrivent la poésie de Rumi et le Cantique de Salomon.

Je vous demande instamment de songer à des archétypes dans leur perspective littérale et leurs potentialités symboliques, cachées, absurdes et même effrayantes. Envisagez les énergies de votre vie comme le ferait un poète. Commencez par travailler avec votre conception intellectuelle d'un archétype et étendez vos associations aussi loin que possible. Puis, passez aux perceptions de la seconde colonne, dans votre creuset intérieur, pour vérifier si vous avez le bon mélange. Vous pouvez également recueillir des indications et des observations fascinantes en demandant à une personne en qui vous avez confiance de vous livrer sa réaction à vos choix.

Sachez que vous pouvez être attiré par certains archétypes parce que vous aimez leur connotation ou leur apparence physique. Vous trouverez peut-être attrayant de vous considérer comme un Mystique, un Midas, un Guérisseur, un Roi, une Déesse ou un Visionnaire, mais il ne suffit pas d'aimer le nom ou l'allure d'un archétype pour vraiment ressentir un lien spirituel avec lui. Pour vous aider à déterminer l'authenticité d'un lien, vous devez être honnête envers vous-même, en répondant aux questions que j'ai préparées pour vous. Vous devez évaluer le plus complètement possible la qualité et la profondeur d'un lien archétypal potentiel. Si, par exemple, vous êtes attiré par l'archétype du Guérisseur, arrêtez-vous un instant pour vous demander pourquoi. Sachez que le fait de travailler dans le domaine des services de santé ou de la guérison alternative ne vous donne pas automatiquement accès à l'archétype du Guérisseur ; le Serviteur conviendrait peut-être davantage, ou même le Sauveteur. Vous devrez répondre par l'affirmative aux questions concernant le rôle de cet archétype dans votre vie avant de pouvoir conclure que le Guérisseur fait partie de vos compagnons. L'Appendice peut vous aider à vous faire une idée claire des caractéristiques des archétypes.

Si vous connaissez déjà vos huit compagnons archétypaux primaires et vos trois secondaires, notez-les dans votre journal. Si vous avez besoin d'aide, vous trouverez des idées dans l'appendice.

Entrevue avec un archétype

Une fois trouvés vos huit archétypes, je vous demande de les interviewer un à la fois en utilisant les questions que je vais vous fournir. Cela peut vous aider, selon moi, à vous familiariser avec la manière dont l'archétype vous affecte et vous rendra plus à l'aise dans vos choix. A ce stade-ci, vous ne voudrez peut-être n'en interviewer qu'un ou deux, ou aucun. Mais même si vous voulez sauter cette étape de l'entrevue, vous tirerez profit de la lecture du reste de ce chapitre.

Pour débuter, imaginez que l'archétype que vous avez choisi est assis en face de vous, comme un être réel. Bien que les questions soient formulées à la troisième personne, n'ayez pas peur de vous adresser à cet archétype à la deuxième personne. La première question que je vous suggère de vous poser, par exemple, c'est : « Pourquoi ai-je choisi cet archétype ? » Si cela vous convient, posez-la directement à l'archétype : « Pourquoi t'ai-je choisi ? » Laissez-le répondre de sa propre voix et, si cela convient, répondez de la vôtre. Notez questions et réponses dans votre journal pour y référer plus tard. La deuxième question est la suivante : « De quelle façon, selon moi, cet archétype sert-il mes Contrats avec d'autres ? » Vous pouvez demander à l'archétype : « Comment sers-tu mes Contrats avec les autres ? » Lorsque vous aurez développé un rapport naturel avec un archétype, une sorte de dialogue intuitif s'ouvrira lentement. Il émergera de ce processus de révélation de soi des intuitions et des liens, qui paraîtront vrais et sincères. Si vous avez l'impression que c'est votre esprit rationnel qui a construit l'information, vous êtes peut-être sur une mauvaise piste ou vous parlez peut-être au mauvais archétype. Si l'image ne réagit pas et que vous êtes incapable d'obtenir un sentiment de résonance avec l'archétype, ce modèle particulier n'est peut-être pas le bon pour votre groupe de soutien intime de douze archétypes. Votre but est de trouver un sentiment ou un instinct viscéral qui confirme que vous avez un lien énergétique avec ce modèle, un lien qui rejoint vos chakras plutôt que votre cerveau.

On peut améliorer l'établissement d'un lien authentique avec un archétype en lisant des ouvrages sur les mythes, les traditions religieuses, les contes de fée, les légendes et les autres classiques de la littérature ou du cinéma dans lesquels ils apparaissent. L'appendice de ce livre en suggère un grand nombre. Les gens découvrent souvent, dans ces aventures archétypales, l'épreuve ou l'émerveillement précis qu'ils ressentent dans leur propre vie, à peine déguisé sous les apparats métaphoriques ou fantastiques. Les hommes qui ont de la difficulté à quitter le foyer pour entamer leur vie adulte et qui avouent qu'une part d'eux-mêmes ne veut pas grandir pour assumer une responsabilité personnelle, par exemple, reconnaissent souvent qu'ils sont des versions contemporaines de Peter Pan, ou du Garçon volant que John Lee a décrit. Ces personnages littéraires représentent le Garçon éternel, l'aspect *Puer Æternis* de l'Enfant.

Parmi les archétypes les plus populaires chez les femmes, mentionnons la Reine, un choix aux connotations intrigantes.

Une femme aura tendance à choisir la Reine parce qu'elle se considère comme étant la seule à donner des ordres à son entourage, que ce soit au travail ou à la maison ; elle a besoin qu'on lui obéisse sans poser de question. (Mentionnons deux exemples modernes de Reines correspondant à ce profil : Leona Helmsley et Evita Perón.) Leur règne s'étend généralement à leur conjoint, et les femmes expriment souvent cette domination sur leur partenaire d'un ton sournois et sarcastique. « Ah ouais, dira-t-elle peut-être, il sait que je suis une Reine, ça, c'est sûr. » Les femmes se projettent ou se décrivent rarement comme des Reines bienveillantes, heureuses ou enjouées, ce qui est en soi une affirmation sociale fascinante. Lorsqu'elles émettent des commentaires sur leurs qualités de Reine, leur comportement devient souvent agressif, comme si elles se défendaient contre la possibilité d'être dominées par des mâles. Leurs Reines sont habituellement des archétypes dominateurs qui exigent le plein contrôle de leurs sujets et de leurs courtisans, surtout les hommes.

La vaste majorité des contes de fée classiques (qui, d'ailleurs, parlent rarement des fées) ont été écrits par des hommes et, dans ces histoires, les Reines sont décrites sous un jour négatif. Prenez, par exemple, la Reine dans Blanche-Neige, qui ordonne à un homme de tuer une jolie jeune fille en son nom. On pourrait en déduire que les Reines constituent des menaces à l'égard du pouvoir masculin et que c'est par peur, que les auteurs masculins de la plupart de ces contes les présentent sous un jour négatif. Mais presque toutes les « Reines » qui viennent à mes ateliers, tout en admettant qu'elles ne l'avaient pas réalisé, reconnaissent à la réflexion que leur attrait envers la Reine est vraiment fondé sur leur désir de dominer leur milieu de travail, et surtout les hommes. Pour décrire leur Reine, elles utilisent des termes comme *directe, forte* et *autoritaire*, mais rarement, pour ne pas dire jamais, *gentille* et *bienveillante,* comme la Reine qui régnait sur le Pays des Géants dans les *Voyages de Gulliver.* L'archétype de la Reine est également apparu en force dans la communauté gaie, et son énergie s'exprime d'une façon tout aussi authentique au sein de cette culture.

Si vous avez l'impression d'être une Reine, demandez-vous quelles caractéristiques vous associez à cet archétype, et lesquelles vous avez vous-même. Avez-vous une tendance de longue date à faire face à la colère, en particulier à l'égard de votre compagnon ou autre figure autoritaire masculine en général, par des tentatives de domination ? Si vous associez la domination à cet archétype uniquement par peur d'être « conquise », demandez-vous pourquoi. Comme pour chaque archétype, demandez-vous sérieusement comment et pourquoi cette peur est en relation directe avec ceux de vos Contrats dans lesquels votre Reine est la force archétypale dominante.

Lettres à votre archétype

Voici un exercice que vous pouvez essayer si vous le trouvez plus intéressant que l'entrevue avec votre archétype. Écrivez une lettre à ce dernier, en lui expliquant comment vous l'avez découvert et pourquoi vous croyez qu'il se retrouve particulièrement dans votre vie, et parlez-lui des situations au cours desquelles il s'est montré ou a pris le devant de la scène. Parlez-lui à la deuxième personne, comme dans « Voici à quel endroit je crois te voir, toi (ma Victime) à l'œuvre dans mes pensées et mes actions : je te reconnais dans mon besoin d'approbation de la part des gens. Je t'identifie dans ma croyance que les autres me rejettent si je ne reçois pas l'attention dont j'ai besoin. Je te perçois dans ma conviction que les autres ont plus de chance que moi. Maintenant que je sais que tu es là, comment puis-je faire de toi un ami ou un allié, ou du moins une force inoffensive ? Je te vois chaque fois que je m'entends dire : « Pourquoi cela m'arrive-t-il ? » ou pourquoi je sens monter la colère lorsque j'ai l'impression que les autres me barrent la route. Quelles sont les exigences de ton côté destructeur pour cesser de m'attirer des problèmes ou me déranger, et devenir positif ou d'un grand secours, ou même fortement positif ? Comment changer mes pensées et mes gestes afin d'augmenter ton importance ou atténuer ton influence ? De quoi as-tu besoin ? Qu'est-ce que tu es en train de m'enseigner ? »

Prenez dix minutes ou une demi-heure pour écrire votre lettre. Après avoir écrit autant que vous le jugez nécessaire pour provoquer une réaction chez votre archétype, assoyez-vous quelques minutes et laissez-vous aller à songer à ce que vous avez écrit. Il serait bon de faire une pause, de vous étirer, d'aller vous chercher un verre d'eau ou une tasse de thé, et même de changer de place. Car à présent, vous allez entrer dans le personnage et dans l'esprit de l'archétype, et vous écrire une réponse. Faites en sorte que l'archétype vous réponde, en traitant des questions auxquelles vous et lui avez envie de réagir.

Le premier archétype à qui je vous demande de vous adresser au moyen d'une entrevue ou d'une lettre, c'est votre Enfant, car c'est le plus facile pour bien des gens. Pour ce seul archétype, vous pouvez facultativement écrire les questions de votre main dominante et y répondre avec votre autre main. Par exemple, si vous êtes droitier, je veux que votre Enfant vous réponde avec la main gauche ; si vous êtes gaucher, avec sa main droite. Cette technique vous aidera à accéder à votre esprit intuitif et inconscient, car elle vous incite à focaliser sans distraction pour manœuvrer de votre main opposée. Oui, ce sera plus long, tout comme il vous a fallu un certain temps pour apprendre à écrire tout en couchant des pensées sur papier. Mais elle vous donnera un lien physique et émotionnel avec votre Enfant. Et cela peut vous permettre d'aller droit au but, car votre Enfant ne voudra pas écrire longtemps et vous donnera des réponses franches et succinctes.

Lorsque vous aurez ces lettres et leurs réponses, je veux que vous fassiez une autre courte pause pour vous étirer et trouver une place neutre où relire ces lettres et écouter ces voix. Saisissez-vous où vous pouvez commencer à répondre aux besoins de l'archétype et travailler avec ses (vos) besoins et vos énergies ? Par exemple, quels changements appliqueriez-vous immédiatement dans votre vie à la suite du dialogue avec cet archétype ? Pouvez-vous plus facilement reconnaître la voix de cet archétype lorsqu'il s'adresse à vous ? Voyez-vous des raisons de ne *pas* coopérer avec les suggestions fournies par votre archétype de l'Enfant ?

Guerrier sur demande

En songeant aux nombreux archétypes, essayez de vous rappeler des occasions auxquelles vous avez agi contre votre habitude – et aviez peine à vous reconnaître. Par exemple, Rita est normalement tranquille et réservée. Mais lorsque son fils a été battu par trois garçons sur le terrain de jeu de l'école, elle a adopté le personnage du Guerrier et est entrée en explosant dans son école pour affronter le directeur et d'autres administrateurs. Rita a proclamé que si jamais une chose pareille se reproduisait, elle livrerait « bataille » (c'est le mot de Guerrier qu'elle a employé) devant les tribunaux et qu'elle affronterait les autorités scolaires qui n'ont pas protégé son fils. Cela a attiré l'attention des administrateurs, et ils ont traité la question de façon appropriée.

Lorsque Rita a senti son fils en sécurité, elle a pu se permettre de réduire l'intensité avec laquelle elle avait puisé à même le champ psychique de l'archétype du Guerrier. Elle m'a dit que lorsque les tensions se sont apaisées, elle a failli s'évanouir d'épuisement. Une partie de cet épuisement résultait d'une rupture soudaine avec une source de pouvoir inconsciente qui avait engendré son énergie durant cette crise par l'intermédiaire de l'archétype du Guerrier.

Lorsqu'un modèle archétypal entre à l'avant-scène des drames de notre vie, la plupart des gens décrivent un changement radical de leur champ énergétique. Cette explication convenait en tous points à Rita, qui identifia rapidement d'autres domaines de sa vie où le Guerrier était apparu au moment où elle en avait vraiment besoin, et elle conclut que le Guerrier était l'un de ses douze archétypes.

Une directive majeure qui vous aidera à déterminer vos archétypes, c'est « Décrire en détail les choses que j'ai à régler avec quelqu'un. » Bien des gens donnent une brève réponse la première fois, ou même affirment n'avoir absolument aucun compte à régler avec personne. Cette réaction indique souvent une si grande réserve de conflits irrésolus ou de culpabilité, qu'ils ne peuvent supporter de s'approcher de ces souvenirs. Laissez plutôt les questions ouvrir la banque de votre mémoire et attirer à la surface des fragments de votre passé, parfois aussi ténus qu'une conversation avec un inconnu ou aussi traumatisantes qu'une agression sexuelle. Ces souvenirs ne se présenteront peut-être pas au premier rappel, puisque la plupart d'entre nous ne visitent pas souvent les eaux troubles qui circulent sous la surface de notre histoire.

La liste des questions est longue, mais votre psyché est vaste. Elle ne se repose jamais, mais vous ne pouvez précipiter ces associations dans votre inconscient et conclure que vous avez découvert tout ce qu'il y a à savoir en y répondant. De plus, il vous faudra peut-être repasser cette liste plus d'une fois pour chacun des archétypes. Chaque fois que vous menez une entrevue avec un archétype, vous éveillez d'autres souvenirs et vous faites de nouvelles associations. Vous rassemblez des fragments de votre vie presque de la même façon qu'un archéologue rassemble des éclats de poteries anciennes. Plus tard, ces fragments s'organiseront parce qu'ils « savent » où tomber.

Tout au long de ma vie, par exemple, j'ai rencontré des fragments de mon Rebelle en bien des endroits et dans la dynamique de bien des relations. Être Rebelle fait partie de mon Contrat, c'est une voie grâce à laquelle j'ai connu Dieu. Je me suis rebellée contre le puritanisme de mon éducation religieuse, bien que j'aie décidé de me rebeller à l'aide des « maîtres » en m'inscrivant à un programme d'études en théologie. Je reflète le Rebelle dans mon écriture, dans mes enseignements et dans ma recherche.

L'archétype du Rebelle m'a valu mes plus grandes épreuves personnelles, intellectuelles et spirituelles. Je le sens émerger dans ma psyché dans certaines circonstances, parfois opportunes, parfois inopportunes. Mais chaque fois que je sens s'avancer cette force, elle me prévient qu'un événement d'une importance spirituelle est sur le point d'arriver. Cet archétype fait partie des raisons pour lesquelles il ne m'a jamais été difficile de me lever pour m'exprimer lors d'un congrès : c'est plutôt une façon invitante d'investir mon temps et mon énergie.

Je suis également consciente du fait que ma nature rebelle atteint des proportions extrêmes et que je peux perdre de vue les questions que je soulève. Mais le Rebelle, c'est moi, et il me permet une appréciation envers ce trait de caractère chez d'autres Rebelles que j'ai rencontrés en cours de route. Un soir d'été, il n'y a pas longtemps, j'ai rencontré un groupe de Rebelles de quinze ans dans le parc de stationnement d'une épicerie située non loin de chez moi, à Chicago. Ces petits durs affichaient leur indépendance au moyen de tatouages et de *piercings* : c'est leur façon de communiquer avec des épées plutôt qu'avec des stylos. Le chef était facilement reconnaissable à la quantité de ses insignes. C'était également le Seigneur de guerre, car lorsque je me suis adressée au groupe, tous les regards se sont tournés vers lui. J'ai demandé à ces jeunes Rebelles de m'expliquer pourquoi ils avaient choisi de percer leur corps.

Comme James Dean dans le film classique *Rebelle sans cause*, le chef du groupe devait me répondre avec sarcasme et un manque de respect conforme à la dignité d'un gang de rues, en affirmant que s'ils perçaient leur corps, c'était « à cause du canard jaune que j'ai dans ma salle de bain ». Sa réponse dédaigneuse était un test pour voir si j'allais les respecter. Quand je me suis contentée de hocher la tête pour signifier mon accord, j'ai été acceptée dans leur troupe. Je leur ai demandé s'ils étaient conscients du fait que le piercing était une ancienne pratique spirituelle répandue dans bien des civilisations. Je leur ai dit que ces rituels étaient des façons d'honorer son pouvoir intérieur et de reconnaître qu'un jeune homme était arrivé au stade de la maturité à partir duquel il était capable de prendre en charge une partie de sa tribu, et donc de commander le respect. J'ai expliqué en outre que tout cela concernait le pouvoir qui vient de la compréhension de la spiritualité.

« On croit pas en la religion », a dit le chef.

« Je n'ai pas dit religion, ai-je répondu. J'ai dit spiritualité : c'est le voyage du pouvoir de votre esprit. »

Son comportement défensif s'est soudain adouci. « On connaît rien à la spiritualité. Peux-tu nous l'enseigner ? » a-t-il demandé. J'ai été momentanément abasourdie par leur réponse et par la manifestation de leur vulnérabilité émotionnelle, et je leur ai dit que je devrais d'abord demander à leurs parents la permission de leur enseigner. Si cela était acceptable aux yeux de leurs parents, nous pourrions commencer. Malheureusement, je ne les ai jamais revus, et cette occasion ne s'est jamais présentée, mais j'espère que ces Rebelles chercheront plus d'information sur leur passage archétypal à l'âge adulte. J'ai gardé un bon souvenir d'eux et de leur profond impact spirituel sur mon âme, de même que de la façon dont mon propre archétype du Rebelle a cédé à l'Enseignant dans cet échange.

Poser les questions

Vous êtes certainement libre de répondre aux questions d'une façon rapide et improvisée, si vous voulez. Mais vous pouvez également décider de consacrer du temps à ce processus d'auto-examen et de vous battre contre vos anges et vos archétypes. Chaque souvenir ou association qui vous vient par l'intermédiaire de ce processus d'auto-examen est valable, même s'il vous est impossible d'en apprécier immédiatement la signification. Par conséquent, utilisez votre journal. Rappelez-vous que vous récupérez votre âme dans ces fragments et que vous construisez en même temps un hologramme de votre Contrat sacré.

Vous apprendrez avec bonheur que vous maîtrisez mieux le « langage des archétypes » que vous ne l'imaginiez. En effet, vous avez probablement parlé ce langage toute votre vie. « C'est tellement Fou », dit une femme. « Ma mère m'a toujours fait son numéro de Martyr. "Tu sais à quoi j'ai renoncé pour toi ?"». Une autre raconte : « Ce n'est pas que je me prenne pour un Héros, comme certains. Je me vois davantage comme un Sauveteur. » Vous passez toute votre vie en contact avec l'imagerie archétypale et vous avez probablement assez d'habileté pour reconnaître leurs modèles chez d'autres gens. En effet, les archétypes que vous voyez le plus souvent chez les autres jouent certainement un rôle dans votre propre vie.

Posez les questions sur les (ou aux) huit archétypes « primaires » que vous avez choisis. Après en avoir éliminé certains à partir de vos réponses, interviewez les trois archétypes « secondaires » jusqu'à ce qu'il vous en reste huit avec lesquels vous vous sentirez à l'aise. Vous serez peut-être étonné de constater que certains des archétypes dont vous doutiez de l'importance finissent par s'avérer les plus signifiants.

Les questions suivantes sont regroupées autour de quelques thèmes. Répondez-y en consignant toutes les expériences et les relations actuelles ou passées qui semblent reliées à l'archétype. Incluez les bons souvenirs en même temps que les mauvais. Laissez le processus de questions et de réponses remuer des éléments en vous. Accueillez l'énergie psychique qui accompagne ce processus. Vous ne pouvez poser de questions pénétrantes en tenant pour acquis que votre psyché demeurera à jamais silencieuse. Soyez aussi précis que possible dans vos réponses. Livrez vos souvenirs les plus importants, et notez tous les détails qui vous viennent à l'esprit. Puisque tout le monde possède un archétype de l'Enfant, il vous faudra peut-être d'abord interviewer votre Enfant afin de vérifier sous quel aspect il se présente : l'Enfant Divin, l'Enfant Orphelin ou Abandonné, l'Enfant Éternel, l'Enfant Magique ou l'Enfant Dépendant. Il vous faudra également interviewer votre Victime, votre Prostituée et votre Saboteur. Bien que vous n'ayez pas besoin de déterminer s'ils font partie de vos douze archétypes, vous pouvez tout de même, en répondant à ces questions, avoir un bon aperçu de leur manifestation dans votre vie. Et parce que vous savez que ces quatre archétypes font intimement partie de votre groupe intime, vous trouverez peut-être plus facile de commencer avec eux.

Questions historiques
- Pourquoi avez-vous choisi cet archétype ? / « Pourquoi t'ai-je choisi ? »
- Aviez-vous conscience d'avoir ce modèle archétypal avant de lire ce texte ? / « Où nous sommes-nous rencontrés ? »
- Comment percevez-vous l'ombre de cet archétype en vous ? / « Comment ta part d'ombre m'influence-t-elle ? »

- Si cet archétype est celui que vous avez été amené à choisir même si vous auriez préféré ne pas le faire, énumérez ce qui ne vous plaît pas en lui. / « Qu'est-ce que j'aime le moins à propos de toi ? »
- Quelles circonstances de votre vie associez-vous à ce modèle archétypal ? / « Quelles circonstances de ma vie sont reliées à ton énergie ? »

Questions personnelles

- Énumérez tous les gens qui, selon vous, ont un lien avec ce modèle archétypal, et donnez les raisons pour lesquelles ils vous ont aidé ou vous aident encore. Tenez compte des façons dont vous les avez également aidés. / « À qui es-tu le plus associé dans ma vie ? Comment ce lien a-t-il contribué à ton développement spirituel ? »
- De quelle façon avez-vous l'impression que cet archétype sert vos Contrats avec les gens ? / « Comment m'aides-tu à remplir mes Contrats avec les gens ? »
- Avec qui avez-vous des rapports de pouvoir que vous pourriez relier à cet archétype ? / « Qui j'associe à ton pouvoir, dans ma vie ? »
- Comment cet archétype intervient-il avec vos comptes à régler, comme les gens à qui vous n'avez pas pardonné, ou un aspect de votre passé que vous ne pouvez pas abandonner ? » / « À quelles personnes de mon passé avec qui j'ai encore des choses à régler es-tu associé ? De quelle façon ton influence peut-elle m'aider à mettre un terme à chacune de ces relations ? »

Énumérez tous les mythes, les contes de fée, les légendes, les récits folkloriques ou spirituels que vous associez à cet archétype et qui ont une signification pour vous. Puis, identifiez tout parallèle entre ces histoires et votre vie, comme le sentiment d'être Cendrillon ou Peter Pan. Enfin, posez-vous (à vous ou à votre archétype) les questions suivantes :

Questions énergétiques et intuitives

- Avez-vous conscience des moments où vous vous engagez dans le champ énergétique de cet archétype ? / « Comment puis-je savoir à quels moments ton énergie influence mes pensées et mes gestes ? (Notez vos impressions immédiates comme étant un lien authentique.)

- Vous souvenez-vous de rêves dans lesquels cet archétype était présent ? / « Comment me présentes-tu ton énergie à travers mes rêves ? »

- De quelle façon la présence de cet archétype dans votre psyché vous donne-t-il du pouvoir ? / « De quelles façons ton influence améliore-t-elle mon sentiment de pouvoir personnel ? »

- Cet archétype vous enlève-t-il du pouvoir ? / « As-tu une influence négative sur mon estime personnelle ou sur mon comportement ou mes attitudes ? »

- Décrivez ce que vous considérez comme étant la sagesse apportée par cet archétype. / « Qu'est-ce que tu m'as véritablement appris récemment ? »

- Vous rappelez-vous des moments dans votre vie (au moins trois, de préférence) dans lesquels vous avez reçu une forme quelconque de conseils intuitifs que vous pourriez associer à cet archétype et à son rôle dans votre Contrat ? / « Quand et comment, dans ma vie, as-tu communiqué avec moi de la façon la plus directe ? »

- Lesquelles de vos peurs ou de vos difficultés associez-vous à cet archétype ? Énumérez-en au moins cinq. / « De quoi me rends-tu craintif ? »

- Lesquelles de vos forces ou de vos qualités pouvez-vous associer à cet archétype ? Énumérez-en au moins cinq. / « Quels traits constructifs de mon caractère m'aides-tu à développer ? »

- Vous êtes-vous déjà imaginé être l'un ou l'autre des archétypes que vous avez choisis, tels que le Guerrier, le Roi, l'Esclave, la Femme fatale ou la Princesse ?

Appliquez à vos souvenirs les perceptions recueillies des réponses aux questions précédentes. Puis, un par un, replacez ces souvenirs des gens ou des événements dans le cadre d'un Contrat conclu dans le but de vous réapproprier votre pouvoir spirituel.

Questions spirituelles

- Comment cet archétype a-t-il influencé et influence-t-il encore votre spiritualité ? / « Quelle est ta principale contribution à mon développement spirituel ? »
- Qu'êtes-vous parvenu à connaître de vous-même grâce à cet archétype, à la fois par son aspect positif et sa part d'ombre ? / « Quelles sont les leçons personnelles les plus importantes que tu m'aies enseignées ? »
- En quoi votre vie serait-elle différente en ce moment si vous mettiez en pratique les révélations spirituelles de cet archétype ? / « Quels conseils immédiats peux-tu me donner ? »
- Décrivez (même brièvement) comment cet archétype prend en compte votre Contrat. / « De quelle façon m'aides-tu à respecter mes ententes et mon Contrat ? »
- Y a-t-il des habitudes, dans votre vie, que vous changeriez à cause des observations en lien avec cet archétype, comme le fait de guérir d'une relation, ou parce que vous pouvez maintenant traiter ces éléments de votre passé comme des aspects de votre Contrat ? / « Quel est le changement personnel, relié à ton influence, que je puisse faire et qui serait le plus propice, dans l'immédiat, à me donner du pouvoir ? »
- Pouvez-vous passer à côté de ces choix ? Si oui, quand ? Et sinon, pourquoi pas ? / « Comment fais-tu obstacle à mon changement personnel ? »
- Quels changements, dans votre vie, craignez-vous le plus ? / « Qu'est-ce que je crains le plus de ton influence ? »
- Ajoutez toute autre note.

Vous devez vous livrer à ce genre de fouille intérieure avec chaque modèle archétypal. Vous aurez peut-être besoin de le faire plus d'une fois, puisque le travail avec un seul archétype éveille inévitablement un ou deux souvenirs, ou beaucoup, ce qui vous incite à retourner à un archétype que vous aviez déjà « interviewé », à revoir vos impressions et à relier des fragments. Ce processus devient de plus en plus intrigant à mesure que vous l'approfondissez.

En relisant la série de questions et d'affirmations-tests ci-dessus, éliminez les archétypes que vous avez choisis jusqu'à ce qu'il n'en reste plus que huit qui vous paraissent certains.

En transcrivant votre liste d'archétypes dans votre journal, ne vous contentez pas de les nommer. Décrivez brièvement en une ou deux phrases la raison première pour laquelle vous avez choisi chacun. Vous trouverez de nombreux arguments, beaucoup de gens et d'événements pour justifier cette sélection. Mais vous devriez pouvoir affirmer la raison principale d'une manière succincte. Cela vous sera utile lorsque vous utiliserez vos archétypes pour interpréter votre Contrat et demander conseil sur diverses questions.

Les choix d'un étudiant

L'histoire de Brian démontre une façon efficace de choisir des archétypes. J'espère qu'elle vous donnera une idée du processus de sélection.

Brian a senti un lien immédiat avec entre autres, l'Auteur, l'Ermite, l'Érudit et le Scribe. L'Auteur était un choix évident pour lui à cause de sa formation universitaire et de sa profession d'écrivain. Lorsqu'on rencontre Brian, par exemple, le plus évident, c'est qu'il accomplit son travail sur le plan mental.

Brian s'est fortement identifié à l'archétype de l'Ermite, reconnaissant que son bien-être émotionnel et sa créativité dépendaient du fait de pouvoir passer du temps seul. Une fois de plus, une grande part de sa vie physique avait été organisée d'une façon cohérente autour des exigences de son Ermite. Ce qui faisait de l'Ermite l'un de ses archétypes intimes, c'est la constance de cette caractéristique répétitive. En général, il vaut mieux

choisir des archétypes représentant des caractéristiques continuellement à l'œuvre dans plusieurs domaines de votre vie.

L'Érudit constitue également un bon choix pour Brian car,
en tant qu'auteur d'essais, une grande part de son travail exigeait
une recherche solitaire assidue, et cette occupation lui plaisait.
Brian finit par déterminer que le Scribe était moins important
pour lui que les archétypes de l'Auteur et de l'Érudit, car traditionnellement, les scribes ne rédigeaient pas, mais copiaient des
manuscrits. Après avoir pris le temps de réfléchir aux différences
entre ces deux archétypes, il écarta le Scribe. Il vous faudra
accorder le même genre d'attention à vos choix, car un grand
nombre d'archétypes sembleront avoir au départ une relation
intime avec vous. En les examinant soigneusement, toutefois,
vous serez à même d'identifier les fines nuances qui transforment
complètement votre roue archétypale.

Pour deux raisons, Brian ajouta le Juge à son groupe initial.
Comme son père, il avait une forte tendance à juger, qui exprime, sous son aspect négatif, un jugement sévère envers son
entourage pour des fautes ou des défaillances mineures. Il commença sa carrière d'écrivain en tant que critique, et son œil critique lui permit de compléter son revenu d'écriture par d'occasionnels travaux de rédaction. L'aspect significatif de ce choix,
c'est que Brian a décidé d'être le Juge à partir du moment où il a
reconnu les qualités de son ombre. Il a pu s'avouer sa nature
intransigeante qui avait largement contribué aux difficultés qu'il
a dû affronter dans sa vie spirituelle et personnelle.

Même si cela peut sembler paradoxal au départ, Brian a également choisi le Moine et l'Hédoniste comme archétypes clés. Il
passe beaucoup de temps à explorer la spiritualité et à la profes-
ser, mais il adore également les bons plats et le vin. Il avouait que
cette apparente contradiction le rendait lui-même perplexe,
mais à la réflexion, il se rappelait qu'au Moyen-Âge, les moines
chrétiens ont planté et cultivé une grande partie des premiers
vignobles européens, et que le lien n'est ni incongru ni inédit. Le
Moine représente, par exemple, un mode de vie spirituel de discipline et de réflexion sur soi qui est essentiel à la façon dont
Brian nourrit sa vie intérieure. La connaissance spirituelle et ses

outils de croissance fournissent le soutien nécessaires à l'équilibre de son Moine et de son Ermite. Et ces aspects équilibrés de sa psyché servent en retour à entretenir le travail de son Auteur. Ces archétypes forment un ensemble, ce qui est de leur nature.

Brian reconnut également l'Enseignant, pas seulement parce qu'il lui arrive de donner des cours d'écriture, mais parce que, dans son propre travail, il cherche également à enseigner à ses lecteurs. D'un autre point de vue, il accueille toujours de nouveaux enseignants dans sa vie, dans le cadre de son travail. Le vieux cliché d'offre d'emploi qui dit « Apprenez en gagnant votre vie » n'a jamais paru plus approprié.

Le choix le plus intéressant de Brian était son douzième archétype, le Rebelle. À cause de sa relation problématique avec son père, un adepte de la discipline stricte, Brian développa une tendance à s'opposer à l'autorité établie, non seulement dans l'arène politique (où il fut actif, dans les mouvements de lutte en faveur des droits civils et contre la guerre, dans les années 1960), mais aussi dans son travail. De plus, son aspect Rebelle est précisément ce qui soutient si richement son Auteur et son Moine, car il cherche à défier la pensée conventionnelle et à ouvrir pour les autres de nouvelles voies d'observation de soi et d'interprétation spirituelle. Au cours de sa jeunesse, son Rebelle émergea à travers ses comportements colériques et défensifs, et le mena à une longue expérience de la drogue et dans un mode de vie marginal. Mais à mesure que sa colère s'atténua, son Rebelle devint davantage un soutien en aidant sa psyché à voir et à contribuer à la vie telle qu'elle devrait être, au lieu de la détruire.

Après avoir choisi ses huit archétypes individuels, Brian compris que son Contrat avait quelque chose à voir, dans une grande mesure, avec le fait d'aider les autres à écrire, dans des domaines différents mais interreliés. Pendant des années, il s'était cru destiné à l'écriture, et avait produit des œuvres importantes. Avec le temps, il en vint toutefois à apprécier les divers rôles qu'il jouait, non seulement en tant qu'auteur original, mais aussi en tant que rédacteur, collaborateur, enseignant et animateur, aidant même d'autres auteurs accomplis ou potentiels à trouver l'agent ou l'éditeur approprié pour leurs œuvres. Cette

dernière constatation a exigé un certain degré d'humilité.
Comme la plupart des artistes, les écrivains ont besoin d'un fort
degré de sain égotisme pour survivre dans un marché concurren-
tiel et souvent peu amène. En tant que créateur, vous devez croire en vous-même, même en cas de rejet ou de mauvaises critiques. Mais Brian avait également besoin d'abandonner sa
conviction au fait que tous ses projets serviraient son propre
nom ou sa réputation professionnelle d'une façon linéaire.
Lorsqu'il put le faire, il réalisa que la richesse et la diversité de sa
vocation ne signifiaient pas l'échec de sa vocation de « grand
auteur », mais représentait, en fait, un Contrat aux proportions
beaucoup plus importantes, bien que moins colossales.

Avec une perspicacité qui me surprit, Brian réalisa que les
artistes religieux du Moyen-Âge travaillaient souvent dans un
anonymat relatif pour produire de grandes œuvres d'art, de littérature et de musique. L'avancement personnel avait moins d'importance que la contribution à la croissance de la connaissance,
de la sagesse et du pouvoir spirituel dans l'univers. Bien qu'une
telle attitude puisse sembler irréaliste, sinon contre-productive
dans le monde actuel, Brian découvrit qu'elle convenait extrêmement bien à sa nature (et à son groupe de soutien archétypal).

Le fait que vous n'ayez pas de lien premier avec un modèle
archétypal en particulier ne vous empêche pas d'apprécier le
monde associé à cet archétype. Vous n'avez pas à être l'Artiste ou
le Musicien de votre groupe de soutien pour aimer et goûter l'art
et la musique. Mais le fait de tenter de vous aligner sur un archétype qui n'est pas l'un de vos douze compagnons peut parfois causer un malaise psychologique et émotionnel, parce qu'il en résulte des cas de rejet personnel lorsque vous essayez d'être différent
de ce que vous êtes. À l'université, deux de mes consœurs de
classe étaient inscrites au département de musique. L'une était
une Musicienne naturelle, et l'autre une simple diplômée en
musique. Durant leur concert à la fin de leur dernière année, la
Musicienne gardait les yeux fermés en jouant, et nous pouvions
tous sentir l'âme de la musique s'exprimer à travers elle. Par
contraste, la diplômée en musique jouait les yeux ouverts, consciente de chaque note. Bien que sa performance fût technique-

ment correcte, elle n'exprimait pas la sensibilité et la confiance qui étaient si évidentes chez la musicienne. Lorsque vous agissez hors du champ d'orientation de vos douze compagnons, il vous manque le champ magnétique nécessaire pour rassembler les occasions ou les relations désirées.

Ce même déséquilibre se produit lorsque vous tentez d'établir des ententes avec certaines personnes, ou de réussir dans un métier donné, sans en avoir le gabarit archétypal. En écoutant les gens décrire leurs difficultés professionnelles, je réalise qu'un grand nombre d'entre eux mènent une vie qu'ils n'étaient pas destinés à vivre. Et tous les ateliers du monde, toute l'éducation qu'ils peuvent se donner, ne peuvent leur apporter le succès qu'ils cherchent. On a de bons instincts d'investissement ou pas : le sentiment qu'on va atteindre ses objectifs à la bourse, c'est l'instinct viscéral de quelqu'un qui a un archétype associé à la prise de risques financiers, comme le Joueur ou Midas. Et même si ces deux archétypes ne garantissent aucunement le succès financier, ils génèrent certainement de meilleures affaires que les autres.

Comment savoir si vous ne travaillez pas suffisamment à la réalisation de vos talents ou de votre Contrat ? Peut-être n'est-ce pas le bon moment pour votre arbre de porter fruits, même si vous êtes, en fait, au bon endroit. Par exemple, vous travaillez peut-être le mauvais aspect de l'archétype du Musicien. Vous êtes peut-être destiné à la production, ou au rôle d'agent de musicien, au lieu d'être un véritable instrumentiste. Comment savoir si vous n'êtes pas tout simplement en train de fuir alors que vous devriez rester là ?

Il y une réponse facile et une autre, difficile. Toute lumière sur le moi dépend de notre estime de soi, de notre connaissance de nous-même. Une personne dotée d'un fort sentiment de son être peut deviner si elle va dans la bonne direction ou si elle frappe à la mauvaise porte. Lorsque vous vous connaissez, vous savez exactement à quel moment vous manquez de fidélité envers vous-même. Vos instincts viscéraux suffisent à vous donner toutes les directives dont vous avez besoin. Votre intuition vous aide à trouver vos archétypes et votre voie dans la vie.

En déterminant quels archétypes appartiennent à votre groupe de soutien, faites confiance avant tout à ces instincts. Bien entendu, vous devrez mettre en pratique vos pouvoirs critiques de discrimination, peser le pour et le contre de l'inclusion de tel archétype. Mais à la fin, vous devrez écouter votre voix intérieure. Toutes choses étant égales, le facteur décisif entre deux archétypes qui paraissent à peu près équivalents en termes logiques sera celui que votre instinct viscéral vous indiquera.

CHAPITRE 6

Les Chakras, votre épine dorsale spirituelle

« Si l'on n'est pas soi-même un sage ou un saint, a dit un jour Aldous Huxley, la meilleure attitude métaphysique consiste à étudier les œuvres de ceux qui en étaient et qui, en dépassant leur simple humanité, ont développé une sagesse plus grande et plus abondante que les simples mortels[1]. » Voilà pourquoi nous étudions les écrits des grands mystiques des religions et la vie de leurs fondateurs. Ces maîtres et mystiques ont sondé le courant souterrain de sagesse spirituelle qui alimente toutes les grandes traditions, les unissant et atténuant leurs différences superficielles. Grâce à ces guides spirituels, nous accédons à la sagesse collective qui nourrit l'esprit humain en s'infiltrant dans notre psyché, notre âme et notre biologie. Sur le plan symbolique, les enseignements des mystiques, fondés sur leur expérience immédiate du Divin, forment notre épine dorsale spirituelle, irradiant dans tous les aspects de notre vie.

Mais il est une autre sorte de colonne vertébrale spirituelle qui est reliée à la sagesse des maîtres et aux cinq étapes d'un Contrat sacré. Un système de centres énergétiques, les chakras, définit et soutient notre vie spirituelle tout comme l'épine dorsale (le long de laquelle ils sont traditionnellement situés) soutient notre corps physique. Comme les étapes d'un Contrat, ils suivent eux aussi une progression qui reflète notre développement spirituel de l'enfance à la maturité. Mais plus littéralement, les chakras sont aussi reliés aux fonctions quotidiennes du corps et de l'esprit. Ils les régulent toutes : instincts de survie, libido, estime de soi, émotions, intellect, volonté et aspirations spirituelles. Pour bien comprendre votre Contrat sacré, il est indispensable de connaître leur fonctionnement et la façon dont ils peuvent *vous* aider à fonctionner.

Notre anatomie énergétique

Lorsque j'ai commencé à faire des lectures intuitives, l'information que je recevais ne m'arrivait pas dans un ordre précis. Je sentais un modèle émotionnel, puis le problème physique corollaire, mais cette information énergétique n'était pas organisée. Avec le temps, mes lectures se sont structurées et développées par couches : je sentais d'abord une émotion ou un traumatisme, puis une maladie physique. À un certain stade, l'ordre s'inversait et je voyais d'abord le physique et les problèmes, suivis des questions émotionnelles et psychologiques et, enfin, les révélations d'ordre spirituel. Puis, en écrivant The Creation of Health, en 1988, j'ai réalisé que ces couches d'information suivaient l'alignement naturel des chakras. En effet, ces sept centres sont l'épine dorsale énergétique par laquelle la force de vie, ou *prana*, parcourt notre corps physique. Chacun représente une configuration différente d'intérêts physiques, émotionnels et psychologiques. Les religions orientales ont défini la signification spirituelle des chakras d'une façon qui s'accorde parfaitement à l'information psychologique et physique que je glanais au cours de mes lectures. Pour moi, les chakras constituent notre système anatomique énergétique.

En sanskrit, la langue des anciens sages de l'Inde qui ont identifié les premiers, ces centres d'énergie, le mot *chakra* veut dire « roue » ou « cercle ». (Les mots *cycle* et *cyclone* sont dérivés de la même racine.) Les chakras sont traditionnellement représentés sous forme de fleurs de lotus, dont le nombre de pétales varie. Chacune est habitée par une énergie affiliée à une déité sacrée à laquelle est associée une couleur caractéristique, une syllabe sacrée et un symbole animal. Depuis les temps anciens, les sages et les yogis perçoivent l'énergie des chakras comme un tournoiement incessant. Je trouve leur fonction quelque peu analogue à celle du disque dur d'un ordinateur : cet outil puissant, en mouvement constant, fournit d'immenses quantités d'information tout en aidant à contrôler les principaux programmes de l'ordinateur. Les chakras concentrent et transforment en énergie spirituelle, l'immense énergie psychophysique emmagasinée dans différentes parties de votre corps, et la distribue dans tout votre système.

Selon les systèmes spirituels orientaux, les chakras montent successivement du premier, appelé racine, à la base de la colonne vertébrale, jusqu'au septième, juste au-dessus de la couronne de la tête. Les cinq autres chakras correspondent respectivement, en ordre ascendant, aux organes génitaux et au côlon ; au plexus solaire et au nombril ; au cœur ; à la gorge ; à la glande pinéale ou « troisième œil ». (Voir figure 1.) Bien que les chakras soient associés à des parties du corps, ils n'ont pas de matérialité et résident en réalité dans les enveloppes d'énergie subtile qui entourent le corps, à la limite des énergies physique et psychique. Ces enveloppes, ou niveaux d'énergie psychique, invisibles mais fort puissantes, s'appellent parfois corps mental, émotionnel, éthérique et astral, et s'étendent bien au-delà des dimensions physiques de notre structure.

Lors de mes lectures de guérison, je ne sentais que les sept centres énergétiques des chakras. Cependant, quand j'ai commencé à entrevoir des modèles archétypaux, j'ai perçu un centre additionnel que j'appelle le huitième chakra, dans lequel résident nos énergies archétypales. Tandis que les sept chakras inférieurs sont d'une nature largement personnelle, relayant de l'information sur les détails physiques, émotionnels, psychologiques et spirituels de notre vie, le huitième chakra est transpersonnel. Relié à la source infinie de toutes les énergies archétypales, il entretient également un lien avec chaque corps et chaque âme individuellement.

Pour vous faire une idée de l'activité de ce chakra, imaginez un signe d'infini en trois dimensions, dont l'une des boucles englobe tout votre corps et vos enveloppes énergétiques en pivo-

Figure 1 : Les chakras

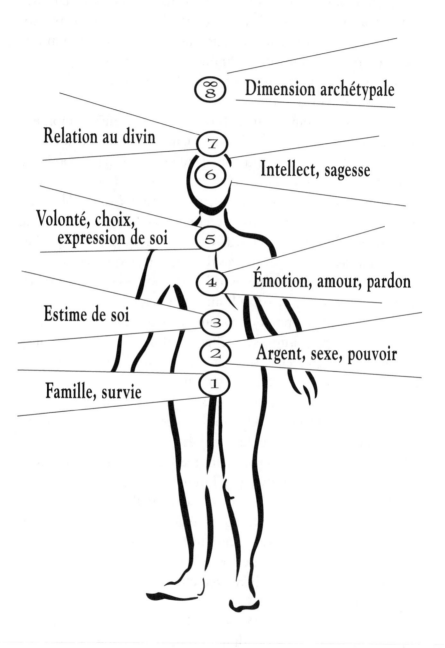

Dimension archétypale

Relation au divin

Intellect, sagesse

Volonté, choix, expression de soi

Émotion, amour, pardon

Estime de soi

Argent, sexe, pouvoir

Famille, survie

tant à travers eux, tandis que l'autre se prolonge dans l'univers. À la différence des sept chakras directement reliés à votre anatomie physique, votre huitième chakra ressemble à une bande de Möbius qui traverse l'inconscient personnel et l'inconscient collectif, joignant les dimensions littérale et symbolique, votre vie personnelle et l'univers impersonnel. Cette bande de Möbius représente le courant continu d'intelligence cosmique qui nourrit votre psyché.

Parce que le huitième chakra contient vos modèles archétypaux, c'est aussi l'emplacement de votre Contrat sacré. En termes physiques, le huitième chakra est situé à un bras de distance au-dessus de la couronne. Dans la méditation ésotérique de la Lumière dorée, les adeptes du Taoïsme visualisent un « corps énergétique » semblable au corps physique, mais fait de cristal lumineux, posé au sommet de la tête et à un bras de distance en hauteur. La couronne de votre corps énergétique correspond alors, à l'emplacement de votre huitième chakra.

En plus de ces archétypes, le huitième chakra entretient également des modèles d'expérience et de connaissance de l'âme inhérents à la conscience humaine. Le plan archétypal auquel est relié le huitième est un champ magnétique qui organise la vie sur cette planète ainsi que dans notre psyché. On a donné plusieurs noms à ses influences : « Mère Nature » ou « Gaïa », l'ordre naturel des choses, ou même les lois de la physique.

Une vaste gamme d'enseignants, des théologiens classiques comme Thomas d'Aquin et Augustin aux auteurs spirituels contemporains comme Matthew Fox, soutiennent que certaines lois naturelles de l'esprit opèrent en chacun de nous et n'ont pas à nous être enseignées directement. Nous naissons avec ces vérités archétypales : en venant au monde, nous savons que le meurtre, le vol et le mensonge sont mauvais, par exemple. Nous naissons avec un sens du territoire et acceptons sans discuter qu'il soit à l'encontre de la loi naturelle qu'une mère blesse ses enfants. Nous naissons également marqués des lois universelles comme la cause et l'effet, le choix et la conséquence, ou l'attraction magnétique. Ces lois sont représentées autant en physique que dans les lois spirituelles du karma, et font partie du

corps collectif de la sagesse divine ancrée dans le huitième chakra. Même s'il nous faut être éveillés à la présence de ces vérités
en nous, peut-être par un parent, un mentor ou un guide spirituel, nous y sommes liés de toute façon.

Après avoir senti la présence du huitième chakra, la structure et la nature de mes lectures changèrent à nouveau. Les
modèles archétypaux m'apparaissaient en premier, je suivais
alors leurs courants subtils dans le champ d'énergie personnel de
la personne et je les voyais affecter la psyché, puis passer à
l'esprit conscient, au corps émotionnel et enfin entrer dans une
manifestation physique de la vie de cet individu.

Par exemple, l'archétype de l'Enfant avec son modèle de
vulnérabilité, qui nous est tous familier, revêt une identité plus
personnelle lorsqu'il se relie à la psyché individuelle de chacun.
C'était vrai de Jessie, une jeune femme que j'ai rencontrée dans
un atelier. Son Enfant Intérieur s'est d'abord manifesté sous la
forme d'une peur profonde de vivre seule, même si elle n'en
connaissait pas la raison. Elle avait grandi dans une maison
confortable, dans un quartier sécuritaire, sans agression ni
menaces ; ainsi, une atmosphère de sécurité émotionnelle et
physique l'avait entourée toute sa vie.

Mais l'Enfant Intérieur de Jessie détenait une autorité énorme sur son mieux-être émotionnel et psychologique. Lorsqu'elle
eut compris que nous avons tous un archétype de l'Enfant à l'œuvre dans notre vie, elle put identifier le sien en action : la peur
d'être enlevée l'envahissait lorsqu'elle était seule chez elle, le
soir. Elle gardait donc les lumières allumées toute la nuit et fit
installer un système d'alarme sophistiqué. Dès que Jessie se mettait au lit, elle avait le même sentiment que lorsque, petite fille,
elle devait attendre que ses parents reviennent à la maison.
« Même avec une gardienne », elle ne se sentait en sécurité que
lorsqu'ils étaient « revenus à leur place ».

Jessie trouva facilement le lien entre ses peurs et comportements et l'aspect de l'archétype de l'Enfant appelé l'Enfant
Abandonné. Certaines des caractéristiques inhérentes à l'Enfant
Abandonné vous font croire que vos besoins émotionnels n'ont
pas d'importance pour vos parents, et que le monde est un

endroit où vous ne serez jamais capable de vivre seul. L'archétype universel de l'Enfant abandonné était directement relié à des aspects de la vie personnelle de Jessie. Cette révélation marqua le commencement d'un processus de découverte de soi par lequel Jessie put rejoindre ses peurs à travers son Enfant abandonné, qui lui fournissait la distance et le détachement nécessaires pour explorer sa relation à ses parents. Elle arriva à démêler ses émotions en se posant les questions suivantes : « Quel dessein symbolique se cache derrière ces peurs ? Comment changer ces peurs en forces ? Y a-t-il d'autres domaines de ma vie ou d'autres relations sur lesquelles l'Enfant projette son autorité ? » Jessie réalisa qu'elle n'était pas née avec ces peurs, mais les avait développées à l'adolescence. Elles s'intensifièrent avec le temps, car le fait de vieillir représentait l'indépendance et la vie en solitaire. En fait, ses parents l'avaient encouragée durant toute son enfance à songer à se trouver un endroit à elle dès sa sortie du collège, car ils trouvaient important qu'elle apprenne à s'assumer. Ils voulaient également que Jessie devienne assez forte pour ne pas prendre de décisions majeures fondées sur la peur. Ils ne voulaient pas, par exemple, qu'elle se marie par besoin d'être protégée plutôt que par amour.

Même si Jessie avait conscience, intellectuellement, que ses parents avaient voulu qu'elle déménage non pas pour se débarrasser d'elle, mais pour lui permettre d'apprendre à s'assumer, elle leur en voulait tout de même. Cependant, elle put travailler à partir de cette observation, en commençant par son huitième chakra et en descendant au septième, puis au sixième, jusqu'au premier chakra. À chaque chakra, elle explorait sa peur de l'obscurité dans le sens et le contexte des caractéristiques de ce centre énergétique. En visualisant son quatrième chakra, par exemple, celui du cœur où résident les émotions, elle vit qu'elle était plutôt en colère contre ses parents. Lorsqu'elle perçut la sagesse de la décision de ses parents à son égard, elle résolut sa colère et, avec elle, sa peur. Ce processus lui ouvrit une porte de transformation personnelle. L'Enfant Abandonné émergea de son ombre et devint une source de force, qui lui rappela qu'elle n'avait plus à craindre le caractère imprévisible du monde extérieur et l'arrivée de l'âge adulte.

Vous aussi, vous pouvez appliquer les chakras à chacun des archétypes pour mieux découvrir les indications profondes de votre Contrat. Si vous avez l'impression d'aborder une question qui nécessite un travail plus approfondi, je vous encourage à vous adresser à un thérapeute ou à un conseiller spirituel.

Le système des chakras

Chacun des chakras contient l'information qui vous est indispensable pour interpréter la symbolique de vos expériences de vie. Chacun est également une source du pouvoir que vous êtes destiné à développer, comme la sagesse au sixième chakra ou le respect de soi, au troisième. Sur le plan de la personnalité, ces sources de pouvoir se reflètent dans les forces, comme les capacités intellectuelles pour le sixième chakra, ou l'autodiscipline et le courage pour le troisième. Les déficits énergétiques de vos chakras, causés par un traumatisme, apparaissent dans votre personnalité sous forme de faiblesses et de difficultés qui vous incitent à guérir vos blessures et vous réconcilier avec votre histoire.

Dans mes livres précédents, je traitais les chakras de bas en haut, du premier au septième. Dans la première partie de ce chapitre, nous allons travailler avec les chakras à partir du huitième en descendant, car nous focalisons sur vos énergies archétypales, qui résident au huitième. Nous allons identifier la signification spirituelle de chacun(septième chakra) et ses projections dans votre psyché (sixième chakra), pour voir comment il influence vos choix (cinquième chakra) et active une réaction émotionnelle qui émane de votre cœur (cinquième chakra). Un changement radical se produit lorsque ce courant de force vitale pénètre dans vos trois chakras inférieurs, qui correspondent à votre estime de soi, à votre sexualité et à votre pouvoir de survie, et trouve son expression dans votre vie physique. À ce stade, vos perceptions deviennent instinctuelles plutôt que rationnelles et émotionnelles, plus reliées à des réactions plutôt qu'à une croissance spirituelle.

En observant comment l'intelligence naturelle de vos chakras interagit avec les modèles d'influence de vos archétypes, vous tirez des intuitions sur votre Contrat, sur la façon dont le Divin révèle Son partenariat avec vous. Vous voyez également comment les données énergétiques se relient aux aspects physiques de votre vie. Vos énergies archétypales déterminent vos tendances de vie : autrement dit, votre biographie devient votre biologie.

Même si nous disons que chacun des chakras « renferme » une certaine connaissance ou « régule » telle ou telle activité, il serait plus approprié de dire que les chakras résonnent énergétiquement avec divers aspects de votre vie. Par exemple, l'aspect de la survie matérielle, comme la voiture ou la maison, résonne avec une réalité intense. Même si ces objets sont importants pour votre confort matériel, ils ne sont pas essentiels à votre développement spirituel. Ils résonnent avec votre premier chakra, votre ancrage à la matière. À chacun des chakras ascendant émerge votre individualité, en même temps que les caractéristiques de votre vie qui reflètent votre voie spirituelle et vos nombreux Contrats. Chacun des chakras est une porte qui ouvre sur une autre réalité énergétique, une forme de perception qui vous aide à projeter plus clairement votre voyage archétypal à travers la vie.

Les chakras résonnent avec encore moins d'énergies spirituelles raffinées à mesure que vous descendez le long de la colonne. Par exemple, les liens émotionnels que vous avez avec d'autres gens, qui résonnent avec votre quatrième chakra, ont un effet beaucoup plus grand sur votre développent personnel que le genre de voiture que vous conduisez. Chacun des chakras représente également un degré de conscience spirituelle et de pouvoir personnel que vous devez gérer consciemment. Par exemple, il faut beaucoup plus de réflexion et de présence d'esprit pour faire le meilleur choix émotionnel et le plus sain pour vous-même, que pour choisir la meilleure voiture. Pour une raison analogue, même si vous travaillez toujours avec les énergies de tous vos chakras, c'est en ordre ascendant que vous affrontez, dans la chronologie de votre vie, les questions et les domaines régulés par vos chakras. Plus loin dans ce chapitre, je vous guiderai à travers un exercice de travail avec vos chakras dans la séquence plus conventionnelle, de bas en haut. Mais pour l'instant, examinons leurs forces relatives, de haut en bas.

Le huitième chakra

Leçon : Intégrer l'Être.

Pouvoir : Vision symbolique.

Forces : Détachement, capacité de rester dans l'instant présent, confiance inconditionnelle, capacité de reconnaître les illusions, acceptation des conseils intuitifs.

Ombre : Chaque archétype produit des manifestations à la fois positives et sombres. (Pour connaître la part d'ombre de tel ou tel archétype, voir l'appendice.)

Le huitième chakra, ou « point transpersonnel », marque une zone intermédiaire : plus haut, l'âme individuelle fusionne avec le vaste univers; plus bas, elle se manifeste dans la matière, dans votre corps énergétique individuel. Vos douze compagnons archétypaux (que vous avez identifiés au chapitre 5) sont les « résidents » symboliques du huitième chakra. Ils guident votre Contrat sacré. Votre lien avec les douze qui vous appartiennent est considérablement plus intense qu'avec les innombrables autres archétypes qui composent l'inconscient collectif, bien que certains d'entre eux puissent également vous influencer de temps à autre, surtout en période de soulèvement social, de guerre et de catastrophe naturelle. Bien sûr, vous pouvez vous sentir relié à de nombreux modèles archétypaux, même s'ils ne font pas partie de votre famille archétypale immédiate. Par exemple, je n'ai pas d'enfant à moi, et la Mère ne fait pas partie de mes douze archétypes, mais je peux ressentir de l'empathie à l'égard du rôle de mère. Par opposition, l'archétype de l'Ermite a sur moi une telle influence que je dois constamment satisfaire cet aspect de ma psyché, du septième chakra jusqu'au premier, où il a même influencé le choix de la maison que j'habite. Lorsque j'ai choisi ma maison, j'ai dû sentir que c'était davantage un « ermitage » qu'une maison, car j'ai besoin de me retirer du monde afin de créer.

Ce survol archétypal impersonnel vous donne le pouvoir d'affronter votre vie quotidienne. Lorsque vous reconnaissez tel modèle d'archétype à l'œuvre, vous aiguisez des émotions ou amplifiez des tendances qui réclament votre attention. En identifiant votre archétype de l'Enfant Blessé, par exemple, vous reconnaissez avoir été maltraité. Puis, vous pouvez examiner votre âme pour y déceler des fuites d'énergie au premier chakra. Par exemple : la blessure vient-elle d'un membre de la famille ? Dans ce cas, pouvez-vous pratiquer l'une des forces du premier chakra, vous détacher de la blessure ou de la peine, en trouver la raison et voir comment elle en est venue à faire partie intégrante de votre Contrat ? Comme nous tous, vous avez dû apprendre le pardon, et cette blessure ou cette perte était votre voie d'apprentissage pour cette leçon spirituelle. Apprendre à affronter les pertes nécessaires fait partie du Contrat de chacun. Même si nous ressentons une douleur physique et émotionnelle, notre dessein spirituel est de prendre conscience des raisons de ces événements, ou d'en produire un sens. Il faudra donc transformer une blessure physique en passage spirituel, en convertissant l'expérience réelle en son dessein symbolique.

En apprenant à observer vos archétypes à l'œuvre dans vos expériences existentielles, vous pouvez mieux comprendre vos réactions émotionnelles et psychologiques, et en trouver la signification symbolique. Si vous avez une dispute avec un membre de votre famille sur les soins à prodiguer à un parent vieillissant, par exemple, vous pouvez analyser la situation pour vérifier si la dispute se rapporte au premier chakra (loyauté tribale), au deuxième (argent et pouvoir) ou peut-être au quatrième (placer l'amour et la compassion au-dessus de la loyauté et de l'argent). Cette connaissance vous aidera à choisir la démarche la plus appropriée. Si vous êtes dans une relation qui paraît plus blessante et déroutante qu'agréable et valorisante, vous devrez déterminer si le problème central implique un jeu de pouvoir sexuel (deuxième chakra), un manque chronique d'estime de soi (troisième), l'incapacité d'exprimer vos besoins (cinquième) ou une lutte pour libérer votre âme (septième).

Essentiellement, vos chakras vous diront comment gérer votre pouvoir. En examinant une situation ou un événement difficile, passé ou actuel, à travers chacun de vos chakras, vous pourrez situer le problème et comprendre comment le régler. Je connais un dénommé Mark qui a choisi de divorcer de sa femme malgré la forte opposition des deux familles, qui s'inquiétaient à propos des enfants du couple, et dont les croyances religieuses s'opposaient au divorce. Mark décide de procéder au divorce parce qu'il croit devoir se réaliser sainement. Lui et sa femme se sont mariés très jeunes, ont pris des directions opposées et ne partagent plus qu'une froide courtoisie. Mark, de son côté, veut également empêcher sa famille de choisir pour lui. Il est capable d'utiliser l'énergie positive de son premier chakra, qui régule les questions familiales, et la compréhension de son archétype de la Victime pour résister au ressentiment et à la culpabilité avec lesquels ses « aînés tribaux » essaient de l'étouffer. Il entrevoit la possibilité d'être persécuté dans cette situation, mais il voit également que ses parents agissent à partir de leur besoin, relié au premier chakra, de rassembler la famille à tout prix.

« J'ai bien évalué les difficultés que j'affronterai en poursuivant mes choix, dit Mark. Je sais que personne ne m'appuiera, et je suis prêt à en accepter les conséquences, car je ne peux envisager de vivre le vide et l'amertume. J'ai pris les mesures nécessaires pour que mes enfants et mon ex-femme vivent bien. Je n'abandonnerai pas mes responsabilités financières paternelles, et j'espère aussi pouvoir enseigner à mes enfants, par l'exemple, qu'il importe de faire certains choix dans la vie, même s'ils sont difficiles. Un grand nombre des choses que nous sommes obligés de faire blessent d'autres gens, non pas parce que nous voulons les blesser, mais parce que la vie nous place dans des circonstances pour lesquelles on ne peut tout simplement pas éviter la blessure. Dans ce contexte, j'essaierai de leur enseigner tout ce que je peux, et je suis prêt à affronter leur rejet, mais j'espèce qu'il ne sera pas éternel. Cependant, je suis reconnaissant d'avoir les ressources nécessaires pour assumer mes responsabilités. »

Nos modèles archétypaux ne forment qu'une partie des vastes réserves de sagesse de notre âme, inhérentes à notre huitième chakra. Le huitième chakra vous appelle à la recherche de Dieu. Il vous attire vers la quête de votre potentiel le plus élevé. Il vous aide à percevoir votre vie comme un périple spirituel déguisé en expérience matérielle. Votre passion de vivre une vie signifiante, votre besoin de faire la paix avec votre conscience, ces aspirations sont toutes des expressions de l'âme qui parle à travers votre intuition, les chakras de votre corps-esprit. En suivant leurs indications, vous remplirez votre Contrat sacré.

Le septième chakra

Leçon : Vivre dans l'instant présent.

Pouvoir : Divinité intérieure.

Forces : Confiance dans le Divin et dans le guide intérieur, révélations sur la guérison, dévotion.

Ombre : Besoin de savoir pourquoi les choses arrivent ainsi, ce qui vous conduit à vivre dans le passé.

Imaginez vos archétypes descendre dans votre septième chakra, situé juste au-dessus de la couronne. C'est la région du corps psychophysique où l'énergie divine (le *prâna*, le *qi*, la force vitale de l'univers) entre dans votre système d'énergie physique. C'est le point initial où chaque modèle archétypal se personnalise dans votre vie. L'archétype de l'Enfant Universel, par exemple, revêt les caractéristiques de votre Enfant Intérieur. Au septième chakra, l'Enfant peut prendre la forme d'une inspiration ou de l'imagination, de la capacité de voir les choses à neuf, sans idées préconçues. Nos inspirations enfantines, songeries ou rêves venus du septième chakra, nous poussent à « réaliser ces rêves ». (Dans vos chakras inférieurs, les modèles de l'Enfant peuvent être identifiés aux expressions physiques enfantines, de la jubilation à l'irascibilité.) Sur le plan matériel, le septième chakra évaluera les implications spirituelles d'un événement ou d'une relation, en vous disant s'il sert votre potentiel supérieur.

L'énergie du septième chakra résonne avec l'imagination, avec le potentiel le plus élevé de l'âme humaine et du corps physique. Lorsque des athlètes ont visé le mille en quatre minutes, ou que des ingénieurs de l'aérospatiale ont imaginé l'envoi d'un homme sur la Lune, leur image de ce potentiel était une image du septième chakra. Chaque vision supérieure se manifeste comme un dessein personnel lorsqu'elle descend dans le sixième chakra, où l'énergie visionnaire s'allie à celle de l'esprit rationnel.

Dans le système indien, le septième chakra s'appelle le « lotus aux mille pétales », pour indiquer l'immense potentiel énergétique qu'il recèle. Lieu de notre aspiration et de notre développement spirituel, ce centre d'énergie met son pouvoir à notre disposition à travers la méditation. Les Anciens décrivaient l'expérience mystique comme une soudaine expansion de l'énergie du septième chakra inondant l'âme et la psyché, élevant son être entier à un niveau de conscience qui transcende pleinement le monde physique. Il y a plus d'un siècle, le psychologue canadien R. M. Bucke a appelé cette expérience la « conscience cosmique ». Selon lui, l'humanité était en voie de passer de la conscience de soi à la conscience cosmique ou spirituelle, et il avait l'impression que ce changement évoquait le passage préhistorique de la conscience animale à la conscience de soi, qui a marqué l'émergence de l'homo sapiens. Bucke fondait sa théorie sur son expérience d'éveil momentané, survenue en 1872, ainsi que sur les récits d'expériences mystiques d'individus extraordinaires, comme le Bouddha, Jésus, saint Paul, Plotin, Mahomet, Dante, saint Jean de la Croix, William Blake, Walt Whitman, Balzac, Spinoza et Ramakrishna. Ses recherches indiquaient une accélération de l'évolution spirituelle de l'homme.

Tandis que le troisième chakra est le siège de votre estime de soi et de votre intuition viscérale, votre septième centre énergétique peut vous inspirer à voir au-delà des limites du moi séparé et à atteindre la vision transpersonnelle ou cosmique. Dans un éveil ou une épiphanie, les priorités de vos perceptions intérieures s'ordonnent à nouveau pour percevoir la présence du Divin dans votre vie. Les découvertes d'Einstein à propos des lois universelles reposaient sur l'énergie de son septième chakra. Les visionnaires tels que Martin Luther King, Gandhi et Abraham Lincoln, qui entrevirent de grandes possibilités pour l'humanité, travaillaient également avec l'énergie de ce centre.

Le sixième chakra

Leçon : Ne chercher que la vérité.

Pouvoir : Sagesse.

Forces : Capacités intellectuelles, évaluation des intuitions, réception de l'inspiration, création de la sagesse à partir de l'expérience.

Ombre : Définition de la vérité de façon intéressée.

Ce chakra résonne avec la glande pinéale, située derrière et entre vos yeux, si souvent appelée le troisième œil. Comme c'est le centre de la sagesse dans le corps, son pouvoir affecte l'intellect et votre capacité d'articuler vision et inspiration. Même si nous pouvons envisager des rêves et des possibilités sans fin, nous avons tout de même besoin d'un instrument capable de focaliser l'attention et d'utiliser l'imagination. Un esprit concentré et une imagination disciplinée constituent deux des forces associées au sixième chakra. Lorsque vous avez le germe d'une idée, votre sixième chakra vous aide à lui donner une forme. Vous passez l'idée au tamis de votre intelligence pour vérifier sa pertinence. Vous évaluez l'idée d'un point de vue intellectuel et décidez de « gérer » ou non la naissance de cette idée sous sa forme concrète. Sur le plan physique, votre sixième chakra mobilise votre intellect et les attitudes nécessaires pour affronter toute situation et communiquer vos idées aux personnes concernées.

C'est aussi le centre énergétique qui valorise nos attitudes, nos croyances, nos souvenirs et le caractère général de notre esprit rationnel. Que nous ayons l'esprit juste et ouvert, ou que nous soyons critiques et limités dans notre capacité d'envisager de nouvelles idées, cela manifeste notre façon d'orienter le pouvoir de ce chakra. Lorsque nous parlons de créer notre propre réalité, nous faisons référence au laboratoire du sixième chakra dans lequel se produit ce processus.

Lorsque Thomas Edison avait besoin de résoudre un problème lié à l'une de ses inventions, il s'adonnait à ce qu'on appellerait aujourd'hui le rêve actif. Il s'assoyait dans un fauteuil berçant en gardant la question à l'esprit, se berçait lentement et de façon rythmique tout en tenant une petite boule dans chaque main. Lorsque l'une des boules tombait de sa main, lui signalant qu'il avait commencé à s'assoupir, le bruit de sa chute au plancher le réveillait. Edison se rappelait alors ce qu'il avait rêvé ou visualisé à ce moment et, le plus souvent, c'était une solution potentielle à son problème, ou du moins une étape dans la bonne direction. Il accédait à son inconscient, donnant carte blanche à son archétype de l'Inventeur pour interagir avec son sixième chakra. Lorsque la solution s'était présentée à lui, il soupesait ses implications et envisageait la meilleure façon d'utiliser cette dernière parcelle d'inspiration.

En plus d'avoir été un grand philosophe scientifique, Sir Isaac Newton était profondément engagé dans l'alchimie et la théologie. Bien qu'il soit maintenant considéré comme l'incarnation de l'esprit rationnel, il s'appuyait largement sur le pouvoir d'imagination de son sixième chakra. Newton avait l'impression que son imagination prenait de l'importance vers le coucher du soleil, et que son intellect avait tendance à prendre la relève vers l'aube. Il travaillait jusqu'à une ou deux heures du matin, puis allait dormir quelques heures, en laissant travailler son imagination. Lorsqu'il s'éveillait, il demandait à son intellect de donner forme aux idées et images engendrées durant son sommeil.

Un dénommé Hank a l'impression que son archétype du Musicien projette le mieux le pouvoir de son sixième chakra, car il crée de la musique qui, selon lui, reflète sa réalité. Bien que Hank ne se soit pas encore fait un nom, il croit que sa psyché et son âme sont en complète harmonie avec le Musicien en lui. « Dès le collège, je me suis senti guidé vers l'écriture musicale, dit-il. Mon monde s'est construit autour de cette part de moi. La plus grande partie de mon énergie mentale sert à nourrit le pouvoir de cet archétype en moi et, parce que ce lien est si fort, l'échec ne me vient pas à l'idée. »

L'usage de la visualisation et de la pensée positive pour entretenir ou recouvrer la santé physique est un exemple de la direction du pouvoir du sixième chakra. Le sixième chakra imagine un corps libéré de la maladie, puis pousse cette vision énergétique dans les cinquième, quatrième et autres chakras pour utiliser leur pouvoir comme un système unifié afin de reconstruire la forme physique. Le plan de guérison intégrale, toutefois, commence dans l'esprit. L'énergie du sixième chakra est reliée à tous les autres centres de pouvoir du corps.

Le cinquième chakra

Leçon : Abandon de la volonté personnelle à la volonté divine.

Pouvoir : Choix.

Forces : Foi, connaissance de soi, autorité personnelle, capacité de respecter sa parole.

Ombre : Besoin obsédant de contrôler les relations et les événements.

Correspondant à la gorge et à la glande thyroïde, le cinquième chakra est le centre de votre volonté, de votre capacité d'exprimer vos besoins et désirs, et de votre pouvoir de choisir. Comme c'est la force qui sous-tend les actes de création, le choix engendre des conséquences. Le cinquième chakra est aussi le centre énergétique de l'honneur. Il résonne lorsque vous « donnez votre parole » à quelqu'un. Lorsque vous vous engagez, vous acceptez d'utiliser le pouvoir de votre volonté pour porter en vous une part de l'âme d'une autre personne, et de lui fournir votre appui psychologique. « Donner votre parole », ou faire un vœu social de mariage ou un vœu religieux, est un rituel de révélation personnelle. Lorsqu'une personne ne tient pas parole, ce geste se répercute pendant des années dans la psyché de celle qui a été trahie, car il se rend directement à l'âme.

Les vœux du cinquième chakra sont les promesses du corps, de l'esprit, du cœur et de l'âme fusionnées en une seule. Les gestes posés en vue de retrouver son âme, ou les confessions, sont également des rituels du cinquième chakra dans lesquels l'individu rappelle consciemment des fragments de son âme qui se sont envolés en « missions négatives », comme le fait de dire un mensonge. Le besoin de participer à de tels rituels pour la santé de l'âme est reconnu sous une forme ou une autre par la plupart des traditions spirituelles. Le rituel des derniers sacrements tel qu'accompli dans l'Église catholique romaine reconnaît que l'âme entière de quelqu'un doit être ramenée au soi avant la mort, afin que l'être entier puisse passer à l'au-delà.

Le cinquième chakra a une connaissance inhérente de l'âme qui nous incite à développer la force de faire des choix reflétant qui nous sommes. Nous souffrons profondément lorsque notre cinquième chakra tombe sous le contrôle de quelqu'un d'autre à cause de coutumes sociales, de restrictions ou de la tyrannie, ou par des formes-pensées, des superstitions et un poids émotionnel comme la culpabilité. Dans ce cas, nous vivons en servant les besoins des autres au détriment des nôtres, et nous devons apprendre à libérer notre voix et notre âme. Les archétypes de l'Esclave ou du Serviteur entretiennent le potentiel de libération pour ceux qui doivent mettre au monde leur propre volonté, l'équivalent spirituel d'acheter votre liberté pour sortir de la servitude.

Vous développez une volonté personnelle forte en faisant des choix inspirés par les désirs du cœur et la sagesse de l'esprit. Dans un cadre physique, par exemple, votre cinquième chakra organise spontanément votre manière de communiquer avec les autres, en vous aidant à choisir entre une attitude défensive et circonspecte, ou directe et ouverte. Apprendre à gérer la volonté est peut-être l'étape la plus difficile du processus de maturation spirituelle. Dans toutes les interactions de la vie, nous devons faire des choix, et ces derniers guident notre âme vers l'action. Tous les Contrats nous attirent vers au moins un acte de volonté. Lorsque Malcolm X est allé à La Mecque en 1964 pour faire le hadj, le pèlerinage que doit effectuer tout musulman au moins une fois dans sa vie, il était le premier disciple d'Elijah Muhammad, chef de la *Nation of Islam*, qui prêchait la haine envers la race blanche en se fondant sur sa version des enseignements musulmans. Durant le hadj, Malcolm rencontra et fréquenta des musulmans de l'Inde, de la Chine, de l'Indonésie et de l'Afrique du Nord, y compris de nombreux Blancs. Son cœur fut profondément ému par l'amour et la résolution spirituelle unifiée qu'il ressentit en compagnie de ses coreligionnaires. « J'ai alors réalisé, écrivit-il à sa famille, que si les Blancs américains pouvaient accepter l'Unité de Dieu, peut-être aussi pourraient-ils accepter *dans la réalité* l'Unité de l'homme, et cesser de mesurer, d'entraver et de blesser les autres en se basant sur leurs "différences" de couleur[2]. »

Rempli de cette révélation qui avait à la fois bouleversé son cœur et saisi son esprit, Malcolm retourna en Amérique et rompit avec Elijah Muhammad, entraînant de nombreux autres Afro-américains vers un islam orthodoxe prêchant la tolérance envers toutes les races et toutes les religions. Malcolm X n'a pu faire ce choix important, qui eut des conséquences énormes sur l'avenir des relations raciales en Amérique, qu'en unissant les désirs de son cœur à la sagesse de son esprit.

Le pouvoir de choix et d'expression de soi apparaît dans une autre perspective chez une dénommée Lee, qui croyait posséder un puissant archétype de la Mégère ou de la Femme Sage. Féministe enthousiaste, elle se joignit à des cercles de Déesses et écrivit sur des questions de justice sociale. Même si elle voyait que des améliorations culturelles avaient été apportées au statut de la femme, Lee avouait ressentir de la colère envers les hommes et ne pas pouvoir établir de relation satisfaisante avec eux. Membre de longue date d'une communauté féministe d'amis et d'activistes, Lee entra « vraiment dans le rôle de la sage Mégère, dit-elle. Je voulais être considérée comme quelqu'un qui pouvait distribuer de la sagesse aux femmes de mon groupe. En cours de route, j'ai commencé à donner des ordres au lieu de donner des indications. Je ne l'ai pas réalisé sur le coup, mais j'essayais d'influencer les choix de vie de ces femmes. J'avais le sentiment que mes expériences devaient être honorées par tous les membres du groupe. »

Des conflits finirent par naître dans la communauté de Lee alors que certaines femmes commencèrent à mettre en doute ses conseils, et elle eut beaucoup de difficulté à le supporter. « Ce qui a commencé comme un groupe de soutien affectueux est devenu une source de grand traumatisme pour nous toutes. Le groupe a fini par se démembrer, et je me suis sentie tout à fait rejetée et incomprise. Il m'a fallu un an pour être capable de parler de cette situation avec une amie, qui me souligna que dans mon empressement d'être la voix centrale de ce groupe, j'avais nié la valeur de la contribution de toutes les autres. Dans le langage du pouvoir, j'avais éclipsé leur volonté parce que je voulais recevoir leur admiration. »

Lee utilisait mal l'énergie de son cinquième chakra dans son rapport avec son archétype de la Mégère. Lorsqu'elle reconnut ses jeux de pouvoir énergétiques dans le groupe, elle sut qu'elle avait beaucoup de travail à faire sur elle-même. « Je croyais avoir dépassé le besoin de dominer, j'avais l'impression que la Mégère en moi était sage à ce point. De toute évidence, dès que vous croyez avoir atteint la maîtrise de vous-même, vous rencontrez les gens qui sont destinés à vous montrer le reste du chemin à faire. »

Le quatrième chakra

Leçon : L'amour est un pouvoir divin.

Pouvoir : Amour et compassion.

Forces : Pardon, dévouement, inspiration, espoir, confiance, capacité de guérison.

Ombre : Jalousie, colère, ressentiment, incapacité de pardonner.

Le quatrième chakra est le centre du cœur. En tant que gardien de la sagesse et du pouvoir de pardon et de relâchement, ce chakra règne sur le processus de transformation. Le centre du cœur régule toutes les questions d'émotions, d'amour, de compassion, de générosité et d'empathie, de haine, de jalousie et de malice. Le chakra du cœur gouverne aussi l'épreuve spirituelle du pardon aux autres et à soi-même. Le pouvoir de ce centre énergétique anime la vie qui vous entoure, donnant texture et sens à toutes les activités et à tous les échanges. Et bien que chacun de vos chakras serve l'ensemble de votre champ d'énergie, le quatrième est le plus important, car c'est là que résident l'amour, la passion, l'envie, la générosité, la compassion et toutes les émotions reliées à vos peurs et autres forces. Votre pouvoir réside dans votre cœur. Sans cette énergie, rien ne peut se manifester ni fleurir dans votre vie, à partir de vos relations romantiques jusqu'à votre créativité artistique.

Vos perceptions du quatrième chakra mesurent également votre réaction émotionnelle à un cadre matériel ou à une relation. Ressentez-vous de l'amour ou de la colère envers quelqu'un de votre entourage ? Quelqu'un vous attire-t-il du point de vue émotionnel ? Vous n'êtes peut-être même pas conscient des évaluations de votre quatrième chakra, mais il les transmet énergétiquement au cinquième afin de déterminer comment vous communiquerez vos réactions à ceux qui vous entourent.

Le quatrième chakra régule aussi le genre d'inspiration émotionnelle qui peut inspirer une grande créativité, comme les chansons et la poésie amoureuse. Le quatrième chakra était si prépondérant chez Emily Dickinson que celle-ci pouvait écrire des poèmes d'amour, sensibles et brillants malgré l'absence de relation continue avec d'autres gens. L'énergie de son quatrième chakra lui permettait de ressentir non seulement de l'amour conventionnel (pour sa famille et pour l'homme marié dont elle aurait été amoureuse), mais aussi l'amour mystique du monde naturel qui se reflète dans sa poésie. En effet, c'était le langage dans lequel Emily Dickinson priait le Divin. Tout comme la merveilleuse poésie amoureuse de Rumi, le mystique soufi du XIIIe siècle qui s'adresse à Dieu avec le lyrisme détaillé et sensuel d'un amoureux chantant pour sa bien-aimée.

Au Bengale, au XVIIIe siècle, le mystique hindou Ramprasad Sen composa une série de poèmes d'amour à la Mère Divine telle que représentée par la déesse Kâli. Comme Rumi, Ramprasad utilisait la métaphore de l'ivresse du vin pour décrire l'abandon total au Divin. « L'explosion de langage éveillé que vivent les poètes authentiques après la naissance de la créavvité peut transformer entièrement leur être, car la substance de l'humanité est infusée avec le langage », écrit le cheikh soufi moderne Lex Hixon à propos de Ramprasad. « Si la poésie est suffisamment forte, le corps culturel environnant ressent son impact et en est transformé, comme la pâte pétrie lève grâce au pouvoir de la levure et, cuite, devient une réalité[3] nouvelle ». Hixon parle peut-être du pouvoir du quatrième chakra de transformer l'âme humaine.

J'ai rencontré une dénommée Nadine qui avait aussi un archétype de Poète qui enchantait absolument la vie d'innombrables gens. Nadine écrivait de la poésie « depuis toujours », et son amour de l'expression poétique se reflétait dans tout son personnage. La douceur de ses manières et sa façon d'interagir avec les autres faisaient croire qu'elle flottait à travers eux. En apprenant qu'elle était poète, les gens disaient généralement quelque chose comme « Oh, je vois ça en vous », ou « Ça se comprend ». Elle était la douceur, la beauté intérieure incarnée par cet archétype. Nadine voulait écrire de la poésie qui réchaufferait le cœur des gens. « Plutôt que de réfléchir aux grandes questions philosophiques de la vie, dit-elle, je veux que les gens se sentent bien sans raison. Je ne vois tout simplement pas pourquoi le bonheur exigerait un dur effort. »

Le troisième chakra

Leçon : Respecte-toi.

Pouvoir : Respect de soi.

Forces : Estime de soi, autodiscipline, ambition, courage, générosité, éthique, instincts, intuition.

Ombre : Abdication du pouvoir personnel du choix par besoin d'approbation ; comportement narcissique.

En continuant le long de la colonne vertébrale, le chakra suivant correspond au plexus solaire, situé entre le nombril et le sternum. C'est le centre du pouvoir de votre estime de soi, de votre personnalité et de votre ego.

Toutes vos interactions avec les gens commencent par votre troisième chakra. J'ai un jour entendu quelqu'un dire que le plus grand fléau de l'expérience humaine était le manque d'estime de soi, et je suis tout à fait d'accord. Les insécurités qui proviennent d'un manque d'estime de soi engendrent un degré de vulnérabilité presque paralysant. Vous êtes incapable de « garder votre centre » ni de supporter la critique ; vous avez de la difficulté à exprimer vos opinions et vos besoins, et à tracer vos frontières protectrices ; vous ne faites pas confiance à votre intuition. Sans estime de soi, il vous manque le courage de creuser votre place dans le monde et vous pourriez finir par être dominé par les autres.

En effet, votre troisième chakra est votre voix la plus forte, et c'est aussi votre guide intuitif, d'où l'expression *instinct viscéral*. Selon l'impression initiale de votre troisième chakra, vos autres chakras, soit se ferment et envoient des signaux d'avertissement, soit s'ouvrent pour accueillir la personne qui se trouve dans votre champ d'énergie. Et bien que vos cinq sens permettent à votre esprit de tâter le terrain extérieur, le système sensoriel du troisième chakra transmet le « feeling » du terrain, y compris le sentiment de ce qui pourrait se cacher derrière les buissons et la sensation du potentiel et des ouvertures qu'offre une situation donnée.

Le troisième chakra est également le lieu de définition du sentiment d'intégrité et du code d'honneur personnel. Le cinquième chakra régule les choix que vous faites en exprimant et en vivant votre code d'honneur, mais le troisième est le centre où ce code se forme d'abord. Plus vos valeurs du troisième chakras se développent au long de votre vie, plus elles s'exprimeront d'une façon positive à travers vos choix reliés au troisième chakra. Ce centre d'énergie résonne avec votre intégrité, votre fierté personnelle et votre dignité, qui sont les aspects positifs de l'ego. La honte, la perte de l'honneur et le manque d'identité personnelle fondent les crises de pouvoir de ce chakra. Un code d'honneur vous est essentiel pour maintenir un esprit et un corps sains. Le fait de compromettre vos valeurs ou de manquer d'ossature spirituelle vous fait courir des risques physiques et spirituels.

Sur le plan matériel, votre troisième chakra vous informe de votre position dans une situation donnée. Dans tout environnement matériel, son énergie vous dirige vers l'endroit le plus avantageux pour votre sentiment d'estime de soi et l'impression que vous donnerez à d'autres gens. Dans une réception, par exemple, l'énergie de ce chakra peut vous inciter à vous tenir debout contre un mur, à vous asseoir dans un fauteuil d'angle ou à vous poster au milieu de la pièce en passant d'un groupe de gens à un autre. Lors d'une rencontre d'affaires, le troisième chakra vous indique continuellement le meilleur endroit où vous asseoir et à qui adresser votre attention.

Pour une dénommée Georgia, l'énergie du troisième chakra était dominée par l'archétype du Martyr, ce qui lui donnait l'impression de toujours devoir travailler plus fort et se battre plus que le reste de sa famille pour survivre. Sa sœur avait épousé un homme prospère, et ses deux frères semblaient dépourvus du sens des responsabilités. Georgia, par contre, n'aimait pas son emploi ni son lieu d'habitation. Elle voulait en sortir mais avait peur de voler de ses propres ailes dans une autre ville. Au moment de notre rencontre, elle avait plus ou moins abandonné l'espoir d'être heureuse. Lorsqu'elle accepta le fait d'avoir un archétype de Martyr, elle en comprit tout d'abord qu'elle était née pour souffrir, ce qui n'est pas nécessairement le cas. Je lui expliquai qu'elle pouvait influencer le fonctionnement de ce modèle archétypal dans sa psyché et sa vie. Elle avait le choix de chercher la signification de ses expériences de Martyr et en créer d'autres avec son archétype ou encore, analyser la motivation qui la poussait à dominer les autres à travers son comportement de Martyr et contester cette tendance destructrice de sa personnalité.

Il ne fut pas facile de persuader Georgia de s'ouvrir, mais après qu'elle l'eut fait, nous avons parlé de certains personnages historiques qui avaient un archétype de Martyr, mais représentaient un grand pouvoir, tels que Jésus et Gandhi, en même temps que certaines personnes de son entourage. Elle reconnut qu'ils avaient tous inspiré les autres pour trouver du courage dans leurs peurs et croire en une vie meilleure. Cette révélation amena Georgia à enfin envisager d'affronter sa peur de bouger et de changer sa vie. « Je vois quels Contrats j'ai conclu avec mes frères et ma sœur afin d'explorer le Martyr qui est en moi, dit-elle, et je vois qu'ils me le mettent en lumière en le faisant vivre au grand jour. Je vois aussi que je ne cesse de m'apitoyer sur mon sort et que depuis longtemps, j'ai l'impression que ma vie n'a rien à m'offrir. Ce sont des gens très positifs, et c'est un autre de leurs traits que j'ai toujours eu du mal à supporter. » En fin de compte, Georgia utilisa son Martyr comme un symbole de mort du soi et de renaissance, l'un de ses aspects les plus valorisants.

Le deuxième chakra

Leçon : Respectez-vous les uns les autres.

Pouvoir : Créativité.

Forces : Instincts de survie, y compris celui de « lutter ou s'enfuir », résilience, persévérance, capacité de créer et de prendre des risques, sexualité et sensualité, sens des affaires.

Ombre : Déposséder les autres de leur pouvoir ou les utiliser à votre avantage.

Ce chakra est centré dans les organes sexuels et le bas du dos. Alors que le pouvoir inhérent au premier chakra fait partie d'une famille tribale, ou diffuse une énergie de groupe, l'énergie du deuxième se concentre sur votre capacité personnelle de gérer le pouvoir de la sexualité, de l'argent, l'influence ou le contrôle sur les autres, la concurrence et l'autodéfense. Les chakras voisins concernent des domaines qui parfois se chevauchent, et ces puissantes énergies du deuxième chakra sont toutes clairement reliées à la survie, rôle des premier et troisième chakras. Notre capacité de faire et de gérer de l'argent, notre orientation sexuelle et nos attitudes à propos de la sexualité, notre niveau relatif de pouvoir personnel et notre capacité de l'utiliser, tout cela est gouverné par des accords que nous avons conclus concernant le deuxième chakra.

Sur le plan de la perception physique, votre deuxième chakra évalue automatiquement toute situation selon la façon dont elle affecte votre survie. Êtes-vous en sécurité sur le plan physique ? Y a-t-il des implications financières ? Votre pouvoir dans cette situation est-il menacé par quelqu'un de plus gros, de plus fort, de plus riche, de plus sexy ? Une part de vous évalue instinctivement chaque instant en termes de menace à votre survie. Si vous entrez dans une pièce remplie d'amis et de parents affectueux, par exemple, votre cerveau et votre corps scrutent tout de même l'espace et l'énergie environnante pour y déceler tout danger physique ou attitude négative. Vous essayez également de repérer toute menace qui pourrait peser sur les gens que vous aimez. Combien de fois avez-vous eu l'impression, en rencontrant par hasard un ami ou un membre de votre famille, ou en pensant à quelqu'un, de « savoir » que quelque chose n'allait pas, sans savoir exactement pourquoi ?

C'est ce centre énergétique qui vous maintient dans vos dépendances, que ce soit la drogue, le travail ou d'autres habitudes. Le besoin d'être le premier en ligne ou d'avoir le dernier mot dans une discussion ou de débattre avec quelqu'un est une forme de dépendance aussi sûre que l'alcoolisme ou la gourmandise. La dépendance est le fait de céder votre pouvoir à une substance qui, en retour, vous contrôle ; une sorte de souque à la corde du deuxième chakra. C'est le chakra de « lutte ou de fuite » qui est une autre manifestation de votre instinct de survie. C'est aussi le centre de votre corps qui se nourrit de créativité et de votre besoin d'engendrer, littéralement ou au figuré, des projets créatifs. Mais si la naissance est associée à ce chakra, il en va de même pour l'avortement réel ou symbolique. Lorsque les projets ou les activités créatrices dans lesquels vous êtes engagé ne peuvent être complétés, leur mort prématurée représente un avortement énergétique. Dans cette perspective, les hommes comme les femmes doivent reconnaître qu'ils avortent parfois. Un grand nombre des hommes que j'ai lus et qui étaient atteints du cancer de la prostate avaient « avorté » leurs projets créatifs au milieu de la course.

Le viol physique et l'énergie de vengeance sont également des produits du deuxième chakra. En ce sens, le viol est une atteinte, non seulement au corps physique, mais aussi à la vie émotionnelle, psychologique et créative de quelqu'un. Bien des gens portent les cicatrices d'un viol de leur psyché, mais parce qu'ils ne font pas le rapport avec le viol en tant que crime énergétique, ils sont complètement inconscients de la source de leur traumatisme et encore moins capables de la guérir.

Vous avez peut-être, avec des gens, bien des Contrats qui surgiront à la lumière de la conscience lorsque vous évaluerez votre lien énergétique avec eux, à travers des questions reliées à ce chakra. Parce que toutes les questions relatives au deuxième chakra ont un rapport quelconque avec la survie matérielle, ce chakra reflète certains de nos aspects vulnérables les plus profonds.

Arleen, qui a un fort archétype de Sauveteur, est entrée en relation avec un homme en le « sauvant » émotionnellement alors qu'il traversait une période d'adaptation particulièrement solitaire. Il venait d'arriver en ville et connaissait peu l'endroit. Arleen approcha Jacob alors qu'il faisait ses courses seul ; elle lui offrit de l'aider à se repérer dans la ville. Son ambition, cependant, était que cette offre conduise à une relation amoureuse. Arleen développait un attachement énergétique envers Jacob à travers son deuxième chakra, parce qu'elle ressentait une attirance sexuelle envers lui et comptait bien orienter le sens de la relation. Mais le modèle archétypal de son énergie était celui du Sauveteur plutôt que celui de l'Amoureux. Son besoin d'être en relation, en même temps que sa peur que cela ne se produise jamais, anima la « personnalité » de son archétype du Sauveteur. Chaque fois qu'elle pensait à Jacob, son Sauveteur suscitait automatiquement les mêmes pensées qui transformèrent la relation en un fantasme dans l'esprit d'Arleen.

Même si Arleen et Jacob commencèrent de se voir presque chaque jour, l'amitié ne sembla jamais passer au stade amoureux, ce qui frustra Arleen. Un jour alors qu'ils étaient assis dans un restaurant, une amie d'Arleen, Jane, s'approcha de leur table, et Arleen la présenta à Jacob. Plus tard cette semaine-là, Jane rencontra Jacob par hasard en l'absence d'Arleen, et ils commencèrent à se fréquenter. À la différence de ce qu'il avait éprouvé pour Arleen, les sentiments que Jacob nourrissaient envers Jane étaient d'ordre amoureux. Lorsqu'Arleen apprit la nouvelle, elle se sentit trahie et rejetée, et lutta contre un brûlant désir d'humilier publiquement le couple. Elle s'imagina détruire la voiture de Jane et se répéta que celle-ci finirait par décevoir Jacob et qu'il reviendrait vers elle.

L'attachement destructeur d'Arleen à ces deux personnes provoqua une hémorragie d'énergie à travers son deuxième chakra, car toutes les questions qui l'agitaient appartenaient à celui-ci, tout comme ses intenses sentiments d'envie, de vengeance et sa peur d'être seule. Afin de rompre son lien énergétique avec ces deux personnes et avec son fantasme de relation avec Jacob, Arleen dut d'abord aborder cette expérience d'une perspective symbolique. Elle dut interpréter la signification des événements en tenant pour acquis qu'elle avait un Contrat avec chacune de ces personnes pour des raisons qui serviraient à son développement spirituel.

Même lorsque nous obtenons une révélation qui jette une lumière spirituelle sur une situation pénible, nous pouvons avoir de la difficulté à affronter de vieilles blessures, d'anciennes colères et des rejets. Pour vous libérer de cette emprise, vous devez remonter l'échelle des chakras jusqu'à ce que vous soyez capable de considérer une expérience pénible d'un point de vue symbolique et objectif. La guérison survient parfois, et ce travail intérieur qui consiste à apprécier votre histoire sur le plan symbolique se produit rarement du jour au lendemain. En plus d'envisager la possibilité qu'elle avait fait cette pénible expérience parce qu'elle avait besoin d'affronter son archétype du Sauveteur, Arleen dut également s'ouvrir à l'idée d'apprendre, de pardonner et de passer à autre chose.

Le premier chakra

Leçon : Tout est Un.

Pouvoir : Enracinement.

Forces : Identité familiale, liens et loyauté.

Ombre : Exclusion des autres, préjugés, illusions de supériorité.

Le premier chakra correspond à la zone où le corps prend contact avec la terre lorsqu'il est assis dans la posture classique de méditation. Il nous enracine dans la vie physique : dans le domaine physique ; chaque expérience, chacune de nos rencontres engage automatiquement notre premier chakra, qui évalue notre environnement immédiat pour y déceler les éléments de base, taille, forme, gènes et toutes les autres données reliées aux caractéristiques physiques. Le premier chakra nous enracine également aux groupes qui soutiennent notre vie. Notre relation avec le pouvoir commence par l'apprentissage de son fonctionnement dans notre famille et dans d'autres groupes sociaux ou liens tribaux, y compris les amis, les gangs, les affiliations religieuses et les classes sociales. Mentionnons d'autres formes de liens énergétiques en rapport avec le groupe : l'héritage génétique, l'héritage ethnique et l'identité nationale, de même que les croyances, les valeurs, les attitudes et les superstitions reliées au groupe.

Une énorme quantité d'énergie est investie dans des croyances puissantes qui sont répandues chez des milliers ou des millions de gens. Plusieurs, par exemple, entendront dire qu'une certaine maladie court dans leur famille, et qu'ils sont sujets à contracter cette maladie. Lorsque cette idée est renforcée dans leur psyché, ils investissent leur énergie dans cette pensée, lui donnant pouvoir et autorité sur eux. J'ai travaillé avec bien des gens qui, dans un processus de guérison d'une maladie grave, ont essayé toutes les formes de médecine alternative, y compris la visualisation et la pensée positive. Mais lorsque je leur demande s'ils croient pouvoir guérir de cette maladie, un fort pourcentage avouent l'espérer, en même temps qu'ils expriment leurs doutes, puisque la recherche médicale moderne prétend qu'il n'existe aucune guérison. Alors, même si leur esprit se concentre sur le maintien d'une attitude positive, leur énergie ou leur pouvoir (le seul investissement qui importe) s'associe aux découvertes et aux croyances de la communauté médicale. Leur attachement au pouvoir de la forme-pensée de ce groupe finit par dominer, car l'espoir dépourvu de pouvoir ne peut vaincre la peur nantie d'un pouvoir.

Vos chakras, comme vos archétypes et vos Contrats, sont essentiellement neutres et vous procurent la force ou vous rendent vulnérables, selon votre façon d'utiliser leur énergie. Votre premier chakra, par exemple, vous relie à la loyauté familiale, aux traditions, aux rituels, aux lois sociales et aux nombreux éléments sociaux constructifs qui confirment votre sentiment d'identité. Je crois que nous acceptons d'être nés de parents dont les traits génétiques et la lignée familiale fournissent précisément les atouts et le sens des responsabilités qui nous aideront le plus, en cette vie, à identifier nos besoins et y pourvoir. La situation financière, le niveau intellectuel, les prédispositions psychologiques et émotionnelles et la position géographique de nos parents font tous partie de l'équation qui représente la somme de notre propre vie. Il n'y a pas de « naissances accidentelles » ; tout vous est fourni pour votre voyage particulier, y compris les systèmes de valeurs sociales, ethniques et religieuses de votre famille, qui forment le fondement de votre conscience et le téléobjectif par lequel vous prenez contact avec la vie.

La grille à trois colonnes : mode d'emploi

Bien que les chakras semblent obéir à une progression logique ascendante, il se produit un changement d'énergies entre les troisième et quatrième chakras. Ce changement est si clairement défini que les sept chakras traditionnels m'apparaissent, en fait, comme deux systèmes de perception distincts dans la psyché et le corps de l'homme. Pour illustrer cette configuration, je répartis les chakras sur deux colonnes. La première, à gauche, contient les chakras un, deux et trois ; la deuxième, les chakras quatre à sept.

Les deux groupes de chakras fonctionnent sur des plans de conscience très différents. Ceux de la première colonne sont alignés sur le pouvoir et le plan physique de la vie, sur les expériences qui concernent notre survie. Ils tirent leur information de nos cinq sens. La quantité de pouvoir que nous donnons à l'argent, à la sexualité, à l'autorité, à la célébrité, à la domination, à la position sociale et aux autres manifestations de notre monde physique est régulée par ces trois centres d'énergie. Les chakras de la deuxième colonne sont alignés sur les forces internes de notre esprit, de notre cœur et de notre âme. J'appelle cette colonne le *laboratoire intérieur*, car ces chakras résonnent avec la dimension énergétique de la vie.

Il existe une ligne de séparation symbolique entre nos expériences sensorielles et notre vie intérieure. Nous sommes souvent inconscients, par exemple, du fait que notre réaction aux objets extérieurs résulte de projections émotionnelles et psychologiques provenant d'une réserve d'expériences personnelles. Nous saisissons la réalité physique à travers un ensemble élaboré de filtres internes qui nous empêchent de voir les choses telles qu'elles le sont en réalité. En étudiant la façon dont le stress

---

Figure 2 : La grille à trois colonnes

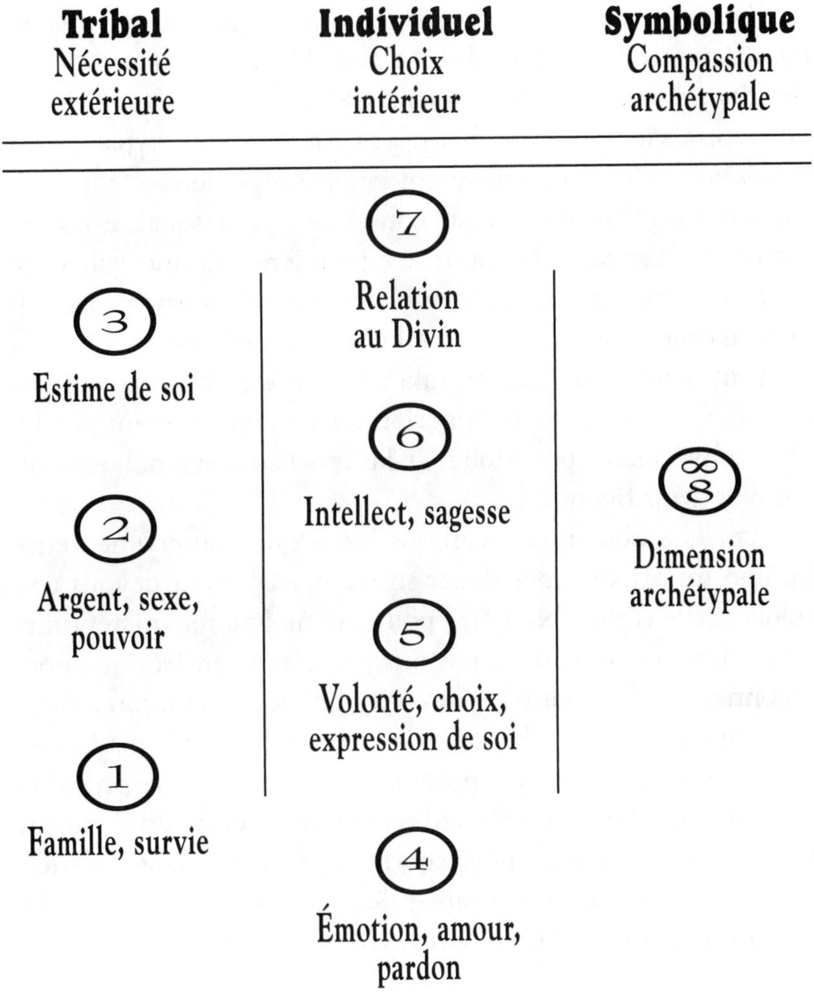

Tribal	**Individuel**	**Symbolique**
Nécessité extérieure	Choix intérieur	Compassion archétypale

---

⑦

Relation au Divin

③

Estime de soi

⑥

Intellect, sagesse

②

⑧

Argent, sexe, pouvoir

Dimension archétypale

⑤

Volonté, choix, expression de soi

①

Famille, survie

④

Émotion, amour, pardon

et le traumatisme émotionnels affectent notre biologie personnelle, j'ai appris que la guérison exigeait une fusion de ces deux
pôles de la psyché. Votre monde intérieur doit trouver moyen de
construire un pont vers votre monde extérieur pour percer la
vérité qui relie vos intentions à vos gestes réels.

Les archétypes constituent le pont le plus efficace que je
connaisse entre ces mondes. Le fait de les identifier grâce à
l'information inhérente à chacun de vos chakras vous aidera à
voir votre vie plus clairement. Les modèles archétypaux sont
représentés par la troisième colonne. Ensemble, ces colonnes
illustrent les trois niveaux de conscience par lesquels nous faisons l'expérience de la réalité. La première colonne symbolise
notre vie physique, la deuxième, notre psyché et notre âme et
la troisième renferme les coordonnées archétypales de notre
Contrat sacré, le huitième chakra. Les trois colonnes représentent la façon dont nous fonctionnons simultanément sur les
plans physique et psychique, et la dimension symbolique collective. (Voir figure 2.)

Lorsque nous nous éveillons à quelque chose (une vérité
ou une injustice), nous devenons responsables et devons agir
selon cette vérité. Nous ne pouvons ni ignorer, ni réprimer
cette conscience. Il n'y a pas moyen de reculer. Dès que nous
reconnaissons une vérité, notre vie change d'une façon radicale et rapide. Si nous admettons, par exemple, que le pardon est
une voie supérieure à la vengeance, une part de notre psyché et
de notre âme nous rappelle inlassablement cette vérité chaque
fois que nous avons à choisir entre le pardon et la vengeance.
Sur le plan de la connaissance de l'âme, « nous naissons en
sachant déjà ce qu'il nous faut savoir ».

La grille à trois colonnes : explorez votre vision triple

Cette grille vous permet de pénétrer et de fonctionner simultanément dans les dimensions physique, psychique et symbolique. Le
modèle à triple colonne vous aide à développer cette triple vision.

En bref, la vision triple est la capacité de rester centré en toute situation, qu'elle soit joyeuse, dérangeante ou neutre. Cela vous donne de l'assurance et de la perspective. Lorsque vous serez en mesure de traduire une expérience physique sous forme de coordonnées archétypales, vous serez à même de comprendre vos réactions émotionnelles à cette situation. Par exemple, je me suis un jour engagée dans un débat animé, lors d'un atelier, avec une certaine May, parce qu'elle avait l'impression que je ne « respectais pas son enfance blessée ». J'ai immédiatement reconnu que, d'un point de vue archétypal, je parlais à un Enfant, même si May avait au moins quarante ans. À partir de cette impression archétypale, j'ai modifié mon ton de voix et mon vocabulaire. Je savais que le fait de « raisonner » avec May ne mènerait à rien, car on ne peut raisonner les enfants lorsqu'ils sont en colère et en manque de soutien émotionnel. Alors qu'elle pleurait l'agression qu'elle avait ressentie, j'ai manifesté ma présence et mon empathie. Cependant, lorsqu'elle eut déchargé ces pénibles sentiments, elle s'est détendue et nous avons pu procéder d'une façon plus adulte, en cherchant quelque chose de constructif à récupérer de ses souvenirs.

Souvent, lorsque j'interagis avec quelqu'un de l'auditoire pendant plus de quelques minutes, d'autres gens s'agitent ou s'irritent même si j'utilise toutes les interactions individuelles d'une façon qui sert à tout le groupe. La colère qui balaie alors l'auditoire est enracinée dans les sentiments enfantins de négligence. Si je ne m'occupe pas d'eux, ils deviennent rancuniers. Plusieurs fois, j'ai demandé aux gens dans mon auditoire s'ils étaient irrités parce qu'ils avaient l'impression que « Maman aimait mieux cette personne ». Et même si cette question les fait rire, ils finissent toujours par reconnaître que c'est exactement ce qu'ils ressentent.

La grille à trois colonnes vous offre un moyen de consolider vos nombreuses perceptions en un prisme puissant qui révèle les liens symboliques entre vos expériences. En fait, c'est l'intention d'une pratique spirituelle : voir à travers le désordre apparent de la vie quotidienne, au-delà de vos illusions, l'ordre divin sous-jacent.

L'objectif des trois fenêtres vous aide à allumer l'*alchimie spirituelle*, le processus par lequel nous convertissons les perceptions physiques « de plomb » en « or », leur expression la plus élevée, le plan spirituel.

Jetez un coup d'œil à la colonne centrale de la figure 3, qui représente votre être intérieur, votre laboratoire intérieur. C'est ici que vous prenez l'expérience brute d'une relation ou d'un emploi et la faites « fondre ». Vous ajoutez le catalyseur de choix : le désir d'élever l'expérience à un niveau supérieur et de considérer que son but sous-jacent fait partie de votre Contrat. Cette combinaison fusionnelle de perception et de volonté détermine de quelle façon vous dirigez cet alliage d'énergie éclairée en une dernière action physique honnête ou en intuition symbolique : autrement dit, en or spirituel.

Figure 3 : La grille à trois colonnes

1 *Chakras 1 à 3*	**2** *Chakras 4 à 7*	**3** *Chakra 8*
Survie de base	Perceptions supérieures	Vision symbolique
Esprit de groupe irrationnel	Être rationnel	Logique divine
Extérieur	Intérieur	Archétypal
Vision littérale	Vision émotionnelle	Vision archétypale
Plomb	Laboratoire alchimique	Or
Ego	Soi	Âme
Emploi	Carrière	Vocation
Matière	Énergie	Lumière divine
Nécessité	Choix	Compassion
Chaos social	Confusion personnelle	Ordre divin
Vue	Sensation	Perception
Contrôle des autres	Maîtrise de soi	Abandon de soi
Temps et « poids »	« Attente » intemporelle	Simultanéité
Vision des cinq sens	Vision multisensorielle	Vision holographique
Venir vers moi	Ce qui vient de moi	Ce qui passe à travers moi
Passé	Futur	Maintenant
Local	Non local	Pleinement présent

Ce tableau n'est qu'un échantillon des différences qui se manifestent selon votre niveau de perception. La première colonne énumère la façon dont le monde est ordonné selon vos trois premiers chakras. La deuxième colonne présente les perceptions fluides des chakras de quatre à sept, et la troisième représente le domaine des symboles, de l'imagerie et de votre nature spirituelle. Ce qui semble être une relation « ordinaire » dans votre monde physique peut très bien être hautement importante lorsqu'elle est considérée dans une perspective archétypale.

Nous sommes tous sous observation divine. Nos motivations se trouvent sous une loupe, encore plus que nos choix ou nos gestes mêmes. Avec les trois dimensions de la perception, vous êtes en mesure d'effectuer un travail conscient sur vos choix, comme une forme d'art spirituel, dans le dessein de les transformer en or. Les conséquences de vos gestes dépassent cette existence.

Pour commencer à travailler avec vos propres perceptions afin de les changer en or, tracez dans votre journal une grille à trois colonnes, semblable à celle de la page 191, et inscrivez-y les huit chakras. Puis, procédez à l'exercice suivant.

Exercice : Circuler dans les colonnes

Le travail sur vos chakras peut vous aider à travailler avec vos archétypes. Donc, si vous voulez augmenter l'action, l'efficacité de vos chakras en utilisant la grille à trois colonnes, voici un exercice qui peut vous aider. Si, toutefois, vous voulez passer tout de suite au travail plus direct sur vos archétypes, toutefois, vous allez immédiatement au chapitre suivant.

Dans cet exercice, vous focaliserez sur l'un des quatre archétypes de survie, parce que son rôle dans votre vie est probablement plus qu'évident. Tout le monde peut identifier une situation ou un événement relié à l'Enfant, à la Victime, au Saboteur ou à la Prostituée. Vous choisissez le Saboteur, par exemple, parce que vous avez l'impression d'avoir raté une occasion de réaliser un rêve. Vous avez peut-être décidé, sans donner une chance au rêve, que le risque financier était trop grand.

Votre but, en faisant cet exercice, est de vous comprendre et de comprendre les motivations qui sous-tendent vos choix. Vous cherchez des indices de ce qui vous a enlevé du pouvoir dans le passé, de même que sur ce qui vous en a donné. Vous allez identifier vos faiblesses en même temps que vos forces, vos talents et vos qualités spirituelles. Il est aussi important pour vous de savoir quels efforts supplémentaires de travail intérieur il vous faudra fournir que d'identifier les domaines dans lesquels vous avez fait du progrès spirituel.

Choisissez une situation ou un événement dans lequel vous voyez un lien évident avec l'un de vos quatre archétypes de survie : l'Enfant, la Victime, la Prostituée ou le Saboteur. Puis, choisissez une personne qui a joué un rôle central dans la situation que vous avez choisi d'examiner, quelqu'un avec qui vous pouvez imaginer avoir un Contrat. Si vous choisissez une situation reliée à la Prostituée, par exemple, ce peut être avec quelqu'un qui vous a proposé une activité commerciale compromettante, ou votre partenaire avec qui vous demeurez en relation pour des raisons autres qu'amoureuses.

En examinant votre propre situation, ou relation, à la lumière de l'archétype que vous avez choisi, cherchez des façons d'utiliser les énergies positives de cet archétype afin d'obtenir une révélation sur le problème. En commençant par le premier chakra, énumérez l'information ou répondez aux questions proposées pour chaque chakra. Rappelez-vous que vous êtes en train d'évaluer les modèles du seul archétype et de la seule situation que vous avez choisis pour cet exercice. (Pour plus d'information sur chacun des chakras, vous pouvez vous référer à la section antérieure de ce chapitre intitulée « Le Système des chakras ».)

En revoyant le **premier chakra**, cherchez de quelles manières l'archétype que vous avez choisi est relié à la situation que vous explorez à travers des questions de loyauté familiale, tribale ou d'identité de groupes, de superstitions qui vous dominent, de valeurs sociales et d'attitudes fondées sur la classe et le groupe ethnique. Par exemple, votre famille a peut-être projeté sur vous ses attentes quant à la carrière que vous deviez poursuivre, à partir d'emplois traditionnels de son propre groupe ethnique ou de ses traditions. Les valeurs tribales peuvent également vous dicter un partenaire de vie choisi en fonction des aspirations de votre famille.

- Pourquoi ai-je des comptes à régler avec cette situation ? (Énumérez les raisons qui vous viennent à l'esprit.)
- Quelles forces positives du premier chakra me servent ou continuent de me servir quand je me remémore ce souvenir ? (Énumérez tout ce qui vous vient. Par exemple, le pouvoir de votre premier chakra est l'enracinement, et ses forces reliées comprennent la stabilité physique et la loyauté. Leur part d'ombre serait l'exclusion, la vengeance, la dépendance, l'apitoiement sur le fait d'être persécuté, et le manque de loyauté.)
- Quelles questions familiales puis-je relier à cet archétype ? Les interactions avec ma famille ont-elles tendance à me réduire, par exemple, à un Enfant Dépendant ou une Victime ?

Revoyez le **deuxième chakra**, et décrivez vos problèmes de survie de même que votre processus de décision. Tenez compte de vos forces dans ces évaluations de chakras. Le pouvoir du deuxième chakra est la créativité, et entre autres forces, votre capacité de donner naissance à de nouvelles idées et à de nouveaux projets, la force de survivre physiquement et financièrement, et la résistance. (Pour de plus amples détails, référez-vous au « Système des chakras ».) Rappelez-vous que vous travaillez à identifier la manière dont vous percevez la réalité en fonction d'un seul modèle archétypal. Lorsque vous utilisez le modèle de la Prostituée, par exemple, vous évaluez si vous ne voyez les événements ou les circonstances qu'en termes d'avantage financier, et si vous êtes prêt à vendre une part de vous-même pour survivre ou avancer. Mais en vous rappelant que tous les modèles archétypaux sont neutres, gardez à l'esprit que votre modèle de la Prostituée peut aussi vous donner l'intuition nécessaire pour reconnaître votre besoin d'avancer au risque de trahir vos idéaux et votre âme.

Au cas où vous auriez en quelque sorte l'impression de vous être trahi, considérez les peurs que vous associez au deuxième chakra, car ce sont les peurs que votre inconscient projettera sur une situation ou sur un événement précis. Si vous craignez la perte de capital financier, par exemple chaque fois qu'une personne vous offre une occasion d'investir dans un rêve, la vision de cette peur vous aveuglera, et vous ne verrez que l'échec, en excluant toute possibilité de succès. L'essentiel est de toujours bien chercher à identifier votre vision du monde à travers un archétype donné. Puis, demandez-vous comment travailler sur les peurs et les limites qui vous empêchent de vivre votre potentiel.

- Quelles sont les forces positives du deuxième chakra que je possède, et comment m'ont-elles servi dans cette situation ou relation ? Quelle est leur part d'ombre ?
- Quels sont mes problèmes de contrôle ? Sont-ils précisément reliés à la Prostituée ? (Par exemple, contrôlez-vous les gens avec de l'argent, ou êtes-vous contrôlé par l'argent ?)
- Ai-je déjà eu l'impression de « trahir » mon intégrité ou mes opinions pour assurer ma sécurité matérielle ?
- Serais-je ailleurs aujourd'hui, à faire autre chose, si je ne craignais pas pour ma survie dans le monde matériel ?

En passant au **troisième chakra**, décrivez comment vous vous sentez à propos de vous-même dans la situation ou la relation avec laquelle vous avez commencé cet exercice. Des commentaires comme « Cela (ou il) ne me paraissait tout simplement pas fait pour moi » ou « J'ai le sentiment que quelque chose va mal », sont des communications directes de votre troisième chakra. Elles ne devraient pas être considérées comme de simples rêveries ou des pensées vagues. Parce que le troisième chakra est votre centre de l'estime de soi, votre psyché évalue votre sentiment de pouvoir personnel, de respect de soi et d'intégrité à travers ce centre énergétique. En utilisant ces forces comme références, évaluez la situation ou la relation que vous avez choisie.

- La ou les personnes en cause m'ont-elles fait ressentir une perte de pouvoir ?
- Avais-je besoin de leur permission ou de leur approbation avant même de risquer de poursuivre mon rêve, ou est-ce que je craignais leur rejet ?
- Ai-je déjà nui à l'estime de soi d'une autre personne à cause de questions reliées à l'argent, au sexe ou au pouvoir ?
- Ai-je déjà donné du pouvoir à une personne à propos de ces mêmes questions ?

Votre **quatrième chakra** évalue vos sentiments à propos de la situation que vous êtes en train d'examiner, en analysant automatiquement le potentiel d'une situation ou d'une relation pour vous nourrir ou vous nuire émotionnellement. Ce centre énergétique correspond toujours à des questions d'amour de soi, c'est-à-dire à votre capacité d'assumer vos propres besoins ou votre mieux-être. Dans vos rapports avec les autres, vous tirez profit de vos forces de compassion et de pardon. Sous l'angle des affaires et de la carrière, votre quatrième chakra détermine si vous voulez engager votre cœur dans certaines circonstances. Demandez-vous ceci :

- Quels sont mes sentiments à propos de cette situation ou de cette personne ?
- Est-ce que je me fais du tort à moi-même ?
- Suis-je en train de compromettre mon mieux-être émotionnel en faisant ou en acceptant quelque chose qui ne me convient pas ?
- Suis-je amer à cause de quelque chose que j'ai fait ou dit ?
- Dois-je me pardonner d'avoir cédé à mon archétype de la Prostituée (ou un autre) ? Par exemple, me suis-je « trahi » ou ai-je poussé un autre à compromettre son intégrité ?

Soyez attentif à votre **cinquième chakra**, dont l'énergie vous aide à formuler votre intention de communiquer extérieurement dans une situation ou dans une relation. Choisissez vos mots et déterminez votre ton de voix à partir de la façon dont

vous voulez gérer votre pouvoir, en tirant parti de forces comme
la connaissance de soi, l'autorité personnelle et la capacité de
décider. En évaluant l'événement ou la relation du passé que
vous avez choisi, examinez votre état émotionnel actuel en vous
demandant :

- Comment veux-je me représenter dans cette situation ?
- Suis-je en train de m'accrocher à des problèmes non
  réglés ?
- Si oui, quels sont-ils ?
- Suis-je préparé à faire le nécessaire pour lâcher prise ?
- Ai-je le sentiment que quelqu'un a forcé mes choix ?
- Avais-je le choix ?
- Que choisirais-je de dire ou de faire différemment,
  maintenant ?

Votre **sixième chakra** organise votre réalité extérieure en
fonction de votre connaissance intellectuelle, de vos croyances
et de vos attitudes, et de votre façon de percevoir les mêmes forces chez d'autres gens. Vos forces comprennent votre capacité
d'évaluer les perceptions conscientes et inconscientes et de
recueillir leur sagesse et celle d'une vaste gamme d'expériences.
Demandez-vous ceci :

- Quelles excuses me suis-je données pour m'accorder la
  permission d'agir comme je l'ai fait ?
- Est-ce que je permets que les perceptions des autres ouvrent mon esprit ou m'aident à revoir mes actions ?
- Est-ce que j'invente souvent des raisons qui m'autori-
  sent à agir à l'encontre de mes meilleures options ?
- Quelles sont les peurs que je laisse dominer mon esprit
  concernant l'archétype de la Prostituée (ou n'importe
  quel autre) ?
- Quelles attitudes concernant des questions d'argent, de
  sexe et de pouvoir me font du tort ?
- Comment est-ce que j'utilise mes forces lorsque j'affronte des circonstances m'obligeant à négocier mon pouvoir intérieur ?
- Qu'ai-je appris à travers mes expériences, avec mon
  archétype de la Prostituée (ou avec un autre) ?

Vos perceptions, dans n'importe quelle situation, découlent constamment et immédiatement de vos chakras un à six. Votre attention passe alors à votre **septième chakra**, mais pas nécessairement dans l'immédiat. Les questions relatives au septième chakra que vous devez examiner se rapportent à la façon dont vous avez construit vos souvenirs, adapté vos attitudes et engendré vos réactions à une situation ou à une relation. Ce centre exige un peu plus de travail, car nous créons notre propre réalité et organisons nos souvenirs de façon à soutenir les choix que nous avons déjà faits. Il n'est pas facile de se détacher de soi-même et d'évaluer objectivement son propre comportement et ses propres intentions. Mais ce faisant, vous améliorez votre sentiment de prise de pouvoir personnel. Votre épreuve consiste à devenir *impersonnel* à propos de vous-même, afin de soupeser vos choix de la position la plus élevée de votre façon de gérer la distribution de votre âme dans la matière physique. Comme si vous regardiez votre vie du haut d'un balcon, vous voulez être capable de suivre vos circuits énergétiques ou les « lignes » de votre esprit qui mènent partout à travers les endroits, les gens, les souvenirs, les attitudes, les ambitions, les peurs et les comptes non réglés auxquels vous avez donné vie par un lien de l'âme. Vous voulez évaluer combien vos liens de l'âme vous coûtent en termes de pouvoir. Et vous voulez le faire objectivement, comme vous le feriez pour l'aspect, le fonctionnement technique d'un robot ou d'un ordinateur. Demandez-vous ceci :

- Quel sens symbolique puis-je tirer de cette expérience ou de cette relation ?
- Quels détails de l'expérience ou de la relation demeurent mystérieux pour moi ?
- Quel potentiel de valorisation pourrait découler d'une expérience de ce genre ?
- Y a-t-il un domaine de ma vie, en ce moment, qui semble présenter les mêmes épreuves que cette expérience ?
- Si oui, puis-je entrevoir d'autres choix possibles ?
- Quelles questions reliées à cette expérience ou à cette relation me reste-t-il à résoudre, et pourquoi leur résolution est-elle si difficile ?

En passant à votre **huitième chakra**, votre but consiste à comprendre comment la situation ou la relation en question fait partie de votre Contrat sacré. Si vous reconnaissez avoir un contrat avec votre père, par exemple, au lieu d'interagir avec lui en tant qu'Enfant Colérique, vous pouvez vous détacher de votre colère et apprécier le fait qu'il soit dans votre vie pour une raison positive. Ce que vous vivez ensemble est censé vous enseigner quelque chose : à présent, examinez votre relation afin de voir ce que vous êtes censé apprendre.

- Comment une compréhension archétypale de ma situation m'inspire-t-elle à changer mon comportement envers quelqu'un ?
- Quelles étapes puis-je franchir, en utilisant mon intuition archétypale, afin de résoudre mes difficultés non réglées dans cette situation ?

Lorsque vous utilisez la grille à trois colonnes pour identifier et interpréter les morceaux épars du soi qui refont surface à travers chaque situation et chaque relation, une part de l'intégration se révèle. Vous découvrez comment vous êtes influencé par d'autres gens et par votre propre histoire sous des angles qui vous échappaient auparavant. Pour évaluer ce que vous avez appris, posez-vous à présent les questions suivantes :

- Qu'ai-je appris de ma relation avec mon archétype de la Prostituée (ou tout autre archétype) ? Ai-je appris à identifier des circonstances qui révèlent en moi les modèles que cet archétype influence ? Suis-je plus enclin à négocier mon sens éthique ou mes valeurs en affaires, par exemple, lorsque je crains pour ma sécurité financière ? Ai-je laissé la peur réprimer les conseils intuitifs qui mettraient à l'épreuve mes insécurités enfouies ?
- Comment puis-je voir cet archétype d'une façon qui me soit utile et constructive pour le reste de ma vie ? (Lorsque vous prenez conscience de la façon dont un modèle archétypal en particulier influence vos gestes, vous pouvez apprendre à coopérer avec son pouvoir. Par exemple, le Saboteur fait habituellement surface à des

instants d'ouverture, parce que c'est alors que vous êtes le plus susceptible de vous saboter. L'aspect positif de l'archétype vous presse intuitivement alors d'examiner vos gestes et vos motivations pour y déceler tout signe d'auto-sabotage. Si vous apprenez à rechercher ce guide plutôt qu'à l'interrompre, et à le respecter lorsque vous le recevez, cela peut vous aider à l'avenir.)

- Quelles questions me reste-t-il à résoudre qui se rattachent aux tendances de cet archétype ? (Si, par exemple, vous déterminez à travers cet exercice que vous avez des comptes à régler avec votre mère parce que vous avez l'impression qu'elle ne vous a pas suffisamment nourri – intérêt du premier chakra —, vous pouvez évaluer de quelle façon le fait de vous éloigner de votre famille vous a aidé à développer un esprit indépendant. L'un des résultats de ce manque de nourriture est peut-être que vous êtes moins susceptible d'adopter des attitudes tribales qui auraient pu nuire à votre développement en tant qu'individu.)

Les implications de toute l'information que vous avez recueillie durant cet exercice vous permettront de vous voir d'une façon entièrement différente. Pour aiguiser votre vision symbolique, vous devrez peut-être explorer plus d'un de vos archétypes de survie à travers l'exercice des chakras. Mais cet exercice est une première étape valable pour l'identification de votre Contrat sacré.

CHAPITRE 7

Réinventer
la roue

D'après la légende, Egil Skallagrimmson, l'un des premiers colons islandais, était versé dans l'art d'écrire et d'interpréter les runes, ces mots-symboles anciens, répandus dans les légendes germaniques et scandinaves, « qui peuvent calmer la mer, éteindre les flammes et émousser le fil de l'épée ennemie ». La *Saga d'Egil*, vieille de 800 ans, décrit des événements qui se sont déroulés quelque 250 ans plus tôt. Dans l'un des épisodes, Egil visite une ferme où il découvre la fille du fermier malade et qui dépérit depuis quelque temps. Lorsqu'Egil demande si quelqu'un a essayé de guérir la jeune femme, on lui répond que le fils du fermier a gravé des runes, « mais que depuis, l'état de la fille a empiré ». Egil trouve ces runes inscrites sur un os de baleine dans le lit de la femme. Il les efface en grattant l'os et brûle le tout. Puis, il grave de nouvelles runes et les pose sous son oreiller. La fille récupère rapidement. Egil prononce alors la morale de l'histoire dans un langage poétique : « Aucun médecin ne devrait déchaîner les runes à moins de savoir les lire[4]. »

Les runes, les tirages au sort, la divination, le Yi-king, les cartes de Tarot, la numérologie, l'Ennéagramme et les diverses traditions astrologiques des cultures occidentale, védique, tibétaine et chinoise font partie des nombreuses pratiques utilisées depuis longtemps pour accéder à l'inconscient et tirer parti de la précieuse intuition qu'elles renferment. Le travail sur vos archétypes et vos chakras est aussi une façon de canaliser consciemment l'énergie divine et votre propre intuition. Cependant, l'habileté, la connaissance et la volonté de devenir un canal clair de transmission constituent des éléments essentiels à cet accès. La qualité des indications que vous recevrez de l'une ou l'autre de ces méthodes dépend aussi de l'intention et de l'attitude avec lesquelles vous utilisez l'outil.

Les gens se tournent vers les méthodes intuitives pour des raisons qui vont de la curiosité et du loisir jusqu'au désespoir et à l'aspiration au contact avec le divin. La plupart cherchent conseil afin d'établir ou de garder la maîtrise de leur vie personnelle, de leurs proches, de leur santé et de leur propriété. Ils cherchent une direction et des instructions et espèrent habituellement se faire indiquer la voie la plus sécuritaire. Ils préfèrent des conseils qui leur donnent la sécurité matérielle plutôt que des directives spirituelles.

Peu importe leur motivation, toutefois, peu d'individus sont capables de s'ouvrir d'une façon inconditionnelle à ce genre de directives. Nos attentes à propos de ce que nous nous ferons dire ou de ce que nous *voulons* entendre limitent notre ouverture aux révélations. Supposons par exemple que vous ayez l'intention divine de changer de profession, mais qu'en demandant conseil, vous cherchiez en réalité à n'entendre que des raisons de rester où vous êtes. Toute l'information que vous recevrez sera biaisée par votre interprétation.

Lorsque vous interprétez de l'information intuitive, que ce soit des images et des impressions viscérales, ou des messages en provenance de vos archétypes, il est important de cultiver un point de vue détaché ou symbolique. Autrement dit, comme nous l'avons vu, vous devez considérer les événements et les relations de votre vie dans la perspective de la troisième colonne (archétypale) plutôt que dans celle de la première (physique). Bref, vous devez considérer les événements comme une partie intégrante de votre Contrat (que vous avez accepté d'assumer) plutôt que comme des limites arbitraires ou des rencontres absurdes. Vous devez envisager vos archétypes avec cette même vision symbolique. Bien des gens se tournent vers leurs archétypes pour savoir pourquoi les autres les ont blessés, alors qu'ils devraient chercher à voir de quelles façons leurs archétypes ont blessé les autres. C'est ce que je vous demande de faire ! Comment la part d'ombre de *vos* archétypes a-t-elle joué dans vos relations ? Quelle personne de votre présent ou de votre passé est actuellement en thérapie pour en finir avec vous, tout comme vous avez déjà essayé d'en finir avec quelqu'un d'autre ? Pour recevoir des conseils utiles, vous devez vous regarder aussi honnêtement que possible. C'est cela, la croissance personnelle : l'honnêteté envers soi et les autres, à propos de sa voie, de ses forces et de ses faiblesses. Travailler avec les indices n'est pas une simple façon d'épier la psyché des gens de votre vie pour les cerner : ce serait du voyeurisme spirituel. C'est plutôt une méthode d'apprentissage à propos de soi-même et de ses relations.

Partout, les outils et les façons de chercher conseil sont essentiellement les mêmes : ils fonctionnent comme des appareils radio dont *vous* êtes à la fois le récepteur et l'émetteur. Mais vous devez savoir comment vous préparer en tant que récepteur, afin que les signaux arrivent clairement. Par exemple, tout appareil radio a besoin d'une source adéquate d'électricité (une batterie ou une prise électrique) et doit être syntonisé et ajusté. Parce que c'est vous qui êtes la source d'énergie qui permettra d'activer votre radio intuitive, la qualité de votre attitude est un facteur essentiel à la clarté et à la qualité des conseils que vous recevrez. Lorsqu'on interroge le Yi-king comme un jeu, par exemple, les réponses qu'il fournit ont tendance à être limitées dans leur signification, en grande partie parce que l'attitude légère de l'utilisateur limite sa perception. La superstition bloque également la clarté de la réception : que vous en ayez conscience ou non, votre peur sous-jacente influence votre interprétation de l'information.

Lorsque vous abordez les méthodes intuitives avec respect, vous vous ouvrez à l'écoute de vos canaux intérieurs. La précision des conseils sera proportionnelle à la sincérité de votre attitude. Avant de commencer à travailler sur vos archétypes, respirez profondément à quelques reprises, afin de vider votre esprit de toute attente. Si vous tentez d'influencer les conseils, vous n'obtiendrez aucun résultat honnête. Même chose si la personne qui vous aide cherche à vous influencer ou entretient des attentes sur ce que vous voulez entendre. Oubliez les conseils que vous recherchez, ou pour vous-même, ou pour quelqu'un d'autre.

Au départ, la plupart des gens recherchent des conseils sur leur vie matérielle, leur carrière, leur vie amoureuse ou leurs investissements, conseils qu'ils peuvent appliquer immédiatement. Mais la forme la plus valable de conseils est symbolique ou archétypale, bien qu'il puisse vous falloir plus de temps pour l'interpréter. Tout comme les rêves, l'information intuitive présente de nombreuses couches de signification. Envisagés sur le plan littéral, les conseils n'apporteront que des améliorations minimes à votre vie. Par exemple, les rêves d'avion que je vous ai présentés au début de ce livre auraient beaucoup moins de sens pour moi si je ne les avais interprétés qu'en fonction de ma vie matérielle. J'aurais pu les considérer comme un reflet de mes peurs et de mes doutes concrets sur le voyage, mais lorsque j'ai vu l'avion comme un symbole, leur signification véritable (leur utilité, consolation et inspiration) m'a été révélée.

Les douze heures

Après avoir accepté la façon dont les archétypes ont restructuré ma méthode de lecture intuitive, j'ai commencé à en percevoir un bien plus grand nombre. En plus des quatre modèles de survie, parmi les plus fréquents qui se présentaient à moi, il y avait le Sauveteur, le Serviteur, la Princesse, le Chevalier, la Reine, le Roi, le Guérisseur Blessé, le Mystique et le Modificateur. En essayant de schématiser le sens de leur énergie pour mes étudiants et pour d'autres, je me suis rappelé un exercice que mon cher mentor et professeur d'université avait enseigné. Pour amener une classe de spiritualité à un grand détachement dans la perception de la réalité, elle demandait que chacun de nous s'imagine être assis au centre d'une horloge. Chacune des douze heures de l'horloge représentait une réalité complètement différente. Une heure représentait les enseignements spirituels du bouddhisme ; une autre, les principes des traditions hindoues ; les autres, le judaïsme, le christianisme, l'islam, le taoïsme, le confucianisme, le shintoïsme, le mouvement Wicca, le zoroastrisme, le chamanisme et l'athéisme. Cette image montre qu'il n'y a pas qu'une seule réalité, que la vérité se présente sous bien des formes. Se détacher des idées préconçues, ou s'asseoir au centre, disait-elle, c'est la seule façon de percevoir clairement la vie.

L'horloge représente aussi un cycle de vie complet. Le jour et la nuit ont chacun douze heures, et une année compte douze mois. Douze signes du zodiaque entourent notre planète, douze apôtres ont été envoyés en mission par Jésus, et les douze tribus d'Israël composaient le peuple juif de la Bible, sans doute le fondement de toute la tradition spirituelle occidentale. Les implications mystiques de ce nombre douze suggèrent qu'il est égale-

---

Figure 4 : Les douze maisons de la roue archétypale

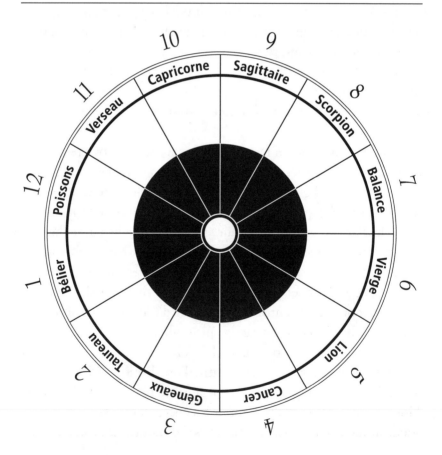

ment devenu un modèle archétypal. Lorsqu'elle est divisée en douze sections, l'horloge ressemble aussi à une roue, l'une des plus anciennes représentations de l'âme, du destin, de la chance et des cycles de la vie.

Je décidai d'utiliser cette roue comme modèle et j'associai des archétypes à chacune des heures, que je rebaptisai maisons. J'attribuai un archétype à chacune de ces sections et m'imaginai à nouveau debout au centre d'un cercle, cette fois entourée de ma famille archétypale. La forte image visuelle que j'obtins était celle d'un système de soutien cosmique unifié. En examinant mon dessin, je réalisai également que j'avais aussi reproduit inconsciemment le dessin ancien de la roue astrologique et que j'avais même numéroté les douze maisons des signes du zodiaque. Il me vint immédiatement à l'idée que ce gabarit cosmique était la forme idéale pour rendre les archétypes plus tangibles. (Voir Figure 4.)

Carl Jung soutenait que nos ancêtres « projetaient » des schémas archétypaux sur les mythes et le folklore de la même façon qu'ils attribuaient aux configurations des étoiles des formes humaines et animales et leur donnaient des noms et des personnalités :

Nous le voyons très clairement en examinant les constellations, dans lesquelles les formes chaotiques originelles ont été organisées par la projection d'images. Cela explique l'influence des étoiles que suggèrent les astrologues. Ces influences ne sont que des perceptions inconscientes, introspectives, de l'activité de l'inconscient collectif. Tout comme les constellations étaient projetées sur les cieux, des figures semblables ont été projetées sur des légendes et des contes de fée ou des personnages historiques[5].

Cela expliquait le lien que j'avais ressenti, à l'origine, entre les archétypes et le zodiaque. Je saisissais peut-être un aperçu de l'inconscient collectif en voyant les douze maisons du zodiaque superposées à ma Roue Archétypale ! Les formes de ces roues, qui se chevauchent partiellement, auraient pu n'être qu'une heureuse « coïncidence », mais plus je travaillais avec la confluence entre les douze archétypes et les douze maisons du zodiaque, plus ferme était ma conviction qu'ils pouvaient éclairer nos Contrats et nous amener à nous percevoir autrement.

La Roue Archétypale est une méthode intuitive qui met de l'information symbolique à votre disposition. Vos archétypes deviennent encore plus importants lorsque vous les voyez à l'œuvre dans les maisons qui signifient douze aspects différents de votre vie. La Roue vous aide à décoder les tendances sous-jacentes de votre vie. Elle vous montre vos expériences et vos relations sous la forme de drames spirituels, remplis d'occasions de transformation personnelle.

Vos humeurs et émotions influencent la disposition de vos modèles archétypaux dans votre Roue. La façon dont tombent les runes ou les osselets dans une séance de lecture, par exemple, reflète votre état émotionnel énergétique, de même que l'atmosphère énergétique de cet instant. La pleine lune et les autres phases sont réputées affecter les émotions, tout comme les aspects planétaires, les taches solaires ou l'influence des orages électriques. Les méthodes intuitives s'accordent particulièrement aux énergies cosmiques, car toutes les énergies sont interreliées.

Comme pour une carte du ciel, le but de la Roue Archétypale est d'étendre notre compréhension de nous-même. Plus précisément, la Roue est un médium à travers lequel nos modèles archétypaux peuvent mieux jouer leur rôle en déployant notre Contrat sacré. Comme des aimants, nos archétypes rassemblent les éléments essentiels pour qu'une expérience se manifeste, y compris les gens avec lesquels nous avons des Contrats et les moments auxquels nous devons effectuer des choix importants. Chacune des maisons est également alignée sur les énergies d'un ou plusieurs chakras, là où leurs zones d'influences se chevauchent. Cette confluence d'énergies devrait nous aider à nous faire une meilleure idée de la nature de nos maisons archétypales.

La première maison du tableau astrologique, par exemple, symbolise l'ego et la personnalité. L'archétype qui correspond à cette maison représente le modèle d'influence inconsciente dominant de notre ego et de notre personnalité. Parce que c'est la maison qui nous enracine dans le monde et gouverne notre sentiment d'identité, elle est alignée avec les énergies des premier et troisième chakras. Lorsque j'enseigne la Roue dans un atelier, je demande aux gens de deviner quel archétype tel membre du groupe loge dans sa maison de l'ego. Beaucoup sont capables d'identifier l'archétype exact, tandis que d'autres décrivent habituellement des caractéristiques associées à ce dernier. Les hommes qui possèdent l'archétype du Chevalier dans leur première maison, par exemple, dégagent souvent une aura scintillante de chevalerie, de romantisme et de charme. Ils peuvent également paraître protecteurs, surtout envers les femmes et faire preuve de savoir-vivre dans leur façon de se vêtir ou de parler. Cet archétype est parfois évident, parfois subtil.

J'ai un jour donné dans ma ville natale, Chicago, un atelier qui était enregistré par une équipe d'un réseau de télévision dans le cadre d'un documentaire sur mon travail. Pendant que je parlais de l'archétype du Chevalier, j'ai dit qu'un Chevalier serait plus enclin à envoyer à sa demoiselle une rose rouge que des lis ou des tulipes. Je me suis alors tournée vers un jeune homme assis dans la première rangée et j'ai dit : « Écoutez, prenez cet homme. Pour moi, il dégage fortement l'archétype du Chevalier. Il est de toute évidence d'une nature romantique. » Dès que j'eus terminé cette phrase, il tira une rose rouge de derrière son dos et me l'offrit. Je fus moi-même surprise, sans parler de l'équipe de télévision. L'interviewer se tourna vers son caméraman et lui demanda : « Tu as enregistré ça, non ? » L'archétype qui gouverne notre première maison fournit la première impression que les gens ont en nous rencontrant et, croyez-moi, le fait de connaître la nature de votre masque archétypal peut être un merveilleux atout en société.

Selon les enseignements astrologiques, chacune des douze maisons d'une carte du ciel (une carte indiquant la position précise des planètes au moment de votre naissance) représente un centre d'intérêt différent de votre vie. Les douze maisons de la Roue fournissent un moyen pour évaluer le fonctionnement de

Figure 5 : La Roue archétypale

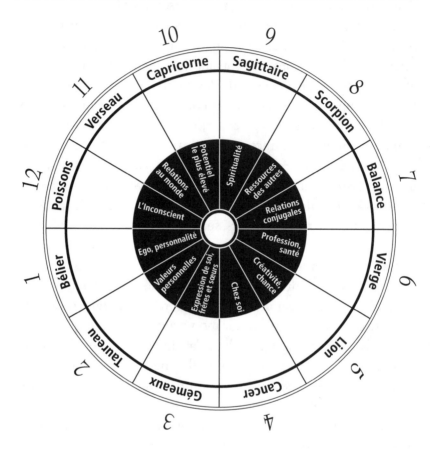

vos archétypes au quotidien, au sens propre et symbolique. La huitième maison, par exemple, appelée « Ressources des autres » dans la Figure 5, se rapporte à l'argent des autres, à votre façon de l'utiliser et aux héritages et aux questions juridiques. Votre héritage peut se rapporter non seulement à votre legs financier mais aussi à votre mémoire biologique génétique et ancestrale, de même qu'à vos attitudes et croyances tribales traditionnelles qui remontent à une génération ou à un millénaire.

Même si vous pouvez interpréter vos archétypes et leurs maisons à la lettre, vous devez étendre leur signification au plan symbolique. Si vous vous arrêtez au sens littéral d'un mot, vous serez insatisfait, car vous ne pouvez établir un lien concret entre un modèle archétypal et la signification de la maison dans laquelle il se trouve. Vous interprétez concrètement ce qui se passe devant vos yeux. Par exemple, les héritages émotionnels, psychologiques et génétiques sont tout aussi réels, sinon plus, que l'argent et la propriété : ainsi, lorsque vous examinez vos héritages, veuillez également considérer les caractéristiques physiques, comportementales et émotionnelles que vous partagez avec votre famille. Lorsque vous tentez d'interpréter la signification d'un modèle archétypal dans sa maison, envisagez tous les aspects de l'image et de l'information qu'elle détient. Ce faisant, vous créerez un portrait plus complet de tous les modèles et de votre raison d'être. Rappelez-vous que vos archétypes sont vos guides lorsqu'il est question de déceler vos Contrats et d'atteindre votre potentiel divin.

Tous vos modèles archétypaux sont certainement présents dans les particularités de chacune des douze maisons, car ensemble, ils se comportent comme un seul et même système holographique au sein de la psyché. Néanmoins, un modèle domine selon le thème de chaque maison. Au chapitre 8, je vous montrerai comment localiser vos douze archétypes dans leurs maisons appropriées et comment créer votre Roue personnelle. Mais voyons d'abord la signification même des maisons. (Voir figure 5.)

Vous sentir chez vous dans vos maisons

PREMIÈRE MAISON :
EGO ET PERSONNALITÉ
(Premier et troisième chakras)
Dans une carte du ciel, les douze maisons correspondent aux douze signes du zodiaque et aux quatre énergies cosmiques : terre, air, feu et eau. Les maisons de la Roue archétypale partagent certaines des mêmes caractéristiques. La première maison de la Roue archétypale, par exemple, correspond au signe astrologique du Bélier, première maison du zodiaque. Dès le premier jour du printemps, elle représente le renouveau. Et puisque le

Bélier est aussi un signe de feu, cette maison entretient le climat de passion qui encourage la naissance, y compris celle du soi et la renaissance constante que nous subissons en prenant de la maturité. C'est ainsi que l'archétype se ressource dans votre personnage.

Une femme nommée Charlotte identifia, par exemple, le Modificateur dans l'un de ses douze archétypes et il aboutit dans sa première maison. Ainsi, le Modificateur est une caractéristique dominante de son personnage. Charlotte était fortement touchée par des contes de fée tels que *Le vilain petit canard* et *La princesse et le crapaud*, dans lesquels l'aspect repoussant du caractère principal est instantanément transformé en grâce et en pouvoir personnel. Le Modificateur est connu depuis longtemps des chamanes amérindiens, entre autres, pour sa capacité de changer d'apparence, pour diverses raisons. Notamment, il peut naviguer entre différents niveaux de conscience, entre les états de rêve et de veille et entre les plans astral, mental et éthérique. Son énergie était apparente dans la lutte que mène Charlotte pour s'accrocher à ses croyances et à ses opinions. Elle changeait d'opinions (tout comme le feu suit la direction du vent) si souvent que les gens avaient de la difficulté à la connaître. Charlotte paraissait peu fiable, éparpillée et déloyale. Elle attirait continuellement des gens qui tenaient pour acquis qu'elle était ainsi (et elle l'était vraiment à ce moment-là) et qui ne découvraient que plus tard qu'elle était différente de ce qu'elle laissait paraître. L'une des épreuves de Charlotte, comme elle veut bien l'avouer, consiste à développer et à maintenir un fort sentiment d'estime de soi afin de ne pas changer de personnalité pour plaire à la personne qu'elle rencontre, ou pour dire ce qu'elle croit qu'on veut entendre. De nombreux Contrats interpersonnels l'y incitent.

Votre identité, votre estime de soi et la conscience de votre ego établissent le terrain de votre vie. Votre façon de vous conduire avec les autres et votre capacité de faire votre chemin sans solliciter leur permission dépend de votre degré de réussite devant les nombreux défis qui éveillent votre besoin d'assumer qui vous êtes.

DEUXIÈME MAISON :
VALEURS PERSONNELLES
(Deuxième chakra)

La deuxième maison de la Roue archétypale correspond au Taureau, un signe de terre qui gouverne votre relation à la terre, au sens large. Elle préfigure ce que vous appréciez et chérissez le plus. En termes énergétiques, la deuxième maison représente la prochaine étape de la formation du soi : « Maintenant que je suis là, qu'est-ce qui m'appartient ? Qu'est-ce que je veux retirer de la vie ? Quel pouvoir est essentiel à mon interaction avec la vie matérielle ? » Cette maison représente votre appréciation de la nature physique de la vie : les objets de ce monde qui touchent votre ego et votre âme et ce dont vous avez le plus besoin pour vous sentir enraciné dans le monde. Cette maison reflète surtout les objets ou l'énergie que vous associez au pouvoir terrestre : argent, statut, propriété, œuvres d'art, capacité de dominer les autres, sensualité, beauté. Ce sont les moyens les plus séducteurs par lesquels l'âme s'attache à la forme physique. Par conséquent, l'archétype qui réside dans cette maison est mieux accordé à votre relation au pouvoir physique et à ses icônes.

Glen avait l'archétype de Midas dans sa deuxième maison : il convertit toutes ses idées d'entreprise en or matériel. Il possédait la touche proverbiale, mais comme Midas, il lutta également avec la façon dont le pouvoir de l'argent défiait le pouvoir de son âme. Tout comme Midas tua moralement sa fille en la changeant par inadvertance en métal, la vie émotionnelle de Glen était froide et déserte. Pendant des années, il oublia tout sauf l'argent. Dans ses relations avec les gens (avec lesquels, reconnaît-il maintenant, il a des Contrats), la question était souvent de savoir si l'on appréciait davantage ses finances que sa personne. L'une des questions essentielles que nous devons aborder, c'est comment interagir avec les gens sans les dominer, et avec les réalités du monde, sans se laisser dominer par elles.

Cette maison vous met au défi d'envisager vos valeurs spirituelles par-delà la forme physique de votre attachement aux objets, à l'argent, au statut, au pouvoir et à toutes les autres manifestations du monde matériel. Les gens souffrent généralement d'une grande anxiété parce qu'ils croient devoir posséder, pour être heureux, une personne, un lieu ou un objet. Mais la capacité d'aimer inconditionnellement nécessite le détachement.

TROISIÈME MAISON :
EXPRESSION DE SOI, FRÈRES ET SŒURS
(Troisième et cinquième chakras)

Lorsque vous avez établi vos valeurs, vous passez à l'expression de soi : votre façon d'affirmer au monde qui vous êtes et ce qui vous est cher. La maison 3, alignée avec les Gémeaux, un signe d'air qui gouverne la communication, représente votre capacité de vous exprimer en tant qu'individu, et représente aussi vos frères et sœurs. Le lien symbolique entre frères et sœurs et les communications représente le processus naturel de la spécialisation, ou de la découverte de votre voix parmi les autres « enfants ». Par conséquent, les frères et sœurs doivent signifier non seulement les membres de votre famille biologique, mais aussi ceux qui vous aident à grandir. Parce que l'énergie de votre troisième maison renferme à la fois votre sentiment d'estime de soi et votre expression personnelle, elle résonne avec les troisième et cinquième chakras. Elle contient les leçons inhérentes à l'apprentissage des causes et effets de vos choix : votre façon de gérer votre propre pouvoir. Elle révèle comment vous dirigez votre énergie dans le monde, comment vous la mettez en mouvement et comment vous vous engagez avec les lois de l'attraction magnétique et de la cause à effet. Vous devez prendre conscience de votre façon d'utiliser votre énergie et votre pouvoir personnels de façon à assumer les conséquences de vos pensées et de vos actions. Devenir conscient veut dire vous éveiller à votre propre pouvoir et apprendre à le diriger d'une façon responsable.

L'archétype résidant dans votre troisième maison influence votre façon de soupeser vos décisions. Les choix qui visent à nuire aux autres ou à les blesser représentent la part d'ombre ou la difficulté de la troisième maison.

Dans un atelier, John avait l'archétype du Serviteur dans sa troisième maison. Cette situation l'émerveillait sans fin, car il croyait que son rôle dans la vie était d'être au service des autres. John reportait ce type d'engagement à tout ce qu'il faisait et à toutes ses relations. L'idée de rendre service l'avait inspiré dès son plus jeune âge. Lorsque vint le temps pour lui de choisir une profession, il alla en retraite pour prier afin d'obtenir conseil. En prière, il disait ne pas se soucier de ce qu'il ferait dans la vie et qu'il ferait tout ce vers quoi le Ciel l'enverrait, car il avait confiance que le Divin le placerait là où il pourrait le mieux servir.

Cette profession de foi envers l'inconnu ne serait pas possible pour la plupart des gens, mais John avait également comme compagnon l'archétype du Vagabond. Résidant dans sa neuvième maison (la spiritualité), le Vagabond l'amenait à se réinstaller dans une partie différente du pays tous les deux ou trois ans, en acceptant divers boulots. Cette voie de l'engagement lui procurait un sentiment de liberté qu'il adorait et lui permettait de rencontrer des gens de tous les milieux. Parce qu'il n'était attaché à aucun endroit en particulier, il se sentait libre d'être pleinement lui-même et de se donner inconditionnellement. Il se satisfaisait pleinement des plaisirs simples, surtout celui de passer du temps avec des gens qui avaient besoin d'aide ou de parler. Je n'ai jamais rencontré personne de semblable à John et un moment, je fus tentée de lui demander si son prénom était « Saint ». Il dégageait certainement une qualité de grâce qui inspirait les autres à voir la grande puissance du service.

La troisième maison vous met au défi de vous rendre compte de vos motivations. Chaque pensée, parole, action et geste est une expression de votre pouvoir et, en définitive, seules deux motivations authentiques touchent la psyché : la valorisation ou la dévalorisation de soi et des autres.

QUATRIÈME MAISON :
CHEZ SOI
(Premier et quatrième chakras)
La quatrième maison correspond au Cancer, le premier des trois signes d'eau du zodiaque. Comme l'eau est un élément associé à notre nature émotionnelle, l'archétype de notre quatrième mai-

son a l'influence la plus forte sur le fondement de votre nature émotionnelle. Votre expression de vous-même, que ce soit en tant qu'individu ou sur le plan créatif, doit être enracinée, avoir un chez-soi. La quatrième maison est reliée à la fois au chez-soi d'où vous venez et à votre maison actuelle. Le mot ou l'image *maison* possède de nombreuses significations et, dans l'état de rêve, il est souvent associé à la véritable résidence du cœur, ou à votre passion la plus profonde. Le thème qui gouverne cette maison comprend vos liens à la famille biologique et élargie. L'archétype qui réside dans cette maison exerce une influence prédominante sur vos énergies émotionnelles associées à cette maison. Parce que la quatrième maison est reliée à la fois à vos racines familiales et à votre vie émotionnelle, elle correspond aux énergies de vos premier et quatrième chakras.

Les aspects douloureux de la quatrième maison peuvent comprendre des souvenirs et émotions toxiques, dont les conséquences peuvent être la dépression et la mélancolie. Lorsque je travaille avec une personne qui a des comptes à régler avec une enfance difficile, ce qui est très courant, je me réfère à l'archétype de la quatrième maison de cette personne comme source principale de révélations pour entamer un dialogue. Lydia, par exemple, était aux prises avec le souvenir d'une mère accro qui quittait souvent le foyer pendant des mois. Lorsque la mère de Lydia se trouvait à la maison, elle s'arrangeait pour rester sobre durant une semaine ou quelques mois, mais elle recourait de nouveau à la drogue. Un jour, elle retourna à la maison alors que Lydia se trouvait à l'université, rassembla tous les biens de valeur de sa fille et les vendit ou les troqua contre de la drogue. Par la suite, Lydia refusa de voir sa mère pendant sept ans.

Lorsque je rencontrai Lydia, elle avait vingt-huit ans et devait encore se réconcilier avec sa mère. Elle dégageait l'énergie de quelqu'un qui pouvait combler d'une immense compassion l'Enfant en chacun. Elle avait la capacité de ressentir la blessure des autres et était constamment motivée à les aider. Elle fut grandement favorisée par la découverte de son archétype de la Mère dans sa quatrième maison. Une façon d'interpréter cette correspondance consistait à suggérer que le fait de mater les autres (y compris sa propre mère) serait essentiel à son périple de vie.

Le mari de Lydia, qu'elle épousa à 26 ans, la comblait d'amour et la considérait comme la compagne idéale. « J'aime cette femme plus que quiconque, me dit-il. Dès que je l'ai vue, j'ai su qu'elle serait ma femme et la mère idéale pour nos enfants. Et c'est exactement ce qu'elle est : la femme parfaite et la mère parfaite. »

La quatrième maison vous met au défi de régler les comptes de votre enfance et d'établir des foyers sains pour vous-mêmes en tant qu'adultes. Vous avez le choix de transmettre à vos enfants et à vos proches soit vos blessures et vos drames familiaux, soit l'optimisme et l'amour de la vie. Il est donc essentiel, pour la santé du foyer, de guérir votre histoire personnelle et de ne pas léguer vos propres blessures.

CINQUIÈME MAISON :

CRÉATIVITÉ ET CHANCE

(Sixième chakra)

La séquence du feu, de la terre, de l'eau et de l'air se répète dans la Roue Archétypale et zodiacale. Le Lion, deuxième signe de feu, se rapporte à la cinquième maison, qui gouverne l'expression créatrice, la sexualité, les enfants et la chance. C'est également la maison de l'amour, de la spontanéité, et de l'abondance. L'archétype qui réside dans cette maison représente les forces qui vous aideront le plus à engendrer des projets. Après vous être enraciné dans un foyer, vous passez instinctivement à l'exploration du pouvoir de créativité. Parce que la cinquième maison gouverne la créativité, elle correspond au sixième chakra, qui régule l'intelligence et l'imagination.

La part d'ombre de la cinquième maison se manifeste sous la forme de l'expression débridée du feu créatif ou sexuel, comme le mauvais usage du pouvoir sexuel ou créatif, à des fins égoïstes, ou manipulatrices. On peut utiliser le talent créatif pour des activités illégales ou contraires à l'éthique, ou pour la séduction et la manipulation sexuelles. Je me rappelle Will qui avait la personnalité la plus merveilleuse qui soit. C'était le charisme même et tout le monde adorait sa compagnie. Will donnait aux gens le sentiment que tout était possible et qu'il voyait la lumière même dans les pires situations. L'archétype en résidence dans la cinquième maison de Will était l'Enfant. Et c'était exactement cela : presque un personnage de contes de fée qui inspirait les gens pour voir le beau dans la vie.

Chaque fois que les événements incitaient Will à sortir de la douce atmosphère de son innocence enfantine, il s'imaginait à nouveau enfant. Il devenait également un père imaginaire pour sa mémoire d'enfant et pouvait réconforter cet enfant en le promenant à travers sa vie. Will le parent faisait remarquer à Will l'enfant à quel point il avait peur de telle chose à l'âge de six ans et à quel point, dès l'âge de huit ans, c'était déjà réglé. Il résumait sa capacité d'imagination en disant : « Quand je dérape, je retourne à mon espace intérieur en me rappelant toutes les fois où tout s'est arrangé sans que j'aie à faire quoi que ce soit. Quelqu'un veille sur moi, car je ne peux certainement pas tout organiser dans ma vie. C'est un message que j'adore partager avec les autres, peu importe où je suis. Et pour quelqu'un qui dirige une assez grande entreprise, je peux vous dire que cette attitude est rare. »

Le besoin de créer est un aspect essentiel de la conscience et de l'âme. Mais il est illusoire de définir notre capacité créative selon nos accomplissements professionnels, même artistiques. Will incarnait l'énergie de la créativité dans son expression la plus élevée parce qu'il canalisait cette électricité pour mettre en marche l'âme de tous ceux qu'il rencontrait. Il représente aussi un autre profil de la créativité : la nature créative du soi qui se contente d'être soi pour être reconnu et validé.

SIXIÈME MAISON :
PROFESSION ET SANTÉ
(Deuxième chakra)

La sixième maison correspond au deuxième signe de terre, la Vierge, et gouverne votre profession et votre santé. L'énergie terrestre de la Vierge diffère de celle du Taureau en ce qu'elle vous sert d'ancrage pour transformer votre vie différemment des cycles naturels, propres à votre deuxième maison. Cette maison focalise sur la profession dans un objectif de survie, et l'archétype qui réside ici influence votre recherche de la sécurité. Lorsque vous êtes en pleine transaction commerciale, par exemple, votre modèle archétypal de la sixième maison joue un rôle très important dans votre façon d'interpréter les conversations et les occasions d'affaires. La sixième maison vous met au défi de maintenir l'équilibre entre travail et santé. Un archétype pourrait indiquer des habitudes malsaines ou destructives qui ne servent pas votre bien-être physique. Il peut aussi indiquer comment vous négociez l'éthique et votre morale pour la sécurité financière et professionnelle. Parce que cette maison est reliée à l'argent et aux valeurs matérielles, elle correspond plus étroitement au deuxième chakra.

Cathie choisit l'archétype du Détective parmi ses douze modèles et il aboutit dans sa sixième maison. Cathie raconta qu'elle avait choisi le Détective parce qu'elle avait un talent naturel pour la résolution des mystères. Malheureusement, elle canalisait ce talent dans une part d'ombre, l'espionnage. Elle avoua même son attrait pour le voyeurisme, même si elle le qualifiait de simple fascination. Chaque fois que Cathie se sentait insécure (ce qui arrivait souvent, par choix ou par faiblesse), elle utilisait ce sentiment comme excuse pour parcourir les dossiers et effets personnels de ses collègues, à la recherche de notes de service ou d'autres communications. Elle prétendait chercher des preuves de plans destinés à miner sa position au bureau. Je demandai à Cathie si ses efforts avaient jamais donné de résultats. « Eh bien, non, dit-elle, mais tant mieux. Il est très réconfortant d'apprendre qu'on est en sécurité au travail. »

Lorsque je demandai à Cathie depuis combien de temps elle sentait le besoin de jouer au détective, elle dit que d'après ses souvenirs, elle avait toujours fouiné pour en apprendre autant que possible sur chacun : parents, amis et collègues. Elle avoua avoir été congédiée un jour après avoir été surprise en flagrant délit sur le bureau de quelqu'un. Cathie était tellement convaincue d'être espionnée qu'elle croyait devoir espionner pour se protéger. Je lui recommandai de voir un thérapeute et, malgré son acquiescement, je savais que son sentiment de sécu-

rité ne reposait que sur la certitude de pouvoir découvrir les secrets des autres.

L'histoire de Cathie illustre à quel point nous influençons
inconsciemment la santé de notre entourage. Sa paranoïa était
ressentie par ses collègues et menaçait subtilement leur sentiment de bien-être. Demandez-vous régulièrement : « Comment
mon comportement influence-t-il la santé de ceux qui m'entourent ? » Cette question est un pont naturel vers la septième maison, dans laquelle est logée votre santé, y compris les éléments
sains ou malsains que vous transposez dans toutes vos relations.

SEPTIÈME MAISON :
MARIAGE ET RELATIONS
(Deuxième et quatrième chakras)

La septième maison comprend le mariage, de même que d'autres
formes de partenariat, telles les amitiés intimes et les relations
d'affaires. Cette maison est sous le signe astrologique de la
Balance, le deuxième signe d'air. À la différence des Gémeaux,
qui gouvernent la communication en général, la Balance représente les types de communication les plus intimes entre individus. La qualité essentielle associée à la Balance est l'équilibre,
symbolisée par une femme portant une balance. Cette maison
est également un territoire de choix pour les gestes de trahison,
qui révèlent si souvent les parts d'ombre de la relation. Parce que
la septième maison gouverne à la fois les partenariats commerciaux et le mariage, elle correspond aux énergies des deuxième et
quatrième chakras, qui gouvernent l'argent, les valeurs et les
affaires du cœur.

Notre biologie même nous incite aux partenariats physiques, émotionnels et psychologiques. Nos relations, les uns
avec les autres sont des domaines privilégiés dans lesquels apercevoir nos Contrats. Nous pouvons également les voir dans nos
partenariats archétypaux : Parent-Enfant, Mentor-Étudiant,
Serviteur-Maître.

Durant le cours normal d'une journée, au fil de nos occupa-
tions, des dialogues extraordinaires se déroulent entre nos âmes.
Si je devais vous rencontrer lors d'un atelier, par exemple, mon

archétype de l'Enseignant s'engagerait avec votre Conteur pendant que vous racontez comment les archétypes fonctionnent dans votre vie. Bien que le Conteur ne soit pas l'un de mes archétypes intimes, votre histoire s'ajouterait à ma vie en tant qu'Enseignant. Votre Conteur, en retour, pourrait tirer parti d'un contact avec mon Professeur, car je pourrais vous aider à déceler la signification, la sagesse ou la vérité spirituelle plus élevée dans votre histoire. Parmi les gens qui ont incarné ces deux archétypes au niveau le plus élevé, mentionnons Jésus, le Bouddha, Homère et les nombreux sages anonymes dont les récits composent la *Bhagavad Gita*, les *Upanishads* et les contes initiatiques soufis, taoïstes, hassidiques et africains.

Les partenariats peuvent également entrer en jeu dans des situations plus terre-à-terre. Il y a un certain temps, je fus invitée chez des amis qui organisaient un dîner pour quatorze de leurs personnes « préférées », bien que la plupart des invités savaient seulement que le couple organisait un dîner. Alors que je faisais connaissance avec les autres invités, un dénommé Bruce se présenta d'une manière bruyante et dérangeante, faisant tout ce qu'il pouvait pour attirer l'attention de chacun. Je me séparai de lui dès que je le pus, mais il me suivit d'une manière persistante pour me prouver son humour irrésistible. « J'aime faire le clown avec ces gens. J'ai commencé à jouer au clown, il y a des années et maintenant, ils s'attendent un peu à ce que je sois l'animateur de la soirée. »

Dès que Bruce se désigna comme le Clown, je voulus connaître l'homme caché sous le maquillage. Nous parlâmes des associations courantes que les gens font avec leur archétype du Clown, puis je lui demandai s'il était touché par l'image du Clown qui cache ses sentiments de solitude derrière son masque, ou qui a besoin de son costume pour communiquer des sentiments qu'autrement il devrait garder secrets. Bruce me dit qu'il était nettement une autre personne lorsqu'il faisait le clown et qu'il avait souvent l'impression de vraiment communiquer des sentiments affectueux ou des critiques qu'autrement il n'exprimerait jamais. Alors qu'il me régalait du récit de quelques aventures, il établit une atmosphère ludique dans la pièce, ce qui rendit les autres invités plus à l'aise les uns avec les autres. En un sens, il formait un partenariat comique avec chacune des autres personnes.

« Est-ce que vous supportez mal le fait que les gens s'attendent à ce que vous soyez le Clown de la soirée ? » demandai-je à Bruce.

« J'en voudrais vraiment aux gens, y compris à moi-même, si j'avais toujours l'impression qu'on s'attend seulement à ce que je divertisse tout le monde lorsqu'on se rencontre, dit Bruce, mais en fait, j'y suis plutôt habitué. Le Clown est la partie de moi qui me permet de rencontrer des amis. Si je me bornais à faire le pitre, personne ne me prendrait au sérieux. Je crois au pouvoir de l'optimisme et par conséquent, quand je me trouve au mauvais endroit, rien ne fonctionne mieux que l'humour. Et seul ou avec d'autres, je suis le même, ce qui est un bon signe, car je vois à quel point il est tentant de ne montrer au monde que le côté du personnage qui donne la meilleure image de vous. »

En plus d'être un agréable voisin de table, Bruce me fit voir comment certaines idées préconçues obscurcissent mes propres perceptions de certains modèles archétypaux. Par exemple, je me suis souvenue qu'à l'école, je n'aimais pas les enfants qui « faisaient le clown ». Leur comportement m'énervait et vers la quatrième année, j'ai décidé que faire le clown était une façon pour les gens de camoufler leurs échecs. Bruce réveilla tous ces souvenirs et m'aida à vider un tiroir de ma psyché, en trouvant (et, j'espère, en amendant) une attitude que je n'avais pas conscience d'avoir. Le Clown de Bruce a fourni de l'énergie de la Balance, ou d'équilibre, à mon Enseignant.

Nous investissons beaucoup d'énergie dans la jouissance, le maintien ou la guérison de nos relations et, en cours de route, nous apprenons davantage sur nos motivations. L'un des cadeaux les plus sains que nous puissions nous offrir est de constamment surveiller nos raisons d'être critiques et autoritaires. L'épreuve consiste à permettre aux autres d'être eux-mêmes, malgré notre peur et notre insécurité. C'est d'entretenir votre relation essentielle envers vous-même et de vivre en accord avec cette vérité : le plus beau cadeau que vous puissiez offrir à quelqu'un, c'est d'être vous-même en pleine santé.

HUITIÈME MAISON :
LES RESSOURCES DES AUTRES
(Deuxième et sixième chakras)

Cette maison correspond au Scorpion, le deuxième signe d'eau, et l'eau, comme on l'a déjà vu, est l'élément le plus proche de votre nature émotionnelle. Le Scorpion gouverne également les secrets et les activités secrètes, de même que les énergies passionnées associées à la sexualité érotique. (Les secrets les mieux gardés se rapportent habituellement au sexe ou à l'argent, ou aux deux.) À la différence de la deuxième maison, qui concerne la propriété personnelle, la huitième maison gouverne votre usage de l'argent dans le domaine public. Le thème de l'héritage dans cette maison est en rapport avec vos intérêts financiers et juridiques, votre bagage génétique et votre mémoire biologique ancestrale. Comme les questions juridiques et financières impliquent à la fois votre intellect et votre sens des valeurs, cette maison est donc influencée par les énergies des deuxième et sixième chakras.

Les questions de la maison huit sont nos ombres les plus obscures car, comme l'a fait un jour remarquer Benjamin Franklin, le test véritable du caractère d'une personne arrive dans les questions d'héritage familial. Cette maison fait ressortir nos questions reliées au pouvoir, marquant un passage plus grand dans le domaine public du pouvoir extérieur.

Vous devez comprendre la nature émotionnelle de cette maison, car l'argent, la sexualité et la connaissance secrète sont des moyens de séduction qui peuvent bloquer la poursuite de votre potentiel divin. Il peut être extrêmement difficile de résister à ces énergies. Il est difficile de demeurer émotionnellement centré et en possession de son pouvoir lorsque les questions financières et sexuelles sont en jeu. Comme l'argent, le sexe et le pouvoir représentent l'autorité et la sécurité, lorsque ces domaines de la vie sont menacés (ou que nous les percevons comme tels), nous devenons extrêmement craintifs et pouvons agir d'une façon irrationnelle. Les expressions de l'ombre de cette maison se présentent dans le domaine de l'inconduite juridique et financière, y compris, entre autres, la mauvaise appropriation des fonds commerciaux et les conflits familiaux sur les questions d'héritage. Dans cette maison, nous découvrons également la valeur magnifique de notre force et de notre courage au cours des expériences les plus vulnérables de notre vie.

Un grand nombre des Contrats que vous avez avec d'autres gens viennent à cause de l'argent, du sexe et du pouvoir et cette maison aussi présente le potentiel de trahison et d'incompréhension. Mais des liens familiaux et affectueux sont également des qualités héritées et cette maison et son archétype peuvent être une grande source de force pour vous. L'exemple suivant d'une relation entre deux personnes constitue pour moi un Contrat typique de la maison huit.

Alfred était d'une nature extrêmement sombre. Il était jaloux, avide et manipulateur : pour moi, il représentait l'archétype du Jeteur de Sorts. Il avouait en fait avoir été accro à l'argent, au sexe et au pouvoir, car il avait l'impression d'être sur la voie de la guérison. Même s'il avait conscience de son ombre, celle-ci gouvernait encore, de toute évidence, son esprit et son âme. Il semblait utiliser sa guérison pour donner de lui l'image de quelqu'un qui n'avait pas l'intention d'utiliser les autres, mais n'avait tout simplement pas la maîtrise de son pouvoir. Il continuait nettement de manipuler les autres afin de se sentir supérieur.

Deux jours après avoir rencontré Alfred, je rencontrai Susan qui avait eu une relation avec lui et qui confirma qu'il était un maître manipulateur qui l'avait lentement dépouillée de son estime de soi, une forme subtile de maléfice. En la faisant se sentir inadéquate et en la corrigeant continuellement en public et en privé, Alfred lui avait lentement dérobé son respect de soi, de telle sorte qu'elle finit par se croire aussi faible qu'il l'affirmait avec insistance. Mais un jour, Susan eut un moment de révélation et rompit d'un seul coup l'emprise qu'Alfred avait sur elle. Dans ce bref instant, elle vit qu'elle était devenue Esclave d'un Sorcier maléfique et qu'elle n'était pas ce qu'il décrivait. Elle rompit le sort d'une façon si complète qu'elle réalisa qu'elle n'avait plus aucun lien avec lui. Susan se libéra sur le plan psychique et émotionnel et sentit même de la gratitude d'avoir été forcée à se libérer.

Susan reconnut avoir eu un Contrat avec Alfred qui allait lui donner accès à sa propre force. Les deux avaient tiré parti, en fin de compte, de leur relation dysfonctionnelle, ce qui est toutefois rare. Susan passa à des relations plus saines, comme nous devrions tous le faire chaque fois que nous quittons des relations malsaines. Et Alfred alla même jusqu'à maîtriser ses dépendances et sa soif de domination, même s'il avoua ne pas vraiment vouloir changer, car ses dépendances lui servaient si bien. La véritable difficulté d'Alfred, c'était son amour pour son ombre. Sur le plan intellectuel, il reconnaissait que cela engendrait des conséquences négatives, mais il s'était également convaincu (il s'était jeté un sort) que cela le mettait à l'abri, émotionnellement, du tort qu'il faisait aux autres.

L'archétype associé à votre maison huit est celui qui vous guide à travers vos peurs, vos épreuves et vos forces en ce qui concerne l'argent, l'héritage et la sexualité. Gardez à l'esprit que le fond de vos peurs ne peut se comprendre pleinement dans les limites d'une seule maison. Les archétypes et les maisons auxquelles ils sont associés sont des points d'entrée dans votre carte. Chaque point d'entrée vous fournit une perspective particulière différente, mais pour voir votre Contrat dans son ensemble, vous devez en définitive considérer toute la carte. Si vous étiez en crise à propos de l'importance de l'argent pour vous, ou de votre résistance au fait de vivre pleinement, vous vous pencheriez sur la maison deux, car ce sont des questions de valeurs personnelles. (Vous devez également vous référer à la maison où est situé votre Saboteur pour voir s'il y a là un lien thématique.) Mais si vous examiniez une relation commerciale ou financière, vous commenceriez le processus d'interprétation par votre archétype de la maison huit. Puis, étudiez cette même relation avec un autre archétype et une autre maison, en les examinant un à un, en faisant un tour de Roue. C'est comme voir votre psyché et votre âme avec un objectif grand angulaire.

NEUVIÈME MAISON :
SPIRITUALITÉ
(Septième chakra)

La neuvième maison, qui correspond au Sagittaire, le troisième signe de feu, gouverne la spiritualité, la religion, le voyage et la sagesse. L'énergie du Sagittaire est associée à l'audace et à l'indépendance, qualités qui mettent en valeur les quêtes que vous êtes incité à poursuivre. L'élément feu du Sagittaire allume l'inspiration, la dévotion et la passion de réaliser une relation intime au Divin. Tandis que le Lion, autre signe de feu qui gouverne la cinquième maison, est fortement lié aux caractéristiques et au théâtre de la personnalité dramatique, le feu du Sagittaire élève l'âme d'une personne jusqu'à des voies transcendantes, en accord avec le symbolisme du Centaure dirigeant sa flèche vers le cosmos. Les parts d'ombre inhérentes à cette maison sont liées à la difficulté de gérer votre ego spirituel souvent caractérisé par l'archétype appelé le complexe messianique.

Les maisons neuf et dix sont situées au sommet de la carte et représentent les forces directrices qui nous aident à nous rappeler, même inconsciemment, que la vie est un voyage spirituel et que notre rôle est de développer continuellement notre potentiel le plus élevé. C'est pour cette raison que les deux maisons sont fortement influencées par l'énergie du septième chakra, qui régule notre relation au Divin. L'éveil spirituel appelé « la nuit noire de l'âme » résonne fortement avec le profil énergétique de la neuvième maison. Notre culture contemporaine est largement passée de la pratique en groupe de la religion, à la recherche profondément intime, d'une voie spirituelle individuelle. Même s'il s'agit d'un mouvement positif dans notre évolution, bien des gens tentent aujourd'hui de vivre selon les normes intérieures exigeantes jadis réservées aux moines, sans toutefois bénéficier de l'environnement privilégié qui, jadis, permettait aux religieux de focaliser uniquement sur leur pratique spirituelle.

La part d'ombre de cette migration vers la culture ambiante de pratiques spirituelles jadis cloîtrées présente des risques de crise spirituelle ou même de folie. L'approfondissement du moi pour tenter de prendre contact avec le Divin exigeait traditionnellement la présence d'un conseiller suffisamment évolué, du point de vue spirituel, pour vous tenir la main à travers les points de passage dans l'âme : nommément, un directeur spirituel, un gourou, un abbé ou une mère supérieure. Durant ce processus d'introspection spirituelle, vous descendrez peut-être dans les profondeurs de la solitude et de la vie, vous vous détacherez des émotions et de la notion du quotidien et même, ironiquement, vous développerez un sentiment d'absurdité.

Cependant, bien des gens se trouvent présentement dans un état de détachement émotionnel, tout en s'efforçant d'entretenir la vie extérieure, en allant travailler et en remboursant l'hypothèque. Souvent, le fardeau de vivre dans deux dimensions aussi opposées peut presque paralyser les gens dépressifs. Mais comment distinguer la dépression clinique ou psychologique conventionnelle de la crise spirituelle, dont les symptômes peuvent paraître similaires ?

Tout d'abord, toute dépression provient de sentiments de dévalorisation. L'équilibre du pouvoir change et vous avez l'impression de ne plus dicter la loi. La dépression clinique provient généralement d'événements extérieurs ou matériels. Elle peut provenir d'un déséquilibre chimique ou d'un changement de vie traumatique : du divorce à la perte d'un proche, en passant par un diagnostic de maladie grave. Une telle dépression engendre souvent une incapacité de fonctionner efficacement et doit être traitée par un professionnel de la santé mentale.

Par contraste, la dépression spirituelle est plus souvent déclenchée par une plongée dans des questions métaphysiques que par des soucis matériels. Vous avez peut-être l'impression d'avoir atteint une impasse, d'avoir été abandonné par Dieu ou d'avoir perdu l'espoir d'atteindre à l'union divine. Les crises spirituelles sont parfois causées par un choc, tel qu'une maladie grave ou un divorce, si cela vous conduit à remettre en question la signification et la valeur de votre vie au lieu de focaliser entièrement sur votre infortune matérielle.

Il est clair que la distinction est parfois subtile entre une dépression clinique et une crise spirituelle. Une autre façon de la reconnaître consiste à observer votre façon de réagir à une crise.

Si vous réagissez en vous demandant comment vous trouverez un jour quelqu'un pour remplacer le conjoint dont vous avez divorcé, ou suffisamment d'argent pour vivre, votre dépression est sans doute psychologique au départ. Si vous réagissez précisément au sentiment d'avoir été rendu impuissant par le fait d'être consumé par la colère, le ressentiment ou le blâme envers les autres, il est fort possible que vous ne soyez pas atteint d'une dépression spirituelle. (Bien sûr, en cas de doute, vous devriez toujours consulter votre médecin ou un professionnel de la santé mentale.) Si toutefois vous vous posez des questions sur le sens de la vie ou la raison pour laquelle Dieu vous paraît si distant, vous avez toutes les chances de subir une crise spirituelle et vous avez peut-être besoin de voir un directeur spirituel plutôt qu'un psychothérapeute.

Si vous déterminez que votre dépression est largement spirituelle, une solution possible consiste à abandonner au Divin toutes vos craintes et soucis profanes, à « lâcher prise et laisser faire Dieu ». Vous pouvez émettre une simple déclaration au Divin pour signifier que vos propres tentatives de direction de votre vie spirituelle n'ont rien donné et que vous avez besoin de l'assistance divine. Vous abandonner aux mains du Divin, c'est différent de l'abandon de tous vos biens matériels comme dans le cas du vœu traditionnel de pauvreté. Mais le fait de réaliser que vous vivez dans le champ protecteur d'un Contrat sacré, qui vous fournit tout ce que la vie exige pour l'évolution de votre âme, peut vous permettre de clore le conflit entre votre volonté personnelle et celle du Divin. Le geste de s'abandonner est une affirmation qui dit : « Je permets au Divin de faire mes investissements en fonction d'une sagesse plus grande que la mienne. »

La vie de Marissa illustre précisément ce genre d'expérience. Intellectuelle de profession qui avait l'archétype du Savant dans sa neuvième maison, Marissa pouvait examiner toute idée d'aussi près que si c'eût été un microbe sur une lamelle de verre. Elle était versée dans presque tous les domaines universitaires, de l'histoire à la botanique, et jouissait d'une bonne mémoire. Marissa cherchait Dieu de la même façon qu'elle poursuivait n'importe quel sujet : avec l'intention de le conquérir. Qu'elle étudiât le mysticisme ou l'histoire, son intention ultime était de trouver une voie qui menait à Dieu en récompense de son application et de son dévouement. Pour remplir son Contrat sacré et son potentiel divin, son Savant devait prendre les devants. Si elle avait eu un archétype de la Victime dans la neuvième maison, par exemple, son périple vers le Divin aurait pu commencer par des expériences qui l'auraient dévalorisée, rendue vulnérable et privée de force spirituelle. Si l'Enfant s'était plutôt trouvé dans cette maison, elle aurait peut-être considéré Dieu comme une figure protectrice et parentale, une façon parfois utile de voir le Divin.

Marissa finit par atteindre les limites de son intellect. Ce dernier ne peut saisir le pouvoir de l'âme, qui répond à des lois et à une logique divines, et non humaines. Lorsqu'on l'interrogeait sur Dieu du point de vue historique, elle parlait abondamment, mais lorsqu'on lui posait des questions sur l'expérience du Divin, elle restait bouche bée. Elle devint exacerbée, puis déprimée en réalisant que la force de sa pensée ne suffirait pas à elle seule à produire les états d'extase qu'elle avait tant étudiés.

Marissa décida d'aller en retraite : de frapper à la porte de la chapelle, pour ainsi dire. En effet, on la laissa entrer au monastère, mais elle n'y rencontra pas Dieu, comme elle l'avait espéré.

Lorsque je fis sa connaissance dans un atelier, elle était confuse, lasse et presque désespérée. En dessinant sa roue, je cherchai d'abord un indice sur son âme dans la neuvième maison. Lorsque j'y trouvai le Savant, je commençai à comprendre le problème. « Il n'est pas étonnant que ton âme soit à moitié folle, dis-je. Elle est en jeûne à cause du régime mental que tu lui as imposé. » Nous avons parlé de la signification spirituelle du Savant et de son rôle dans le fait d'avoir été attirée de plus en plus profondément vers l'esprit rationnel, seulement pour lui montrer, à maintes reprises, que son âme n'est pas rationnelle. Le champ d'étude de l'âme est la nature de Dieu, qui ne cède pas à l'examen logique. Marissa avait atteint un tournant. Elle devait accorder l'humilité à son Savant et cesser immédiatement d'étudier le Divin par la lecture. Ses livres ne lui donneraient pas les réponses qu'elle cherchait.

Marissa ne comprenait rien à ce que je disais, ce qui était un autre bon signe : déjà, son mental se taisait. Je lui suggérai d'entrer dans sa folie, de sentir la frustration et d'attendre le moment où rencontrer Dieu sur le chemin de la raison n'aurait plus d'importance. « Lorsque tu atteindras ce point, Dieu sera là », lui dis-je, ce qui était exactement le conseil que m'avaient donné, des années auparavant, une nonne et un mentor que j'adore.

Un peu plus d'un an plus tard, je reçus une lettre de Marissa me disant qu'elle avait suivi mes instructions. « Durant ces derniers mois, j'ai appris que je ne suis pas la personne disciplinée que je croyais être, écrivait-elle. Je suis autoritaire et je suis terrifiée à l'idée d'être sous l'autorité des autres. Je voulais expérimenter selon mes règles. Lorsque je rencontrais des gens, je commençais par me présenter sur le plan mental. Je voulais les impressionner par mon brio et ainsi, dominer chaque groupe. Je décidai, quelque part durant ces derniers mois, de ne plus jamais le faire. À présent, lorsque je suis avec des gens, j'écoute au lieu de parler. Je veux vraiment arriver à les connaître et à partager avec eux mes sentiments et mes pensées. Je sens que je m'assouplis intérieurement et, dans cette souplesse, j'ai réservé une place à Dieu. Déjà, j'éprouve une plus grande satisfaction. Je garde un journal de mes conversations et mon Savant est en train d'apprendre à étudier les nombreuses façons dont les gens apprécient le fait d'être en vie. Bref, je vais bien. »

J'adore l'histoire de Marissa, car elle lutta contre l'abandon de soi avec tout son pouvoir et perdit, puis gagna. Elle n'eut pas à abandonner sa profession, ni à déménager, ni à pratiquer la chasteté et la pauvreté. Elle n'eut qu'à réévaluer le contrôle que le Savant avait sur sa relation avec la vie et avec Dieu.

DIXIÈME MAISON :
POTENTIEL LE PLUS ÉLEVÉ
(Cinquième et septième chakras)

La dixième maison est gouvernée par le Capricorne, le troisième signe de terre du zodiaque. L'énergie de cette maison agit sur votre potentiel le plus élevé. Elle vous pousse à l'atteindre dans votre monde physique et votre vie spirituelle. Quel est votre potentiel le plus élevé de compassion ou de générosité ? Quel est votre potentiel le plus élevé de valorisation des autres ? Quel est votre potentiel le plus élevé que vous puissiez atteindre par votre talent ? Votre potentiel le plus élevé, c'est ce que votre Contrat vous force à reconnaître et à accomplir. Puisque cela exige des choix concernant votre destinée spirituelle, la maison correspond aux énergies des cinquième et septième chakras.

L'archétype qui réside dans cette maison est votre point de départ dans le déchiffrement des choix qui vous sont ouverts et de la qualité de vos motivations. La part d'ombre de votre potentiel le plus élevé est le sabotage de soi, le doute ou le manque de confiance. La peur de l'échec, de même que celles du succès et de la responsabilité, caractérise les épreuves inhérentes à cette maison. Ce sont surtout des peurs de vos propres pouvoirs et de votre prise de pouvoir personnelle et les changements qu'ils vous demandent de faire dans votre vie. Vous aurez besoin de vérifier si vous empêchez délibérément votre potentiel le plus élevé d'émerger et pourquoi. Vous devrez également lutter pour demeurer humble, en même temps que vous développez votre pouvoir.

La poursuite de votre potentiel supérieur est le marathon le plus difficile. À chaque mise à niveau, qu'elle soit personnelle ou professionnelle, quelque chose ou quelqu'un viendra éprouver la profondeur et la solidité de votre croissance intérieure. Sur le plan matériel, cette rencontre pourrait se présenter comme une confrontation avec une autre personne qui ne veut pas vous voir changer. Ou une relation avec quelqu'un dont vous devenez jaloux, qui mettra à l'épreuve votre capacité de soutenir le talent et les dons d'un autre. Ou l'on vous donnera peut-être la possibilité d'aspirer à la transformation intérieure, pour découvrir par la suite que ces occasions exigent toujours le sacrifice d'une partie de votre vie. Certaines personnes estiment que le sacrifice et le changement demandent trop d'efforts, et cessent de poursuivre ou de réaliser l'accomplissement de leur potentiel.

L'archétype de votre dixième maison indique de quelle façon votre inconscient organise vos pensées lorsque vous êtes aux prises avec des choix susceptibles de vous amener à remplir votre mission. Rappelez-vous ceci : bien que tous vos compagnons archétypaux aient de l'influence sur chaque aspect de votre vie, l'archétype qui réside en cette maison représente le langage symbolique à utiliser pour déchiffrer tout ce que recèle votre potentiel le plus élevé.

La vie de Foley comporte un Contrat extraordinaire. Foley a un frère jumeau identique, Dennis et, comme bien des jumeaux, ils étaient inséparables jusqu'à ce qu'ils soient en âge de fréquenter l'université. Dennis tenait pour acquis qu'ils s'orienteraient tous deux vers la gestion des affaires. Foley, cependant, craignant les objections de son frère, n'avait pas révélé à Dennis son désir d'étudier la botanique et partit vivre au Costa Rica pour quelques années. Peu après qu'ils eurent commencé l'université, Dennis vit que Foley songeait à un avenir différent et s'éloigna. Se sentant complètement trahi, il estimait que Foley aurait dû le mettre au courant, tout ce temps, de son intérêt croissant pour un avenir différent. Dennis considérait comme un abandon la décision de Foley d'aller vivre en Amérique centrale.

Bien que Foley eut anticipé la rogne de Dennis, il fut étonné de la violence de la réaction de son frère. Dennis changea d'université au cours de la deuxième année. Avec le temps, la pression exercée sur Foley par ses parents et sa rupture avec son frère l'obligea à abandonner ses visées.

Je rencontrai Foley environ trois ans après le sacrifice de son rêve. Il avait alors décroché un diplôme en comptabilité. Il occupait un emploi de serveur et espérait poursuivre ses études en informatique, mais il n'avait pas le cœur à l'ouvrage. Jusqu'à ce que Foley avoue qu'il a compromis ses rêves, il ne sera jamais comblé.

Au premier abord, le problème de Foley peut passer pour un intérêt de la maison trois (frères et communication), mais le point fondamental de Foley était d'avoir négocié sa propre vocation dans la vie, une question de la maison dix : il ne suivait pas sa voix intérieure. Dennis a peut-être été la cause immédiate, mais la question de fond était l'angoisse qu'avait Foley de perdre son potentiel le plus élevé. Dans bien des situations, comme celle de Foley, plusieurs intérêts peuvent se chevaucher. Vous devrez peut-être pénétrer plusieurs niveaux d'intérêt et plusieurs maisons avant d'arriver au problème central.

Foley possédait l'archétype du Héros dans sa maison dix. Lorsque je lui demandai pourquoi il avait choisi le Héros parmi ses douze archétypes, il dit qu'il associait l'endurance, le dévouement et la loyauté au Héros. Il avait consciemment travaillé à développer ces qualités toute sa vie, surtout en aidant et en s'occupant de son frère jumeau. Il ajouta toutefois qu'il avait toujours eu l'impression qu'il serait dirigé vers une mission exigeant qu'il soit séparé de son frère. « Je le savais depuis l'enfance, me confia-t-il, car je suis conscient depuis longtemps de porter la psyché de mon frère sur mes épaules. J'essayais constamment de m'assurer qu'il était heureux et en sécurité. J'étais celui qui réglait toujours ses problèmes et qui l'aidait à se montrer à la hauteur. Et je savais que je devrais me séparer de lui, ne serait-ce que pour m'accorder à moi-même autant d'attention. Je voulais savoir ce que c'était que de dire "moi d'abord", de savoir qui je serais, si j'étais complètement libre de faire tous les choix que je voulais sans devoir vérifier auprès de mon autre moitié. »

Je demandai à Foley de décrire la différence entre l'image du Héros dans le domaine des affaires et celle du Héros en tant que botaniste cherchant à maintenir en santé une espèce en danger. La formulation de ma question faillit l'anéantir. « Ce n'est pas comparable, dit-il. Je ne contribuerai jamais autant à la vie en additionnant des chiffres qu'en travaillant sur le terrain. » Nous avons parlé de ce qui l'empêchait de retourner à sa trajectoire originelle. Son jumeau était dès lors à même de s'assumer, et je lui demandai de nommer trois compromis que son frère avait faits dans *sa* vie pour s'assurer que Foley serait plus heureux. Il ne put en mentionner un seul.

Lorsque je demandai de décrire la santé de son archétype du Héros, il dit qu'il avait l'impression que le Héros avait été affaibli et défait dans son âme et qu'il était gêné de se rappeler qu'il avait négligé sa propre direction. « Je ne crois pas qu'il me reste du courage, je n'en ai peut-être jamais eu au départ. Si c'était le cas, je crois que j'aurais osé partir pour l'Amérique centrale. »

Foley vivait dans l'ombre de son Héros, et sa façon de s'en tirer consistait à sortir de sa misère en décidant, finalement, que sa vie comptait suffisamment pour qu'il la vive. Ajuster sa vie aux exigences de cet engagement serait son Périple du Héros initiatique ; il lui donnerait une idée de son potentiel le plus élevé. L'épreuve suivante (choisir de se libérer de sa tribu et de poursuivre l'une des tâches de son âme) représenterait la prochaine étape de son Périple du Héros.

Après avoir visualisé cette chance de libération, Foley se sentit revivre. Sa respiration changea et son énergie fut temporairement débarrassée de toute tristesse. Il commença à appréhender que son frère et ses parents n'étaient pas la seule raison pour laquelle il n'avait pas saisi son plein potentiel. Foley avait l'archétype de l'Ermite dans sa maison trois (frères et sœurs et communication), qui exprimait son besoin d'être séparé de la forte psyché familiale qui détenait tant d'influence sur lui. À la différence de son frère ou d'autres membres de sa famille, Foley avait besoin de son propre espace pour exprimer sa vie, l'expression étant une caractéristique de la troisième maison. Que son frère ait été ou non attaché à lui, il aurait eu à chercher une voie indépendante. Comme dans tous les Contrats, sa famille était en fait un cadeau pour lui. Bien des familles jouent leur rôle en tant qu'obstacles, puis deviennent d'excellents supporters. Celle de Foley était l'incarnation d'un défi collectif qui allait raffiner son Héros intérieur, l'obligeant à être déterminé et indépendant.

L'une des manifestations de la part d'ombre de la troisième maison est la façon dont nous communiquons, non seulement avec d'autres mais avec nous-mêmes, notre psyché, notre âme et notre intuition, avec l'essence même de notre vie. Lorsque Foley ne suivit pas la voix et les aspirations de son âme et ne communiqua pas ses désirs à son frère et à sa famille, il trahit sa voix intérieure et s'isola de son esprit. Désormais, il devrait faire appel à son Héros pour se réapproprier son âme.

ONZIÈME MAISON :
RELATION AU MONDE
(Quatrième et sixième chakras)

La onzième maison correspond au Verseau, le troisième signe d'air, et gouverne votre relation au monde extérieur et votre conception du périmètre. Votre vision générale de la vie est liée à l'énergie de cette maison. Ces sentiments reflètent la vision de votre sentiment de pouvoir à l'œuvre dans l'environnement social ou planétaire. Les gens attirés vers le service à l'échelle mondiale, comme les causes écologistes ou pacifistes, ont des liens forts avec l'énergie de cette maison. L'optimisme ou le pessimisme quant à l'avenir de l'humanité est une extension de l'énergie spirituelle de la onzième maison. La maison onze gouverne votre façon de relier votre créativité à l'humanité et engage les énergies de vos quatrième et sixième chakras, qui régulent votre cœur et votre esprit.

La course présidentielle entre George W. Bush et Al Gore fut une partie de souque à la corde archétypale typique de la maison onze. Les difficultés que posait la proclamation du gagnant ont concentré l'attention du pays sur le pouvoir qu'ont les individus de changer l'avenir de l'humanité. Par conséquent, les Américains ont évalué avec plus de sérieux que jamais l'importance de chaque vote.

Les gens qui sont valorisés par une attitude qui dit que tout est possible vivent dans un champ d'énergie ayant le pur potentiel de la maison onze. Ils sont souvent imposants, précisément parce qu'ils pensent en termes mondiaux. Pour eux, les perceptions de la maison onze envahissent leurs premières pensées du jour et sont les dernières à quitter leur esprit lorsqu'ils retournent au lit, le soir. Les gens comme Martin Luther King et Mahatma Gandhi, qui ont provoqué une nouvelle conscience dans l'esprit et l'âme de toute l'humanité, incarnent l'influence de la maison onze. En observant le village planétaire par la fenêtre de leur onzième maison, ils ont vu les possibilités de provoquer, contre toute attente, un changement positif.

Ce ne sont pas tous les gens qui ont besoin de lancer ou de participer à une cause afin d'apporter une énergie positive à la planète. Je rencontre d'innombrables gens qui valorisent des attitudes fortes à propos de la vie, telles que « Tous les gens sont fondamentalement bons » et qui aident ceux qui sont dans le besoin. Ces gens nourrissent toute l'âme humaine. Comme l'a dit Jésus : « Dans la mesure où vous l'avez fait à l'un des plus petits de mes frères, c'est à moi que vous l'avez fait. » (Matthieu 25 :40) Le fait de développer la capacité de voir la beauté de la vie dans son ensemble, de voir les gens comme des êtres fondamentalement affectueux, c'est comme participer à un mouvement écologique spirituel. Nous n'avons aucune façon de mesurer le pouvoir d'une pensée seule, mais nous savons que les attitudes et les croyances ont des répercussions universelles.

Les maîtres spirituels, les leaders populaires, les génies scientifiques et les grands artistes qui se consacrent au service de l'humanité illustrent, tous, le bien que l'on peut faire en consacrant son âme à l'incarnation d'une seule perception. Par exemple, Copernic changea la compréhension qu'avait l'humanité des mouvements planétaires en contestant l'idée que la terre était au centre du système solaire. Cette seule pensée démantela le paradigme scientifique de son époque : un jour, la terre paraissait plate, le lendemain, elle était ronde ; une seule perception refaçonna la vision collective du globe.

Vous aussi, vous êtes peut-être le canal grâce auquel une toute nouvelle compréhension de la réalité se manifestera. Repassez votre vie et vos relations. Cherchez des changements que vous avez inspirés chez d'autres qui ont réussi à déplacer des montagnes dans leur propre vie. La plupart des difficultés que nous surmontons ne provoquent pas nécessairement d'énormes mouvements mondiaux, mais sont des défis quotidiens ou des forces invisibles, telles les attitudes. Des générations profitent de l'initiative d'un seul parent de devenir un père plus actif ou de cesser de haïr les gens différents de lui. Lorsque John Lennon se retira de la vie publique pour s'occuper de son bébé Sean, par exemple, le concept d' « homme au foyer » était essentiellement inconnu. Lennon se fit copieusement injurier pour avoir, disait-on, échangé sa guitare pour un tablier, mais son exemple constitua un modèle que des millions d'hommes ont depuis accueilli, au grand plaisir de leurs épouses ou compagnes comme celui de leurs enfants. Le fait d'entretenir cette seule forme de pensée, de la nourrir d'attention amoureuse et d'une appréciation toujours plus profonde de ce que veut dire vivre dans un univers interrelié, transmet un courant spirituel au système collectif.

Les grands maîtres spirituels ont continuellement amené leurs étudiants à prendre conscience du pouvoir de leur propre esprit. Afin d'éclairer ceux-ci sur leur potentiel intérieur, ces leaders reprennent les paroles du patriarche bouddhiste Bodhidharma : « Je ne suis qu'un doigt pointant vers la lune. Ne me regardez pas ; regardez la lune. » Lorsque Jésus dit de ses guérisons miraculeuses : « Tout ceci et davantage, vous pourrez le faire si vous avez la foi », son message était clair : chaque personne peut devenir une force de changement pour toute l'humanité : il suffit de reconnaître la vraie nature de la Divinité en soi et de vivre en accord avec elle. Le monde extérieur n'est qu'une manifestation de l'autorité de notre vie intérieure.

À Des Plaines, en banlieue de Chicago, en Illinois, il y a un monastère de Carmélites. Pour un seul après-midi, il y a des années, les Carmélites ont permis à un groupe de gens de visiter une portion très limitée de l'espace intérieur de leur cloître. Je faisais partie du groupe et je me rappelle vivement leur réfectoire dépouillé, leurs cellules privées aux murs blancs et nus, le long couloir qui menait aux chambres dans lesquelles nous n'entrerions jamais. Dès que nous fûmes tous assis dans la salle de réception, l'abbesse nous parla de la signification spirituelle de l'engagement des religieuses. Vivant leur vœu de silence et dans un continuel état de prière au nom de tous les gens, ces femmes avaient la certitude que toutes leurs prières entraînaient des flots de grâce du Divin sur l'humanité qu'elles ne voyaient presque jamais. Quelques religieuses avaient la permission de parler aux visiteurs cet après-midi-là et je demandai à l'une d'elles comment, de son point de vue, les prières d'un groupe de dix-sept femmes pouvaient bien affecter la communauté mondiale. « Je sais par votre question, dit-elle, que vous n'avez pas encore eu véritablement besoin du pouvoir d'une simple prière. »

Des années plus tard, à Paris, j'eus l'occasion de dîner avec le maître bouddhiste tibétain Sogyal Rinpoche. Parmi les nombreux récits qu'il partagea avec moi, il y avait l'histoire de la mort de son maître. « Lorsqu'il fut temps pour mon maître de mourir, il rassembla ses disciples et ses astrologues, dit Rinpoche. Il annonça qu'il se préparait à partir et demanda à ses astrologues de tracer une carte du ciel afin de déterminer le moment parfait pour lui d'éloigner son esprit de la terre. Il voulait partir aussi silencieusement qu'il le pouvait pour ne rien déranger. » Sogyal Rinpoche expliqua également que le pouvoir d'un seul être éveillé a une forte influence dans l'équilibre des énergies positives et négatives de la vie.

L'archétype qui réside dans votre maison onze est symbolique de la façon dont vous considérez le pouvoir de votre esprit en relation avec l'ensemble de la vie. L'archétype de la Victime de cette maison, que j'ai souvent vu, peut vous suggérer que le monde est intimidant, car chacun a plus d'autorité que vous sur votre vie. D'autre part, j'ai également vu la Victime dans cette position dans les cartes du ciel de gens qui sont armés de courage et d'optimisme. Pour eux, la Victime symbolise l'énergie négative à laquelle ils refusent de céder, se poussant jusqu'à la limite pour s'aider et aider les autres à éviter la persécution.

Les archétypes de la maison onze nous incitent à évaluer notre façon de percevoir notre place dans ce monde et de mesurer notre sentiment de pouvoir. Mon étudiant de troisième cycle en Christologie m'a dit que plus l'on a conscience du pouvoir de son âme, moins l'on a à voyager physiquement, car on peut envoyer ses pensées et ses prières pour faire le travail à sa place. Il peut être difficile de saisir que, même lorsqu'on est chez soi, nos pensées influencent toute la vie, mais cette vérité, nous avons tous à l'apprendre, en vertu d'un Contrat.

La part d'ombre du pouvoir d'un seul esprit se manifeste chez des gens tels qu'Adolf Hitler, Joseph Staline, Charles Manson et Jim Jones. Les caractéristiques de la part d'ombre de la onzième maison se nourrissent d'un ego qui laisse croire que l'on peut transformer toute la planète en vertu des diktats de ses désirs. La psyché des gens chez lesquels cette ombre est active ressemble à une toile d'araignée. Ils épient et piègent les foules qui recherchent celui qui leur dira ce que pourrait être la vie si eux, les démunis, détenaient l'autorité sur d'autres. Comme nous le confirme l'histoire, de telles perceptions négatives de la maison onze finissent inévitablement par imploser en emportant leurs partisans.

DOUZIÈME MAISON :
L'INCONSCIENT
(Sixième et septième chakras)
La douzième maison correspond au troisième signe d'eau, les Poissons, qui est le signe de l'intuition, de l'instinct viscéral. C'est la maison de Perséphone, les enfers gouvernés par Pluton, ou ce que j'appellerais le canal majeur de la direction profonde. La douzième maison gouverne l'inconscient ainsi que nos peurs les plus secrètes. La nature énergétique de cette maison renvoie nos images souterraines à notre esprit à travers tous les portails disponibles : rêves, conversations, rencontres en synchronicité, ou toute occasion d'apercevoir un fragment de notre Contrat en action. Le fait de dévoiler votre inconscient exige votre intellect, votre intuition et vos aspirations spirituelles ; cette maison résonne donc de l'énergie des sixième et septième chakras.

Vos capacités intuitives font partie de l'énergie de cette maison. Référez-vous à la signification de la première maison et refaites le périple circulaire de la Roue archétypale; notez que les autres maisons se rapportent aux aspects rationnels et émotionnels de votre nature. La formation de votre identité et le choix de vos valeurs sont largement des produits du monde matériel. Vous unir à une autre personne, et évaluer si vous voulez continuer à porter en vous l'ADN symbolique de votre tribu, est une question fortement émotionnelle et psychologique. Cependant, le fait de compléter ce cercle vous mène à votre voix intuitive.

L'intuition est notre sens primal. Bien avant de faire connaissance avec la pensée rationnelle, nous sentons la vie. Bébés, nous absorbions le climat énergétique du monde dans lequel nous vivions, y compris les émotions de nos parents et l'atmosphère de notre maison. En grandissant, les capacités de l'esprit se développent et les expériences intuitives que bien des enfants décrivent, telle la vision des anges, sont rejetées et mises au compte de l'imagination. Ces forces psychiques se terrent alors dans un souterrain, bien qu'habituellement, elles ne se taisent pas complètement. Je suis convaincue que la polarité entre notre être rationnel et notre être intuitif crée une atmosphère intérieure propice à une souffrance et à une dépression intenses. Sentir l'information énergétique, mais ensuite réprimer cette information faute d'appui rationnel, c'est inviter la folie.

Apprendre le langage des archétypes et la vision symbolique permet d'éveiller et d'utiliser votre intuition. Le modèle archétypal qui réside dans votre douzième maison est le guide de votre souterrain. Bien que vos peurs semblent multiples, chacune n'est en définitive qu'une version différente de la peur du changement, qui est de loin l'obstacle le plus puissant à l'ultime acte irrationnel de l'abandon spirituel de soi. Vos expériences de la maison douze portent le thème de l'abandon de soi, comme dans la scène de *La vie est belle (It's a Wonderful Life)* dans laquelle George Bailey (joué par Jimmy Stewart), envisageant de se précipiter du haut d'un pont surplombant une rivière glacée, finit par atteindre son point de rupture et implore en pleurant l'aide de Dieu.

Il y a quelques années, j'ai rencontré une dénommée Chris qui se trouvait elle-même à un point de rupture. Son mari avait été arrêté pour extorsion et les autorités avaient saisi tous leurs biens afin de récupérer l'argent volé. Leur vie passa du conte de fée avec deux enfants dans une maison charmante, à celle d'une famille déchue vivant de la charité de la parenté. Chris avait l'endurance et la force d'un Soldat, l'archétype de sa douzième maison. Elle avait choisi le Soldat, non seulement parce qu'il l'aidait à affronter ses problèmes, mais aussi parce qu'elle avait toujours été celle qui menait les batailles pour la survie émotionnelle de la famille. Son père était un officier militaire qui condamnait toute forme d'ouverture émotionnelle, et ses frères étaient alcooliques. Parce que sa mère était incapable de supporter autant de dysfonctionnements, Chris était devenue dès l'enfance le paratonnerre de toute la tension de la maison. Sur un plan plus terre-à-terre, Chris choisit le Soldat parce qu'il représentait la force, le dévouement, la loyauté et l'honneur, qualités qui lui semblaient être les plus élevées auxquelles l'on puisse aspirer.

Au moment de ma rencontre avec Chris, elle était en crise. Sans apitoiement, elle avait néanmoins atteint le stade de la remise en question de toute cette souffrance, tandis que son entourage vivait de façon abusive. « J'étais au bord de la crise de nerfs, me dit-elle. Je n'avais personne à qui parler, je ne savais pas où aller ni quoi faire ensuite. Toute ma vie avait changé en un après-midi », celui de l'arrestation de son mari.

Pour retirer de l'information symbolique qui pouvait aider Chris à déterminer son processus, je lui dis de penser dans le langage du Soldat. « J'ai toujours considéré mon enfance comme un camp d'entraînement », dit-elle à la blague. Puis, je lui demandai de décrire tous les aspects de sa crise actuelle comme si elle était un soldat. Pour commencer, elle répondit : « Je prenais toujours des ordres de mon papa. Quand je voulais faire quelque chose pour moi-même, je devais me glisser derrière les lignes ennemies pour voler de mes propres ailes. Cette tendance n'a pas changé après mon mariage. De toute évidence, je me suis mariée selon le modèle en vigueur dans ma famille, sauf que mon père est un homme honnête. »

« Tout ce temps où mon mari enfreignait la loi, je savais que quelque chose n'allait pas. Ses humeurs étaient changeantes et il devenait de plus en plus retiré et secret, mais il insistait sans cesse pour dire que ce n'était que de la fatigue reliée au stress du travail. Je n'écoutais pas mon instinct viscéral, qui est la meilleure arme d'un Soldat. Pendant qu'il vivait dans ce monde secret, j'avais le sentiment de me préparer à une guerre, à une bataille émotionnelle invisible qui pouvait détruire notre mariage. Je ne trouvais tout simplement pas l'ennemi. Je savais qu'il ne me trompait pas avec une autre femme, mais je n'aurais jamais cru qu'il volait. »

Le mari de Chris finit par se faire prendre parce qu'il avait laissé à son bureau des traces écrites que ses supérieurs avaient suivies. Je demandai à Chris de se distancer de ce traumatisme et de penser comme un soldat à qui l'on vient de poser la question « Quelles sont vos pires craintes ? » Elle dit que sa pire crainte était que sa vie éclate. « C'est exactement pour cela que j'ai épousé quelqu'un qui, je croyais, avait ce qu'il fallait pour maintenir l'ordre dans nos vies. En même temps, je supportais mal le fait d'être entourée de toute cette autorité masculine. Je supportais mal, également, de me laisser donner des ordres. J'étais consciente de ce fait. J'aimais tout simplement le sentiment d'être protégée, tout comme lorsque ma famille vivait sur une base militaire. Mais maintenant, c'est différent ; ma vie a été ébranlée comme si elle avait été atteinte par une bombe. Je dois me prendre en main car je crois devoir quitter mon mari et voler de mes propres ailes. »

Les expériences de rupture sont courantes dans la maison douze et le mariage de Chris reflétait ce genre de drame. De toute évidence, son Contrat avec son mari ne comprenait pas le fait qu'il allait devenir un voleur. Ce choix lui appartenait, mais il avait également la possibilité d'en faire d'autres, plus constructifs.

« Si un soldat te demandait conseil, dis-je à Chris, que répondrais-tu dans cette situation ? »

Chris répondit qu'elle commanderait au soldat de dessiner une carte indiquant une destination précise, même si elle lui était inconnue. Elle dut préparer son équipement et se ressaisir pour un voyage à la dure, même si parfois, ces sentiers se sont avérés beaucoup plus faciles que prévu. Les nuits sont longues, dit-elle, car c'est à ce moment qu'elle se sent le plus vulnérable. « Mais je m'accroche à l'idée que, de nos jours, je suis liée par des Contrats plutôt que par des ordres, et que l'armée est responsable de la protection et de la survie de ses soldats. Je sais que c'est vrai, car j'y ai grandi et que je ne l'ai jamais vue en lâcher un seul. Ça ira. »

En se dégageant de son besoin d'être sous les « ordres » de quelqu'un, Chris sentit une impression de plus en plus forte de confiance en soi. Elle poursuivit sa vie et chaque fois qu'elle se sentait perdue dans la jungle, comme elle le disait, elle se référait à son archétype du Soldat et à toute la force symbolique qu'il détenait pour elle. En remplaçant le mot *ordres* par *Contrats*, elle signifiait que son commandant était Divin.

La part d'ombre de la maison douze peut ressembler beaucoup à une chambre d'horreurs médiévale, précisément parce qu'elle est si étroitement liée aux nombreux fragments de notre psyché. Un grand nombre de nos dépendances et de nos compulsions sont enracinées dans nos peurs les plus profondes d'être abandonné, celles qui poussent abondamment dans l'ombre de cette maison.

Maintenant que vous vous êtes familiarisé avec la nature et le rôle de chacune des douze maisons qui composent la Roue archétypale, il est temps de créer votre propre Roue. En suivant le processus intuitif esquissé au prochain chapitre, vous placerez chacun de vos douze archétypes dans une maison différente de la Roue. Cette Roue archétypale personnelle deviendra la carte routière la plus importante pour travailler avec vos archétypes et comprendre votre Contrat sacré.

CHAPITRE 8

Le tirage de votre roue d'origine

Votre Roue archétypale vous montre la relation de votre âme au pouvoir. Dans ce chapitre, vous apprendrez à placer chacun de vos douze archétypes dans sa maison à l'intérieur de la Roue. Chaque archétype est relié aux autres par le pivot central de la Roue : ainsi, même si chaque maison est gouvernée par un archétype précis, elle est également influencée par toutes les autres énergies archétypales de votre carte.

Si, par exemple, votre archétype de l'Enfant tombe dans la neuvième maison (spiritualité), il signifie que la compréhension de la nature de votre Enfant vous aidera à explorer votre spiritualité. Meg, qui avait un archétype de l'Enfant en maison neuf, réalisa qu'elle entretenait dans son rapport à Dieu une très forte image de relation parent-enfant ; elle s'attendait à ce que Dieu la récompense lorsqu'elle était bonne, la punisse lorsqu'elle se conduisait mal, veille à ses besoins et reçoive peu en retour, tout comme l'avaient fait ses parents. En raison de ses attentes, elle « pratiquait une spiritualité très immature », une attitude passive vis-à-vis Dieu. Cette observation fit comprendre à Meg pourquoi elle se sentait abandonnée ou coupable chaque fois qu'elle n'obtenait pas ce qu'elle voulait. En même temps, l'Enfant représentait une image de confiance et de sécurité en Dieu. « Je prie une image de Dieu le Père, dit Meg. Je ne peux pas adopter le concept du Divin, qui est pour moi impersonnel, froid et distant. J'ai besoin d'une figure paternelle. Je me sens plus en sécurité et mieux aimée dans le cadre de cette image qu'avec le concept du Divin. C'est le côté positif de ma spiritualité d'Enfant. Mon Enfant me rappelle aussi que, comme un enfant, il m'arrive souvent de ne pas me sentir responsable du point de vue spirituel, et le fait d'affronter cette absence de maturité spirituelle est maintenant devenu un point de mire de ma vie intérieure. » Meg utilisa cette image archétypale pour remodeler sa vie spirituelle. Chacune de ses épreuves exigeait qu'elle apprenne à accepter les instructions divines plutôt que d'exiger, comme une enfant gâtée, que tous ses besoins soient satisfaits.

En tant qu'outil de l'intuition, la Roue archétypale vous permet de dépasser les perceptions rationnelles et logiques. Elle sert aussi d'instrument pour la création qui vous donne accès à des images et à l'inspiration qu'elle peut amalgamer pour donner des révélations extraordinaires. De ce creuset spirituel peut émerger une vision raffinée et plus durable de votre raison d'être. En travaillant avec la Roue, j'imagine souvent le Roi Arthur avec les douze chevaliers de la Table Ronde. Chaque archétype gouverne une portion du royaume sous l'autorité du roi, qui est votre intuition. En conversation avec chacun, Arthur s'informe des détails intimes du domaine de chaque chevalier, de ce qu'il y a de magnifique dans sa région, et de toutes les difficultés ou épreuves éventuelles. Pour entretenir son royaume, pour créer un Camelot, il doit consolider le pouvoir des douze chevaliers, pour former un seul cercle uni et harmonieux. La perte, la séparation et la révolte dans l'un des domaines menaceraient la santé de tout le royaume.

En lisant votre propre Roue, vous verrez peut-être de quelle façon chacun de vos chevaliers est relié aux autres. Des souvenirs d'une partie de votre vie vous reviennent lors d'une conversation que vous avez aujourd'hui et qui est peut-être inspirée d'un livre que vous avez lu, il y a deux ans, et à une entreprise créative suggérée par un associé qui a passé un commentaire désinvolte ce matin.

Dans mes ateliers, les gens partagent des récits de leur vie dans lesquels ils racontent comment telle expérience a entraîné telle autre, en un enchaînement subtil qui les rattache à l'ensemble de leur vie. Jim, un homme remarquable, a raconté une histoire qui incarne ce processus. « À onze ans, j'ai eu un accident qui m'a laissé partiellement paralysé, dit-il. Par la suite, j'avais peur de tout et je croyais ne plus jamais mener une vie normale. Puis, un jour, j'ai décidé au lieu de focaliser sur mes peurs, d'accepter le fait que rien n'arrive par hasard. On a tous besoin d'apprendre cette vérité, dans une certaine mesure, mais pour moi, c'était comme annoncer que j'exigeais de maîtriser ma vie. Surtout après mon accident, je croyais que, tant que je maintiendrais de l'ordre, je pourrais minimiser tous les traumatismes inexplicables et injustifiés. Maintenant, je considère que chaque personne est énergétiquement reliée à toutes les autres y compris, bien sûr, à moi-même. Je cherche essentiellement l'apport de chacune d'entre elles à la réappropriation de mon pouvoir divin. Qu'une relation soit simple ou compliquée, je garde à l'esprit l'idée qu'un dessein impénétrable conduit à la prise de ce pouvoir. »

Même si on peut ne pas toujours voir de quelle façon les gens et les événements sont en rapport, les uns aux autres et à soi-même, la Roue fournit une carte sur laquelle on peut cerner leurs points d'interaction. Cela aide à relier les points et à former une image plus claire de la réalité.

Le tirage de la Roue

La Roue que vous êtes sur le point de configurer servira de carte de base de votre vie : elle est donc censée n'être tirée qu'une fois. Au chapitre 10, vous apprendrez à utiliser la même technique pour chercher conseil sur des questions et des difficultés que vous affrontez. Mais cette première Roue archétypale est semblable à votre carte du ciel en astrologie. Tout comme vous n'êtes venu au monde qu'une seule fois, vous ne pouvez configurer plus d'une Roue archétypale. C'est votre point de départ, ce que j'appelle souvent votre Roue de Contrat ou Roue d'origine, et à mesure que vous retournerez à votre Roue pour y trouver des interprétations d'autres domaines de votre vie, vous devrez utiliser la même Roue. Vous ne devez pas en concevoir une nouvelle chaque fois que vous tentez de comprendre la « globalité » de votre Contrat. C'est la seule Roue qui vous fournit une vue d'ensemble de tous les cycles et modèles archétypaux interreliés dans votre Contrat sacré.

La constitution de votre Roue archétypale est assez simple. Videz votre esprit de ses attentes et de ses désirs, et focalisez sur votre intention d'être ouvert à toute instruction que vous recevrez. Respirez profondément, à quelques reprises, afin de libérer votre esprit. Vos archétypes seront guidés vers les maisons appropriées par l'énergie de la simultanéité, de la coïncidence, de l'ordre spirituel, du divin paradoxe et du destin. Comme je l'ai expliqué au chapitre 7, cette électricité psychique crée une sorte de processus organisationnel magnétique, comme pour les runes, le Tarot, le Yi-king, l'astrologie et les autres outils qui communiquent avec votre intuition et votre inconscient. Comme eux, votre roue est un moyen d'aboutir à un système organisationnel qui révèle les tendances de votre psyché et de votre âme.

Lorsque vous annoncez votre intention de constituer votre Roue d'origine, il est naturel de vous demander : « À qui je m'adresse exactement ? » Il viendra un moment où vous vous demanderez si c'est Dieu ou seulement votre subconscient qui peut recevoir vos propos et vos questions. Je préfère ne pas vous dire d'une façon absolue de vous adresser à Dieu (ou au Divin, peu importe le nom que vous donnez à la force inspiratrice de l'univers), comme si vous faisiez une prière et attendiez la réponse. Pour certaines gens, de toute façon, toutes les réponses viennent de l'intérieur. S'il vous plaît davantage de visualiser le processus de cette façon, allez-y. Je crois que le Divin réside en nous autant qu'autour de nous, que nous l'appelions Dieu, Atman, Nature de Bouddha, notre Moi Supérieur, ou simplement la petite voix silencieuse. L'important, c'est qu'on nous entende lorsque nous demandons conseil.

Ainsi, lorsque vous demanderez conseil à cet être (et vous le ferez certainement), adoptez le point de vue le plus détaché possible. Examinez comment se déroulerait votre vie si vous étiez libéré de la peur et des intentions cachées. Explorez-la comme si vous ne croyiez pas en l'échec. Agissez comme si vos intentions étaient des prières lancées dans l'oreille du Divin. Après tout, que risquez-vous ? Autrement dit, avez-vous jamais été séparé de votre propre Moi sacré ? Vraiment pas.

En éclaircissant votre esprit avant d'imaginer votre Roue, utilisez cette méditation comme technique de centration :

> Fermez les yeux et respirez profondément à partir de votre abdomen, en laissant votre ventre se gonfler lorsque vous inspirez et se contracter lorsque vous expirez. Imaginez que vous êtes un bambou creux ou une membrane qui s'étend et se contracte. Continuez à respirer lentement et profondément, en répétant : « Je n'ai aucun désir. Je n'ai aucune pensée. Je suis vidé de toute distraction. Je suis libre de tous mes besoins. Je suis prêt à recevoir. »

Soyez réceptif. Lorsque vous sollicitez des conseils intérieurs, vous cherchez des intuitions qui pourraient changer le cours actuel de votre vie. Même si c'est votre esprit conscient qui fait cette demande, votre inconscient peut faire obstacle aux réponses si elles diffèrent de ce que vous voulez entendre. Je sais depuis longtemps que les gens viennent davantage à mes ateliers de développement de l'intuition pour apprendre à faire obstacle à leur inspiration, que pour entrer en contact avec elle. La réceptivité de leur intuition est si forte qu'elles sont douloureusement tendues à force de la réprimer. Le plus souvent, ces gens espèrent découvrir ce que l'avenir leur réserve pour éviter le risque, l'incertitude et les dissensions. Elles veulent savoir ce qui arrivera demain, pour éliminer tout doute à propos de leurs décisions. Cela ne se passera jamais, et ce n'est pas la nature de l'intuition.

Recevoir de l'information ou être inspiré par le canal de l'intuition n'exige aucun effort. Ce qui est difficile, c'est de séparer vos peurs de votre intuition. Si vous vous trouvez incapable d'ouverture à ses instructions, cette observation en elle-même en dit long sur l'intensité de vos peurs, que vous pourrez identifier en travaillant sur vos modèles archétypaux. Si vous gardez

l'esprit ouvert, vos modèles archétypaux prendront naturellement leurs positions sur votre carte. Vous vous lancez dans cette
expérience afin d'en apprendre davantage sur votre vie. Soyez
respectueux envers vous-même et envers la voix de votre psyché,
car c'est une force vivante qui cherche des canaux de communication.

Les directives

Je vous recommande d'effectuer ce travail seul ou avec des gens
en qui vous avez confiance. Établissez une ambiance absente de
distractions, et choisissez un moment où vous ne serez pas dérangé, afin de pouvoir rester focalisé. Concentrez-vous bien sur la
configuration de cette Roue, car elle servira de base aux pro-
chaines lectures. Rappelez-vous bien ceci : vous n'aurez cette
Roue qu'une fois. Ne la tirez pas en regardant la télé ou un film.
Vous êtes le seul film que vous devez regarder en travaillant avec
cet outil.

Le tirage d'une Roue archétypale comporte quatre étapes.
Un dessin vide vous est fourni pour le remplir, mais vous voudrez
peut-être le copier dans votre journal, pour réutiliser la roue de
vie lors de lectures subséquentes. (Voir figure 5, page 210.)

Étape 1 : Préparation simple

Vous aurez besoin de vingt-quatre morceaux de papier de la
taille de la paume de votre main, environ cinq centimètres sur
sept. Sur chacun des douze premiers, écrivez le nom de vos douze
archétypes, un seul par papier. Référez-vous à votre journal si
vous avez besoin de vous rappeler lesquels choisir. Sur chacun
des douze autres bouts de papier, écrivez un chiffre de 1 à 12.
Gardez les bouts de papier avec les archétypes et ceux avec les
nombres dans deux piles différentes, tournés vers le bas.

Étape 2 : Concentration intuitive

Utilisez cette méditation pour commencer la prochaine
étape :

Concentrez-vous comme pour une visualisation en vue d'obtenir une guérison ou des conseils spirituels. Inspirez et expirez profondément, trois fois, et videz votre esprit. Dirigez toute votre attention sur votre corps. Focalisez sur votre premier chakra. Imaginez-vous en train de fermer les volets de ce chakra, pour que votre corps contienne toute son énergie. Ressentez le silence qui en résulte et le soulagement d'écarter tout contact avec les préoccupations du premier chakra, telles les affaires familiales. Ramenez tous vos liens énergétiques à votre chakra racine et retenez-les là. Vous n'êtes plus en contact avec les sollicitations extérieures : pour un instant, reposez-vous dans la tranquillité d'être contenu en un seul endroit.

Fermez à présent les volets de chacun des autres chakras. Passez à votre deuxième chakra, dans la région génitale, et laissez aller toutes les pensées et les émotions concernant l'argent, le sexe et le pouvoir. Consolidez votre énergie dans le second chakra, et contentez-vous de goûter la sensation agréable de n'avoir aucun programme. Puis, fermez les volets de votre troisième chakra, correspondant au plexus solaire. Laissez libre cours à toutes les pensées ou sentiments sur votre estime de soi, le point de vue des autres ou le vôtre sur vous-même. Vous arrivez maintenant à vous percevoir sans idées préconçues. Pensez au koân (ou devinette) zen : « Quel était mon visage originel, avant ma naissance ? »

Portez maintenant votre attention sur le quatrième chakra, celui du cœur, le centre des émotions. Départissez-vous de toute émotion qui puisse entraver ou obscurcir le processus de tirage de votre carte. Attirez votre énergie dans votre centre du cœur, et maintenez-la en place, dégagée de toute charge émotionnelle. Puis, focalisez sur votre chakra de la gorge, le centre de la volonté et du choix. Vous pouvez déceler tous les intérêts relatifs aux choix conscients, en sachant que votre intuition, le Divin qui est en vous, choisira votre archétype pour vous. Appréciez le sentiment de sécurité et de lien intime avec votre moi intérieur. En élevant votre attention jusqu'au sixième chakra, concentrez-vous sur la glande pinéale, sur une ligne imaginaire qui part d'entre vos yeux et se rend jusqu'au centre de votre crâne. Laissez dériver toute pensée consciente dans votre esprit sans vous accrocher à elle ni l'obliger à partir. C'est l'état appelé l'« esprit miroir », dans lequel vous observez les idées qui passent comme des nuages au-dessus d'une glace. Finalement, portez votre attention sur votre septième chakra, et imaginez que les volets sont au-dessus de votre tête et que vous êtes en train de les *ouvrir* aussi grand que possible. Votre septième chakra est maintenant la seule ouverture de votre corps, ce qui vous rend pleinement dépendant de l'énergie de ce portail spirituel.

Dans cet état d'esprit, brassez la pile des nombres et remettez-la sur la table, face vers le bas. Puis, brassez la pile des archétypes, en posant cette question : « Dans quelles maisons ces archétypes me servent-ils le mieux ? » Votre intention attire de l'énergie et crée un circuit magnétique qui dirigera les archétypes vers les maisons appropriées lorsque vous travaillerez avec eux à l'étape 3, reflétant l'essentiel de votre Contrat.

Étape 3 : le choix intuitif

Imaginez que vous êtes un « bambou creux » qui transmet de l'énergie. En gardant les cartes face vers le bas, choisissez un numéro et un archétype. Les numéros correspondent à la maison dans laquelle cet archétype doit aller. Écrivez le nom de cet archétype dans la maison numérotée sur votre Roue. Si vous choisissez le numéro quatre et l'enfant, par exemple, votre archétype de l'Enfant appartient à la maison quatre de votre Roue. Poursuivez cet exercice jusqu'à ce que les douze maisons soient remplies.

Étape 4 : les partenariats des archétypes et de leurs maisons

Lorsque vous aurez associé les archétypes à leurs maisons, vous aurez généré un champ d'énergie unique. En regardant la Roue complétée et son alignement avec les douze compagnons archétypaux, visualisez-vous au centre de celle-ci, entouré de ces figures énergétiques. Imaginez que vous voyez l'hologramme symbolique de votre inconscient.

À cette étape, vous stimulerez les lignes énergétiques entre les archétypes, maisons, événements, relations, attitudes, souvenirs, peurs, triomphes, amour, actes de grâce : tous les détails qui appartiennent à l'orbite de votre vie. Vous le ferez en répondant à un certain nombre de questions qui apparaissent à la section suivante. Ce processus d'activation ressemble à l'installation de câbles électriques dans une maison, au moyen de prises et de coupe-circuits. Après avoir installé suffisamment de câblage psychique, les « lumières » s'allumeront et vous commencerez à voir clairement tous les aspects de votre vie, dont certains que vous avez oubliés, d'autres qui sont restés obscurs ou mystérieux.

Pour commencer à explorer le sens de chaque partenariat entre archétype et maison, énumérez toutes les associations et les pensées immédiates qui vous arrivent. Vous sentirez peut-être une résistance envers certains de ces partenariats, mais s'il-vous-plaît, ne réprimez rien. Vous êtes en train d'apprendre un nouveau langage et une méthode multidimensionnelle de perception de votre vie, qui peut vous paraître encombrante au départ. Par exemple, supposons que vous ayez associé le Saboteur à votre septième maison. Vous écrirez peut-être : « Mon archétype du Saboteur se trouve dans la maison du mariage et des relations. Cela veut dire que les peurs qui me poussent à m'autosaboter sont généralement davantage liées à mes relations qu'à ma vie professionnelle. Je n'ai pas tendance à me saboter dans des transactions commerciales, car j'ai un fort sentiment d'estime de moi-même dans ce domaine. Mais ma peur du rejet m'empêche de m'engager dans mes relations personnelles. »

À mesure que vous pratiquerez la vision symbolique, elle deviendra votre seconde nature. Comment pourriez-vous interprêter l'archétype de la Victime dans la maison des relations ? En ce qui concerne la Victime, vous devez penser à la façon dont son énergie se révèle dans les obstacles, les occasions potentielles et les caractéristiques personnelles qui surviennent dans toutes vos relations : avec votre famille, votre conjoint, votre associé en affaires, vos enfants et vos amis. Comment pouvez-vous transformer la victime intérieure pour qu'elle entretienne des relations plus saines ?

L'idée de « relation » se réfère également à votre façon d'agir à l'égard de vous-même, de la nature et de toute la vie, y compris les animaux. Commencez par vous remémorer vos premiers souvenirs et cherchez les tendances récurrentes de votre vie. Ne vous contentez pas d'examiner vos relations actuelles. En retraçant la Victime (ou tout autre archétype de la maison sept) à travers toutes vos relations, vous devez repérer toutes ses contributions, qu'elles aient été positives ou difficiles.

Étendez vos définitions et vos associations à des modèles archétypaux, en particulier lorsqu'ils ont des noms difficiles comme Victime, Prostituée, Saboteur, Serviteur ou Dépendant. Autrement, vous pourriez négliger les contributions symboliques bénéfiques de ces archétypes et leur capacité de guérison et de transformation personnelle. Rappelez-vous que l'énergie des archétypes est neutre et que vous pouvez rendre positive toute expression négative de ces modèles.

Joan cache la Victime dans sa huitième maison, qui se rapporte à l'argent des autres et à notre façon de l'utiliser, ainsi qu'aux héritages et aux questions juridiques. On lui a toujours enseigné que l'argent est essentiel pour se protéger. Ses parents immigrants lui ont signifié que, sans argent, elle deviendrait socialement impuissante et à la merci des autres. Ses parents l'ont encouragée à parfaire son éducation, à bien gagner sa vie et à faire des investissements financiers rentables. L'archétype de la Victime dans sa huitième maison représentait sa crainte d'être exploitée, et elle a canalisé cette peur d'une façon constructive, en se protégeant. Remarquez que la première motivation de Joan, dans la vie, est venue de la sagesse qu'elle a « hérité » de ses parents, plutôt que d'une source extérieure. Bien que d'autres gens l'aient sans doute influencée, son inspiration principale lui est venue non pas d'un enseignant ni d'un ami, mais d'un héritage, également propre à la maison huit.

Pour Joan, l'archétype de la Victime comportait des associations beaucoup plus positives que négatives. C'était un allié qui l'a motivée à devenir une femme d'affaires astucieuse et compétente. Il l'a également incitée à enseigner bénévolement à d'autres femmes et d'autres hommes à éviter d'être dupe dans le monde financier. « Il est tout naturel pour moi d'aider les gens à saisir les occasions que leur présente la vie, dit Joan. Je suis à la disposition de ceux qui ont besoin de ce genre de conseil. Ils me trouvent. J'irradie de toute évidence une sorte de message qui dit "comment se débarrasser de la victime intérieure". »

Joan a également associé sa Victime à certains de ses autres archétypes, y compris sa Prostituée, car, croit-elle, si elle n'avait pas appris à s'assumer financièrement, elle serait devenue dépendante ou sujette aux exigences des autres pour sa survie. Le fait d'avoir une Victime en pleine possession de son pouvoir lui a permis de prendre des risques. Joan a également choisi pour compagnon l'archétype du Rebelle. « Je m'intéresse à la politique et à la représentation pour le plus grand bien de ma ville [Detroit]. Certains trouveraient rebelles les causes qui m'intéressent, comme l'égalité des droits pour les gays et lesbiennes. Mais ma nature me pousse constamment à dénoncer les attitudes sociales qui enlèvent du pouvoir aux gens. C'est le fil conducteur de mes Contrats avec les autres. Je rencontre des gens qui m'enseignent à mieux le faire, qui me mettent au défi parce qu'ils croient ne pas pouvoir changer les choses et ont besoin de mon aide. » Joan dit que ses neuf autres archétypes reliés à sa Victime attendaient dans les coulisses, au cas où elle en aurait besoin.

L'un des aspects les plus importants de cette histoire est que Joan avait une capacité, apparemment innée, d'aider les autres, et qu'elle n'avait pas eu à annoncer ses services d'aide. Lorsque quelqu'un doit enfoncer une porte pour entrer dans une pièce, que cette porte désigne symboliquement un groupe social ou un rôle précis, cela suggère que cette personne n'est pas censée être là. Ce qui nous amène à poser la question suivante : « Comment savoir si un barrage indique que le temps n'est pas propice et que je dois encore m'accrocher à mon rêve, ou que je suis sur la mauvaise voie ? » Si vous êtes sur le bon chemin, une intervention ou un acte de grâce vous guidera. Ce peut être un signe banal, comme lorsque quelqu'un vous dit : « Ne lâche pas, ça va marcher. » Un accident ou un hasard apparent peut dégager la voie au moment où celle-ci semblait bloquée. Par contre, si vous vous trompez de route, aucune intervention « sensible » ne se produira. C'est-à-dire qu'une personne pourra vous dire : « Ne lâche pas », mais ces mots manqueront du genre de courant qui vous transmet espoir et force. Ne pas quitter cette voie finira par coûter cher du point de vue énergétique, car vous n'en tirerez aucun pouvoir.

Vos archétypes sont généralement discernables à chaque étape de votre vie. Joan, par exemple, voyait comment la Victime l'avait animée depuis son enfance, et pas seulement à cet instant précis. Même si vous constatez un rapport immédiat entre un archétype et sa maison, prenez le temps de vous pencher sur votre histoire, à la recherche d'expériences qui reflètent ce modèle. Ruben, par exemple, avait l'archétype du Samaritain dans sa maison dix, qui gouverne le potentiel le plus élevé d'une personne. « J'aime faire ce que je peux pour les autres, dit-il. Mais je sais aussi ce que c'est que d'avoir besoin d'aide, d'espérer qu'il y ait un Bon Samaritain qui vienne vers soi. J'en avais besoin quand j'étais adolescent. Nous avions des difficultés à la maison et, croyez-moi, il est difficile de se trouver dans le besoin, encore plus d'accepter des dons. Les bons Samaritains ne demandent rien en retour. Les vrais, lorsqu'ils donnent, on ne se sent jamais humilié de leur aide. »

Vos archétypes sont le miroir de votre moi. Plus vous en apprenez sur la nature d'un archétype, plus vous en apprendrez sur vous-même. Si, par exemple, Ruben devait lire le récit évangélique du Bon Samaritain, qui est l'un des prototypes de cet archétype en Occident, il découvrirait une dynamique supplémentaire à ses relations avec les autres. Les Samaritains étaient les ennemis avoués des Juifs et, en aidant un Juif qui avait été volé, battu et abandonné sur le bord de la route, le Bon

Samaritain ne s'est pas contenté d'accomplir un acte de charité. Il a d'abord dû surmonter les idées préconçues de sa tribu envers la personne pour laquelle il ressentait de la compassion. Il est relativement facile d'aider les gens de votre espèce, mais le Bon Samaritain est une incarnation de l'exhortation « aimez votre ennemi ».

L'inventaire de votre terrain spirituel, stylo en main

Les questions suivantes sont conçues pour stimuler vos réflexions sur des souvenirs de vos expériences majeures. Elles sont destinées à forcer l'interprétation de ces expériences sur le plan symbolique, dans la mesure où elles représentent des tendances de votre vie. Comme pour tous les exercices de ce livre, il vaudra mieux entrer dans les détails, en tirant parti de vos succès et de vos échecs, des épreuves que vous avez subies et de celles que vous avez évitées. Laissez vos sentiments et vos réactions émerger de l'intérieur. En inscrivant vos réponses dans votre journal, notez également toutes les images, les visions ou les associations qui vous viennent à l'esprit, même si elles ne semblent avoir aucun sens. Ces questions s'adressent autant à votre inconscient qu'à votre intelligence. L'intelligence produit souvent des réponses instantanées en un mot ou en phrases brèves, tandis que l'inconscient vous donne des impressions et des images. Si certaines des questions vous rendent perplexe au départ, revenez-y plus tard. Il suffit souvent de cesser de vouloir obtenir une réponse de force pour qu'elle se présente spontanément. Veuillez prendre note de toutes les réponses, peu importe à quel moment et à quel endroit elles vous viennent à l'esprit. Répondez à toutes les questions pour chaque archétype et chaque maison.

- *Quelles sont mes associations immédiates à cet archétype et le sens de sa maison ?*

Dans presque tous les cas, si vous concentrez sur un archétype et la signification de sa maison, vous obtiendrez un flot rapide de perceptions intuitives avant même que votre rationalité prenne le relais et suscite vos souvenirs. Votre intuition vous fournit de l'information intemporelle qui transcende la pensée concrète.

David, un journaliste, était attiré par l'archétype du Jeteur de Sorts parce qu'il croyait, en écrivant des articles fouillés révélant la corruption dans la société, rompre le « sort » qui s'était emparé de la pensée des gens. Lorsque David configura sa Roue, son archétype du Jeteur de Sorts aboutit dans la maison onze, qui gouverne nos relations au monde extérieur. Il eut d'abord le sentiment d'être soumis à un « sort », et il en fut tellement révolté qu'il fit une description plutôt théâtrale de la raison pour laquelle cet archétype se trouvait au mauvais endroit : un signe certain que son esprit rationnel était entré en jeu. Mais en analysant avec moi cette impression de manière plus détachée, David comprit pourquoi il croyait dur comme fer que le monde est un lieu sinistre, dominé par la dureté et l'avidité, et pourquoi il avait besoin d'en convaincre ses lecteurs. Il finit par conclure que la voix du Jeteur de Sorts avait engendré une tendance dans sa vie : vouloir influencer les opinions des autres. Mais en n'écrivant qu'à propos des actions, des attitudes et des croyances négatives, il permettait inconsciemment aux gens d'agir de façon négative. À présent, lorsque David écrit, il exprime ses pensées différemment, car bien qu'il soit encore empressé de « jeter des sorts », il répand l'espoir d'une vie meilleure au lieu de semer des craintes quant à l'état actuel et futur des choses.

- *Quelles expériences précises me viennent à l'esprit quand je songe au partenariat entre cet archétype et sa maison ?*

En découvrant que son archétype du Juge était arrivé dans sa onzième maison, qui gouverne nos relations au monde extérieur, un homme vit tout de suite qu'il jugeait toujours tout le monde. Il avait originellement choisi le Juge parce qu'il avait un intérêt de longue date envers le fonctionnement de la loi, mais il découvrit également que cet archétype était actif dans d'autres domaines de sa vie. « Chacun a ses opinions, dit-il, mais je m'aperçois que je juge d'une façon obsessionnelle. Je trouve quelque chose à détester en chacun, mais j'apprends maintenant à maîtriser cette poursuite de la bête noire. En travaillant un à un ces archétypes, j'ai vu que je suis enclin à trouver des travers chez quelqu'un ou dans quelque chose bien avant de trouver quelque chose de valable. Je me demande à présent quelle personne aurait pu devenir un ami cher, si ce n'eut été de mes jugements, et ce que j'aurais pu vivre si je n'avais pas décidé à l'avance ce qui était insignifiant. »

« En même temps, en examinant l'aspect positif du Juge, j'ai appris qu'il est inapproprié d'écarter complètement cet archétype, et de m'en vouloir d'être si critique. J'ai besoin d'apprendre le discernement. J'ai besoin de libérer mon désir de diriger le monde comme un tribunal, en présidant les foules et en livrant des sentences à ceux que je considère comme des criminels. Il m'appartient de rester centré lorsque je suis avec des gens qu'autrement j'aurais condamnés. »

« Par exemple, j'ai récemment rencontré une personne qui avait passé des années dans un ashram. Mon personnage d'autrefois l'aurait immédiatement traitée de fanatique religieuse, mais à ce moment, j'ai décidé de poursuivre la conversation sur ce qui l'avait motivée à choisir ce style de vie et ce qu'elle en avait retiré. Au lieu de la rejeter, j'ai appris quelque chose d'elle sur le dévouement religieux. C'est une habitude qu'il m'est difficile de rompre, cependant. Aussitôt la conversation finie, je me suis remis à critiquer chacune de ses paroles. J'ai dû répéter la conversation mentalement, mais je me concentrais alors sur la raison pour laquelle je craignais ce genre de personne, au lieu de revoir ce que je n'aimais pas en elle. Cela a représenté un changement majeur pour moi. »

- *En quoi cet archétype et cette maison sont-ils pour moi associés à des relations ?*

En remarquant qu'elle avait l'archétype du Saboteur dans sa maison trois (expression de soi, frères et sœurs), une femme m'a dit qu'en tant qu'enfant intermédiaire entre des plus jeunes et des plus vieux, elle avait toujours travaillé à maintenir l'harmonie familiale. « J'avais l'impression que la rivalité entre mes frères et sœurs était toujours en train de détruire ou de saboter ce qui aurait pu être une merveilleuse famille, dit-elle. Nous avions toutes les chances de nous rapprocher. Nous avions des parents magnifiques et une parenté formidable. Mais l'un de mes frères et mes deux sœurs n'avaient pas d'atomes crochus. Ils bouleversaient continuellement la maison par des chicanes et toutes sortes de comportements destructeurs. Un jour, je leur ai vraiment crié : "Vous êtes en train de détruire cette famille, pour rien", et si j'avais connu, alors, le Saboteur, j'aurais dit qu'ils sabotaient la famille comme dans une mission de guérilla. Et maintenant, en tant qu'adulte, cette expérience me sert de point de référence personnel parce que je ne me sens plus responsable de régler les différends entre les gens. Le fait de me placer au milieu d'échanges négatifs est un geste d'autosabotage, car en m'interposant entre les belligérants, je finis par nuire à mes propres relations avec tout le monde. »

- *Quelles questions de pouvoir me viennent à l'esprit en examinant cet archétype et sa maison ?*

Vous devrez vous poser cette question plus d'une fois, car elle vous incite à fouiller sérieusement vos motivations. Les questions de pouvoir se rapportent au contrôle et à ses manifestations, de même qu'à l'ambition, aux valeurs, à la générosité d'âme et d'être, et à bien d'autres choses. Chaque aspect de notre vie implique un quelconque échange de pouvoir. Nous gagnons ou perdons du pouvoir en tout ce que nous faisons, disons ou pensons. Que nous soyons conscients ou non de notre comportement (et nous en sommes généralement plus conscients que nous ne voulons l'admettre), nous avons l'intention de tirer un avantage personnel de notre pouvoir.

Geri avait l'archétype de la Mère dans sa maison deux (valeurs de vie) et rien n'avait plus d'importance pour elle que le fait d'être mère. Sa vie tournait autour du soin qu'elle prodiguait à ses enfants, et elle croyait que son rôle de « bonne mère » lui donnait le droit et le pouvoir de choisir les valeurs de ses enfants. Le désir de toujours de Geri d'avoir un foyer et une famille influença un grand nombre des décisions qu'elle avait prises depuis ses plus jeunes années. Elle savait quel genre d'homme elle fréquenterait et quel programme (éducation à l'élémentaire) lui permettrait d'avoir l'emploi grâce auquel elle prendrait ses vacances aux mêmes dates que ses propres enfants. Son image de ce qui fait d'une femme une bonne mère lui avait été léguée par sa mère et sa grand-mère, qui l'avaient convaincue de l'importance d'inculquer des normes morales et éthiques élevées à ses enfants.

Mais il ne suffisait pas à Geri de transmettre un code de valeurs strict. Elle voulait s'assurer que ses enfants ne s'écarteraient jamais de son autorité ni ne s'affranchiraient de leur besoin d'elle, car il lui aurait alors été difficile de maintenir son autorité sur eux. Elle communiqua des messages de dépendance à ses enfants en disant des choses comme « Personne ne te fera jamais ça mieux que moi » et « Maman a raison ». Croyant qu'elle agissait dans le meilleur de leurs intérêts, elle demandait souvent à ses enfants comment ils croyaient survivre en tant qu'adultes, sans elle pour les guider.

L'image de « bonne mère » de Geri était davantage celle de Mère Dévorante ou Étouffante, une part d'ombre de l'archétype de la Mère. Non seulement Geri « dévorait »-elle ou minait-elle le pouvoir de ses enfants, mais elle minait également la force de son mari en le convainquant qu'elle était plus compétente que lui pour s'en occuper. Ces tendances dérapèrent, jusqu'à ce que quelques amis de Geri s'asseoient un jour avec elle et mènent une sorte d'intervention en lui disant que son besoin d'être au centre de l'attention équivalait à du narcissisme et que ses tentatives de contrôle sur son entourage menaçaient ses relations familiales et amicales. Après cette intervention, Geri examina d'autres relations qui comblaient son besoin d'être irremplaçable et vit qu'elle craignait qu'on puisse se passer d'elle ou qu'on la néglige. Afin de guérir son attachement au besoin des autres, elle regarda sa maison des valeurs (maison deux) et examina la source de son désir d'être mise en valeur.

Après ces révélations, Geri amorça une pratique personnelle qu'elle appelait « sortir » d'elle-même pour considérer ses interactions avec les autres. Chaque fois qu'elle se voyait exiger de l'attention, elle tournait immédiatement la caméra vers elle-même pour examiner sa peur d'être invisible aux yeux des autres. En analysant cette tendance, Geri put s'engager peu à peu dans des relations sans avoir besoin d'être le point de mire de tous ses interlocuteurs.

- *Quel genre de pouvoir j'associe à cet archétype ?*

Décrivez avec précision vos liens de pouvoir avec chaque archétype, et assurez-vous de les énumérer tous, positifs et négatifs.

Simon avait la Prostituée dans la maison six (profession, santé) et reconnaissait qu'il « vendait sa conscience » pour gagner sa vie. La compagnie d'assurances pour laquelle il travaillait exploitait ses clients, car elle avait pour politique de ne pas renouveler les contrats des employés une fois qu'ils avaient formulé une plainte, mais sa peur de ne pas trouver d'autre emploi le faisait rester là. Simon avait l'impression de pratiquer l'extorsion. Mais parce qu'il avait un bon salaire, il craignait de passer à autre chose. Cette situation lui coûtait son respect de lui-même.

Mais lorsque Simon fut à même de voir que la Prostituée l'avertissait de ne pas continuer à céder sur le terrain de l'éthique, il envisagea de préparer son départ de la compagnie. Il lui fallut du temps, mais il finit par trouver un emploi ailleurs qui ne l'obligeait pas à compromettre ses valeurs.

- *Lorsque je combine l'archétype avec sa maison, de quelles expériences en relation directe avec l'apprentissage de ma relation au pouvoir puis-je me rappeler ? Suis-je en compétition ? Ai-je déjà porté atteinte à une autre personne à cause*

de mes gestes, de mes jeux de pouvoir ou de mes ambitions ?
Ai-je jamais aidé à valoriser quelqu'un dans l'un ou l'autre
des domaines de cette maison ?

La septième maison, par exemple, gouverne vos relations.
Demandez-vous si vous avez délibérément entravé les chances
ou le pouvoir personnel de quelqu'un d'autre parce qu'il menaçait les vôtres. Cherchez dans votre passé, des expériences qui
vous ont enseigné la véritable nature du pouvoir. Puis, voyez si
vous pouvez déterminer quels archétypes ont éveillé votre désir
de poursuivre votre potentiel supérieur.

Du passé au présent

La prochaine série de questions se rapporte à votre vie actuelle.
Elles sont formulées de façon à susciter une observation de votre
vie en tant que « travail continu ». Répondez aux questions suivantes pour chacun de vos douze archétypes.

- *Quelles leçons de sagesse ai-je tirées de l'association entre*
  cet archétype et cette maison ?

Le Fou apparaissait dans la maison de Mortimer, relative aux
communications et aux frères et sœurs. Mortimer voyait le Fou
comme le porteur d'une sagesse cachée. Les fous du roi de
l'Europe médiévale étaient souvent le plus près du siège du pouvoir, précisément parce qu'ils paraissaient inoffensifs et imbéci-
les. Mais leur déguisement extérieur dissimulait leur capacité de
flairer les stratagèmes et les jeux de pouvoir de ceux qui dan-
saient autour du roi et de la reine.

Mortimer s'était identifié à la nature du Fou depuis l'enfance. En se comportant « comme un fou », il s'était libéré des
conventions des adultes. En tant qu'adulte, il faisait preuve du
même caractère rebelle dans sa recherche et son activité professionnelles de chimiste. « Je suis suffisamment libéré... ou suffisamment fou, dit-il, pour poursuivre des recherches dans des

domaines que d'autres scientifiques ont déclarés inutiles ou professionnellement risqués. Pour moi, ces gens sont en « recherche d'approbation » ! Je veux bien qu'on me considère comme un fou lorsque je partage ou communique mes découvertes de laboratoire avec d'autres, parce que chaque avenue de la recherche mène à une découverte, même si elle ne fournit pas la réponse sollicitée. »

Ayant reconnu la valeur de son Fou dans son travail professionnel, Mortimer put chercher sa valeur à un niveau encore plus élevé. « D'un point de vue spirituel complètement bizarre, dit-il, je suis également assez Fou pour que Dieu m'inspire d'entreprendre ce que les scientifiques ordinaires ont tendance à éviter. Et qu'est-ce qui pourrait être plus tentant pour le Fou que de trouver moyen de s'approcher du trône des dieux ? »

- *Quelles épreuves suis-je présentement en train d'affronter dans la signification et le contexte de cette maison et de son modèle archétypal ?*

L'Ermite apparut dans la maison onze de Rod (relation au monde extérieur), cette union qui lui parut fort appropriée, car il tenait beaucoup à garder le monde extérieur à distance. Mais en voyant cette relation apparaître dans la Roue qu'il venait d'élaborer, Rod réalisa qu'il lui fallait découvrir pourquoi il trouvait le monde extérieur fondamentalement hostile. Il découvrit que son attitude négative et sa peur avaient profondément influencé ses relations, le choix de sa profession et son besoin de solitude. La lutte de Rod pour guérir son isolement l'inspira donc à chercher une voie de réconciliation en participant au monde de manière plus conviviale.

L'envers de l'Ermite dans la maison onze est représenté entre autres par la vie d'Henry David Thoreau et d'Emily Dickinson, qui abandonnèrent la société mondaine pour se rapprocher de la beauté de la vie et de la nature. Emily Dickinson, par exemple, se retira de la vie dans son village d'Amherst, dans le Massachusetts, non pas parce qu'elle jugeait le monde hostile, mais parce qu'en tant qu'Ermite, elle choisit un mode de vie d'une façon qui préservait la tranquillité de son âme. Elle se sentait alors calme et capable d'entrer en relation avec l'ensemble du monde grâce à l'écriture, laissant des poèmes qui parlaient de son profond amour de la vie, de la nature et de Dieu.

- *Quelles forces et quels talents puis-je associer à ce partenariat archétype-maison ?*

Tom était profondément mal à l'aise à son travail. Chaque fois qu'un conflit surgissait au bureau, on lui demandait de s'en occuper. « Je suis un homme paisible, dit-il, et je ne suis pas du genre à créer des problèmes. Mais les gens viennent me demander conseil, et mes supérieurs me demandent de donner des explications et des avertissements. Je ne comprends pas ma position. » Après que Tom eut identifié le Disciple dans sa maison trois (expression de soi et frères et sœurs), il dit ceci : « Il y a longtemps, au pire de la situation, j'ai fait un rêve. Un homme est venu vers moi en me disant d'arbitrer un conflit semblable, parce que j'étais le plus fort de tous et que je pouvais découvrir des enseignements et la sagesse dans ce conflit. J'ai répondu à cet être que je comprenais, et le rêve s'est terminé. »

Le Disciple de Tom existait déjà avant qu'il occupe son présent emploi. Comme Tom avait toujours eu recours à l'interprétation spirituelle pour expliquer les conflits, il n'était pas étonnant que les gens lui demandent de l'aide pour les résoudre. Cette technique en fit un Disciple, une voix réconfortante pour l'âme. Cette interprétation lui apprit à exercer avec moins d'angoisse son rôle de médiateur tant apprécié.

- *Quelles occasions survenues dans ma vie puis-je relier à cet archétype et à cette maison ?*

Lors d'un atelier, Julie reconnut la Déesse, plus précisément Athéna, dans sa maison sept (mariage et relations). Julie possédait un grand nombre des caractéristiques d'Athéna, la sage force féminine qui guida Ulysse à travers l'*Odyssée*. Elle appuyait son mari dans sa vie professionnelle et l'aidait à organiser son pouvoir en lui conseillant des moyens de gagner les batailles qu'il menait avec ses associés. Julie attribuait à cet aspect de partenariat de leur relation, le fondement de leur succès et, selon son mari, sans l'influence et cet appui d'Athéna dans le thème de sa femme, il n'aurait pas été aussi confiant, motivé et efficace. « C'est un homme fort, mais il ne fournirait pas autant d'efforts, dit Julie. En équipe, nous combinons notre créativité, notre temps et notre détermination. »

- *Quelles sont les peurs ou les superstitions que j'associe au fait d'avoir un lien direct avec les caractéristiques de cet archétype et la signification de cette maison ?*

Jan se sentait reliée à l'archétype du Vagabond-Esprit Libre et appréciait le fait d'être libre de ses allées et venues. Elle adorait pouvoir rester quelque part aussi longtemps qu'elle le désirait et fréquenter de nouvelles personnes chaque fois qu'elle en rencontrait. L'idée de s'établir représentait une forme d'emprisonnement. Le Vagabond de Jan résidait dans sa douzième maison (l'inconscient) et, lorsqu'elle se demanda quelles peurs profondes elle associait le plus à cet archétype, elle dit que l'emprisonnement représentait une condamnation à mort. « L'emprisonnement physique n'est cependant qu'un aspect de l'emprisonnement, ajouta-t-elle. J'ai peur tout autant de l'emprisonnement intellectuel, émotionnel et spirituel. Mais j'ai peur de faire un examen spirituel sérieux, car je crains fort qu'on me conseille de m'établir quelque part ou de me consacrer à quelque chose. J'ai l'impression de me fuir par les voyages. C'est presque un cliché, mais il y a là de la vérité en ce qui me concerne. »

Par curiosité, je lui demandai d'offrir une interprétation de son Vagabond s'il avait abouti dans sa première maison : l'ego et la personnalité. Elle dit qu'elle serait très à l'aise si le Vagabond se trouvait là, car il représente bien sa nature et il prône la libération. « J'aurais préféré que cet archétype se trouve dans ma première maison, dit-elle, mais il m'est évident que mon travail intérieur a quelque chose à voir avec l'acceptation des voyages que le Divin me pousse à faire, par opposition aux voyages que je planifie pour éviter les voyages divins. »

- *Quels sont les comptes à régler dans cette maison qui se rapportent à cet archétype ?*

Frank avait l'archétype du Modificateur dans sa maison huit, reliée aux ressources des autres et aux questions financières et juridiques. Il avait choisi le Modificateur parce qu'il se considérait comme une personne au « mille visages », en ce sens que, du côté positif, il pouvait être flexible et collaborer avec les gens, mais dans sa part d'ombre, il était incapable de donner sa parole et de la garder. Il changeait toujours d'avis pour accommoder sa compagnie. Lorsque cet archétype apparut dans sa maison reliée aux affaires juridiques et financières, Frank reconnut que c'était le domaine dans lequel le Modificateur était le plus influent et pouvait faire le plus grand tort. Il reconnut avoir donné sa parole aux gens pour les aider en affaires, puis avoir reculé pour diverses raisons. Même enfant, il était incapable de respecter ses obligations financières lorsqu'il perdait des paris sur des parties de baseball. Cet archétype dans cette maison avait une signification suprême pour Frank et l'inspira à réexaminer toute sa relation au pouvoir et aux affaires, et ses relations avec les gens. « Je dois admettre, dit-il, que cette combinaison du Modificateur équivaut au fait d'être pris la main dans le sac de sous. »

- *Quelles sont les maladies que j'associe à cet archétype et à cette maison ? Quelles épreuves ont trait aux points de stress émotionnel et psychologique associés à ce partenariat ?*

La Victime de Freddie tomba dans la maison six, profession et santé. Freddie était ambitieux, mais rien ne lui réussissait. « Je me persécute dans ma façon d'interpréter mes conversations avec les autres, dit Freddie. Je me rends souvent malade, car c'est ainsi que j'exprime mon sentiment de persécution. Ainsi, on n'attend rien de moi, et je reçois le genre de soutien dont j'ai besoin. » Mais lorsqu'il réalisa qu'il gaspillait ses chances, il reconnut que rien ne changerait ni ne pourrait changer à moins qu'il ne procède à d'importantes modifications de ses attitudes. Le fait de relier sa Victime à son manque de succès devint une source fort réelle de motivation pour Freddie.

- *Y a-t-il des épreuves que je considère inévitables et qui sont reliées à la maison de cet archétype ?*

L'archétype du Joueur est apparu dans la cinquième maison d'Arnie, qui gouverne, entre autres, la chance, les enfants et les rapports sexuels, mais il commença par interpréter cette énergie du seul point de vue sexuel. Fournisseur de capital-risque, Arnie se sentait stimulé par des investissements risqués et pariait à la bourse. Il réalisa qu'en plus, il pariait beaucoup avec ses relations, car il courait souvent des risques avec des femmes qui, il le savait, ne signifiaient rien pour lui. Lorsqu'il observa de quelle façon les enfants s'inséraient dans ce scénario, il dit que selon lui, la paternité était le plus grand pari de sa vie et qu'elle ne l'attirait pas le moins du monde. En définitive, Arnie dut affronter le fait que, pour lui, toutes les formes d'engagement représentaient une sorte de pari et qu'il n'était pas prêt à prendre des risques. À un niveau plus profond, il craignait également le gambling spirituel ou le fait de s'engager dans une voie spirituelle qui pourrait en quelque sorte exiger un changement dans sa vie.

Après réflexion, Arnie commença à voir que le Joueur dans sa cinquième maison indiquait peut-être qu'il pouvait, en fait, tenter sa chance dans une forme d'engagement. Peut-être que s'il était prêt à commencer d'une façon modeste, il finirait par tenter des paris de plus en plus grands et peut-être hasarder un quelconque engagement spirituel.

- *Suis-je actuellement devant des objectifs significatifs concernant toute relation ou situation que j'associe à ce partenariat archétype-maison ?*

En cherchant des objectifs significatifs, ne vous limitez pas aux choix solennels, comme celui de décider, par obligation, de vendre votre maison ou de divorcer. Un objectif pourrait être de décider de faire vingt minutes d'exercice par jour, de manger plus sainement ou de méditer. Avec le temps, de telles décisions peuvent transformer votre corps, votre esprit et votre âme. Cet exercice peut vous faire apprécier davantage le lien intime qui vous relie au ciel. C'est aussi celui qui vous fait avouer la nécessité de faire des choix dans votre vie quotidienne et pratique.

- *Quelles sont les expériences que je considérerais comme des interventions divines et des « abandons de soi » dans cette maison ? Quelles ont été les conséquences de ces interventions ?*

Cet exercice place votre attention au cœur et à l'âme mêmes de l'Être. Martin avait l'archétype du Mercenaire, qu'il choisit parce que, quelques années plus tôt, en vivant une vie de drogué en Amérique du Sud, il avait été tueur à gages. Un jour, en se préparant à exécuter un autre contrat, Martin trébucha et se heurta gravement à la tête ; il tomba dans un coma qui mit sa vie en danger. Alors que son âme se séparait de son corps, il fut accueilli par tous ceux qu'il avait tués. « Nous sommes venus te dire de cesser de tuer », dirent-ils alors qu'il planait à plusieurs mètres au-dessus de son corps inerte. Comme il fallait s'y attendre, Martin changea de vie, et se mit au service des autres, bien qu'il s'identifie encore à l'archétype du Mercenaire, parce qu'il réalise qu'il est toujours susceptible de retomber dans ses vieilles habitudes, son « potentiel négatif le plus élevé ». Comme un alcoolique, Martin reconnaît qu'il est en rémission continue.

La plupart des actes d'abandon ne proviennent pas seulement de circonstances aussi dramatiques, mais sont le plus souvent provoqués par les nombreuses frustrations engendrées par les tentatives avortées de remettre de l'ordre dans sa vie; par la présence d'une maladie chronique qui s'avère tout à coup fatale ou encore, en cessant de questionner le Ciel sur le sens des événements qui adviennent. Cette question vous amène à identifier et à apprécier le Divin comme une présence continuelle et intime dans chaque expérience de votre vie. C'est ce que j'appelle jouer à cache-cache avec Dieu.

- *Quelles sont les deux expériences de « trahison » que j'associe à cette maison et à son modèle archétypal (l'une dans laquelle j'ai été trahi, et l'autre dans laquelle j'ai trahi quelqu'un) ?*

Décrivez les raisons derrière ces actes de trahison et les changements qu'entraîne dans votre vie une trahison de votre part ou de celle de quelqu'un d'autre. Les expériences de trahison sont archétypales et signalent le besoin de se libérer des dépendances émotionnelles et psychologiques qui ne nous servent plus.

Les actes de trahison servent un dessein valable. Ils ébranlent notre confiance dans la justice humaine et le code social, et nous incitent à mettre notre confiance dans la justice chaotique du Divin. Notre besoin de contrôle total provient de la peur du changement et, lorsqu'un acte de trahison entrave ce besoin, nous pouvons devenir plus ouverts au changement. En un sens, le barrage éclate et nous devons flotter avec les courants déchaînés sous peine de nous noyer. Lorsque nous-mêmes trahissons quelqu'un d'autre ou un idéal que nous avons déjà chéri, cela nous pousse à examiner quel besoin désespéré aurait pu nous mener à aller à l'encontre de nos meilleurs intérêts spirituels. Le fait de reconnaître que nous avons un contrat avec la personne qui nous a trahi, ou que nous avons trahie, peut nous aider à entrevoir l'utilité de tels actes.

Cette question vous fait rappeler votre âme au présent. Les incidents de trahison sont parmi les plus difficiles à pardonner, mais le fait de recadrer la trahison dans le contexte de son dessein archétypal, c'est comme recevoir une bouée de sauvetage qui peut vous réchapper du passé.

- *Comment l'épreuve du pardon est-elle reliée à l'archétype de cette maison ?*

Chaque maison crée des crises qui exigent le pardon. Dans votre première maison (ego et personnalité), par exemple, vous devrez pardonner aux gens qui, d'après vous, ont pu nuire à votre respect de vous-même. Beth avait le Serviteur dans sa première maison et disait qu'elle avait toujours été considérée par les autres comme quelqu'un à qui donner des ordres, comme si elle était née pour servir les gens. Les gens la trouvaient utile parce que c'était l'image que projetait son ego. Elle se décrivait comme le personnage littéraire Jane Eyre, parce qu'elle avait l'impression de toujours être au service de quelqu'un, pour gagner même un peu d'affection.

Aussi pénibles que fussent les associations de Beth avec sa première maison, sa neuvième, qui gouverne la spiritualité, détenait son archétype de l'Enfant. Ses associations avec le pardon dans le cadre de sa spiritualité étaient une source de joie. Beth ne sentait pas que Dieu voulait qu'elle souffre et soit seule. Un jour, en priant, elle crut que Dieu voulait qu'elle ait besoin de lui (elle décrit Dieu sous une forme masculine), et qu'il la conduirait sur une route où elle devrait réclamer son aide. Beth vécut alors des expériences qui lui firent comprendre qu'elle était responsable de sa propre estime de soi. Ainsi, de l'angle de sa neuvième maison, son lien à Dieu naquit de relations qui l'obligeaient à beaucoup pardonner. De son point de vue, c'était un bienfait.

Les bienfaits viennent sous bien des formes, et un grand nombre des moments les plus pénibles de notre vie engendrent nos plus belles occasions de grandir. Un « bienfait déguisé » est en soi un modèle archétypal. En réalisant la valeur de la victoire sur son attachement aux aspects négatifs de son Serviteur, Beth découvrit un profond sentiment de paix intérieure et de libération supérieur à tout ce qu'elle avait pu éprouver de pénible auparavant.

Cette question vous permet d'examiner vos luttes avec le pardon dans chaque domaine de la vie. Vous pouvez souligner vos épreuves majeures. Nicholas dut pardonner à l'un de ses enfants d'avoir fait une fugue. Il assuma ce fait en explorant le sujet du pardon dans la maison quatre (chez soi), dans laquelle il avait son archétype du Détective. Dans la vraie vie, Nicholas était détective, un rôle qui l'inspira pour la première fois lorsque, en cinquième année, il vit un film sur Eliot Ness, le célèbre agent de la Prohibition et les *Incorruptibles*. Mais il avait projeté cette fonction dans sa vie domestique, à tel point que sa fille l'accusa de toujours l'espionner et de ne jamais lui laisser d'espace. Bien qu'il dit avoir seulement essayé de la protéger de tous les dangers, elle fugua à l'âge de 19 ans. Cette rébellion enragea Nicholas et sa femme, « mais j'ai dû avouer que j'étais encore plus en colère sur le fait que je ne pouvais pas la trouver, malgré tout ce que je savais de la filature ».

Lorsque la fille de Nick revint après onze ans d'absence, sa « femme l'accueillit immédiatement, comme si de rien n'était, dit-il. Mais je ne pouvais pas. J'avais l'impression qu'elle m'avait valu les pires années de ma vie et de celle de ma femme. Mais je savais aussi que ma fierté de détective était blessée, et je craignais que ma fille passe un commentaire quelconque sur l'inefficacité de mes recherches pour la retrouver, mais ce n'est jamais arrivé. » Nicholas savait qu'il avait tout de même besoin de lui pardonner, mais cet exercice était comme un message du ciel lui disant de laisser tomber.

Lorsque vous aurez répondu le mieux possible à toutes les questions de ce chapitre, votre journal devrait être rempli d'information, l'information brute de votre vie. Nous pouvons maintenant commencer le processus d'interprétation de votre Roue archétypale, et comprendre ainsi la voie spirituelle de votre vie telle que soutenue par vos nombreux Contrats individuels.

CHAPITRE 9

L'interprétation de vos Contrats et de votre Roue archétypale

Au chapitre 8, vous avez examiné vos raisons de choisir vos archétypes personnels et commencé à identifier les défis et difficultés à affronter, en même temps que les talents et les bienfaits dont vous avez été gratifiés. Tous ces talents et ces épreuves reflètent des aspects de votre potentiel divin. La roue et le modèle en trois colonnes sont complémentaires, comme vos deux mains. Les utiliser en tandem vous offre une vision symbolique des expériences individuelles et un moyen de décider de façon consciente de vos actions futures.

Ce chapitre vous permettra d'interpréter l'ensemble de votre Roue archétypale, avec toutes ses variantes. Toutefois, avant de vous en donner les étapes précises, je veux vous montrer à quoi ressemble ce processus, en termes généraux.

Ma Roue

Même si j'ai souvent raconté, par l'écriture et la parole, la trajectoire de ma vie professionnelle, j'ai été plus discrète à propos de ma vie personnelle. Comme je travaille tous les jours mes propres archétypes et mes énergies, je n'ai pas configuré ma Roue archétypale par le menu détail avant d'en avoir travaillé des centaines dans mes ateliers. Mais en écrivant *Contrats sacrés*, j'ai décidé que le temps était venu de jeter un coup d'œil précis sur le périple de ma vie. Puisque vous savez déjà quelque chose de moi et de mon travail, j'espère que ces interprétations de ma Roue vous aideront à lire la vôtre. Mes archétypes et leurs maisons respectives apparaissent à la figure 6.

Comme douze brins de ficelle distincts, mes archétypes et maisons remontent au début de ma vie, jusqu'aux souvenirs de ma plus tendre enfance. Chacun de ces modèles parle tant à mon âme que je m'y sens aisément reliée : je n'ai qu'à fermer les yeux un instant pour percevoir son énergie pénétrer mes pensées et mes perceptions. Pour connaître et comprendre votre nature et votre place en ce monde, vous devez démêler ces douze brins, les toucher et les sentir vibrer aux événements et aux échanges dans lesquels vous vous trouvez, au fil de leur déroulement. En par-

Figure 6 : Ma carte d'origine

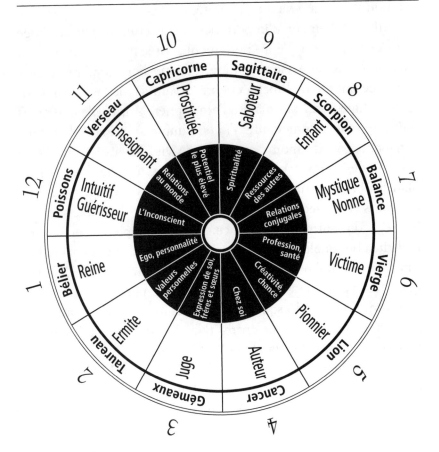

courant la Roue avec moi, veuillez noter toute association qui surgira dans votre esprit.

L'Enseignant, qui réside dans ma onzième maison, souligne ma façon d'être au monde : ce dernier m'apparaît sous la forme d'une salle de cours. Suivons le fil de l'Enseignant : dès l'enfance, mes plus grands enseignants ont été ma famille et une lignée de superbes maîtres d'école et de professeurs, surtout des religieuses catholiques romaines. La Nonne, dans ma maison des relations, reflète l'influence de ces enseignants, par l'entremise de mon âme, sur les gens avec lesquels j'interagis. Non seulement les religieuses ont-elles éveillé mon amour de la théologie, de l'histoire et de la littérature, mais avec mes parents, elles m'ont aussi fait connaître le domaine des anges, celui des saints et de la présence intime de Dieu. La Nonne en moi s'occupe également de la plupart de mes achats de livres, mais elle n'a jamais entendu parler du vœu de pauvreté.

Elle a tellement d'importance qu'au collège, j'ai envisagé d'entrer au couvert. J'étais nettement attirée par l'idée de m'unir au monde par une vie de prière, comme bon nombre de mes amies, ce qui me rapprocha encore davantage de la communauté des religieuses. Mais malgré l'atmosphère spirituelle que m'offrait une telle communauté, j'ai eu l'impression que cela ne me convenait pas, du moins pas en cette vie. J'avais besoin d'être dégagée des vœux traditionnels pour vivre avec les gens, sur le plan symbolique, hors des murs d'un couvent. Lorsque je donne des cours et des lectures intuitives, je suis tout de même soumise à la règle du soutien et du silence. Si, par exemple, je perçois une maladie chez quelqu'un qui n'est pas venu me voir pour une lecture, je ne donne pas cette information. Je garde silence, à moins que cette personne ou qu'un médecin me pose précisément la question. Souvent, lorsque j'utilise mon intuition, je commence par fermer les yeux pour entrer dans la chapelle intérieure de mon âme. Je visualise la chapelle du collège que j'ai fréquenté, qui était également un couvent. C'est le creuset de mon âme, la troisième colonne de ma vision symbolique.

Ma Nonne et mon Enseignant sont deux des trois archétypes les plus présents dans mes ateliers. La classe est un théâtre dans lequel je peux amener les gens à traverser leurs peurs et à se passionner pour une vie plus libre et plus saine. J'ai en moi un feu qui veut sortir les gens de l'impasse dans laquelle ils souhaitent vivre pleinement leur vie tout en renonçant à toutes les occasions de le faire. Je ne me contente plus de vouloir aider les gens à guérir ; je veux plutôt qu'ils tombent amoureux de la vie qu'on leur a donnée.

Je donne souvent l'impression d'être quasi brutale en scène, lorsque j'interagis avec certaines personnes, mais dans ces cas, je cherche à percer la personnalité pour atteindre au cœur de leur passion, pour transformer la banalité de leur existence en un phénomène extraordinaire : leur merveilleux potentiel en cette vie. Lorsque je vois qu'une personne se trouve sur le point d'accéder à ce passage, mon Enseignant cède la place à ma Reine. La classe se transforme en cour royale, et je « décapite » symboliquement les gens qui cherchent à se libérer de leurs peurs, mais qui se laissent contrôler par elles. Ma Reine, qui paraît souvent agressive ou moqueuse, met leurs peurs sur le billot. Si j'étais une Reine douce et affable, comme je le suis durant mes loisirs, j'accepterais leurs excuses larmoyantes, remplies de blâme à l'égard de ceux qui ont détruit leur potentiel. Le blâme nous donne la permission de rester stationnaire tout en obligeant les autres à contourner délicatement nos blessures. Le blâme ne guérit pas et ne produit pas le changement ; le pardon, oui. C'est pour cela que ma reine veut que les gens s'en prennent à la façon dont ils se sont eux-mêmes décapités et ont bloqué toute communication entre leur cœur et leur esprit.

En règle générale, je n'adoucis pas mes interactions avec les participants, à moins que je sente dans leur énergie qu'ils ont pris conscience des excuses qu'ils se donnent ou de leur autosabotage, de leurs passions et d'au moins une partie de leurs modèles archétypaux. Alors, je sais qu'ils peuvent retrouver leur âme et retourner à leur vie.

Ma Reine est apparue bien avant que je transforme mes cours en une cour. Depuis mes premières rencontres avec les religieuses, à l'école secondaire et à l'université, les récits de femmes fortes m'inspirent. C'est entre autres en observant ces femmes extraordinaires administrer l'école des filles et l'université que je fréquentais, au plus fort du mouvement féministe, que j'ai pris la ferme décision de devenir une femme autonome. Même si cela voulait dire rester célibataire, je ne voulais pas dépendre des autres pour mon mieux-être et ma survie. Je dois cette inspiration à mon père, qui m'a encouragée à chaque tournant de ma vie à être autosuffisante.

Mon père, un *Marine* qui avait combattu à Guadalcanal durant la Deuxième Guerre mondiale, était d'une intégrité sans faille. Il a vécu toute sa vie selon le code d'honneur des *Marines* : *Semper fidelis*, « Toujours fidèle ». Il m'a enseigné l'importance de l'honneur. C'est grâce à lui que j'aime tant lire à propos de l'histoire, en particulier de l'histoire militaire et politique.

La Prostituée dans ma maison dix (potentiel le plus élevé) indique la peur de la dépendance et du compromis que mon père m'a inculquée dès la plus tendre enfance. Et elle révèle l'épreuve que j'affronte d'être tentée de négocier mon pouvoir personnel, de vendre mes talents intuitifs. Des gens m'ont proposé de fortes sommes d'argent pour leur donner des numéros de loterie gagnants, par exemple... croyant sans doute que je les vendrais à quelqu'un si je pouvais les prédire ! Ce ne serait pas un usage optimal de mon talent et c'est une autre raison pour laquelle je crois avoir été amenée à me donner des bases professionnelles solides en tant qu'enseignante : je vise à aider les autres à trouver leur potentiel le plus élevé en leur communiquant mes propres intuitions. Ce désir de montrer la voie m'a amenée à travailler auprès de collèges et d'universités avant-gardistes, pour créer des cours d'études intuitives et de médecine énergétique.

Ma première rencontre choc avec mes capacités intuitives (qui m'a avertie de les utiliser judicieusement) m'est arrivée à l'âge de 15 ans. Je venais d'acheter un livre sur la chiromancie et je le feuilletais lorsque ma chère amie Maureen insista pour que je lise dans la main d'une de ses voisines, nommée Lucille. Même si je n'avais aucune idée de la chiromancie à l'époque (ni même aujourd'hui), j'acceptai de relever le défi, sur un coup de tête. Lorsque Lucille s'assit avec nous, je regardai bêtement sa main et m'entendis lui dire qu'elle avait été mariée deux fois. Une amie de Lucille qui avait observé la scène d'un air plutôt sceptique sourit dédaigneusement. « Tu te trompes, cocotte, dit-elle. Elle a été mariée *trois* fois. »

Soudain, une énergie inconnue m'envahit, et je sentis une chaleur monter du bas de ma colonne vertébrale jusqu'au sommet de ma tête. Je redressai ma colonne comme si elle s'était soudainement transformée en acier pur. Mon corps me parut intensément présent, en même temps que je me distançais personnellement de Lucille. Je pris conscience de n'être plus une enfant et j'eus l'impression d'avoir parcouru une longue distance en un clin d'exil. Ma voix devint étrangement posée et de ma bouche sortirent ces mots : « Oui, mais ton deuxième mariage n'a jamais été consommé. »

Lucille bondit sur moi, me souleva par mes vêtements et me tira jusqu'à la porte de la maison en me bottant le derrière. En revenant à la maison, je racontai à ma mère ce qui s'était passé : je m'attendais à ce qu'elle soit contrariée par ce que j'avais dit à sa voisine. Je lui demandai aussi ce que voulait dire le mot *consommé*, puisque je ne le connaissais pas vraiment à l'époque ! Ma mère était pliée en quatre. « As-tu vraiment dit ça ? » me demanda-t-elle plusieurs fois en s'essuyant les yeux. Après avoir arrêté de rire, elle reprit son sérieux. « Dieu t'a donné un don très spécial, et tu dois en prendre soin, dit-elle. Un jour, on te dira quoi en faire. En attendant, demande conseil par la prière. »

J'oubliai l'incident pour me le remémorer, un soir, à l'âge de 29 ans. En rêve, je reçus la visite d'un guide qui me dit : « Je suis de retour. Maintenant, le temps est venu de te mettre au travail. » Moins d'un an plus tard, je commençais à sentir intuitivement l'état de santé des gens. En moins de deux ans, je donnais des lectures en tant qu'intuitive médicale. Même si les gens semblaient souvent reconnaissants pour l'aide et les conseils que je pouvais leur donner, je n'ai jamais oublié la rage soudaine que je lus sur le visage de Lucille lorsqu'elle a foncé sur moi ce jour-là. Elle était peut-être un ange envoyé pour m'avertir d'utiliser mes dons avec prudence.

Mon Auteur, situé dans la quatrième maison, qui gouverne le chez-soi, reflète le lien entre mon foyer et mon espace de travail. Je travaille chez moi depuis l'âge de 29 ans, et j'ai conçu ma maison en fonction des besoins de l'Auteur et ceux de l'Ermite (maison deux : les valeurs). La solitude est essentielle à mon bien-être et, quand je n'enseigne pas, je préfère mener une vie tranquille avec des amis proches et ma famille. En troisième année, par exemple, j'annonçai à ma mère que je deviendrais écrivaine. C'était ma déclaration personnelle d'indépendance : à partir de ce moment, toutes les décisions qui se rapportaient à l'école ou à mes intérêts professionnels étaient calculés en fonction de cet objectif.

Je me sens complètement étrangère au monde de l'énergie financière, aux questions juridiques et à celles de l'héritage, représentées par la maison huit. Mon besoin de gardiens et de protecteurs en ce domaine est signifié par la présence de l'Enfant dans cette maison. Mais je n'ai jamais eu peur de manquer de ressources réelles, même si j'ai craint d'être dépendante. Par exemple, alors que la maison d'édition que j'ai fondée avec deux amis en 1982 ne rapportait pas encore de revenus, j'acceptai un poste de rédactrice dans une firme de relations publiques. Mais je n'avais absolument aucun intérêt pour ce travail et je fus congédiée moins d'un mois après mon embauche. Ce soir-là, en calculant mes ressources financières, je réalisai qu'il me restait 76 dollars en banque. Mon loyer mensuel était de 400 dollars et la facture de chauffage s'élevait à près de 200 dollars. En évaluant cette situation, je me dis : « Bon, alors, Dieu ne m'enverra aucun embêtement de plus de 76 dollars. »

Le lendemain, au téléphone, ma mère m'apprit une nouvelle inattendue. Douze ans plus tôt, dans un geste atypique, elle avait acheté quelques milliers d'actions d'une compagnie, à trois cents l'unité. Mes frères et moi la taquinions sans cesse sur cet investissement jusqu'à ce qu'elle refuse d'en discuter davantage, et nous l'avions tous oublié depuis. Ce jour-là, ma mère m'appelait pour me dire qu'un courtier l'avait contactée « à l'improviste » pour lui demander si elle se rappelait avoir acheté ces actions. Il lui annonça que l'action valait maintenant plus de six dollars l'unité. Elle lui dit de vendre immédiatement et, avec la bénédiction de mon père, divisa les profits en trois parts pour nous, les enfants. La foi de mon Enfant m'a tirée de cette situation d'une façon caractéristique à la maison huit, avec la bénédiction des ressources d'une autre personne : dans ce cas, une Mère généreuse et dévouée.

Depuis mon enfance, mon archétype de la Victime a une influence importante sur ma santé, et sa présence est donc appropriée à ma maison de la profession et de la santé. Au début de ma formation académique, chaque fois que j'étais sous pression, j'avais des migraines et d'autres malaises. Mon corps a toujours été presque instantanément sensible au stress physique ou émotionnel. Ayant traversé un certain nombre d'épreuves reliées à la santé et des années accablée de douleurs chroniques, je sais ce que c'est que d'attendre dans le bureau du médecin avec la peur qu'il nous découvre une maladie incurable.

Puisque je travaille avec l'énergie de la santé et celle de la maladie pour aider les gens à guérir, il est normal que j'aie la Victime pour moi, dans cette maison. En effet, la Victime en moi s'identifiant à la Victime chez les autres a inspiré mon livre *Why People Don't Heal* (*Pourquoi les gens ne guérissent pas*). À l'époque, je réalisai qu'à la veille d'écrire un ouvrage ou de recevoir une inspiration, j'éprouvais toujours une sorte de crise de santé. Avant et pendant l'écriture de *Anatomy of the Spirit* (*Anatomie de l'Esprit*), par exemple, je souffrais d'une série de migraines débilitantes. Après avoir vu une femme, dans l'un de mes ateliers, se livrer à la *blessurologie* (l'exploitation de ses traumatismes passés), je me posai la question qui m'inspira le livre suivant : « Pourquoi les gens ne guérissent-ils pas ? » Dès le lendemain débuta une période de douleur chronique et de dépressions occasionnelles qui allait s'étendre sur des années. Ces maladies ne disparurent que lorsque je reconnus être devenue une blessurologue : quelqu'un qui se définit en fonction de ses ennuis. Comme le dit le proverbe, on enseigne ce qu'on a besoin d'apprendre. Mon corps a servi de laboratoire à mes idées.

Le Saboteur dans ma maison neuf, la spiritualité, a pour moi un sens particulier, mais peut-être d'un point de vue marginal. Je n'ai jamais voulu suivre les doctrines ni les dogmes religieux qui m'ont semblé faux dès mon plus jeune âge à l'école. Je me rappelle vivement le moment où j'ai rompu avec l'Église catholique romaine. En troisième année, je demandai à un prêtre comment Jésus était né. Le Père répondit que Jésus était tout simplement apparu sur les genoux de la Sainte Vierge. Même si je n'avais pas encore appris comment naissent les bébés, je sus d'instinct que c'était absurde. Mais ma foi et ma spiritualité ont toujours été fortes, et j'ai toujours eu le sentiment profond et délicieux d'être continuellement entourée par les anges et les saints. Bien que je me sois rebellée contre une institution, mon Saboteur m'assure un passage sécuritaire dans la dimension spirituelle, après avoir fait sauter les obstacles.

Dans mes cours et mes ateliers, mon Saboteur détecte constamment celui de la psyché des autres. Lorsque je les accule verbalement au pied du mur, c'est au service de *leur* potentiel divin. J'entretiens pour eux cette pensée dans mon esprit : « Veux-tu vraiment te pencher sur ta vie et voir à quel point elle aurait pu être merveilleuse si tu n'avais pas eu peur de la vivre ? » Bien qu'à l'extérieur de mon travail, peu m'importe la façon dont les gens vivent leur vie, dès que j'arrive devant une classe, je me lance dans une mission sans merci, à la recherche de la panique spirituelle de mes étudiants. C'est de là que vient toute douleur : d'un désespoir de jamais accomplir ce que nous étions censés faire dans la vie. Au plus profond de l'inconscient, notre potentiel spirituel attend que nous le libérions. Pour y arriver, vous devrez parfois briser des obstacles.

J'aurais été étonnée que mon Guérisseur-Intuitif se soit montré ailleurs que dans ma maison douze, où résident l'inconscient et notre lien au collectif. Malgré mon désenchantement de longue date à l'égard du dogme catholique, je n'ai jamais douté du fait que chacun de nous a un ange gardien et que notre vie a de l'importance aux yeux d'un Dieu d'amour. En grandissant, j'ai été attirée par les écrits des mystiques et des maîtres spirituels, qui m'ont menée, en fin de compte, à accomplir des études de troisième cycle en théologie. C'est ma corde dorée (pour emprunter une expression à Dom Bede Griffiths), celle qui me donne de la force et de l'inspiration, de l'espoir et de la joie, et c'est la bouée de sauvetage qui m'a tirée des affres de la blessurologie. Le Mystique est partenaire de mon archétype du Pionnier, qui se trouve dans la maison de la créativité, de la chance et des côtés agréables de la vie.

En tant que Pionnier, je recours à ma créativité non seulement pour écrire et enseigner, mais aussi pour refaçonner ma vie à chaque instant. J'explore constamment le précepte que nous créons notre propre réalité, en examinant ma propre vie ou en encourageant les gens à changer la leur. J'ai découvert mon Pionnier en voulant créer quelque chose d'unique, un sentiment que tous les écrivains doivent partager. Je voulais vivre une existence différente de toutes les autres et, à 12 ans, j'annonçai à ma mère que je ne me marierais pas et que je n'aurais pas d'enfant. J'ai toujours voulu dépasser l'horizon et ouvrir de nouveaux sentiers.

Mais en songeant à ma vie et à mes douze archétypes, je me sens guidée et destinée à parcourir une voie tracée il y a longtemps. Mon désir de partager cette vision avec d'autres m'a inspirée à guider les gens dans des espaces inconnus d'eux-mêmes, afin qu'ils puissent eux aussi réaliser que leur vie n'a rien d'accidentel. Avec l'énergie de vos archétypes, je suis certaine que vous pouvez retracer la main de Dieu et de la destinée au cours des méandres de l'existence.

La vie est vraiment un mystère, et nous ne pourrons jamais en faire une aventure logique. Mais nous pouvons interpréter les indices que la main de Dieu laisse sur notre passage. Avec de la chance et avec la bénédiction du Ciel, j'espère que mon Contrat sacré vous servira pour votre propre parcours.

Si j'étais assise avec vous, en train de vous enseigner comment accéder à vos propres compagnons inconnus, je vous prendrais métaphoriquement par la main en vous disant : « Suivez-moi, car je sais comment les trouver. » Je sais comment ils se déguisent dans votre âme et votre psyché, et comment ils se cachent dans les événements de votre vie. Maintenant que vous avez identifié vos archétypes, vous aussi pouvez repérer leur influence à tout moment. Lorsque je regarde le visage de quelqu'un, je vois, par-delà ce visage, la mémoire cellulaire dans mon cœur qui dit : « Enfin, nous nous sommes rencontrés à nouveau, toi et moi. Et maintenant, trouvons pourquoi. » Sentir le fil archétypal qui vous relie à une autre personne, c'est retrouver une entente de l'âme qui s'est enfin manifestée dans le temps et l'espace.

Demandez-vous ce que vous savez et ce que vous ignorez sur vous-même. Quels sont vos mystères, quelles ont été vos plus grandes influences, bénéfiques ou néfastes ? Demandez-vous : « Quand donc est née la personne que je suis aujourd'hui ? » Choisissez la maison et l'archétype qui inspirent une réponse immédiate et entrez aussitôt dans votre Contrat par cette porte. L'interprétation aléatoire donne libre cours à votre mémoire et à votre imagination. Mais d'autres sont plus à l'aise en suivant l'ordre numérique du tableau. Trouvez votre zone de confort et partez de là.

Voici quelques étapes à suivre en utilisant votre Roue archétypale pour interpréter votre propre Contrat.

Comment trouver les leçons inscrites dans votre Roue et dans votre Contrat

Première étape : choisissez une partie de votre vie que vous voulez mieux comprendre – santé, carrière, relations, famille ou tout autre aspect qui vous attire. Une femme a décidé de focaliser sur sa carrière et sur le fait qu'elle avait toujours su que c'était ce qu'elle voulait faire. Vous pouvez choisir, entre autres, votre développement spirituel, votre éveil sexuel, l'histoire de votre santé, ou votre relation avec une personne importante de votre vie. Prenez garde de poser à votre Roue une question précise, comme : « Devrais-je changer d'emploi et poursuivre la carrière dont je rêve ? » Ne lui demandez pas si vous devez divorcer, vendre votre maison ou déménager en Toscane. Ne demandez pas à votre Roue ce que pense ou ressent quelqu'un d'autre à votre égard. Ne demandez pas un diagnostic concernant un problème physique ou psychologique (« Ai-je le cancer ? Devrais-je voir un médecin ? »). Au chapitre 10, vous apprendrez comment demander conseil pour des questions et des dilemmes précis. Posez des questions générales, pour que des conseils de toutes sortes puissent vous parvenir. Demandez, par exemple : « Pourquoi ai-je été incapable de pardonner à mon père (ou à ma mère) ? » « Quelle est la meilleure façon de guérir mon image négative de moi-même ? » « Explique-moi clairement pourquoi _____ est dans ma vie. » Écrivez vos questions ou vos demandes de conseils dans votre journal.

Maintenant, choisissez l'un des douze archétypes grâce auquel vous allez commencer par demander conseil à la Roue. Règle générale, l'un des douze captivera votre attention plus que les autres, pour vous guider vers le domaine que vous avez choisi d'examiner. Votre être intuitif connaît le point de départ le plus approprié. Si toutefois il ne se présente aucun archétype précis, commencez tout simplement par l'archétype qui réside dans votre première maison.

Lorsque vous aurez choisi l'archétype, notez dans quelle maison il se trouve et cherchez des liens entre cet archétype et le domaine gouverné par cette maison. Écrivez dans votre journal comment vous ressentez la signification de ce premier lien archétype-maison. Votre inscription peut compter une seule phrase ou plusieurs paragraphes, mais essayez d'être aussi concis que possible lors de ce premier examen.

Lorsque vous aurez l'impression d'avoir une idée claire du sens de ce lien, passez au prochain archétype qui attirera votre attention et répétez la démarche. (Si vous choisissez de commencer par votre archétype de la première maison, passez tout simplement à la deuxième, et ainsi de suite.) Pour chaque archétype, passez en revue vos associations positives et négatives quant à la signification de ce modèle dans le domaine que vous avez choisi d'examiner. Par exemple, si vous avez choisi de retracer les expériences et les relations qui ont contribué à votre quête de Dieu, remarquez les contributions positives et négatives que vous associez à cet égard à chaque archétype, en remontant aussi loin que possible dans vos souvenirs. Par exemple, l'archétype du Saboteur dans votre maison de la spiritualité peut se refléter dans votre impression que Dieu n'a pas répondu à vos prières, et saboter votre foi.

Après avoir accumulé les souvenirs et les associations des douze maisons et des douze archétypes, étudiez-les pour voir si un thème unique les relie. Sarah remarqua que l'histoire de son développement spirituel était construite autour d'un cycle de croyance et de doute, de foi et d'autosabotage, jusqu'à ce qu'elle réalise qu'au cœur de la lutte, il n'y avait qu'une leçon : tout comme Dieu représentait pour elle un concept intellectuel qui ne rejoignait pas son âme, cette dernière ne rejoignait pas les autres âmes. Elle n'avait pu établir une pratique spirituelle ni mettre sa foi en action. La lutte de Sarah avec Dieu, qui avait duré toute sa vie, eut également un profond effet sur sa façon d'é-valuer ses chances professionnelles. Elle refusa des offres qui ne lui garantissaient pas la sécurité (et c'était la majorité d'entre elles). Ayant limité sa carrière, elle était devenue amère et avait l'impression de n'avoir aucun but dans la vie. Sarah comprit que son périple exigeait qu'elle ait confiance et foi en son avenir. Elle dut ouvrir son cœur et trouver Dieu chez les autres et dans le monde.

Après avoir complété une lecture de la Roue, vous pouvez for-muler une autre question avec, à l'esprit, un aspect différent de votre vie. À chacune de vos interprétations, vous complétez des leçons de votre Contrat sacré. Rappelez-vous que vous tracez douze modèles qui sont les éléments de base de prise de pouvoir personnelle. Ensemble, elles révèlent la totalité de votre Contrat sacré. Chacun de vos parcours des archétypes et des maisons doit fournir une autre pièce au tableau.

Puisque le travail avec votre Roue archétypale est un art plus qu'une science, vous saurez mieux comment procéder en lisant quelques interprétations. Le premier des trois exemples suivants raconte l'histoire fascinante d'une femme qui cherchait des révélations sur son choix de carrière, et le troisième, celle de l'un des êtres les plus extraordinaires que j'aie rencontrés.

La Roue archétypale de Maeve

Maeve est une mère célibataire dans la quarantaine, une astronome qui est également étudiante en astrologie. Après avoir choisi les archétypes qui composent son groupe de soutien personnel de douze, elle tira sa Carte d'Origine telle qu'elle apparaît à la figure 7.

Comme Maeve voulait appliquer les conseils de sa Roue aux raisons de son choix de carrière, elle se demanda : « Quelles expériences et quels Contrats m'ont amenée à choisir ma profession actuelle ? » Maeve travailla sur les archétypes et les maisons avec l'habileté de son archétype du Conteur, qu'elle avait choisi parce que le mythe et la fable relient sa vie de scientifique

---

Figure 7 : La Carte d'Origine de Maeve

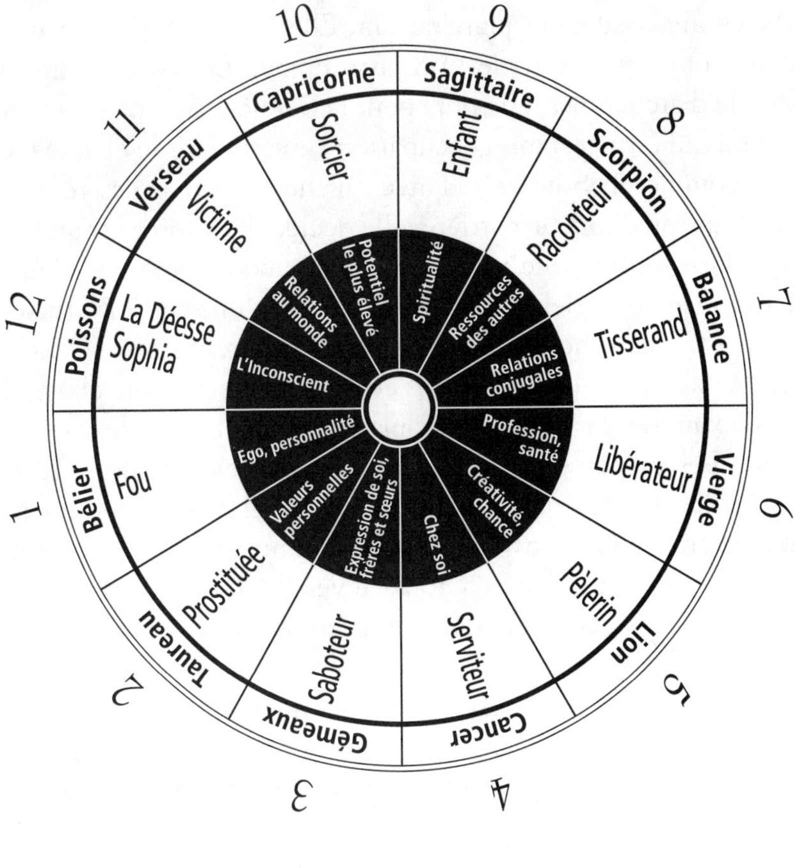

à son étude des planètes. Pour rendre ses observations astrologiques plus accessibles à ses collègues scientifiques, Maeve les présentait souvent sous forme de récits. Elle choisit de commencer par le Conteur, parce qu'il joue un rôle important pour son sentiment d'identité. « J'habite un lieu mythique, dit-elle. J'ai toujours rêvé d'une vie extraordinaire, et l'un de mes souvenirs les plus anciens et les plus chers, c'est le moment où j'ai dit à mes parents qu'un jour j'apprendrais à voler. Ce désir s'est éveillé en moi lorsque j'avais environ neuf ans, et je rêvais d'explorer l'espace. Lorsque mon archétype du Conteur a atterri dans ma huitième maison, les ressources des autres, cela a tout de suite eu un sens pour moi. J'ai toujours utilisé la recherche des autres dans mon travail scientifique. Je crois aussi que cet archétype est responsable de mon ouverture d'esprit. J'invite toujours les gens à me dire s'il leur est jamais arrivé quelque chose d'incroyable, en cherchant toujours d'extraordinaires récits vécus. »

Durant les dernières années à l'école primaire, la classe de Maeve alla visiter un planétarium. Elle s'aperçut alors qu'elle avait toujours voulu devenir astronome. En choisissant sa famille d'archétypes, elle opta pour le Sorcier, car « c'est la part de moi qui est liée à mon occupation : en étudiant le ciel, je me sens comme un Sorcier ». Parce qu'elle cherchait des révélations sur son choix de carrière, elle décida d'explorer cet archétype. Remarquant que son Sorcier avait abouti dans sa dixième maison (le potentiel le plus élevé), elle vit un sens à l'interaction entre son choix de carrière et sa propre nature. « Cette union validait ce que je croyais être ma profession, dit-elle, qui est d'examiner la "psyché" des planètes dans le monde scientifique. Les planètes sont des êtres vivants, et non de simples boules inertes tournant autour du soleil. Elles communiquent leur essence à notre psyché et parlent à notre âme. C'est cette croyance profonde qui m'a poussée vers l'étude de l'astrologie. Combiner ces deux sciences, c'est trouver la clé mystique de l'univers. »

Maeve reconnut aussi avoir rencontré la part d'ombre du Sorcier, cet aspect d'elle « qui parfois espère que la recherche d'un scientifique irréductible échouera, comme pour prouver que la science n'a pas toutes les réponses. Je n'aime pas beaucoup avouer cela, mais je n'en ai pas honte non plus. Comme c'est un sentiment réel, il serait plus honteux de le nier. » Cette affirmation illustre un aspect crucial de l'apprentissage de votre Contrat à travers la disposition de vos archétypes. Votre volonté d'affronter ces aspects de votre caractère qui sont bel et bien cachés et avec lesquels vous êtes le moins à l'aise finira par vous donner une image plus complète de la dynamique de votre Contrat.

Le Saboteur dans sa troisième maison représentait la passion de communiquer qu'entretenait Maeve depuis son jeune âge, mais il représentait aussi un avertissement. « Le fait de dire aux gens que je crois que tout l'univers est une entité communicante pourrait faire déraper ma carrière et miner ma réputation professionnelle. J'ai affronté cette peur à l'école et, au plus profond de mon être, je sais que je prendrai toujours un risque quant aux réactions du monde extérieur face à moi. Cela m'a amenée à développer très tôt l'estime de moi-même. Cela m'a également aidée à voir comment les autres sabotent leur imagination, car ils sont incapables de voir que la vie dépasse leur perception visuelle. »

La Prostituée de Maeve était dans sa maison deux (valeurs de vie). Au début de sa carrière d'astronome, avant qu'elle ne développe un intérêt envers l'astrologie, elle s'était donné pour objectif de réussir dans sa spécialité, l'étude des astéroïdes. Mais l'étude de l'astrologie lui insuffla une passion que « la recherche pure ne donnait jamais », et suscita, comme il fallait s'y attendre, les critiques de ses collègues. Elle réalisa qu'elle devrait tempérer son enthousiasme pour ce qu'elle appelle « l'astronomie alternative », au risque de perdre sa sécurité financière. « Finalement, mes valeurs étaient en jeu, dit-elle. Vais-je me trahir ou poursuivre l'idée que se fait mon âme de l'univers ? » Maeve choisit consciemment d'équilibrer la proportion d'idées qu'elle pouvait transmettre au monde conservateur de la science traditionnelle.

Sa Prostituée donna à Maeve une nouvelle perspective sur sa première maison, dans laquelle son ego est gouverné par le Fou. Pour elle, le Fou représentait quelqu'un qui est protégé dans sa recherche de la vérité, car un Fou peut paraître inoffensif.

« C'est peut-être mon pouvoir le plus fort, dit-elle : sachant que mon Fou m'est utile, je travaille avec lui. Car à vrai dire, je semble avoir une garde-robe conventionnelle, mais c'est l'un des déguisements de mon Fou. Les gens ne s'attendent pas à ce que quelqu'un comme moi s'intéresse à l'intelligence psychique planétaire. » Maeve avoua rencontrer des gens ouverts à ses activités marginales, mais ils ne font habituellement pas partie des gens au pouvoir, devant qui elle doit paraître inoffensive. Elle adore, dit-elle, « penser que je les dupe ».

Le Serviteur, installé dans la quatrième maison de Maeve, qui gouverne le chez-soi, la prit par surprise au départ, car comme tant d'autres, elle associait cet archétype au service des autres. En tant que mère et professionnelle, elle sentait le besoin d'inculquer à sa fille « l'importance de l'autosuffisance », a priori tout le contraire du Serviteur. Maeve choisit d'abord l'archétype du Serviteur parce que c'est l'idée qu'elle se fait de sa relation à Dieu. « Mais le chez-soi représente non seulement la maison où j'ai vécu, mais aussi la résidence intérieure de mon âme. Et de ce point de vue, je suis la Servante de mon âme, responsable de l'entretien de sa maison. »

Le Pèlerin en maison cinq (créativité et chance) semblait tout à fait approprié aux yeux de Maeve, car le Pèlerin représente la recherche d'un nouveau territoire, et c'est là que passe la plus grande part de son énergie créatrice. Et elle s'est toujours sentie privilégiée dans de telles entreprises, qu'elles soient professionnelles ou personnelles. « Certaines de mes peurs les plus profondes résident aussi dans cette combinaison de forces, ajouta-t-elle. La peur que ma créativité s'épuise ou que mon travail ne vaille rien, par exemple. Je crains aussi de revoir un jour de quelle façon j'ai investi mes énergies créatrices et de regretter de n'avoir pas fait d'études plus conventionnelles. J'ai parfois l'impression d'être une semi-professionnelle, car je me passionne davantage pour l'astrologie que pour l'astronomie, que je considère comme une science d'appoint. »

Maeve craint également que sa chance tourne. « J'ai été chanceuse dans cette vie-ci. J'adore ce que je fais, j'ai une fille magnifique, des amis merveilleux et une riche relation avec mon âme. Est-il possible d'avoir plus de chance ? Mais tout cela peut changer et j'y pense beaucoup. Je me demande ce que ce serait, si le Pèlerin perdait sa chance. »

Il y a environ cinq ans, Maeve reçut un diagnostic de dépression chronique. Elle pensait que cela provenait de son obsession de la perfection et d'une tendance à ne pas s'occuper d'elle-même autant qu'elle le devrait. Son médecin lui prescrit des médicaments, mais Maeve crut que l'usage d'antidépresseurs l'empêcherait de guérir. « Je me suis engagée à me guérir, dit-elle, ou, comme je le dis maintenant, à me "libérer" de cette situation, que je n'appellerai plus jamais une maladie. C'est tout simplement une situation que j'avais besoin de changer. » Avec le Libérateur dans sa maison de la profession et de la santé, Maeve voyait comment elle avait abordé la guérison même. Un Libérateur classique comme Simon Bolivar, Gandhi ou Nelson Mandela croit suffisamment à son combat pour le continuer dans des circonstances difficiles, même lorsque la défaite semble imminente. Comme ces personnages historiques, Maeve ne se permit pas le « luxe » de pensées négatives et défaitistes. Elle se dégagea de l'étiquette médicale conventionnelle de dépression chronique et se libéra dans une large mesure de la dépression même.

Le fait de travailler ainsi avec les archétypes et les maisons permit à Maeve de voir aussi les tendances globales. Elle dit : « Disons que je suis née pour "libérer" la perception du monde qu'entretiennent certaines gens, et pour leur montrer une autre réalité. Je connais le pouvoir qui coule dans mes veines et je sais que je suis intéressée à faire changer les perceptions, et non les gens. Si vous transformez la perception de la réalité, les gens n'ont pas d'autre choix que d'embarquer. »

Puisque la dépression constitue souvent une crise spirituelle, nous avons examiné la neuvième maison de Maeve (la spiritualité), où l'Enfant avait atterri, afin de pouvoir expliquer sa guérison. Maeve ressentit un conflit immédiat, car elle n'était pas touchée par « l'idée parent-enfant d'une relation avec Dieu » qui caractérise largement la religion conventionnelle. « Ma confiance en Dieu n'est pas tout à fait celle d'un enfant devant un parent. Je prends encore garde aux "mines antipersonnel" cachées et je m'attends à découvrir que Dieu m'a menée en bateau. » Mais elle reconnaît aussi que l'image parent-enfant représente la dépendance, qui lui inspirait des craintes. « J'ai peur du pouvoir de Dieu sur moi, dit-elle, et pourtant, je m'émerveille comme une enfant devant les étoiles et les planètes et de cet aspect de mon travail que j'attribue au Divin. Je m'interroge sur l'image du parent bienveillant qui permet que tant d'enfants de la terre souffrent et subissent la cruauté humaine. »

Maeve avait un « profond besoin spirituel » d'ordre divin dans l'univers, et ce besoin était en conflit constant avec ses « peurs et sa confusion spirituelles profondes », à tel point que ce facteur, de même que sa quête de la perfection, aurait pu contribuer à sa dépression. Elle se reconnut la vulnérabilité d'un enfant devant les questions spirituelles. En affrontant cette part d'ombre de ses émotions, elle put calmer certaines de ses craintes, un peu comme d'allumer une veilleuse peut aider à désamorcer chez un enfant, la peur du noir.

Maeve interpréta la Victime dans sa maison onze (la relation au monde) comme un exemple de sa tendance à aider les gens à éviter de devenir victimes de l'ignorance : « J'espère que plus la vérité remplit l'inconscient planétaire, plus il sera facile pour les gens de mieux vivre. » Elle avoua aussi risquer de devenir elle-même Victime dans sa relation au monde, si ses idées marginales finissaient par l'empêcher de poursuivre la profession de son choix. La Victime nous pousse à agir d'une façon appropriée lorsque nous sommes en danger de persécution.

La déesse Sophia (Sagesse), apparue dans la maison de l'inconscient, exigeait peu d'éclaircissements ou de gymnastique intérieure, car Maeve se considérait comme une sorte de Sophia dans le monde : « La question "Qu'est-ce que la sagesse ?" est l'une de celles que je me pose dans presque toutes les situations et dans la vie en général. Je veux vivre une vie où j'apprends, je donne, je partage et je grandis. » Depuis son plus jeune âge, elle entretient dans son esprit l'image d'« une femme puissante. Je suis motivée par Sophia et j'attribue à son "être" mes passions intellectuelles ».

Lorsque Maeve tira sa carte, elle voulut examiner le conflit qu'elle décelait entre son désir d'être une scientifique et sa fascination pour l'exploration apparemment "non scientifique" de la connaissance des planètes. Comme elle voulait réussir dans le monde universitaire, cette séparation l'obligea souvent à agir d'une façon belliqueuse à l'égard de ses collègues qui, croyait-elle, avaient l'esprit fermé et se sentaient menacés par ses théories marginales. Ce conflit d'ombre envenima également sa relation avec ses enfants. L'interprétation de sa carte du ciel lui fournit une vision plus détaillée de la façon dont son choix de carrière convenait à son Contrat sacré. Si Maeve s'était arrêtée là, sa vie en aurait déjà été enrichie. Mais en faisant plusieurs fois le tour de sa Roue, en examinant divers aspects de sa vie et d'autres relations, elle retira une compréhension encore plus riche de son Contrat global. Comme on étudie un poème pour en tirer la signification profonde, chaque lecture de votre Roue vous fera voir de nouvelles correspondances et relations que vous ignoriez. Mais nous allons laisser Maeve ici, pour passer à quelqu'un qui a reçu des indications pour le moins différentes sur sa carrière.

La Roue archétypale de Byron

Comme Maeve et la plupart des participants à mes ateliers, Byron choisit de revoir sa profession à la lumière de la première interprétation de sa Roue. Byron est un acteur qui a tenu des rôles mineurs dans une douzaine de films, dont plusieurs longs-métrages bien connus. Il a commencé à jouer alors qu'il était au collège, est passé au théâtre d'été, pour ensuite tenir de petits rôles sur Broadway et dans des films hollywoodiens. Comme le jeune acteur typique, Byron a également été serveur dans des restaurants, s'attendant d'un jour à l'autre à percer dans le métier. Sa Roue archétypale se présenta comme dans la figure 8.

Après avoir établi sa carte du ciel, Byron dit ceci : « Ces modèles et les expériences que je leur associe ont une plus gran-

Figure 8 : La Carte d'Origine de Byron

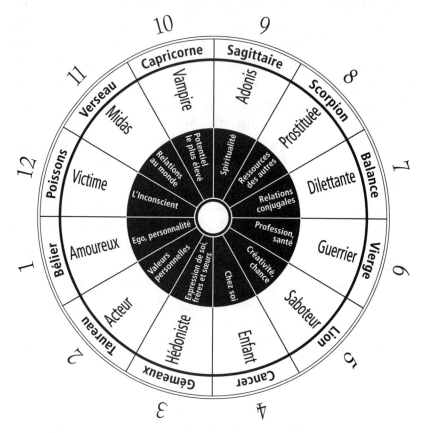

de signification pour moi, maintenant que je les considère dans le contexte d'un périple convenu. »

Enfant, Byron fut violé par un voisin. À cause de ce traumatisme, il fut immédiatement attiré par l'archétype de l'Enfant. L'arrivée de l'Enfant dans sa maison quatre (chez-soi) provoqua donc chez lui une immense surprise et une révélation spirituelle. Le fait d'avoir été agressé avait hanté non seulement ses souvenirs d'enfance, et « lui avait inspiré la honte », comme il le dit, mais était devenu la force émotionnelle majeure de sa jeunesse et de sa vingtaine. Ce ne fut qu'à la mi-trentaine que Byron réalisa à quel point le sortilège de la honte s'était manifesté et qu'il pouvait l'effacer. Lorsqu'il constitua sa Roue archétypale, il commença à comprendre l'aspect constructif de ces événements. « En voyant qui je suis aujourd'hui, à la fois comme personne et en tant qu'acteur, dit-il, je constate que cette expérience d'agression était l'"acte nécessaire" qui provoqua tous mes engagements positifs. La honte que j'ai ressentie à la suite d'un abus sexuel n'a fait qu'augmenter celle que j'avais à propos de qui j'étais, surtout en réalisant, à la fin de mon adolescence, que j'étais gay. Pendant longtemps j'ai cru être gay parce que j'avais été sodomisé à l'âge de six ans, et qu'il me fallait donc cacher cette part de moi-même. »

À mesure que Byron continua à approfondir son essence spirituelle et qu'il écarta cette association, dit-il, il envisagea sa vie dans un contexte plus grand : « En tant que gay, ma pratique spirituelle de respect humain et de dignité est une façon de changer ce monde. » Cette vision supérieure l'incita également à devenir acteur. « Car un acteur, c'est quelqu'un qui camoufle sa véritable identité derrière le masque d'un personnage, dit-il. Je pouvais jouer des rôles qui reflétaient véritablement qui j'étais et ce que je ressentais, et le public n'a jamais su que c'était mon propre rôle que je jouais. Ce fut un grand soulagement pour moi ; en un sens, c'était de la thérapie théâtrale. » Étant donné sa profession, Byron choisit d'examiner ensuite l'acteur, qui était dans sa maison des valeurs. « Cette association détient une signification extrêmement importante, dit-il, car j'exprime mes valeurs sur scène. À travers mes personnages, j'affirme qui je suis et ma vision de la vie. De toute évidence, je ne suis pas une grande star, bien que je souhaite en devenir une, mais même dans les petits rôles, je m'arrange pour être qui je suis, à certains égards. »

Le Guerrier dans la maison de la profession et de la santé est la parfaite contrepartie de l'Acteur, car il voit sa profession comme une façon de lutter en faveur de l'égalité des droits pour la communauté gaie. Mais il considère aussi son dévouement à cette cause comme une forme de guérison, car il estime que la honte a été l'un des facteurs de l'épidémie de sida dans la communauté gay. « Malgré le fait que je n'aie pas particulièrement l'air du guerrier classique (je ne suis certainement pas un grand macho), mon âme est celle d'un guerrier, me dit-il. Enfant, je vivais dans la peur parce que je ne pouvais pas me défendre. Mon Guerrier avait peut-être besoin d'être éveillé par ce besoin, car je ne pouvais demander à personne de me protéger. » Parce que son père le considérait comme un garçon tranquille, faible et pas du tout sportif, il n'accorda jamais à son fils le soutien dont il avait besoin et l'obligea à se débrouiller seul. Reconnaissant ce fait pour la première fois, Byron put pardonner à son père pour ce qu'il avait longtemps considéré comme étant une influence négative dans sa vie.

Byron adorait le fait d'avoir l'Hédoniste dans sa maison trois (expression de soi et frères et sœurs), car il le percevait comme un encouragement à profiter des plaisirs et des richesses de la vie. « Je crois que chaque aspect de la vie nous sert, en quelque sorte, et pourquoi serions-nous uniquement motivés par la douleur ? C'est ridicule. À un moment donné, j'ai décidé que j'en avais assez de vivre dans la pauvreté. J'ai changé de quartier et je me suis épanoui dans une communauté d'artistes, en prenant de bons repas, des vins fins, en allant voir du théâtre de qualité, en lisant de la grande littérature, et en faisant de beaux voyages... tout ce qui me rendait heureux d'être vivant. Dieu sait que j'ai vécu suffisamment d'expériences malheureuses pour souhaiter mourir, et laissez-moi vous dire : le côté agréable de la vie en vaut la peine. Lorsque j'ai commencé à fréquenter ce que j'appelle les cercles d'Oscar Wilde, j'ai commencé à aimer qui je suis. »

C'est alors que le Dilettante s'éveilla en Byron, et l'apparition de cet archétype dans sa maison du mariage et des relations reflétait sa passion pour la bonne conversation, les jeux d'esprit et les excentriques. Le Dilettante influença et orienta son éducation, car à l'école, il choisissait ses cours en se demandant : « Qu'est-ce qu'il me faudrait pour penser comme Oscar Wilde ou Dashiell Hammett ou pour comprendre la grande musique ? À présent, Byron commençait à mieux comprendre comment les aspects de sa personnalités telles que l'Hédoniste et le Dilettante, que l'on pouvait considérer frivoles, conspiraient en réalité pour le libérer de l'image négative de lui-même qu'il avait combattue depuis l'âge de six ans.

Byron vit la Prostituée et le Midas s'engager dans « une sorte de duo ». La Prostituée, dans la maison des ressources des autres et de l'héritage, représentait la façon évidente dont quelqu'un, dans le métier d'acteur, peut se compromettre pour de l'argent. Byron croyait aussi avoir été déshérité à cause de son orientation sexuelle. « Mon père croit que je me vends littéralement et que je me livre à la prostitution, dit-il. Je vois constamment que la plus grande partie des ressources du monde du divertissement sont distribuées aux gens qui fournissent des faveurs sexuelles ». Même s'il voulait se créer de la richesse, il ne le ferait pas « à la façon d'un Midas de l'ombre. « Je considère que le monde m'appartient et je veux réussir et devenir riche à craquer. Mon Hédoniste a besoin de cela pour être heureux. Mais je veux être un Midas bienveillant et utiliser ma richesse pour aider les autres. D'un point de vue symbolique, je cherche l'or en chacun, et c'est ainsi que mon Midas sert ma vision du monde extérieur. » En considérant son exclusion familiale sur le plan symbolique, Byron se défit de son amertume à propos du rejet de son père.

Il semblait évident que la Victime gouverne son inconscient (maison douze), vu le traumatisme de son enfance. Après avoir répondu à de nombreuses questions à propos de sa Roue, Byron vit l'aspect positif de la Victime. Le fait de se sentir persécuté à cause d'un événement de sa jeunesse, dit-il, lui avait fait découvrir son être intérieur. « Je ne sais pas si j'aurais fouillé dans ma psyché avec un tel désespoir si je n'avais pas été persécuté, enfant. La peur risquait de me condamner au rôle de victime. Je suis reconnaissant d'avoir désormais cet archétype responsable de mon inconscient, car je suis déterminé à ne plus jamais me sentir victime. Chaque fois qu'une nouvelle peur s'infiltre à mon insu, la Victime la projette immédiatement dans mon esprit conscient. En tant que gay décidé à libérer sa conscience de victime, mon Contrat consiste en partie à travailler l'inconscient collectif en soulignant l'impact de l'archétype de la Victime sur la qualité de notre vie. »

Byron ressentit une attirance spectaculaire pour l'archétype du Vampire, parce que le besoin de discrétion du Vampire correspondait à son propre besoin de camoufler son homosexualité. De plus, le pouvoir du Vampire est largement érotique et Byron dut affronter son besoin d'absorber l'énergie des autres. Il fut renversé en découvrant le Vampire dans sa maison du potentiel supérieur, mais après mûre réflexion, il conclut : « je n'aurais jamais pu le moindrement poursuivre mon travail si j'avais laissé les préjugés anti-gays me "drainer" l'âme. Les préjugés sont des vampires autant que les gens, et les pensées négatives sur votre nature vous rongent vraiment l'âme et la vie. Pour atteindre mon potentiel le plus élevé, j'ai dû combattre (en utilisant mon Guerrier) chaque parti pris négatif créé par le manque d'estime de moi-même depuis l'enfance. Et croyez-moi, n'importe lequel aurait pu me tuer. Je crois que guérir la Victime en moi-même et chez les autres, c'est détruire un vampire psychique. »

En considérant la valeur de l'archétype du Vampire, Byron comprit pourquoi le Saboteur se trouvait dans sa maison de la créativité et de la fortune. Il craignait de voir sa chance sabotée par son identité sexuelle. « La vie d'un gay ne connaît pas vraiment de relations stables, dit-il. J'avais peur de ne pas trouver le bonheur, notamment dans une relation amoureuse. » Le Saboteur signala à Byron le besoin de maximiser ses chances d'aimer. Sur un autre plan, il attira son attention sur le danger de saboter son bonheur amoureux en acceptant le cliché du mode de vie dépourvu d'engagement, et de mesurer son épanouissement au nombre de partenaires rencontrés.

L'antidote à ce genre de vie peut reposer dans le domaine même avec lequel Byron vibrait le plus : l'Amoureux dans sa première maison, ego et personnalité. Parce qu'il voulait être considéré « comme quelqu'un qui croit que l'amour existe pour tout le monde », il voyait également le piège de confondre la quantité avec la qualité. « Cela fait partie de ma mission générale, dit-il : dégager une croyance en l'amour afin d'inspirer les gens. »

Byron choisit l'archétype d'Adonis parce qu'il est convaincu de la beauté du corps masculin, mais s'étonna au départ, que cet archétype atterrisse dans sa maison de la spiritualité : une fois de plus, cette association lui parut insensée jusqu'à ce qu'il l'examine de plus près. « Je crois que l'Adonis en moi, ma forme physique, est un reflet du Dieu qui habite, je le sais, au plus profond de moi, conclut Byron. Ce n'est pas un hasard si le dieu de la mythologie Adonis représente ma spiritualité, car rien de mieux ne pourrait m'inspirer ni confirmer qui je suis. Le fait d'avoir cru pendant longtemps que ma masculinité était inacceptable me rend cette union d'autant plus signifiante. »

En contemplant l'hologramme complet qu'il venait de créer, Byron entrevit sa Roue archétypale comme un « reflet parfait et complet » de sa carrière. « Je peux placer des tonnes de relations, d'innombrables expériences, et voir comment et pourquoi elles devaient se produire. Quant au fait d'avoir été agressé, j'aurais préféré ne pas avoir vécu cette expérience, mais elle a eu lieu, et elle a engendré les plus beaux aspects de ma vie. Savoir qu'elle faisait partie de mon Contrat et que j'étais censé en tirer une leçon enlève une grande partie de mon amertume. Mais surtout, je crois avoir trouvé la façon d'accepter cette expérience dans le cadre du thème général de ma vie. Je ne peux vous exprimer toute la joie ni le sens de l'à-propos que m'a donnés ce travail sur ma vie réelle. »

L'histoire de Mickey Magic

Peu de temps après avoir rencontré Mickey Magic et conçu sa Roue archétypale, j'ai trouvé un récit qui évoque remarquablement sa vie. Il vaut peut-être la peine d'être raconté ici, ne serait-ce que pour démontrer qu'une histoire aussi incroyable que celle de Mickey n'est ni inconcevable ni inédite.

Au Tibet, au 11e et 12e siècles, environ trois cents ans après que le bouddhisme fut introduit de l'Inde dans ce royaume montagneux par un maître et magicien nommé Padma Sambhava, un certain Milarepa naquit dans une famille prospère. Il était apparemment destiné à vivre une vie confortable et conformiste, mais lorsqu'il eut sept ans, son père tomba gravement malade. Réalisant qu'il ne guérirait pas, le patriarche rassembla sa famille pour une dernière rencontre. Après avoir fait promettre à sa parenté de s'occuper de son domaine jusqu'à ce que Milarepa et sa sœur arrivent à l'âge adulte, il mourut. Une tante et un oncle cruels s'emparèrent néanmoins de l'argent et du domaine qui leur avaient été confiés, et les utilisèrent pour leur profit, obligeant Milarepa, sa sœur et sa mère à tenir des emplois de domestiques. Leur parenté les maltraitait et les battait parfois.

Sur l'insistance de sa mère, Milarepa maîtrisa la magie noire, en étudiant avec un lama doué pour l'art du mantra, et apprit à jeter des sorts qui lui donnaient le pouvoir d'envoyer de la grêle. Il se servit ensuite de ce pouvoir pour diriger un orage sur la maison où la tante et l'oncle sans cœur tenaient une grande réunion familiale. La maison s'effondra et trente-cinq personnes périrent ; la grêle tomba également sur le village et détruisit la récolte. La mère de Milarepa apprécia les prouesses de ce magicien, mais Milarepa lui-même fut en proie aux remords d'avoir causé tant de morts et de destruction. Craignant qu'à la suite de son geste, sa mère et lui renaissent en Enfer, il décida de contrebalancer ses gestes négatifs en devenant un bouddha. Milarepa passa de longues années à étudier et à pratiquer avec beaucoup d'efforts sous la direction du grand maître bouddhiste tibétain Marpa. Avec la même détermination et la même habileté qui avaient fait de lui un maître de la magie noire, Milarepa devint le plus grand yogi de l'histoire du Tibet. En reconnaissance du changement de destinée de Milarepa, Marpa lui donna un nouveau nom : le Grand Magicien.

Nous allons voir clairement les parallèles entre cette légende, qui a valeur d'évangile pour des millions de bouddhistes dans le monde, et la vie de Mickey. J'ai rencontré Mickey dans un atelier tenu au Mexique, ou il avait été emprisonné quelque vingt ans plus tôt pour trafic de drogue. Depuis, il avait chamboulé sa vie et était devenu un magicien professionnel fort prospère. En plus de la Prostituée, de la Victime, du Saboteur et de l'Enfant Blessé, les compagnons archétypaux de Mickey comprennent le Magicien, Rebelle, le Voleur (Robin des Bois), le Chevalier, le Conteur, l'Acteur, l'Ermite et le Guérisseur. Après avoir travaillé un certain temps avec lui, j'ai trouvé difficile de séparer les forces combinées des archétypes de Mickey, car ils travaillent étroitement en équipe. Mickey rencontra d'abord presque chacun de ses modèles archétypaux dans sa part d'ombre, puis tous leurs aspects spirituels lui apparurent en une seule et même épiphanie alors qu'on le battait en prison. Au lieu d'examiner séparément chaque paire archétype-maison, comme je l'ai fait avec Maeve et Byron, je me contenterai de raconter l'histoire de Mickey. Ses archétypes apparaissent dans la figure 9.

Durant son enfance à Chicago, Mickey avait été constamment agressé par son père, qui le battait régulièrement jusqu'au sang. Pour Mickey, la présence de cet archétype de l'Enfant Blessé dans la dixième maison indiquait que dans l'environnement violent et empoisonnant de sa jeunesse, sa psyché avait été presque entièrement formée par des blessures. Que cet archétype ait représenté son potentiel le plus élevé, c'était une correspondance spirituelle presque parfaite, car Mickey se consacre maintenant à aider des « enfants blessés » au moyen de sa magie, en leur enseignant par-dessus tout que l'espoir et l'estime de soi sont deux des formes les plus élevées de la magie divine.

Figure 9 : La Carte d'Origine de Mickey Magic

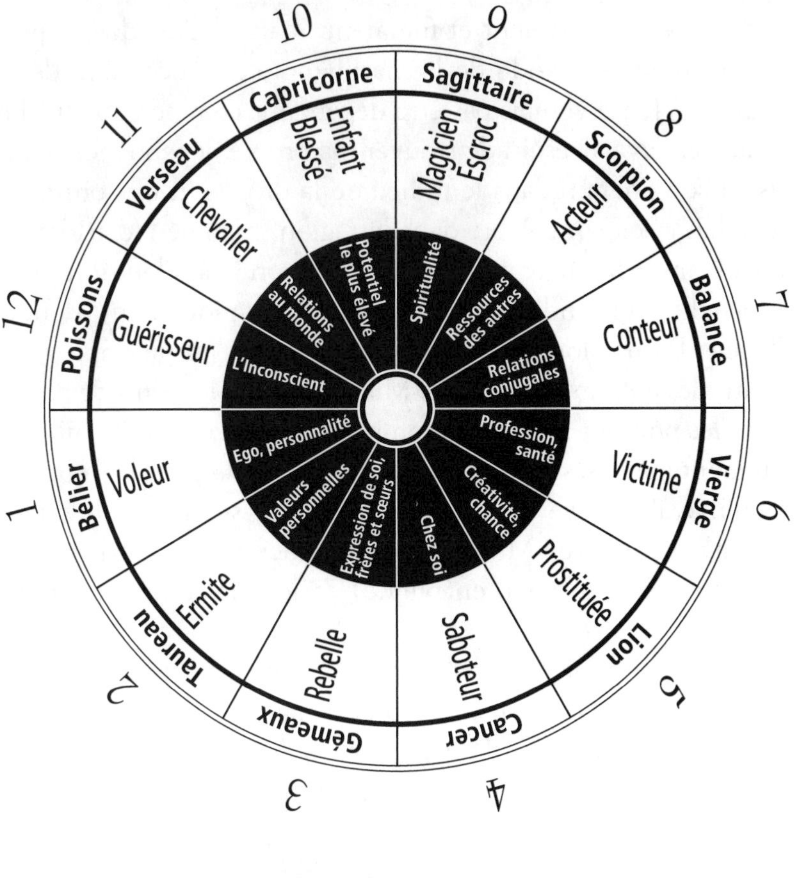

Pour survivre à son enfance brutale, Mickey quitta la maison lorsque sa famille eut déménagé sur la côte Ouest et, dès l'âge de 19 ans, il s'enlisa profondément dans le milieu de la drogue de Santa Cruz. Lorsque Mickey parle de sa vie à l'époque, il utilise deux voix primaires : le Voleur et le Magicien-Escroc. L'archétype du Voleur atterrit dans la première maison représentant son personnage, et comme il avait forgé son identité dans sa jeunesse, à la fois comme revendeur de drogue et comme Magicien, l'archétype du Voleur était le représentant parfait de son ego. Quant au Magicien-Escroc, qui se trouvait dans sa maison de la spiritualité, Mickey développa son remarquable talent et utilisa immédiatement sa part d'ombre pour des tours qui lui servirent dans le trafic de drogues. Mais le Magicien en lui finit pas devenir son guide spirituel le plus fort, inspira sa transformation et l'amena à travailler avec la magie pour divertir des enfants et inspirer l'espoir à ceux d'entre eux qui avaient besoin de guérison.

Ses parents buvaient et fumaient, mais Mickey devint plutôt un utilisateur assidu de la marijuana et, à l'occasion, de la cocaïne. « Je ne voulais pas être dépendant comme eux, dit-il à la blague. J'avais besoin de trouver ma propre dépendance. » En faisant son chemin dans le milieu de la drogue, il rencontra un magicien et clown célèbre dans la région, nommé Hocus Pocus (Carl Hansen), qui avait sa propre émission à la télévision locale. Mickey entendit d'abord l'accent typiquement danois d'Hocus Pocus alors qu'il faisait des tours de magie improvisée devant des enfants dans la rue. Mickey devina les tours de passe-passe, les pratiqua en face d'un miroir jusqu'à ce qu'il les ait parfaitement maîtrisés, puis approcha Hocus Pocus pour lui montrer ce qu'il avait trouvé. Le magicien fut impressionné par le talent et l'enthousiasme de Mickey (et par le tact qu'il avait de ne pas révéler sa connaissance en public) et le prit comme apprenti pendant cinq ans.

En même temps qu'il devenait un magicien professionnel, Mickey faisait également son apprentissage de trafiquant de drogue et de voleur. D'abord revendeur « à l'échelle de l'État » travaillant surtout pour soutenir sa propre consommation quotidienne, il passa ensuite au Mexique pour superviser la plantation et les récoltes de marijuana de première qualité. Dans cette entreprise, la part de l'ombre de l'archétype du Magicien devint son plus grand allié en même temps que sa Prostituée, alignée sur sa cinquième maison. L'un des aspects de la vie qui est gouverné par la cinquième maison est la créativité, sans parler de la chance. Pour Mickey et pour son métier, les deux étaient essentiels. Dans le petit village de montagnes d'Oaxaca, où l'on cultivait les meilleurs champs de marijuana, personne de l'endroit n'avait jamais vu de magicien, et l'on prit ses tours intrigants pour l'œuvre d'un *brujo*, nom donné au chamane ou sorcier local. Les tours de Mickey étonnaient les enfants et les adultes de la communauté et, en retour, ils l'aidèrent, lui et son équipe de trafiquants, à former un réseau afin d'acquérir les meilleures drogues et d'apprendre à connaître les meilleures routes pour les sortir du pays. Il vendit son talent, manifestation courante de l'archétype de la Prostituée.

Ironiquement, les autochtones, qui le prenaient pour un chamane américain, lui attribuaient également la capacité de guérir. « Soudain, ces gens m'amenaient des parents malades, dit-il. Je ne savais pas quoi faire, mais je ne pouvais me permettre de me mettre ces gens à dos en les renvoyant. Mes partenaires me dirent de faire comme les télévangélistes : poser les mains sur eux. C'est ce que j'ai fait, et ces gens guérissaient ! Je ne pouvais m'expliquer le phénomène, mais j'ai continué mon exercice. Je crois que c'était une sorte de répétition pour ce que je fais maintenant. » L'archétype du Guérisseur de Mickey se trouve dans sa maison douze, qui gouverne l'inconscient. Le dernier don que Mickey aurait identifié à cette période de sa vie était celui de guérisseur, car il savait qu'il utilisait les gens autant que les substances. Mais sous sa psyché rebelle de drogué se trouvait une âme en processus de maturation. En dépit des choix qu'il faisait, la part d'ombre de son Magicien, de son Enfant Blessé, de sa Victime et de tous ses autres compagnons demeuraient fidèle à sa mission.

À la fin de sa vingtaine, Mickey fut arrêté pour trafic de drogue et incarcéré dans une prison mexicaine. Durant ces trois années d'emprisonnement, il trouva le réconfort dans la prière et commença la pratique du yoga. C'est dans ce contexte que Mickey rencontra l'Ermite en lui, l'archétype qui gouverne sa deuxième maison, celle des valeurs. Ayant passé une grande partie de son temps seul durant ses années d'incarcération, il déclare à présent ceci : « Je n'avais jamais été seul auparavant et, au début, ça m'a dérangé. Mais je m'y suis habitué et, comme j'étais seul, j'avais du temps pour réfléchir. J'ai beaucoup prié et, je sais que ça va paraître bizarre, je suis devenu végétarien. Dans les prisons mexicaines, les gens doivent acheter leur nourriture. Ce n'est pas comme ici. » La nourriture servie par l'État était si médiocre que Mickey s'associa à des prisonniers végétariens qui cultivaient leurs propres fruits et légumes dans les cours de la prison. « J'ai décidé de changer de régime, dit-il. Toutes mes valeurs ont changé pendant ce séjour en prison. »

Lorsque Mickey me décrivit ces trois années, je ne pus m'empêcher de penser à saint Jean de la Croix, qui écrivit certains de ses poèmes sacrés les plus exquis durant son incarcération par les autorités ecclésiastiques dans une prison de Tolède, en Espagne. Sur le plan symbolique, Mickey se trouvait dans un sanctuaire spirituel et, conformément au pouvoir réel de ces endroits (peu importe leur vocation, prison ou paradis), il entama un processus de transformation spirituelle. Finalement, sa vie spirituelle allait être ce qu'il aurait de plus précieux.

En prison, les gardiens étaient intrigués par ses talents de magicien et le réveillaient parfois au beau milieu de la nuit avec la crosse de leur fusil. « *Brujo ! Truco !* », criaient-ils, exigeant du sorcier qu'il accomplisse un numéro. La nature d'Escroc de Mickey lui inspira une entente avec un compagnon d'incarcération. Ce dernier allait devenir complice d'un bizarre tour de passe-passe qui, espérait Mickey, ferait peur pour de bon aux geôliers superstitieux. C'était en 1971, et ce prisonnier, nettement en avance sur son temps, s'était fait percer le prépuce avec une épingle de sûreté. Lorsque les gardiens lui demandèrent un nouveau tour de magie, Mickey alerta son compagnon, puis montra aux gardiens une épingle de sûreté, qu'il posa dans sa main et fit disparaître. Au même moment, alerté par un signal de Mickey, son complice se mit à hurler à l'autre bout de la grande cellule commune où ils étaient logés. Lorsque les gardiens se précipitèrent pour voir ce qui se passait, l'homme baissa son pantalon pour montrer l'épingle de sûreté qui pénétrait son pénis. « Ils se sont mis à courir comme des fous en voyant ça », dit Mickey. Sans plus jamais le déranger.

Mais l'attitude des gardiens était le cadet des soucis de Mickey. Comme il faisait partie des seuls quatorze détenus américains, il dut lutter pour survivre parmi les 3500 autres prisonniers, la plupart des membres de gangs. « Ils nous harcelaient sans cesse, essayant de provoquer des querelles », dit-il. « Écoute, ils nous détestaient. Il est facile de se sentir victime, car j'étais une victime. » Comme il fallait s'y attendre, l'archétype de victime de Mickey dans sa maison six se manifestait entièrement dans sa profession, car c'est précisément celle-ci qui l'avait amené en prison. Au cours de sa troisième année en prison, une émeute éclata qui s'avéra la plus importante de l'époque dans une prison mexicaine. « J'ai vu des gens se faire tuer autour de moi, dit Mickey. J'ai vu des gens se faire battre à mort et être brûlés vifs. » Après ce week-end d'émeute, Mickey et les Américains furent transférés dans une autre prison, où ils complotèrent une évasion en se jurant de dire aux gardiens, s'ils se faisaient capturer, que tout le groupe s'était donné rendez-vous à Puerto Vallarta.

L'évasion était prévue pour le Cinco de Mayo, célébration d'une victoire militaire mexicaine au XIXᵉ siècle, qui a eu lieu le 5 mai. Mickey fut le dernier à s'évader... et à être capturé. Il fut emmené dans une salle de la prison et battu. Tous les gardiens qui n'empêchaient pas les prisonniers de s'évader devaient purger le reste de leur peine : c'est sans doute ce qui a incité les interrogateurs de Mickey à le battre pour obtenir des aveux. Comme le dit Mickey, « s'ils ne trouvaient pas ces gars-là, ils auraient à s'en repentir ». Ils l'obligèrent à s'asseoir nu sur une chaise et le frappèrent jusqu'à lui casser plusieurs côtes : l'une d'elles dépassait même de sa peau. Ils le torturèrent avec des fouets à bétail et le brûlèrent avec des matraques électriques. Après avoir tenu le coup assez longtemps pour rendre son aveu crédible, Mickey leur dit que les évadés s'étaient dirigés vers Puerto Vallarta, tel qu'entendu. Les gardiens envoyèrent une troupe d'hommes pour les capturer.

« J'étais assis sur cette chaise lorsque soudain, je me suis senti rempli d'un flot de compassion pour ces gardiens. Je me sentais touché par la peur que je voyais sur leur visage. Ça m'a rappelé mon enfance et ma crainte de mon père. Jusque-là, je détestais les Mexicains. J'avais rencontré quelques individus aimables, mais je les méprisais en tant que peuple. Mais soudain, je n'ai senti pour eux qu'amour et compassion. J'ai pardonné à chacun de ces gardiens, assis nu comme un ver, à demi-mort et ensanglanté dans cette prison mexicaine. »

Mais entre-temps, un autre Américain fut capturé et, au cours de l'interrogatoire, il révéla aux officiers le véritable lieu de rendez-vous de tous les évadés. Les gardiens savaient à présent que Mickey avait menti et étaient furieux d'avoir dirigé un si grand nombre d'hommes sur une mauvaise piste. « Cette fois, j'ai senti une aura rouge vif pénétrer dans la pièce avant même que la porte s'ouvre. » Jusque-là, ils ne l'avaient pas encore frappé au visage, mais à présent, ils lui assénèrent des coups de crosse. Ils lui plongèrent les pieds dans un seau rempli d'eau avec un fil électrique, pour l'électrocuter douloureusement. Après trois chocs, Mickey, ne pouvant plus résister, s'évanouit. À cet instant, il vécut une expérience de mort imminente. « Je suis passé par un tunnel pour arriver à cette lumière magnifique, dit-il. J'ai été accueilli par un ange, qui ne ressemblait pas à un ange, car il n'avait pas d'ailes. Il m'a donné une accolade en disant que c'était bien de me revoir. Puis, j'ai entendu des acclamations dans le tunnel, et j'ai su que d'autres âmes incapables de s'y rendre seules m'avaient suivi dans cette lumière. Puis, j'ai marché le long d'une rivière et des gens marchaient de l'autre côté. Cette rivière était très profonde, mais j'en voyais le fond, et le ciel était absolument magnifique. Toutes les fleurs et l'herbe étaient lumineuses. Tout resplendissait. Puis, une femme est venue vers moi et m'a touché la joue. Même si elle semblait avoir mon âge, j'ai réalisé que c'était ma grand-mère. J'ai croisé un homme qui m'a regardé avec un sourire chaleureux, et je savais que c'était mon frère qui était mort-né. »

Se trouvant dans un édifice aux plafonds élevés, Mickey réalisa que le personnage spectral qui marchait avec lui était le même être qui était venu le voir lorsqu'il avait séjourné un an à l'hôpital à l'âge de six ans. « Les médecins croyaient que j'allais mourir, se rappela-t-il, mais ce gars était toujours dans la chambre avec moi, venait vers moi et mettait sa main sur mon cœur et ma tête, pour me réconforter. Il me disait que tout irait bien. Maintenant, il me disait que j'allais retourner dans le monde matériel, car je n'avais pas encore complété ma mission. »

Mickey, qui ne voulait pas s'en retourner, expliqua que les gardiens allaient le tuer. Mais l'ange révéla à Mickey qu'il était « protégé » et qu'il s'en tirerait. « Puis, tout ce dont je me rappelle, c'est que je me suis retrouvé dans mon corps, étendu dans une mare de sang. Les deux gardiens se reprochaient mutuellement de m'avoir tué, car aucun d'eux ne voulait en recevoir le blâme. Je me suis d'abord dit que nous avions l'air des "Three Stooges", et ça m'a fait rire. C'est alors qu'ils ont compris que j'étais vivant. Ils m'ont traîné dans une cellule et m'ont jeté contre un mur de béton, et ça m'a assommé. Puis, je me souviens que l'autre Américain qu'ils avaient capturé me lavait le visage, et me demandait pourquoi je saignais autant. Lorsque j'ai commencé à décrire de quelle façon ils m'avaient battu, je me suis rendu compte soudain que toutes les contusions avaient disparu, même la côte cassée qui ressortait. Il ne me restait plus une seule blessure. »

Lorsque le prisonnier américain entendit cela, il conseilla à Mickey de ne jamais parler de son expérience à quiconque, car on le croirait fou. « J'étais si fragile que je l'ai vraiment caché pendant des années, en ne le laissant se manifester que dans mes rêves. »

« Mais le Saboteur était encore fort en moi, reconnut Mickey. Même après être sorti de prison, je continuais à fumer de la drogue et à consommer de la cocaïne, car je voulais penser le moins possible. » En même temps, le Saboteur se manifestait de manière positive et l'amenait à lire les ouvrages qui ouvriraient d'autres passages spirituels pour lui : des livres sur le mysticisme, l'alimentation et la guérison. Il commença également à prendre soin de son corps, en utilisant les meilleures vitamines et en entamant un régime d'exercice physique. Même maintenant, au début de la cinquantaine, Mickey parcourt 11 kilomètres par jour sur ses Rollerblades, suit un régime rigoureux et paraît remarquablement en forme pour quelqu'un dont le corps a été si maltraité.

Après être sorti de prison et retourné à Santa Cruz en 1977, Mickey n'écouta pas tout de suite les avertissements intérieurs du Saboteur. Dès 1984, toutefois, il abandonna le trafic de la drogue, remit de l'ordre dans sa vie, rencontra une femme, entama une nouvelle relation et devint père d'un garçon. Puis, il reçut un appel d'un vieil ami qui lui avait acheté de la drogue, et qui supplia Mickey de lui trouver de la mari pour l'aider à supporter la maladie. Même si, pour Mickey, tout cela était inquiétant, il consentit à aider son ami. Ce qu'il ne savait pas, c'était que ce dernier avait été arrêté par des agents de l'escouade des narcotiques et qu'il leur avait proposé de piéger Mickey ainsi qu'une autre personne en échange d'un traitement plus clément. L'arrestation mit un terme non seulement au nouveau mariage et aux plans familiaux de Mickey, mais aussi à son travail et à sa nouvelle position dans la communauté. « Quand ce gars m'a appelé dit Mickey, j'ai entendu mon intuition me hurler de ne pas le faire, mais je ne l'ai tout simplement pas écoutée. »

Conformément aux nombreuses épreuves relatives au pouvoir, au moment même où Mickey se réappropriait son pouvoir intérieur (qui se manifeste de bien des façons, y compris par l'intuition), l'ancienne force intervint comme pour un examen divin. *Quel pouvoir serviras-tu,* lui demandait-on, *l'intérieur ou l'extérieur ?* Comme s'il se tenait en équilibre entre deux mondes et qu'il entendait deux voix, Mickey ignora les instincts de son Saboteur qui s'élevaient dans sa psyché pour le protéger. Ironiquement, le Magicien fut trahi par l'Escroc d'une autre personne.

Après une lutte infructueuse pour éviter d'être condamné, Mickey fut incarcéré à la prison Soledad, en Californie. Tout en purgeant sa peine, il noua des amitiés avec les gardiens et travailla pour obtenir un diplôme universitaire. Il commença aussi à parler à des enfants délinquants, en leur racontant sa vie pour les aider à rester sur le droit chemin. « Au lieu de vouloir leur faire peur, comme dans le programme *Scared Straight* [qui mène la guerre à la drogue par des récits d'horreur], dit Mickey, nous essayions de toucher leur cœur et de leur montrer que ce qu'ils faisaient allaient affecter leurs proches. » Ses archétypes de l'Acteur et du Conteur rejoignaient les enfants par les émotions. « Lorsque j'ai eu terminé mon histoire, toute la salle pleurait. Même les gardiens, qui avaient déjà entendu le récit, m'ont dit que je les faisais encore pleurer. » Transféré dans une cellule à sécurité minimale, Mickey fit partie des Soledad Clowns, et enseigna la magie à d'autres prisonniers. Il remarqua à quel point il était rafraîchissant d'utiliser son remarquable talent d'acteur pour inspirer d'autres gens plutôt que de toujours essayer de les manipuler, ce en quoi il excellait à l'époque où il vivait de la drogue. L'archétype de l'Acteur gouvernait la huitième maison de Mickey, qui représente les ressources des autres et les questions juridiques. « J'étais habile à manipuler les autres pour les amener à faire ce que je voulais. J'imagine qu'on pourrait dire que j'utilisais les ressources de chacun à mon avantage. Je manipule encore les gens : je les amène par la ruse à découvrir le meilleur d'eux-mêmes. »

Chaque archétype a un aspect positif, et le Voleur de Mickey subit une transformation à partir de sa part d'ombre. En un sens, c'était un personnage à la Robin des Bois qui soutirait aux riches ce qu'il partageait avec les pauvres. « Même à l'époque où j'étais revendeur, dit-il, je bourrais une enveloppe avec une partie de mes gains et je la glissais par la fente de la porte de l'Armée du Salut, ou bien je faisais un don anonyme à quelqu'un du quartier qui en avait besoin. Je ne croyais pas en Dieu, à l'époque, mais j'avais le sentiment de devoir faire quelque chose pour contrebalancer le karma négatif qui provenait de mes activités. » Même aujourd'hui, sans être engagé dans des activités illégales et sans faire autant d'argent, il donne encore beaucoup de son temps sous forme de représentations de prestidigitation pour des enfants.

L'archétype du Chevalier de Mickey atterrit dans sa maison onze, sa relation au monde. Sa réaction à ce partenariat fut un

résumé approprié de l'union de tous ses compagnons archétypaux : « Je suis Chevalier de Dieu. Je me consacre entièrement
à rendre service aux gens et à leur faire prendre conscience de la
magnificence de Dieu. Je ne suis pas au service d'une idée chrétienne de Dieu, mais je commence chacune de mes journées en
remerciant Dieu et en me mettant à son service pour toute la
journée. »

« Lorsque je raconte mon histoire aux gens, ils disent parfois : "Eh bien, tu dois avoir tout un karma." Mais je crois maintenant que le karma n'est pas un fait qui arrive *à* soi, mais un fait
qui arrive *pour* soi. Si on croit sincèrement que Dieu nous aime,
on n'est plus une victime. Tout arrive pour nous permettre de
nous conformer davantage à notre dessein le plus élevé. Je me
sens si aimé que je ne crois pas que Dieu m'envoie quoi que ce
soit d'hostile qui ne m'aide pas à grandir. Je me sens comme un
gamin qui attend Noël pour déballer ses cadeaux. Il m'a fallu du
temps pour y arriver, je vous le dis. Quand j'étais en prison au
Mexique, mon thème musical était la chanson des Rolling
Stones, "You Can't Always Get What You Want". »

Il y a quelques années, Mickey a lancé un club appelé Magic
Pack, qui organise des spectacles et enseigne des tours de magie
à des enfants souffrant de maladies mortelles. À l'époque, son
numéro s'appelait Mickey's Magic. Son nom véritable est
Mickey Thurmon, mais comme les enfants l'appelaient sans
cesse Mickey Magic, ce surnom lui resta. « Je me suis senti si
honoré de recevoir un nom de ces enfants, dit-il, que j'ai décidé
de le garder comme nom de scène. » Mickey Magic partage
maintenant son temps entre des spectacles de magie pour les
enfants, l'enseignement de la magie et son travail de guérisseur
dans la communauté de Santa Cruz. Il a ralenti sa lucrative
entreprise de rénovation intérieure pour consacrer plus de temps
à la magie et aux enfants. Bien qu'il gagne à présent moins d'argent, il se sent tout à fait comblé. « De ce point de vue, je suis
riche, dit-il en conclusion. Je suis un homme riche. Je faisais
beaucoup plus d'argent auparavant, mais je suis cent millions de
fois plus heureux maintenant. »

Mickey décrit son Contrat sacré en ces termes : « Durant cette vie, j'ai à montrer aux gens la magie de la compassion. J'ai appris cela quand j'en ai eu besoin pour survivre, et j'accomplis chaque chose, dans ma vie, en gardant cette intention à l'esprit. »

Le Contrat sans fin

Les récits de Maeve, de Byron et de Mickey ne sont que la pointe de l'iceberg de leurs Contrats. Plus vous mettez de souvenirs dans la Roue, mieux vous comprenez comment les événements et les relations s'insèrent dans votre Contrat global.

Au prochain chapitre, nous explorerons la configuration d'autres Roues dans votre vie. Lorsque vous apprendrez à vous servir de cet outil comme d'un guide intérieur, il n'y aura plus aucune limite à ce que vous pourrez apprendre.

CHAPITRE 10

La roue pour s'inspirer au quotidien

La roue des archétypes n'est qu'un des nombreux outils qui peuvent vous aider à vous orienter dans la vie. Elle vous donne une vue d'ensemble de vos scénarios de vie, alors que d'autres, que j'appellerais plutôt « roues ponctuelles », peuvent être tirées quand vous êtes préoccupé ou que vous avez besoin d'une aide ponctuelle. Ces roues d'appoint vous aideront à faire la lumière sur vos rapports avec les autres, votre profession et toute autre expérience vécue au quotidien. De plus, elles vous faciliteront l'interprétation des symboles et vous amèneront à envisager la vie comme un processus permanent d'évolution spirituelle.

Ces roues ponctuelles sauront également stimuler votre créativité si vous vous lancez en affaires. Quand vous devez traiter avec des gens, le fait de faire référence à vos archétypes peut vous conférer un grand pouvoir personnel. Par exemple, un homme dénommé Rick a configuré une roue alors qu'il mettait sur pied son entreprise de commerce électronique. En ce qui concerne les trois associations les plus significatives, l'archétype de l'Entrepreneur tombait dans sa sixième maison (travail et santé), le Guerrier dans la première (ego et personnalité) et la Prostituée dans la septième (mariage et relations). Rick utilisa la position de l'entrepreneur dans la sixième maison comme la preuve qu'il lui était possible de mener à bien son idée de commerce électronique. La combinaison du Guerrier dans la première maison et de la Prostituée dans la septième maison lui indiqua qu'il devait être attentif à sa façon d'aborder les gens en cherchant des appuis financiers. Rick prit conscience du fait que, dans son enthousiasme à se jeter dans cette aventure, son exaltation (ou ego de la première maison) pourrait intervenir trop brusquement et rebuter certaines personnes. Cet archétype, combiné à celui de la Prostituée dans sa maison des relations, l'avertit qu'il devait être attentif aux motifs le poussant vers les autres, particulièrement aux compromis trop grands qu'il pourrait faire afin de lancer son entreprise.

La technique de réalisation d'une roue ponctuelle est presque identique à celle qui permet d'élaborer la roue des archétypes : vous utilisez les même douze schèmes archétypaux et vous commencez en faisant le vide dans votre esprit. Par contre, pour les roues ponctuelles, vous focalisez votre attention et vous formulez votre intention de façon différente. Voici ce que Rick s'est demandé pour sa roue ponctuelle : « Comment mes archétypes s'agencent-ils par rapport à mon idée de nouvelle entreprise ? »

Vous pourriez comparer cette démarche à l'attitude que vous adoptez lorsque vous priez pour obtenir de l'aide, à la seule différence qu'avec la roue, vous obtenez une réponse pratique, immédiate et ancrée dans la réalité. Bien entendu, vous pouvez obtenir des réponses immédiates à vos prières, mais il se peut aussi qu'elles prennent du temps à venir.

Par ailleurs, il vous faut moins de temps pour interpréter l'information d'une roue ponctuelle que pour celle de la roue des archétypes. Pourquoi ? Tout d'abord parce que vous avez déjà une idée générale du rapport que vous entretiendrez toute votre vie avec chacun des archétypes. Ensuite, parce que vous concentrez votre attention sur un domaine particulier de votre vie. Il y a un grand avantage à prendre le temps de réfléchir sur les réponses que vous recevez quand vous tirez votre roue de base. En effet, comme cette démarche vous familiarise avec vos schèmes archétypaux, elle vous permet donc d'interpréter vos roues ponctuelles plus rapidement et avec plus de confiance. Néanmoins, plus vous prendrez le temps d'étudier la signification symbolique de chacune des roues ponctuelles que vous faites, plus vos découvertes et vos rapports intuitifs avec la démarche s'approfondiront.

Ne pas abuser

Dans un sens, il n'existe aucune limite au nombre de roues ponctuelles que vous pouvez faire, étant donné que l'on peut chercher l'inspiration à tout instant. Mais, en même temps, il faut respecter la démarche qui permet de recevoir cette inspiration afin que vous puissiez, à un moment donné, apprendre à vous fier à votre propre petite voix. Si vous faisiez une roue, un tarot, le Yi-king ou tout autre chose pour prendre chacune de vos décisions dans la vie, cela pourrait tôt ou tard vous empêcher de faire confiance à votre propre intuition. Ne cédez pas non plus à la tentation de faire à plusieurs reprises une roue ponctuelle sur le même sujet. Avant d'en tirer une seconde, il vaut mieux vous absorber à fond dans les informations que vous avez obtenues en élaborant votre première roue. Si vous laissez à vos impressions le temps de cheminer dans votre conscient et votre inconscient, elles pourront vous aider dans vos choix. Une roue ponctuelle ne vous servira pas à prédire le futur, mais elle vous procurera par contre une meilleure vue d'ensemble sur le sens des choses dans votre vie.

Bien des gens voudraient que de telles roues les renseignent sur ce qui occupe l'esprit ou le cœur d'une autre personne. Ce serait faire mauvais usage de la roue. Vous devriez plutôt concentrer votre attention sur les émotions et les pensées qui occupent votre cœur et votre esprit, ainsi que sur vos propres gestes et motivations. Une femme m'a un jour demandé de lui interpréter une roue qu'elle avait fait tirer sur ses rapports avec un homme avec qui elle était en relation. Elle était irritée de ne pas réussir à découvrir ce qu'il pensait à son sujet et s'il avait des intentions sérieuses. Ce que cet homme pensait ne la regardait en aucune façon. Ce qui la regardait par contre, c'était de comprendre ses pensées à elle et la cause de sa jalousie et de son manque de confiance.

Tout le monde tombe dans le piège de vouloir en savoir plus sur l'autre, de vouloir anticiper la pensée des autres. Ici, il s'agit de maintenir votre attention sur *vos propres motivations*. Au lieu de formuler votre question comme « Pourquoi m'a-t-il fait ça ? », vous devriez vous la poser ainsi : « Quelle leçon ai-je à tirer de cette relation ? Qu'est-ce qui m'a attiré dans cette relation? » La meilleure façon de maîtriser votre interprétation de vos schèmes archétypaux, c'est de pratiquer le détachement. Sachez maintenir une certaine distance face à la situation et restez ouvert et impersonnel face à l'information. Servez-vous de la grille à trois colonnes (page 213) pour vous y aider. La femme qui cherchait à connaître les intentions de l'homme qu'elle fréquentait était simplement dominée par ses insécurités et son besoin de savoir ce qu'il pensait d'elle. Je peux vous assurer que vous devrez affronter chez vous aussi ce même comportement, car il ne semble pas très naturel au début de maintenir une attitude impersonnelle face à sa propre vie. Mais, je le répète, le détachement est la meilleure façon de comprendre les événements et les relations, et d'y réagir avec discernement.

Enfin, un dernier avertissement : *en aucune circonstance vous devez vous servir de cette roue pour émettre un diagnostic sur l'état de votre santé ou celui d'une autre personne.* Les gens me demandent souvent d'interpréter la roue de leurs archétypes pour savoir s'ils ont une maladie, pour connaître la progression d'une maladie ou pour apprendre si la maladie d'un de leurs proches est fatale. De telles demandes sont hors de portée de cet « instrument ». Si vous vous posez des questions au sujet de votre santé, allez voir un médecin.

Comment formuler vos intentions

Que vos questions et vos intentions soient simples. Voici un exemple de formulation trop complexe : « Je cherche à mieux comprendre pourquoi mon enfance a été si difficile et pourquoi ma mère me critiquait tant. » En fait, cette formulation comporte deux questions : l'une concernant votre enfance difficile et l'autre, la leçon à tirer d'avoir eu une mère trop critique. Formulez votre question de façon impersonnelle et, quand c'est possible, déterminez le scénario archétypal avec lequel vous travaillez. Formulez donc votre question ainsi : « Je cherche à mieux comprendre la relation entre mon archétype de Victime et ma mère. » Il faut que votre intention aille dans le sens de ce que le « contrat » tacite qui vous lie à votre mère a à vous apprendre, plutôt que de vouloir comprendre la raison qui a poussé votre mère à agir comme elle l'a fait.

Étant donné que nous avons tendance à vouloir savoir pourquoi les choses sont arrivées de telle ou telle façon, il est évident que nos questions refléteront cette tendance. Logiquement, nous aimerions beaucoup que l'Esprit divin nous permette de condamner les méfaits que nous avons subis sans nous demander de faire quelque mention que ce soit des peines que nous avons infligées aux autres. Mais disons-nous bien que la vie ne sera jamais logique ni jamais totalement équitable. Les nombreux bienfaits que la vie nous dispense par surprise défient eux aussi toute logique. Je connais des gens qui ont rencontré leur conjoint alors qu'ils étaient perdus et avaient intercepté un passant pour demander leur chemin, un passant devenu plus tard l'amour de leur vie. L'illogisme d'un tel hasard nous pousse à nous demander pourquoi nous méritons de vivre ce genre de merveilleuse expérience. Cette question restera elle aussi sans réponse.

Il n'est pas du ressort humain de découvrir de quelle façon l'équité se définit. Nous avons par contre la responsabilité d'apprendre à composer avec les choses, bonnes ou mauvaises, que nous pensons ne pas mériter. Nous devons aussi faire de notre mieux pour actualiser notre potentiel spirituel dans toutes nos activités. N'oubliez pas que ce potentiel ne se mesure pas en fonction d'un accomplissement unique. Dans toutes les activités que vous menez et toutes les relations que vous entretenez, il existe un potentiel qui semble vouloir se révéler très clairement lorsque votre compréhension s'accompagne d'une ouverture de cœur. C'est en fait vers l'actualisation de ce potentiel que toutes vos demandes d'aide devraient vous conduire. Si vous voulez stimuler votre intuition intelligente, formulez vos questions en commençant vos phrases par les mots *Je suis prêt(e)*.

Requêtes appropriées

Maladie :

Je suis prêt(e) à recevoir une révélation concernant mon stress et cette maladie.

Je suis prêt(e) à recevoir une révélation pour m'aider à aller de l'avant.

Réconciliation :

Je suis prêt(e) à reconnaître la raison qui fait que je repousse la réconciliation avec _____.

Je suis prêt(e) à recevoir de l'aide pour faire un premier pas constructif.

Créativité :

Je suis prêt(e) à reconnaître ma meilleure contribution à _____ (activité).

Je suis prêt(e) à recevoir de l'aide sur la façon de procéder dans mon travail.

Je suis prêt(e) à recevoir de l'aide pour ne pas brider ma créativité.

Argent :

Je suis prêt(e) à recevoir de l'aide concernant ma peur de devoir gagner ma vie.

Je suis prêt(e) à recevoir de l'aide concernant ma crainte de perdre de l'argent.

Je suis prêt(e) à recevoir de l'aide concernant ma façon de gagner de l'argent.

Rivalité :

Je suis prêt(e) à recevoir de l'aide concernant la raison qui me pousse à rivaliser avec _____.

Je suis prêt(e) à recevoir de l'aide pour savoir comment me défaire de mes rapports malsains avec _____.

Je suis prêt(e) à recevoir de l'aide concernant ma façon de travailler avec _____ pour reprendre mon pouvoir et que cette personne reprenne le sien.

Solitude :

Je suis prêt(e) à recevoir de l'aide quant à la meilleure façon de composer avec mes émotions dans le moment présent.

Je suis prêt(e) à recevoir de l'aide concernant ma façon d'apprécier ma propre vie.

Déménagement :

Je suis prêt(e) à recevoir de l'aide pour savoir si c'est le moment voulu pour déménager.

Démission d'un emploi :

Je suis prêt(e) à recevoir de l'aide pour savoir si c'est le bon moment pour démissionner de cet emploi.

Je suis prêt(e) à recevoir de l'aide pour connaître les vraies raisons qui me poussent à démissionner de cet emploi.

Je suis prêt(e) à recevoir de l'aide pour reconnaître de quelle façon je contribue négativement à la déception que je ressens dans mon travail.

Acceptation d'une offre d'emploi :

Je suis prêt(e) à recevoir de l'aide concernant cette offre d'emploi.

Relations :

Je suis prêt(e) à recevoir de l'aide concernant la grande leçon que j'ai à tirer de cette relation.

Je suis prêt(e) à reconnaître mes plus grandes peurs dans cette relation.

Je suis prêt(e) à reconnaître le cadeau qu'est cette relation pour moi.

Je suis prêt(e) à comprendre

pourquoi je me sens si négatif ou négative envers_____?

pourquoi je reste accroché(e) au fait d'avoir été blessé(e) dans ma relation avec _____?

pourquoi je me sens abandonné(e) par _____?

ma tendance à poser des gestes et proférer des paroles malhonnêtes.

comment passer à travers mes difficultés avec _____ concernant le problème de _____?

pourquoi je perds tout mon pouvoir dans cette relation.

pourquoi je n'accorde pas de soutien à cette personne sur le plan émotionnel.

pourquoi je ne réussis pas à pardonner à _____?

pourquoi j'ai besoin de l'approbation de _____?

le défi que j'ai à relever sur le plan de l'estime personnelle (aussi bien en général que dans le cadre des relations intimes).

ma difficulté à m'engager dans mes rapports avec (une personne, un emploi, une promesse faite à moi-même ou tout autre chose).

ma frivolité dans les relations.

mon agressivité dans les relations.

comment réagir aux sentiments d'agressivité d'une autre personne à mon égard ?

comment maintenir mon pouvoir ?

pourquoi je ne veux pas accorder mon appui moral à cette personne ?

comment soutenir au mieux cette personne.

mon besoin de contrôler _____ (nommer une personne à la fois).

ma dépendance par rapport à _____.

mon besoin de sauver les autres.

mon besoin d'être sauvé(e).

Renoncement à une relation

Je suis prêt(e) à recevoir de l'aide pour savoir pourquoi je m'accroche à cette relation.

Je suis prêt(e) à recevoir de l'aide pour savoir comment renoncer à cette relation avec gratitude.

Détachement de l'âme face à une personne

Je suis prêt(e) à recevoir de l'aide pour savoir comment détacher mon âme de (nommer la personne ou la situation en question).

Peur sur le plan spirituel

Je suis prêt(e) à recevoir une révélation pour connaître la raison pour laquelle j'ai peur de me rapprocher de Dieu (employez le nom dont vous vous servez personnellement pour qualifier le Divin).

Peur de lâcher prise

Je suis prêt(e) à recevoir une révélation sur la raison pour laquelle je suis incapable de lâcher prise dans (nommez les circonstances).

Aide spirituelle

Je suis prêt(e) à recevoir de l'aide spirituelle pour savoir ce sur quoi je devrais me concentrer aujourd'hui.

Rêves

Je suis prêt(e) à recevoir une révélation pour interpréter tel ou tel rêve.

Intuition

Je suis prêt(e) à recevoir de l'aide pour interpréter mes intuitions concernant _____.

Enfance

Je suis prêt(e) à recevoir des révélations concernant mes sentiments de _____ face à _____.

Orgueil

Pour quelle raison mon orgueil m'empêche-t-il d'accepter, d'aimer _____ ou de lui pardonner ?

Questions inopportunes

Grossesse

Devrais-je me faire avorter ?

Santé

Ai-je (nom de la maladie) ?
Devrais-je prendre ce traitement ?

Relations

Pourquoi ne m'appelle-t-il (elle) pas ?
Fréquente-t-il (elle) quelqu'un d'autre ?
Pourquoi m'a-t-il (elle) quitté(e) ?

Vol et mensonge

Est-ce que _____ me vole ou me ment ?

Parents

Pourquoi mes parents ont-ils été si mesquins avec moi ?

J'aimerais ici vous répéter d'éviter de formuler vos questions d'une façon qui entretienne votre côté victime (« Pourquoi m'ont-ils blessé(e)? ») ou qui mette l'accent sur la psyché d'une autre personne (« Pourquoi Julie est-elle si distante avec moi? ») L'objectif est autre avec la roue. En effet, jusqu'à ce que cela vous vienne naturellement, vous devrez continuellement vous remémorer que vous cherchez (compréhension et aide) afin de transiger au mieux avec le « contrat » tacite qui vous lie à une personne ou une situation. Votre objectif, après avoir interprété votre roue de base ou une roue ponctuelle, c'est de vous sentir en pleine possession de vos moyens. C'est aussi d'avoir le sentiment que tous les « contrats » tacites vous servent à évoluer et que rien de ce qui vous arrive n'est négatif.

Après avoir formulé votre intention aussi clairement que possible, vous êtes prêt(e) à :

- transmettre votre intention à l'univers
- faire votre roue
- commencer à interpréter la configuration archétypale qui se présente

Plan de guérison
avec mantras

Que votre objectif soit la guérison ou la planification de la prochaine étape d'une activité créative, la roue ponctuelle vous procurera l'information sur le type de démarche à adopter. Il vous faut pour cela dresser un plan d'action pour composer avec les difficultés ou problèmes, comme un architecte se servirait de plans pour faire construire une maison.

Pour cela, vous devez commencer par la première maison de votre roue et écrire un mot (ou une courte phrase) qui vous aidera à mettre en pratique l'intuition que vous aurez eue à propos de celle-ci. Ce mot (ou cette phrase) deviendra le mantra qui vous permettra de passer à l'action. Par exemple, si l'archétype de l'Acteur tombe dans la troisième maison (Semblables) et que vous cherchiez de l'aide pour vous défaire du poids d'échecs professionnels, vous devriez avoir comme mantra la phrase suivante : « Pas de deuxième représentation. » Idéalement, le mantra que vous choisissez devrait avoir un lien quelconque avec la maison, l'archétype qui tombe dessus ou les deux. Ici, le jargon de théâtre a donc un rapport avec l'Acteur et la maison de l'expression personnelle. Dans l'une des histoires qui suivent, par exemple, Trevor a rencontré l'Hédoniste dans la huitième maison, qui régit les ressources des autres et les questions juridiques. Cet homme avait besoin d'inspiration pour lancer une affaire de commerce électronique qui aiderait les gens à se trouver de bons petits restaurants sur Internet tout en voyageant. Selon lui, cette combinaison (Hédoniste-huitième maison) venait renforcer son intention. Son mantra pour cette maison, « Plaisir et profits », devait lui rappeler que procurer du plaisir aux autres lui permettrait de prospérer financièrement. Point n'est besoin que tous vos mantras soient des jeux de mots. Par contre, il faut avouer qu'une certaine dose d'humour ne fait pas de tort. La chose qui importe, c'est d'établir un rapport précis entre le mantra et l'association archétype-maison.

Une fois votre plan d'action élaboré, servez-vous en comme pense-bête pour maintenir le cap face aux choix que vous aurez faits. Ce plan permettra de vous ramener dans le moment présent et de gérer avec conscience la façon dont vous utilisez votre pouvoir personnel. Je vous recommande d'inscrire ces mantras sur une petite fiche que vous porterez sur vous en tout temps afin de pouvoir la consulter dans les moments d'indécision et de confusion.

Les histoires suivantes sont des exemples de la façon dont trois personnes ont utilisé leur roue ponctuelle respective pour trouver l'aide dont elles avaient besoin dans trois domaines très différents.

Karl : Roue de relation

J'ai rencontré Karl alors que j'étais assise avec des amis près de la piscine d'un hôtel située au bord d'une belle plage des Caraïbes. Lui et ses amis venaient de débarquer d'un bateau et s'étaient joints à nous sans y être invités. Karl s'attribua immédiatement le rôle du Clown. Moins de dix minutes après avoir fait notre connaissance, il retroussait une de ses manches pour me montrer le nom de sa fille tatoué sur son bras. « C'est le seul vrai amour de ma vie » dit-il. Il était clair pour moi que Karl souffrait. Dans la quarantaine avancé, Karl avait un corps qui avait vieilli prématurément, selon lui, à cause de l'abus d'alcool et de drogues.

Il y avait chez lui un fascinant mélange de bravade, d'apitoiement sur soi et de charme espiègle. Sous ses airs de dur à cuire et de bouffon, il n'était pas difficile de deviner un homme troublé à la recherche d'aide et de guidance. Sans que j'aie besoin de vraiment le pousser, il accepta que je lui fasse une roue ponctuelle pour mieux comprendre pourquoi son mariage avait échoué et comment être un meilleur père. Même s'il sembla au début prendre à la légère sa dépendance à l'héroïne, dépendance qui avait détruit sa relation conjugale et son rapport avec sa fille, son incapacité à s'en débarrasser le tourmentait. Karl se trouvait à une croisée de chemins : il voulait guérir, mais ne pouvait pas imaginer sa vie différemment. En parlant de sa fille âgée de 12 ans, les émotions l'étreignaient tellement qu'il dut détourner le regard vers le large jusqu'à ce qu'il ait retrouvé un peu de paix. Cet homme voulait désespérément être un bon père et

Figure 10 : Roue de relation de Karl

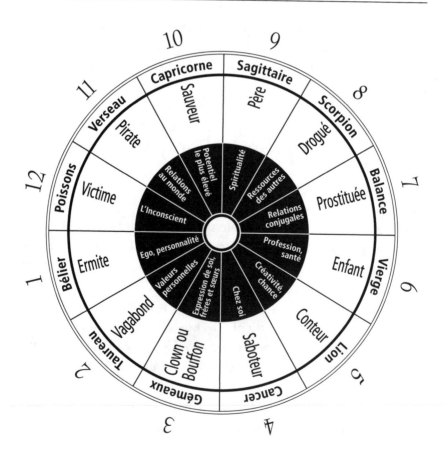

désirait que sa fille le respecte. Il tentait malheureusement de se faire respecter de sa fille en lui achetant tout ce qu'elle voulait, plutôt qu'en « travaillant » sur les aspects émotionnels difficiles qui existaient entre elle et lui.

La roue ponctuelle que nous avons faite ensemble correspondait uniquement à l'aide que Karl cherchait au sujet de son mariage raté et de la relation avec sa fille. En procédant à cet exercice, il précisa bien qu'il faisait certains choix, pas de promesses. Il devait continuellement se remémorer qu'il ne pouvait mentir à sa fille et la fuir, comme il le faisait avec sa femme. Son intention était d'entretenir avec elle des rapports sains et aimants, ce qui l'aida à dresser le plan d'action suivant, ainsi que la figure 10 le montre.

Première maison
Ego et personnalité : Ermite

Karl me dit que sa femme l'avait toujours considéré comme un Ermite mais que, au début de leur relation, cela lui importait peu. Par contre, ce trait de caractère devint problématique pour elle lorsque la drogue prit toute la place dans la vie de Karl (l'archétype du Drogué se trouvait dans sa maison 8) et qu'il se distancia toujours davantage d'elle. « Je ne voulais plus la voir, me dit Karl. Elle me demandait sans arrêt si j'étais défoncé. Même si je lui mentais, elle s'en rendait compte. C'était tellement évident ! Tous les drogués mentent, cela fait partie du jeu. Vous pensez toujours que vous pouvez cacher votre dépendance aux autres, que ça ne se voit pas. Elle prendrait un malin plaisir de voir l'Ermite dans la maison de la personnalité : elle savait bien que je mentais à cause de ma dépendance ».

C'était en fait l'ombre de l'Ermite qui régnait sur la personnalité de Karl, qui se dissociait des autres non pas pour rassembler ses forces, mais plutôt pour éviter de devoir faire face à la réalité. J'interprétai aussi la présence de l'archétype de l'Ermite dans la première maison comme suit : les sentiments de honte de Karl d'avoir perdu le respect de lui-même étaient si forts qu'il ne pouvait pas affronter sa femme. « C'est vrai, dit-il immédiatement. Je ne veux pas non plus que ma fille me voie. Croyez-moi, je ne suis pas fier d'être devenu ce que je suis aujourd'hui. »

Selon Karl, il lui était quasi impossible de changer, même s'il était prêt à faire n'importe quoi pour essayer. Je lui ai alors demandé ce qu'il pensait pouvoir faire pour avoir la force de se montrer devant sa fille sans ressentir de honte. Après avoir un peu réfléchi, il me dit : « J'aimerais aider ma fille à comprendre l'enfer auquel mène la drogue. J'aimerais pouvoir lui dire la vérité sur moi afin qu'elle ne soit jamais tentée d'en prendre. J'aimerais qu'elle tire des leçons de mes erreurs. »

Dans le cadre de son processus de guérison, Karl décida de toujours porter sur lui (dans son portefeuille) une version miniature de ses mantras, afin de les consulter, advenant le cas, pour guider son esprit. Pour se rappeler son engagement à retrouver son estime personnelle, il décida d'employer une phrase que son père (qu'il aimait profondément) lui disait chaque matin quand il venait le réveiller : « Aie l'air vivant, Karl. C'est un jour nouveau. » Karl choisit la formule « Aie l'air vivant » comme mantra pour sa première maison. Celle-ci lui rappelait son père et éveillait son désir de retrouver son estime personnelle. Ce fut la première étape du plan de Karl.

Deuxième maison
Valeurs de vie : Vagabond

Karl m'apprit que le fait de toujours rester au même endroit ne lui donnait pas l'impression d'être chez lui. Il aspirait aux voyages, ce qui compliqua son mariage. « Karen et moi nous sommes rencontrés alors que nous étions dans la vingtaine. Nous étions jeunes, fous et sans enfant. Nous allions partout ensemble. Les ennuis ont commencé après la naissance de notre fille, Zoé. Karen a laissé tomber le vagabondage, mais pas moi. Entre mon problème de drogue et mes absences prolongées, sa vie était devenue insupportable. J'ai bien essayé de me tenir tranquille, mais j'ai atteint un point où j'ai failli devenir fou. J'imagine que j'accordais plus de valeur au fait d'être loin de la maison qu'à celui d'être avec Karen. »

Pour l'aider à guérir cet aspect de sa vie, il choisit la formule suivante : « J'aime Zoé ». Cette phrase signifiait que, peu importe où il se trouvait, il envoyait toujours de l'amour à sa fille.

Troisième maison
Expression personnelle et proches :
Clown ou bouffon

Le Clown est un archétype qui porte la sagesse sous une forme déguisée, en des lieux qui autrement ne reconnaîtraient pas une telle qualité. Karl prit le temps de réfléchir à ce que je venais de lui dire. Puis, il ajouta qu'il avait souvent eu l'impression d'être le Clown dans ses rapports avec sa femme. « Vous savez, j'ai toujours eu à composer avec la dépression d'une façon ou d'une autre. Je voulais en parler avec Karen, mais elle ne voulait rien entendre la plupart du temps. Elle me disait que j'étais toujours tellement préoccupé de moi-même, que je n'avais jamais le temps de l'écouter, elle. »

Karl regrettait beaucoup le fait de n'avoir jamais reconnu sa propre souffrance étant donné qu'il n'avait jamais non plus reconnu la souffrance de sa femme, ni ses critiques non plus. « Je savais bien qu'elle avait raison, mais je ne voulais pas en entendre parler. »

Karl choisit donc le mantra « J'écoute » pour sa troisième maison.

Quatrième maison
Maison : Saboteur

« Je crois que j'ai commencé à saboter notre mariage le lendemain de nos noces, me dit Karl. Il ne m'est jamais venu à l'esprit que certaines choses de nos vies devraient changer, même en ayant des enfants. Ni l'un ni l'autre n'avons réalisé à quel point il serait important pour ma femme d'avoir un foyer. » Karl m'énuméra une série d'incidents qui eurent lieu soit à son domicile, soit de façon symbolique par rapport au sens du foyer ainsi que sa femme l'entendait. Il était apparemment incapable de procurer à sa femme le genre de stabilité familiale à laquelle

elle aspirait. Encore moins de vivre comme Monsieur tout le monde. Le côté positif de la chose selon Karl était que le Saboteur tombant dans cette maison aurait pu servir de garde-fou, si seulement il avait su cela avant, quoi qu'il n'était pas certain qu'il aurait écouté de toutes façons.

Pas un jour ne se passait sans qu'il aspire avec nostalgie à se réveiller dans son ancien lit. « C'est bien vrai, me dit-il, que l'on ne sait pas ce que l'on a jusqu'à ce qu'on le perde. » Karl choisit donc le mantra « J'apprécie » comme guide pour sa quatrième maison.

Cinquième maison
Créativité, chance : Conteur

Karl poussa un cri quand son Conteur tomba dans sa cinquième maison. « Je m'attendais un peu à ce que cet archétype tombe dans la maison du mariage, parce que j'ai raconté un paquet d'histoires à ma femme. En fait, j'ai raconté un paquet d'histoires à un paquet de femmes, ce qui fait que cet archétype concorde encore mieux avec cette maison qu'avec celle du mariage. J'ai trompé ma femme et elle le savait. Quand je me disputais avec Karen, cela me donnait une bonne excuse pour aller coucher avec d'autres femmes. Que vous le croyez ou pas, j'aime ma femme et je donnerais n'importe quoi pour avoir une seconde chance de vie commune avec elle. Je sais bien qu'elle ne me croirait pas si je lui disais que je ne me droguerais plus. Encore des histoires ! Il me faudrait pas mal de chance si je voulais mener ce projet de ne plus me droguer à bien ! Ça, je peux vous l'assurer!

Karl insista aussi pour dire qu'il voulait avoir des rapports ouverts et honnêtes avec sa fille. Il admit cependant que cela lui prendrait des efforts en raison des mensonges que celle-ci lui avait entendu raconter à sa mère. Il choisit donc le mantra « Je suis honnête » pour sa cinquième maison.

Sixième maison
Profession et santé : Enfant

Ainsi que ses réticences à se fixer et à agir comme mari et père responsable le laissent entendre, Karl a toujours eu de la difficulté à être un adulte. Les seuls emplois qu'il ait jamais pu garder étaient ceux qui lui permettaient de se déplacer. Marin et artisan de formation, il a toujours excellé à travailler le bois et a mis ses talents à l'œuvre en réparant les bateaux sur lesquels il naviguait. « Je suis quelqu'un qu'on engage pour un jour ou deux pour réparer quelques trucs. Ça rendait ma femme folle, ce qui me dérangeait beaucoup parce que j'ai toujours réussi à pourvoir aux besoins de ma famille, même si j'avais de la difficulté à tenir en place. Nous avions une belle petite maison, où je n'étais pas souvent par contre. Ma femme travaillait aussi, ce qui aidait à administrer la maison. » Ne voulant jamais grandir, Karl ressemblait à Peter Pan. Par contre, l'archétype du Pirate lui faisait passer beaucoup de temps en mer. Karl ne donnait à sa famille que des biens matériels, ce qui à ses yeux prouvait qu'il avait respecté sa partie du contrat de mariage. « Vous devriez voir ma maison ! J'ai acheté une table de billard qui peut se transformer en table de ping-pong. J'ai acheté un superbe ordinateur à ma fille pour qu'elle puisse jouer à un tas de jeux. Ses amis venaient toujours chez nous pour en profiter ! »

Aussi délicatement que possible, je fis remarquer à Karl que les enfants ont besoin d'autres choses que de jouets ou d'objets matériels pour grandir et évoluer. En réponse à ma remarque, il me dit que son mantra pour sa sixième maison serait « Je soutiens ma fille moralement », signifiant ainsi son engagement à donner davantage de lui-même à sa fille.

Septième maison
Mariage et relations : Prostituée

La première chose qui vint à l'esprit de Karl quand il vit l'archétype de la prostituée tomber dans sa septième maison, c'est que sa femme l'avait toujours considéré comme un homme des rues, prêt à vendre n'importe quelle camelote lui tombant entre les mains pour faire le maximum de profit. Selon le point de vue de sa femme, les véritables conjoints de Karl étaient en fait ses fournisseurs de drogue. « Quand vous êtes un drogué, tout ce qui vous importe, c'est votre prochaine dose. Alors, si votre femme se trouve en face de vous et que le gars à côté d'elle est votre fournisseur d'héroïne, il y a de fortes chances pour que vous vous dirigiez vers lui en premier. Cela vous donne une bonne idée de qui est votre véritable conjoint ! »

Karl n'eut pas besoin de penser bien loin pour imaginer le mantra de sa septième maison « 'Loyauté' est le seul mot qui dit tout. Quoi qu'il arrive, ma loyauté envers ma fille passe en premier. »

Huitième maison
Ressources des autres : Drogué

Karl me fit remarquer qu'il était juste normal que cet archétype tombe dans la maison des ressources des autres. « Après tout, tout ce qu'un drogué sait faire, c'est compter sur les ressources des autres : les drogues, l'argent, n'importe quoi qui rapporte. » Karl admit qu'il fouillait dans le sac de sa femme s'il était à court d'argent. « Disons que je prenais ses ressources à elle, en parlant votre langage. » Après vingt et un ans de vie commune, ce comportement fut la goutte d'eau qui fit déborder le vase et poussa sa femme à demander le divorce. « Elle a vraiment fait son possible, je le réalise maintenant. Je ne suis pas certain que j'aurais pu rester aussi longtemps avec elle si elle avait été la droguée toujours loin de la maison. » Mais en se reprenant, il dit : « Ouais, je serais resté. »

Karl réalisa qu'il avait vidé sa femme de toutes ses ressources intérieures pendant leur union et qu'il ne voulait pas faire la même chose avec sa fille. Ce souhait lui inspira l'idée d'investir sur le plan matériel et émotionnel avec sa fille. Le mantra qu'il choisit pour sa huitième maison fut le suivant : « J'investis, je ne prends pas. »

Neuvième maison
Spiritualité : Père

L'archétype du père dans la maison de la spiritualité correspond bien à l'intention de Karl de découvrir comment être un meilleur père pour Zoé. « Mes déboires en tant que mari et père m'ont poussé à prier. »

Karl arrêta son choix sur le terme « Foi » comme mantra pour sa neuvième maison.

Dixième maison
Potentiel supérieur : Sauveur

Karl me dit que c'était la combinaison la plus frappante de toute la roue à ses yeux. « Me tirer de ma dépendance à la drogue et dépasser le besoin de fuir mon passé va me prendre tout mon jus. D'ailleurs, je n'ai pas encore réussi à le faire. Si je savais avoir la moindre chance de revenir avec ma femme, j'essaierais, c'est certain. Mais comme ça n'arrivera pas, quelle est ma motivation à le faire ? »

La réaction qu'il eut était typique de l'archétype de l'enfant dans la maison de la santé. De toute évidence pris dans une sorte de perpétuel rapport mère-enfant avec sa femme, Karl a jusqu'à ce jour refusé de guérir à moins que quelqu'un de plus responsable, comme son ex-femme, ne l'aide. Pourtant, il savait bien qu'il devait se sauver lui-même. Le seul mantra qui pouvait représenter tout le sérieux de ce dilemme fut « Tu nages ou tu coules ».

Onzième maison
Rapport avec le monde : Pirate

Avec ses cheveux longs, ses tatouages et sa façon de s'habiller, Karl ressemblait à un pirate des temps modernes. Il me faisait penser à Errol Flynn* dans le rôle du capitaine Blood et, bien entendu, il s'avéra que Karl admirait beaucoup cet acteur et ses pirateries. S'identifiant beaucoup à l'esprit du Pirate, Karl aimait parcourir les mers sur des voiliers. « Je ne navigue pas comme les touristes, me dit-il avec fierté. Je suis un marin avant tout. L'alcool m'a souvent fait me bagarrer et j'ai aussi pris ce qui ne m'appartenait pas quand j'en avais envie. Mais les pirates ne font pas de bons maris. Lorsque j'ai dit à ma femme que je ne pouvais pas changer ce que j'étais, elle a compris qu'il était insensé qu'elle continue à m'attendre. Je suis donc parti de la maison une semaine après cette conversation. »

De quelle façon l'archétype du Pirate a-t-il affecté son rôle de père ? « La vie est une aventure », dit-il, choisissant ces quatre mots comme mantra pour sa onzième maison. « En fait, je

---

* Acteur américain très populaire des années 30, 40 et 50.

n'ai pas apprécié la vie avec assez d'attention, mais toujours est-il qu'elle est une aventure. J'aimerais que Zoé le sache et qu'elle la vive comme ça. Je ne veux pas qu'elle ait peur de la vie en raison de la façon dont je vis moi-même. »

Douzième maison
Inconscient : Victime

Au début, Karl a pensé que cet archétype faisait référence au fait que c'était lui la victime, chose qui aurait pu être possible. Par contre, cela lui sonnait faux, car il réalisa qu'il avait constamment fait de sa propre femme une victime. Malgré tous ses défauts, Karl n'avait cependant pas peur de prendre la responsabilité du tort qu'il lui avait causé, l'obligeant à vivre constamment dans la peur. Ses comportements frisaient parfois la psychose lorsqu'il était sous l'emprise de la drogue. « J'avais des hallucinations (folie de la douzième maison) et je la menaçais. » À un moment donné, elle finit par lui retirer toute sa confiance puisqu'elle savait qu'il la trompait, qu'il volait et qu'il se droguait, en plus de disparaître pendant des semaines entières. « Je l'ai rendue complètement folle, je le sais. Elle s'est vraiment sentie comme la victime de ma maladie et je paie maintenant puisque je suis seul. »

Karl se débattait dans un état dépressif parce qu'il ne voyait que le néant devant lui. « Retrouver ma fille est ce qu'il y a de plus important pour moi. J'espère seulement que je peux changer assez pour y arriver. » Il choisit donc le mantra « Je me transforme » pour sa douzième maison.

Même si le chagrin de Karl était sincère et même s'il prit part à cet exercice en croyant qu'il pouvait être guidé par l'Esprit, son inconscient avança malgré tout une interprétation négative pour presque chacun des archétypes de sa roue. Dès qu'une nouvelle option ou pensée émergeait, il réagissait immédiatement par « Bof! Ça marchera pas ! » ou « Je vois d'ici l'expression de ma femme si je lui disais que je me suis fait faire une roue des archétypes pour me transformer ! » À un moment donné, ses yeux s'emplirent de larmes. Malgré la souffrance évidente qu'il ressentait, il repoussa toutes les options que je lui proposais.

Le type d'interaction que Karl a eu avec la roue a clairement fait ressortir le conflit classique dans le cadre duquel le conscient cherche de l'aide, alors que l'inconscient sabote tous les efforts faits pour changer. L'archétype du Saboteur dans la quatrième maison est particulièrement significatif dans le cas de Karl puisqu'il a révélé le domaine où Karl voulait le plus changer dans sa vie, tout en soulignant le danger d'autosabotage qui lui était inhérent. La roue ponctuelle a fait état du paradoxe qui divisait son esprit, c'est-à-dire son désir de guérir et la peur du Pirate en lui de perdre sa liberté de voguer librement.

Dans une perspective symbolique (troisième colonne), cet exercice d'introspection a permis à Karl de sortir momentanément de son ombre pour envisager une nouvelle voie. Il s'est montré disposé à évaluer ce qui lui importait le plus et à se dégager de la culpabilité et de la honte de décevoir les autres. Si Karl réussissait à trouver le courage de suivre cette nouvelle voie, il aurait de bonnes chances d'établir des rapports équilibrés avec sa fille. À tout le moins, cet exercice lui a permis de prendre du recul par rapport à ses démons intérieurs. En effet, une fois que ces forces sont extirpées de l'ombre et ramenées à la conscience, nous pouvons les transformer et guérir.

Trevor : Roue de carrière

Dans la jeune trentaine et doté de tous les atouts nécessaires, Trevor était un homme ambitieux qui rêvait de fonder une entreprise de commerce électronique qui, selon lui, promettait de fleurir immédiatement sur le plan financier. En effet, Trevor avait une maîtrise en commerce et il avait passé les dix années précédentes à approfondir ses connaissances pratiques de gestion commerciale en travaillant pour deux grandes entreprises. Lorsque je l'ai aidé à faire sa roue, j'ai été frappée par son habileté à produire l'une à la suite de l'autre des idées novatrices. Par contre, il était évident pour moi qu'il avait aussi peur de se lancer dans cette aventure sans garde-fou ou sans garantie de réussite. Ce conflit qui peut exister entre le besoin d'avoir un garde-fou et celui de prendre intuitivement un risque est une des peurs les plus paralysantes qui puissent exister. Lorsque nous réprimons nos besoins intuitifs, notre ombre nous sert de nombreux scénarios par le truchement de la peur. Ceci amène notre créativité à se manifester dans la tension, alors que nous nous accrochons aux rêves qui auraient pu se matérialiser dans le concret. Et ces rêves ne disparaissent jamais. En fait, ils continuent à faire partie de nous puisque nous les maintenons dans le royaume du possible et du regret.

Trevor me dit qu'il devait prendre toutes les précautions possibles étant donné qu'il voulait trouver des gens intéressés à financer avec lui, son idée d'entreprise. En faisant sa roue, il désirait prendre un peu plus de recul face à ses rapports avec l'argent et à son besoin de devenir riche, éléments à l'origine de son inquiétude à lancer son entreprise.

En plus des quatre archétypes de survie (Victime, Prostituée, Saboteur et Enfant), Trevor choisit les archétypes les plus représentatifs, selon lui, non seulement de ses talents, de ses aptitudes et de ses ambitions, mais également de ses éternelles peurs. Il choisit entre autres l'archétype du Mendiant parce qu'il avait nettement le sentiment que ce dernier constituait une force contrôlante qui faisait partie de sa nature depuis aussi longtemps qu'il pouvait s'en souvenir. Comme chez bien des gens, le profil psychologique de Trevor abondait en contradictions. Comme bien des gens, d'une part, il croyait en lui et de l'autre, il était bourré de doutes. Il avait foi en ses idées, mais pas en Dieu. Suivant ce que nous faisons et quand nous le faisons, nous pouvons déborder de confiance ou être rongé par la peur.

La roue de Trevor vous est présentée à la figure 11.

Première maison
Ego et personnalité : Mendiant

L'archétype du mendiant dans la première maison représente, à ses dires, sa plus grande peur, c'est-à-dire la peur de donner l'impression aux autres de ne pas être capable de bien gagner sa

Figure 11 : Roue de carrière de Trevor

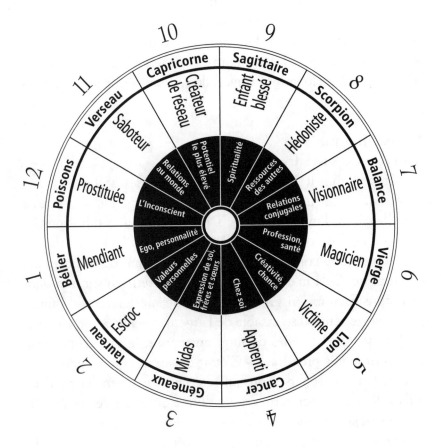

vie. Il était donc déterminé à prouver sa réussite personnelle et sociale. En effet, sa voiture était en quelque sorte son ego, puisqu'il avait choisi une BMW. Il s'habillait de façon impeccable et avait des manières raffinées. L'archétype du Mendiant venait donc confirmer chez lui que même les plus beaux vêtements ne pourraient masquer sa crainte que les gens ne soient pas intéressés à investir dans ses projets et qu'ils le considèrent comme un mendiant demandant la charité. Il réalisa donc que, à moins qu'il ne croie en lui, personne ne lui ferait confiance. Il choisit par conséquent le mantra suivant pour cette maison : « Est-ce que j'investirais en moi? » Celui-ci l'aiderait à surveiller sa tendance à toujours se sous-estimer.

Quant à l'aspect positif du Mendiant, il se manifesta pour Trevor sous la forme de générosité d'esprit et de soutien pécuniaire envers autrui. Trevor comprit qu'il n'avait pas assez appuyé les gens autour de lui ayant fait preuve de créativité pour avancer dans la vie. Il décida ainsi qu'il ferait face à ses insécurités, d'abord en louant le travail de ses amis et de ses collègues de travail.

Deuxième maison
Valeurs de vie : Escroc

Trevor choisit l'Escroc comme un de ses archétypes car, selon lui, ce dernier représentait son rapport à Dieu. Toute sa vie, il avait eu l'impression que Dieu lui tirerait le tapis sous les pieds s'il ne faisait pas tout parfaitement. « Je n'ai pas confiance en Dieu et je le constate. C'est pourquoi je me tiens à carreau, espérant que cela m'évitera d'attirer son attention sur moi dans sa nature Escroc. J'ai en partie peur de me lancer en affaires parce que je serais responsable de l'argent des autres. Si je devais un jour perdre les rênes de mon entreprise, je ne sais pas trop comment je m'y prendrais. » C'était davantage que la peur : c'était en fait une superstition qui retenait Trevor en otage. Il lui fallait donc dépasser cette ombre divine et tenter de croire. « Je me suis déjà dit tout cela et je sais maintenant, après avoir fait cette roue, que Dieu ne veut plus que j'échoue. Je sais que j'ai des limites à dépasser, en commençant par celle qui m'empêche de croire en moi. Non seulement je ne crois pas en Dieu, mais je n'ai confiance en personne. Je crains que n'importe quel partenaire en affaires, ne me vole mes idées. » Cette prise de conscience fut pour Trevor une révélation, qui lui permit de reconnaître que ses projections de l'aspect Escroc sur les autres révélaient en fait son manque de confiance en Dieu. Celle-ci lui inspira également le mantra pour sa seconde maison : « J'ai confiance ».

Troisième maison
Expression personnelle, semblables : Midas

Trevor avait l'habitude de parler de ses idées et de ses rêves avec beaucoup trop de gens, ce qui dilapidait son énergie créative. En en prenant conscience, il s'engagea envers lui-même à ne partager ses idées avec d'autres que lorsque cela était nécessaire, et certainement pas pour obtenir leur approbation. Le mantra de sa troisième maison serait ainsi « Je me tais ».

Quatrième maison
Maison : Apprenti

La présence de l'Apprenti dans la quatrième maison indiquait que Trevor n'était jamais certain d'en savoir assez pour quitter la maison et entamer sa vie d'adulte. Se lancer dans cette entreprise de commerce électronique représentait l'âge adulte et l'autonomie. « Je suis toujours en train de lire un livre de plus ou de penser que je manque de connaissances. Je pense que c'est normal. Beaucoup de gens estiment qu'ils ne sont pas suffisamment convaincus de ce qu'ils veulent faire de leur vie. Je réalise que c'est ce qui me freine, à tort. »

À un moment donné, l'apprentissage doit céder le pas à l'expérience. L'Apprenti dans la quatrième maison peut signifier qu'il est temps de quitter le nid familial. Trevor se servit de ce symbole pour la création de son quatrième mantra : « J'ai eu mon diplôme ».

Cinquième maison
Créativité et chance : Victime

Pour Trevor, cette maison représentait tout ce dont il avait besoin et qu'il désirait, ainsi que les expériences déjà acquises. Malgré toutes les peurs associées à cette entreprise, il se considérait chanceux et estimait être une personne extrêmement créative. Ses craintes de faillir à la tâche n'avaient, selon lui, rien à voir avec le manque de créativité ou de chance. Il interpréta la présence de l'archétype de la Victime dans cette maison comme celle d'un allié qui renforce ses intuitions quand il s'agit de compter sur lui-même pour trouver des idées. « Je sais d'expérience que j'excelle à gérer des projets et à les mener à bien. Je suis fiable et je sais également bien gérer les ressources personnelles. Je sens quand quelque chose va mal et je ne laisse personne profiter de moi au travail. Mon problème, c'est quand je cherche des capitaux pour investir dans mes idées personnelles. » Trevor décida donc d'utiliser les aspects positifs de l'Archétype de la Victime en créant le mantra suivant : « Je me fie à mon instinct ».

Sixième maison
Profession et santé : Magicien

Aux yeux de Trevor, la présence du Magicien dans la maison de la profession et de la santé était un bon présage, mettant en valeur son image personnelle et son idée de commerce électronique. Selon Trevor, l'industrie de l'informatique était en quelque sorte le laboratoire moderne du Magicien, laboratoire donnant d'incroyables résultats par sa puissance technologique. Les qualités positives qu'il associa à l'archétype du Magicien, entre autres l'alchimie et la magie, laissaient prévoir que la bonne fortune et l'impossible pourraient lui arriver. Il choisit comme mantra pour cette maison « Que l'impossible se produise ».

Septième maison
Mariage et relations : Visionnaire

La présence du Visionnaire dans la maison du mariage et des relations a permis à Trevor de comprendre qu'il devait se trouver des partenaires d'affaires qui partageraient sa vision et ne seraient pas uniquement axés sur le gain. Sa vision était aussi réelle pour lui qu'une personne. C'était elle son partenaire, ainsi que son commerce en électronique. Il avait donc besoin de reconnaître qu'il était très émotif et avait un comportement très protecteur en ce qui avait trait à son idée. Il aurait beaucoup de difficulté à composer avec des partenaires intéressés à investir pour du rendement rapide. Le Visionnaire dans cette maison signifiait donc à quel point Trevor était intimement lié à sa vision. Il choisit comme mantra le terme « Intégrité », étant donné qu'il représentait une qualité qu'il exigerait de toute personne voulant faire partie de son équipe.

Huitième maison
Ressources des autres : Hédoniste

L'Hédoniste placé dans la maison des ressources des autres pointait précisément vers le blocage de Trevor sur le plan financier. Trevor appréciait au plus haut point la bonne chère et les bons vins, et il voulait créer un site Web où les gens pourraient dénicher des restaurants dans n'importe quelle ville où ils se rendraient, leur choix s'arrêtant en fonction des plats, de l'atmosphère et des vins qu'ils préféraient. « Mon entreprise en est une d'Hédoniste puisqu'elle s'adresse aux gens qui aiment les plaisirs de la vie et qui peuvent se les offrir. L'Hédoniste dans la maison des ressources, ce qui est un couplage magnifique, me dit que je réussirais encore mieux si je m'adressais au bon public. Je devrais donc mettre l'accent sur les petits plaisirs. »

Lorsqu'il interpréta ainsi cette maison, Trevor sentit le choc de l'inspiration divine lui traverser le corps. « Je sens que j'ai encore à comprendre toutes les possibilités qui sous-tendent cette idée de commerce électronique. » À ses yeux, l'expression « Plaisir et profit » contenait les idées clés qu'il devait garder à l'esprit en ce qui concernait cette maison.

Neuvième maison
Spiritualité : Enfant blessé

Ici, Trevor comprit que son enfant intérieur avait été blessé par des abus subis dans sa tendre enfance. Ceci lui fit aussi comprendre pourquoi il considérait Dieu comme un Escroc ou un vaurien qui pourrait venir piétiner son château de sable. Dans son esprit, Dieu et l'argent étaient deux choses incompatibles : il ne pouvait donc associer le fait de bien gagner sa vie et celui de mener une vie spirituelle pure. Il réalisa qu'il devait se pencher sérieusement sur la profondeur de cette blessure qui, inconsciemment, lui faisait douter de son droit à la réussite. Sinon il finirait par saboter tous ses efforts. Trevor créa ainsi le mantra « Je suis riche spirituellement » pour guérir cette blessure.

Lorsqu'il se verrait dorénavant emprunter ce scénario de peur, il se concentrerait sur ce mantra et ce qu'il symbolisait. En même temps, il inviterait les associations négatives avec Dieu et l'argent à remonter vers le conscient afin de pouvoir prendre les mesures voulues pour guérir cette blessure, entre autres voir un psychologue.

Dixième maison
Potentiel supérieur : Créateur de réseau

Le Créateur de réseau est un archétype contemporain qui, comme je l'ai mentionné plus haut, correspond au Messager, ou Héraut, dont on retrace l'origine au dieu Mercure (Hermès dans le monde grec). Trevor fut enchanté que l'archétype du Créateur de réseau fût associé à la maison du potentiel supérieur. Dans le cadre des aspects financiers et commerciaux, l'association de cet archétype à cette maison symbolisait la possibilité, voire la grande probabilité, de réussite. Alors que son futur résidait en sa capacité de faire confiance en son idée et à croire en elle-même, cet archétype qui représentait son talent pour l'informatique pointait aussi vers son potentiel supérieur. Pour développer ce dernier et pour symboliser sa vision d'un réseau planétaire efficace, il inventa le mantra suivant : « Uni par le vin ».

Onzième maison
Rapport avec le monde : Saboteur

Trevor voulut faire de l'archétype du Saboteur un allié pour son entreprise, comme il l'avait fait pour celui de la Victime. Il visualisa donc son entreprise de commerce électronique florissante et rivalisant avec toutes les autres entreprises du genre dans le monde entier. Étant donné que beaucoup de gens songent à développer ce genre de commerce, il faut passer rapidement à l'action si l'on veut les devancer. Il arrêta son choix de mantra sur « Maintenant ».

Douzième maison
L'inconscient : Prostituée

La Prostituée dans la maison de l'inconscient représentait les appréhensions de Trevor face au pouvoir de l'argent, à la satisfaction de le posséder et d'en disposer à sa guise. Il craignait que l'envie de l'argent l'emporte et que, une fois la réussite assurée, il ne puisse plus se fier à lui. En examinant le genre de circonstances qui pourraient peut-être le faire flancher, il dit ceci : « Jusqu'ici, j'ai maintenu mes valeurs sans problème, mais il faut dire que je n'ai pas encore eu à me battre pour une chose que j'ai créée de toutes pièces. Je pense que je redoute la Prostituée en moi, d'autant plus que je sais que ce genre d'entreprise est susceptible de faire ressortir, chez moi, cet aspect. »

Cette maison constituait le point de départ du travail que Trevor devait accomplir sur lui pour faire suite à sa question initiale. Il lui était nécessaire de se réconcilier avec son sens de l'honneur et il savait au plus profond de lui que, une fois qu'il serait entré en contact avec cette part d'ombre, son commerce électronique pourrait facilement aller de l'avant. C'est pour ces diverses raisons que Trevor choisit le mantra suivant : « J'honore le code moral ».

Cette roue permit à Trevor de repenser sa démarche concernant son idée de commerce. Il comprit que ses ambitions ne se réaliseraient que s'il croyait en lui et que s'il faisait preuve de plus de flexibilité sur l'exécution de ses plans. Dans sa démarche, il s'engagea donc a choisir trois investisseurs et à prendre rendez-vous avec eux dès que possible. « Je vais leur présenter mon plan d'action. En configurant cette roue, je me suis rendu compte que prévoir un rendez-vous pour la semaine prochaine ou le mois prochain reviendrait au même : je serai aussi stressé. Vient un moment où il faut passer du rêve à la réalité. »

C'est exactement ce qu'il fit, ses douze mantras en poche, inscrits sur une fiche cartonnée.

Fay : Roue de santé et de guérison

La maladie nous donne parfois le temps de prendre du recul par rapport à nos activités, l'occasion de nous reprendre en main et d'évaluer l'orientation de notre vie. Âgée de 46 ans, Fay s'était entièrement consacrée aux causes environnementales depuis la fin de ses études universitaires, c'est-à-dire depuis l'âge de 21 ans. Même si elle aimait beaucoup son travail d'administratrice dans cet important organisme écologiste à but non lucratif et avait l'impression d'apporter sa contribution au monde, elle y allait un peu trop *manu militari*. Détestant les gens qui causent du tort à l'environnement, elle souhaitait presque les éliminer physiquement. Personne d'autre dans l'organisme ne partageait ni n'avalisait son fanatisme, et cette absence de reconnaissance par ses pairs ajoutait à sa frustration. Elle avait l'impression de ne jamais en faire assez pour protéger l'environnement et aussi de n'avoir pas su inspirer à ses collègues de travail, le même zèle furieux.

Par ailleurs, depuis les derniers douze ans, Fay souffrait de dépression profonde et du syndrome de fatigue chronique. La combinaison de ces deux affections l'empêcha de travailler pendant deux ans d'affilée et l'obligea à se déclarer invalide pendant neuf mois. Il est clair que son attitude rigide et son irritation envers ses collègues de travail avaient contribué à sa dépression et aux maladies somatiques qui en résultaient.

Fay prenait des médicaments depuis le début de sa dépression. Ses problèmes de santé avaient entraîné la rupture de son mariage et des difficultés avec plusieurs membres de sa famille. Selon elle, ces derniers s'étaient distancés d'elle parce qu'ils pensaient qu'elle les considérait comme des aides-soignants et qu'ils refusaient de la prendre en charge. Fay voulait maintenant abandonner ses médicaments et trouver un autre moyen de composer avec sa dépression. Elle désirait aussi vaincre sa fatigue chronique, pensant que sa dépression en était la source. Même si des années de thérapie l'avaient rendue méfiante face à l'introspection, elle

Figure 12 : Roue de santé et de guérison de Fay

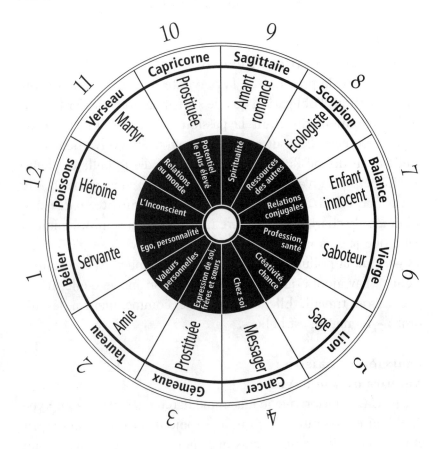

accepta cependant d'élaborer une roue ponctuelle pour comprendre la cause de sa dépression et trouver des moyens pour guérir.

Fay devait en premier lieu se demander si elle avait un quelconque intérêt à rester malade. Bien des gens organisent leur vie autour de la maladie, ce qui finalement les convainc que s'ils guérissent, ils sont menacés de perdre, symboliquement, leur refuge. Mais en réalité, en vous habituant au mal, vous élisez domicile dans un flacon de cachets.

À l'instar de Karl et Trevor, les réponses de Fay semblaient se contredire. Cependant, les rapports d'intention entre ces contradictions la mirent sur une piste très significative. Son ouverture d'esprit l'aida énormément à acquérir une vue d'ensemble de sa maladie, dans laquelle figuraient son travail, son passé, ses forces et ses peurs. Sa roue figure à la page 365.

Première maison
Ego et personnalité : Servante

Pour Fay, la présence de la Servante dans la première maison symbolisait l'obligation qu'elle s'attribuait d'endosser la crise de l'environnement, étant la passion qu'elle avait démontrée pour le protéger. Elle sut reconnaître avoir été convaincue que, si elle avait donné l'impression aux autres d'être belle et pleine de vie, personne n'aurait cru au sérieux de son engagement. « Je pense que j'avais peur de paraître trop charmante, parce que selon moi le charme et la nature ne vont pas ensemble. Il fallait donc que je sois intense et uniquement préoccupée d'informer les gens de la pollution grandissante qui menaçait l'environnement. » Fay ajouta qu'elle devait revoir son image d'elle-même face à son travail. Elle choisit donc comme mantra le suivant : « La nature est belle ».

Deuxième maison
Valeurs de vie : Ami

« L'association que je fais immédiatement entre l'archétype de l'Ami et la santé, c'est que j'ai toujours cru que mon esprit était mon meilleur ami, mais que mon corps ne jouait pas un grand rôle dans l'amélioration de mes relations. Je suis une bonne amie et je sais écouter. Je suis loyale et toujours prête à soutenir mes amis. » Après avoir dit cela, Fay admit cependant ne pas avoir traité son esprit et son corps sur un pied d'égalité au cours des dernières années. « Je sens en quelque sorte que mon corps m'a trahie, qu'il est devenu un milieu toxique contre lequel je suis en colère. » Pour faire écho à cette prise de conscience, Fay choisit le mantra suivant : « Je respecte cet ami ».

Troisième maison
Expression personnelle et proches : Prostituée

La Prostituée dans la maison de l'expression personnelle représentait la colère dans le cas de Fay. En fait, la motivation de

cette dernière à se rallier au mouvement environnemental provenait de la colère qu'elle ressentait envers les grosses entreprises, l'industrie et la société qui mettaient des œillères pour ne pas
voir que le profit se faisait au prix de la destruction de la nature.
« La colère indignée me semblait de bon aloi à ce moment-là. Je
me sentais à l'abri des conséquences de cette colère parce que
celle-ci s'exprimait pour une cause juste. Mais, de toute évidence, aucune colère n'est saine, ni inspirante. » Fay en était arrivée
à cette conclusion bien avant qu'elle ne fasse cette roue. En
voyant la Prostituée dans cette maison, elle fit remarquer qu'elle n'avait jamais cessé de ressentir cette colère envers le monde
de l'industrie. « Je pense que j'ai beaucoup à guérir dans cette
maison », dit-elle en choisissant comme mantra le terme de
« Lâcher prise ».

Quatrième maison
Maison : Messager

« Cette maladie m'a confinée à la maison, souligna Fay, et
vu l'archétype, je dois trouver non seulement le message sous-
jacent à la maladie, mais aussi celui relatif à mon confinement à
la maison. » Aux dires de Fay, il lui faudrait réfléchir sérieusement sur la façon dont elle passait son temps à la maison.
« Lorsque vous êtes déprimée et que vous souffrez de fatigue
chronique, vous restez assis à longueur de journée et il devient
tout naturel de vous apitoyer sur votre sort. Mon mari a été fantastique au début, mais quand j'ai commencé à me convaincre
que cet état d'épuisement deviendrait permanent, notre relation
a commencé à battre de l'aile. »

Fay prit la décision de faire délibérément un effort pour utiliser son temps à la maison de la façon la plus productive qui soit.
« Le plus grand obstacle pour moi, c'est que je me sens inutile
chez moi. À moins de me trouver sur le terrain, je me suis toujours sentie incapable de faire quelque chose de valable. » La
présence du Messager dans cette maison a donné à Fay l'envie de
trouver de nouvelles façons de travailler à partir de son domicile. « À la seule pensée de pouvoir retravailler, de savoir que je
peux faire quelque chose de valable à partir de chez moi, je me

sens revivre. » Le mantra que Fay choisit pour cette maison, elle le tira du dessin animé de Walt Disney, *Blanche-Neige et les sept nains* : « Ai-ho, ai-ho, on rentre du boulot ! », pensant que de mettre un peu d'humour dans tout cela ne serait pas une mauvaise idée.

Cinquième maison
Créativité et chance : Sage

Fay sentit une forte résonance en elle pour l'archétype du Sage. Elle admirait énormément la sagesse des grands penseurs et leurs révélations la nourrissaient beaucoup sur le plan spirituel. « Ce que je comprends de la présence du sage dans cette maison, c'est que j'ai besoin de faire des choix plus avisés en ce qui concerne mon style de vie et ma guérison. Je dois vraiment réfléchir à mon degré d'honnêteté face à moi-même. » Fay expliqua que, parce qu'elle sentait qu'elle « défendait une bonne cause », elle n'avait jamais pensé avoir tort quant à ses préjugés et ses jugements sur les autres. Elle comprit la signification profonde de cette maison : dans sa vie, elle avait perdu de vue l'amour. « Je vis sur les restes d'hier. Je dois retrouver l'amour de la vie. » Elle choisit donc le mot « Amour » comme mantra pour cette maison.

Sixième maison
Profession et santé : Saboteur

Fay prit son temps pour trouver le sens de cet archétype dans cette maison. Elle finit par dire : « Je pense que je sabote ma guérison parce que je veux que les gens reconnaissent tous les efforts que j'ai mis dans mon travail. Ce n'est pas facile de faire état de vos accomplissements aux autres. Je peux bien leur dire que j'ai prononcé une allocution ici et là, mais cela ne veut pas dire grand chose pour eux. » Cette combinaison particulière secoua profondément Fay, l'amenant à peut-être envisager qu'elle ait pu tenter de culpabiliser certains de ses amis et des membres de la famille, ainsi que son ex-mari, de ne pas l'avoir prise plus au sérieux. Elle choisit ainsi le mantra suivant pour l'inspirer : « Sois honnête, sois avisée ».

Septième maison
Mariage et relations : Enfant innocent

Pour interpréter cette combinaison, Fay mit l'accent sur le partenariat, en particulier celui avec sa maladie. Ceci lui permit ainsi de mettre fin aux conditions de ce partenariat et même de le rompre totalement. « Je réalise que l'on devient intimement lié à sa maladie. Ne dit-on pas «ma» maladie et ne lui donne-t-on pas un statut très personnel dans nos vies? La dissolution de ce partenariat représente pour moi ma capacité à me détacher émotionnellement des événements. Rien que d'y penser, je me sens revigorée! » Étant donné que Fay était déterminée à mettre fin à cette « relation » avec sa maladie, elle choisit le mot « Divorce » comme mantra pour sa septième maison.

Huitième maison
Ressources des autres : Écologiste

L'archétype de l'Écologiste est la version moderne de l'intendant, autrefois chargé de la protection et du maintien d'une propriété. Les Amérindiens et les autres peuples autochtones ont étendu ce concept à tout le milieu naturel dans lequel ils vivent. C'est ce concept étendu que les écologistes utilisent de nos jours pour l'appliquer à la Terre entière. L'Écologiste dans la huitième maison a suggéré à Fay de s'ouvrir davantage à ses amis, à leurs suggestions et à leur aide, éléments qu'elle avait toujours refusés au cours des dernières années. « J'ai arrêté de croire que la moindre chose pouvait faire une différence, raison pour laquelle j'ai fini par accepter d'ingérer des médicaments allopathiques. Ce fut une décision difficile à prendre parce que cela allait à l'encontre de tous mes principes. Mais, j'étais arrivée à un point où je sentais que je n'avais plus grand choix. » Fay fit remarquer que, en retrouvant les précieux conseils de ses amis, elle pourrait de nouveau se pencher sur les avenues qui s'ouvriraient à elle dans le domaine des médicaments des médecines non traditionnelles. Elle voulait rester, telle l'expression choisie comme mantra pour sa huitième maison : « Grande ouverte ».

Neuvième maison
Spiritualité : Amant et romance

Cette combinaison l'intéressa particulièrement parce que le romantisme venait équilibrer l'environnementalisme. Elle interpréta la position de cet archétype dans cette maison comme suit : « Je dirais que quelqu'un dans ma situation, peu importe ce à travers quoi il doit passer, a besoin d'aimer pour guérir. C'est la voie de l'esprit qui le veut ainsi. Je dois revenir à cette vérité première. » Pour remettre cet archétype en contact avec son élan spirituel, elle choisit le mantra suivant pour cette maison : « Dieu est amour ».

Dixième maison
Potentiel supérieur : Victime

Fay fit preuve d'une grande imagination pour interpréter cet archétype. « Je pense que je compromettrais mon potentiel supérieur si je ne faisais pas consciemment des efforts pour modifier mes attitudes et mettre fin à ma tendance à me prendre en pitié. Comme la Victime a une telle autorité en moi, je n'ai pas eu la force de faire les choix qu'il fallait pour atteindre les résultats que j'attendais quand j'étais jeune. » Il fallait aussi que Fay réfléchisse au sens de son potentiel supérieur, car le définir uniquement en fonction de la profession qu'elle exerçait pour gagner sa vie n'était selon elle « tout simplement pas assez bon ni assez divin. Un boulot, c'est le potentiel supérieur de mon ego. Je ne sais pas quel est celui de mon âme. Je sais par contre que je dois lâcher prise en ce qui concerne mon potentiel supérieur et observer ce qui arrive ». Pour trouver l'inspiration par rapport à cette maison, Fay choisit le mantra « Vide » parce qu'il lui rappelait qu'elle devait aussitôt que possible se débarrasser de pensées ou émotions négatives.

Onzième maison
Rapport avec le monde : Martyr

« Eh bien, dit Fay qui eut cru que je voyais le monde à travers les yeux d'un martyr ? » Elle se mit à rire et avoua que la chose était vraiment presque trop évidente. « J'ai toujours associé les martyrs aux grandes causes. Il ne pouvait à mes yeux exis-

ter de grande cause sans grand martyr, sinon qui aurait pu soutenir la cause en question ? » Fay expliqua qu'elle avait choisi cette
image parce qu'elle voyait le monde comme une souffrance,
comme un mal-être. Elle prit son temps avant d'ajouter : « Je
pense que, quelque part en moi, je crois devoir souffrir pour cette
cause. Cet archétype accompagne très bien ma conviction que
l'on doit avoir l'air un peu paysan si on veut être pris pour un
Écologiste sérieux. Je n'ai jamais pu me présenter en talons
aiguilles et maquillée à un congrès. J'ai toujours porté un t-shirt
et des chaussures à talons plats. » Fay décida donc que son mantra pour guérir sa psyché serait « Pas besoin », comme dans l'expression « *Pas besoin d'être un martyr pour aider la cause* ».

Douzième maison
Inconscient : Héroïne
    Fay choisit l'Héroïne comme l'un de ses archétypes parce
qu'elle avait toujours voulu se faire la championne d'une cause.
Enfant, elle aimait beaucoup imaginer qui elle voudrait être plus
tard et quelle impression cela ferait de se sentir sûre d'elle. « Je
pense que j'ai besoin de ce genre de reconnaissance beaucoup
plus que je n'ose l'avouer. Je dois réfléchir pour savoir à quel
point ma dépression est liée à mon impression d'avoir échoué en
tant qu'Héroïne. Je n'ai pas réussi à me faire la championne
d'une cause et je ne suis pas connue pour mes accomplissements.
Le soir, je sens mon esprit s'appesantir lorsque je pense que j'ai
passé une autre journée de ma vie sans rien accomplir. Il s'agit
peut-être là de l'attitude défaitiste qui a déclenché ma dépression. » Pour cette maison, Fay choisit le mantra « Guide-moi »
parce que remettre ses projets et ses ambitions entre les mains de
Dieu lui semblait être le geste le plus important qu'elle puisse
poser pour guérir et amener de l'équilibre dans sa vie.

Après avoir fait cette roue, Fay décida qu'elle se remettrait à travailler, à partir de chez elle pour commencer. Elle réalisa qu'elle
avait perdu la motivation non seulement face à son travail, mais

aussi face à tout le reste. « Je dois m'efforcer de croire que tout ce qu'une personne fait pour aider une cause peut y contribuer positivement. Je pense que je vais faire de l'étude du moi invisible ma voie spirituelle. L'exercice de la roue m'a fait comprendre que je sabotais peut-être mon processus de guérison par la colère soulevée par le manque de reconnaissance de mes efforts de la part des autres. Je n'irais cependant pas jusqu'à dire que c'est l'unique cause. Mais je constate maintenant que mon attitude n'a pas été un grand atout de guérison.

Le choix vous appartient

L'utilisation de ces roues vous permet d'observer votre vie sous l'angle du symbolisme. Interpréter les informations propres aux archétypes revient un peu à regarder les choses à la loupe et à reconnaître votre potentiel supérieur, votre mission de vie ainsi que les possibilités qui se présentent à vous. Cependant, la clarté ne déclenche pas automatiquement le courage, et le choix de passer à l'acte ou de ne pas le faire vous appartient toujours. Peut-être refuserez-vous de garder à l'esprit, la raison (vue sous l'angle de l'archétype) pour laquelle une relation s'est terminée ou celle pour laquelle vous avez manqué d'estime personnelle. Vous avez néanmoins le choix puisque vous pouvez vous faire une roue ponctuelle et accepter l'aide divine. Puisque tout dans la vie revient au bout du compte au choix, il vous appartient donc ici.

CHAPITRE 11

Les défis de la roue des archétypes sur le plan de la guérison

Dans les trois chapitres précédents, vous avez appris à constituer votre roue d'origine et à l'interpréter afin d'avoir une vue d'ensemble de votre vie. Vous avez aussi appris à faire des roues ponctuelles pour y voir plus clair au sujet de problématiques particulières. Dans ce dernier chapitre, vous consoliderez ces deux éléments en apprenant à chercher de l'aide pour ce qui est des causes premières et des comportements qui déterminent une maladie physique, un trouble psychologique ou un malaise émotionnel. Même si les renseignements glanés ne constituent pas un diagnostic comme tel et ne sont pas censés en être un non plus, ils peuvent par contre vous mettre sur une piste pour entamer votre guérison.

Il est clair que l'état de notre psyché affecte notre bien-être physique. En tant que spécialiste en intuition médicale, j'ai souvent eu l'occasion d'observer les liens existant entre certains scénarios de stress psychologique et certaines maladies logées dans des parties spécifiques du corps. Les peines de cœur affectent en général le cœur physique. Les difficultés financières ou le sentiment de manquer de soutien dans vos activités se répercutent habituellement sur le bas du dos. Quant au pancréas, il est particulièrement sensible aux problèmes liés à la responsabilité. Bien des maladies physiques et mentales sont le reflet fondamental de l'incapacité à réagir de façon appropriée à un défi qui se pose à notre pouvoir personnel. Une fois que nous saisissons le lien entre ces défis et les conséquences qu'ils ont sur le plan physique, nous en comprenons plus facilement les implications sur le plan énergétique. En faisant le tour des liens existant entre des maladies spécifiques et les déséquilibres énergétiques qui les sous-tendent, vous pouvez à loisir vous servir des connaissances propres à la roue des archétypes pour trouver des stratégies de guérison.

Étant donné que les archétypes sont inhérents à la psyché, passer en revue lequel de vos archétypes correspond à vos problèmes de santé ne pourra que vous aider à trouver des indices pour les résoudre. Par ailleurs, savoir qu'un archétype particulier est impliqué dans tel malaise ou telle maladie vous mettra déjà à l'aise, comme le fait la lecture d'une histoire ou d'un mythe qui décrit le genre de cheminement que vous faites dans votre vie. D'une certaine façon, quelque chose vous guide. Les gens qui perdent tout dans une catastrophe, par exemple, font l'expérience de l'archétype de la Vie et de la Renaissance. Peut-être leur vie a-t-elle été réduite en cendres afin que, à l'instar du Phénix, ils renaissent justement de leurs cendres. S'il sont à même de reconnaître que leur apprentissage les fait actuellement évoluer dans le cadre de cet archétype, ils sauront tirer les enseignements voulus des histoires d'Osiris, de Job et de Jésus, dont les expériences de mort et de renaissance ont façonné l'essentiel de leur identité. L'histoire de la résurrection de Jésus a donné lieu au christianisme. La perte de toutes les possessions terrestres de Job, femme et famille y comprises, est l'exemple parfait de l'archétype de la mort à l'œuvre dans toute sa plénitude. Il balaye tout ce qui nous est familier. Le mythe d'Osiris, l'une des déités les plus significatives et révérées de l'Égypte ancienne, indique bien que le cycle de la mort et de la résurrection remonte à près de cinq mille ans. Toutes ces histoires racontent le besoin de mourir, physiquement ou aux biens de ce monde, afin de renaître à un niveau supérieur.

Ces histoires d'archétypes, en quelque sorte des « contrats » tacites archétypaux, assurent la cohésion du système qu'est la vie. Ils nous donnent aussi l'occasion de guérir, pour peu que nous soyons conscients de leur présence en nous et que nous sachions établir un lien entre eux et nos maladies. Il peut ne pas être évident en premier lieu lequel de vos archétypes est impliqué dans un problème de santé. Vous devrez donc procéder par élimination.

La guérison est alchimique et instantanée

« Le changement est immédiat, mais c'est la résistance au changement qui prend parfois une vie à se briser », dit un vieux proverbe hébreu. C'est dans les champs énergétiques de votre esprit, de votre cœur et de votre volonté que vous pouvez transformer le plomb de la matière (le contenu énergétique compact et dense de vos souvenirs, de vos attitudes, de vos croyances et de vos expériences) en or. Tout comme les anciens alchimistes cherchaient la pierre philosophale qui transformerait le vil métal en or, vous pouvez utiliser vos connaissances sur les archétypes pour trouver les raisons d'être et le sens profond des événements qui se produisent dans votre vie physique. Par exemple, le pardon permet de transformer le plomb des souvenirs pénibles en l'or du discernement. Inversement, si vous savez que vous devriez pardonner, mais choisissez de ne pas le faire, vous ajoutez du plomb à votre esprit et à votre psyché, et il s'accumule au fil du temps comme un poids mort dans vos cellules. Le plomb, ce sont toutes ces questions non résolues, entre autres la haine, l'amertume, l'amour non partagé et le regret, qui viennent taxer votre corps ainsi que votre esprit. Plus les questions restent en suspens, plus le plomb est lourd.

Le poids énergétique de votre histoire a un impact sur la résistance de l'être biologique. Les mémoires des cellules « plombées » ralentissent la vitesse du fonctionnement des cellules saines, ralentissement qui augmente les risques de développement des maladies. Personnellement, je vois cette corrélation sous la forme de l'équation suivante : poids = attente. Toutes les situations non réglées sur les plans psychique, émotionnel et mental augmentent le poids que vous portez dans votre champ énergétique. Et plus la charge est lourde, plus longtemps vous devrez attendre pour que le changement s'effectue dans votre vie. Ceci signifie que vous remettez sans le savoir à plus tard une solution ou que vous vous empêchez de guérir une maladie.

C'est dans l'ouvrage *Contes de Noël* de Charles Dickens que l'analogie au plomb que l'on porte en soi est le plus clairement mise en évidence. Dans cette histoire bien connue, Ebenezer Scrooge reçoit, le soir de Noël, un avertissement de mauvais augure l'informant qu'il doit changer ses attitudes, sinon il lui en cuira. Le cauchemar de Scrooge commence lorsque le fantôme de son ancien associé, Jacob Marley, lui rend visite. Ce dernier traîne derrière lui tout un poids de lourdes chaînes. Scrooge, qui s'enquiert de quoi il s'agit, se fait répondre par le fantôme qu'il porte les chaînes qu'il s'est forgé dans sa vie sur Terre.

> « J'ai fabriqué chacun des chaînons, mètre après mètre. J'en ai ceint mes reins de mon propre chef et c'est mon libre arbitre qui me les a fait porter. Ceci vous semble-t-il étrange ? »
>
> Scrooge se mit à trembler. « Connais-tu le poids et la longueur de la chaîne que toi-même tu portes ? poursuivit le fantôme. Elle était aussi lourde et longue que celle-ci il y a sept Noëls. Sans oublier que tu as continué à y œuvrer depuis. Quelle est lourde cette chaîne ! »

Marley avait sans doute forgé sa chaîne par manque de générosité et de compassion envers son associé, Scrooge, de la même façon que nous nous forgeons nos propres chaînes maille après maille à force d'accumuler du plomb chaque fois que nous choisissons de « faire le mort ». Ce que Marley propose à Scrooge, ce n'est rien d'autre que de transformer son plomb en or. Cette histoire de Dickens nous présente la transformation personnelle de l'archétype de l'Avare en l'archétype de l'Enfant divin. Après cette rencontre qui le secoue, Scrooge plonge dans son laboratoire intérieur, où il reçoit la visite des esprits des Noëls passés, présents et futurs. Ces derniers lui font voir ses erreurs, comment il en est arrivé là, où il se situe à cette étape, ce qui lui arrivera s'il ne transforme pas le plomb de son passé en or, ainsi que toutes les belles choses qui pourraient arriver s'il procédait à cette alchimie. Les esprits emmènent Scrooge en dehors du temps linéaire pour le faire entrer dans un temps transcendant où il vit le passé, le présent et le futur comme un seul et même moment intemporel. Ayant tiré un leçon de tout cela et déclaré son éternelle gratitude au défunt Marley, Scrooge affirme ceci : « Je m'efforcerai d'honorer Noël dans mon cœur tout au long de l'année. Je vivrai en même temps dans le passé, le présent et le futur. Les esprits des trois moments vivront en moi en tout temps. Je ne chercherai pas à échapper aux leçons qu'ils veulent m'apprendre. »

Lorsque Scrooge sort de son « rêve », c'est Noël. Il s'écrie avec la joie de l'Enfant : « Les esprits ont accompli tout cela en une nuit. Ils peuvent faire ce que bon leur semble ! »

Bien sûr, qu'ils le peuvent ! Comme le pauvre mortel qui ne croit pas à de tels miracles est à plaindre !

Le travail que nous devons accomplir ressemble à celui de Scrooge : il faut cesser de forger du plomb dans notre présent et commencer à transmuter celui que nous portons en or. Une fois que nous avons pris conscience de cette règle, il nous est plus aisé de comprendre la raison pour laquelle la médecine énergétique et les traitements médicaux ont parfois des effets limités sur les maladies. La médecine énergétique est une vieille méthode de guérison qui fait appel au massage, à l'aromathérapie, à l'acupuncture, la chromothérapie et autres méthodes pour activer et libérer des blocages énergétiques qui se sont formés avec le temps. L'objectif de ces méthodes de guérison est de dissoudre la lourde énergie du passé pour faciliter le flot de l'énergie présente. En prenant conscience des attitudes et des croyances négatives, ainsi que des souvenirs traumatisants qui maintiennent votre énergie dans le passé, vous ramenez cette réalité énergétique dans le présent, lui permettant ainsi d'augmenter la force vibratoire de tout votre système. Plus vous êtes dans le moment présent, plus les fréquences de la conscience dans le présent sont élevées. Et dans le processus, votre champ énergétique se branche sur le champ énergétique cosmique. Quand vous vivez dans le moment présent, les parfums de l'aromathérapie se transforment en odeurs de guérison. Le pardon transforme les poisons de la colère et du ressentiment. Votre guérison s'accélère et toutes les limites imposées par la « tribu » en ce qui a trait aux maladies (« il faut au moins six mois pour se guérir de telle maladie et cinq ans pour guérir telle autre ») se dissolvent. Vos épaules sont délestées du fardeau du passé et, avec lui, le temps d'attente des résultats est réduit.

Cependant, pour avoir accès à l'état d'intemporalité, il faut remettre notre volonté au Divin et vivre en fonction de ce choix. L'exemple le plus flagrant de cette démarche est Jésus, ce maître que l'on associe le plus aux guérisons spontanées. Jésus a en effet souvent réprimandé ceux qui lui demandaient de l'aide, leur disant qu'ils devraient avoir la foi et revenir dans l'instant présent. Les Évangiles racontent entre autres l'histoire d'une femme qui souffrait d'hémorragie depuis douze ans (Marc, chapitre 5, versets 25 à 34). « Même sous les soins de nombreux docteurs, elle avait connu de grandes souffrances et avait dépensé tout son avoir. Pourtant, au lieu de guérir, son état s'aggravait. » Vous avez déjà entendu cela quelque part, non ? Lorsque cette femme entend dire que Jésus va passer près de chez elle, elle se dit : « Si seulement je peux réussir à toucher son manteau, je serai guérie. » Dès l'instant où elle touche le bord du manteau de Jésus, son hémorragie arrête et elle se sent complètement guérie. Aussitôt que Jésus sent que quelqu'un se « branche » sur son champ énergétique, il demande qui vient de le toucher. La femme s'identifie alors. « Ma fille, lui dit-il, c'est ta foi qui t'a guérie. Va en paix maintenant et sois libérée de tes souffrances. »

À un autre moment, ce sont les amis juifs d'un centurion romain, dont le serviteur est en train de mourir, qui s'approchent de Jésus (Luc, chapitre 7, versets 1 à 10). Ils lui expliquent que ce Romain sympathise avec leur cause et lui demande en son nom de guérir son serviteur préféré. Avant même que Jésus n'arrive chez le centurion, celui-ci fait prévenir Jésus de ne pas se déplacer puisqu'il peut guérir son serviteur à distance. Étonné du degré de confiance du centurion, Jésus fait le commentaire suivant : « Je vous le dis, même pas en Israël n'ai-je trouvé un homme d'une telle foi. » Alors, à distance, il guérit le serviteur en question.

Les comptes rendus des guérisons faites par Jésus semblent indiquer qu'il existe un lien étroit entre la capacité à accepter une guérison intemporelle et celle à faire abstraction du temps linéaire. Ces guérisons prouvent que nous pouvons passer de la réalité physique à la réalité symbolique et que nous travaillons alors dans les creusets de notre laboratoire intérieur, où nous transformons le vil métal en or. Mais pour cela, il nous faut accepter de vivre en fonction du mystère des lois de l'intemporalité, de servir l'esprit avant tout, de renoncer aux seules perceptions sensorielles des trois premiers chakras, c'est-à-dire ceux de la survie sur le plan physique. La reddition de Jésus à la volonté divine se reconnaît à la façon dont il accepte constamment ce qui doit se passer l'instant suivant. Ainsi, dans les jardins de Gethsémani, même s'il demande à Dieu de le libérer de ce qui l'attend, l'instant d'après, il accepte la volonté de Dieu. Lorsqu'on conduit Jésus devant Ponce Pilate, l'homme le plus puissant de Judée exhorta Jésus à se défendre en lui disant : « Ne vois-tu pas que ta vie est entre mes mains ? » Jésus savait pertinemment que Pilate n'avait aucun pouvoir mais qu'il accomplissait inconsciemment un geste prédéterminé par son rôle en le condamnant. La vie de Jésus n'était pas plus entre les mains de Pilate que le pouvoir en place pouvait forcer les Juifs à aimer Rome. Pourtant, Jésus n'offrit aucune résistance ni ne contesta sa destinée divine.

Les cas de guérison et de rémission spontanées, souvent qualifiés de miracles, ne se comptent plus. Chaque fois, la guérison est précédée d'une décision de lâcher prise, de pardon, de volonté de changer et, en général, d'une acceptation à cheminer de façon différente dans la vie. Je n'ai jamais entendu parler qu'une intervention intemporelle soit survenue une fois la personne revenue au monde temporel. Chez les gens qui ont fait des choix d'intemporalité, il émane une énergie et un charisme qui attirent les autres dans leur champ d'énergie protectrice divine, un témoignage de foi manifesté.

Chacun des contrats qui nous lient tacitement à la vie est une expérience temporelle qui comporte une part d'intemporel.

Vous pouvez être assuré que tout ce que vous faites et que toutes les personnes avec qui vous entretenez des relations échapperont à un moment donné à votre contrôle. Lorsque vous serez
rendus là, vous seriez bien avisé de délaisser les perceptions de
la première colonne pour, ainsi que je le dis aux gens qui parti-
cipent à mes ateliers, passer à la troisième colonne afin de percevoir une réalité intemporelle. Vous devez considérer les circonstances dans lesquelles vous vous trouvez comme étant en
dehors du temps et de l'espace, comme une histoire archétypale animée par un thème, des personnages et résultant d'un
apprentissage. Cette histoire doit en quelque sorte vous donner
l'occasion de rendre les armes devant le Divin. Tout acte de
renoncement se traduit par une intervention intemporelle : le
temps s'amenuise alors que l'intemporalité augmente dans votre
champ énergétique. Les pensées se forment beaucoup plus rapidement lorsque vous ne suivez pas le temps linéaire, l'histoire
chronologique, qui ressemblent aux chaînes de Marley. Votre
énergie augmente, votre vieillissement ralentit et votre corps
génère la santé. Toutes ces choses ne sont que mathématiques
purement divines.

Roue d'origine et ADN spirituel
Pouvoir et santé

La roue d'origine vous donne le profil de votre « ADN spirituel ». En comparant vos archétypes aux maisons qui leur sont
appariées, vous apprenez à connaître vos forces et faiblesses spirituelles, ainsi que les influences de ces dernières sur les aspects
physique, émotionnel et psychologique de votre personne.
Chacune des maisons de la roue des archétypes correspond à certaines épreuves relatives à la prise de pouvoir personnelle, qui se
manifestent tout au cours de votre vie. Votre façon de relever les
défis que pose chaque maison a un effet marqué sur la qualité de
votre santé. Les défis concernant la guérison ne sont pas seulement d'ordre émotionnel, psychologique et physique. Ils ont
aussi à voir avec le stress qui découle de votre incapacité à faire

fructifier vos talents ou de votre fermeture aux personnes qui ont le plus de signification pour vous, cette attitude provoquant une rupture des relations.

Ces défis vous aideront à harmoniser votre psyché puisqu'ils exigent que vous fassiez appel à vos ressources intérieures les plus vulnérables. Même s'il n'existe pas de correspondance préétablie entre un archétype et une maladie particulière, chaque maison sur la roue des archétypes possède une zone dite de « vulnérabilité » qui correspond à des défis précis, à une région du corps particulièrement vulnérable aux déséquilibres.

Cette vulnérabilité vous prédispose à un éventail de malaises physiques, psychologiques et émotionnels. Vous trouverez ci-dessous le défi correspondant à chaque maison de la roue des archétypes, ainsi que la zone de fragilité et les maladies qui pourraient en résulter. Qu'une maladie soit mentionnée pour une maison particulière ne signifie pas pour autant que cette maladie apparaîtra chez vous, même si vous éprouvez une difficulté constante par rapport au défi auquel elle vous confronte. Par contre, cela laisse entendre qu'il peut y avoir une manifestation physique, mentale ou émotionnelle de la relation qui existe entre les problématiques de pouvoir et votre constitution biologique. Les maladies citées ne constituent que quelques exemples et ne sont pas toutes couvertes.

Des suggestions sont proposées pour chaque défi, et ce, en fonction de la maison. En travaillant avec la compréhension symbolique que vous avez de l'origine d'une faiblesse particulière, vous saurez trouver vos propres « remèdes ». Le processus de guérison comporte trois étapes :

Consultez en premier lieu la liste de vos points faibles énergétiques et de vos maladies potentielles pour chacune des douze maisons de la roue des archétypes. Ce sont les mêmes pour tous. Déterminez ensuite laquelle des maisons correspond le plus au malaise que vous souhaitez soigner.

Consultez ensuite votre Roue d'origine pour découvrir lequel des douze archétypes se trouve dans cette maison. En vous aidant de votre intuition et de votre imagination, ainsi que des prises de conscience que vous avez déjà faites grâce à l'interprétation de cette roue, essayez de trouver de quelles façons cet archétype peut être lié à la cause de votre maladie. Lorsque vous vous servez de la Roue d'origine, n'oubliez pas que vous sollicitez de l'aide pour vous pencher sur un scénario de vie qui existe depuis toujours, plutôt que sur une relation ou un événement récents.

Disons par exemple que vous cherchez de l'aide pour guérir un cancer du colon, maladie en puissance de la septième maison. Supposons que l'Acteur se trouve dans la septième maison de votre Roue d'origine. J'ai lu que nombre de gens qui ont le cancer du côlon ont un besoin compulsif de dominer les autres lorsqu'ils sont en relation avec eux. La septième maison régit les relations intimes, que ce soit les mariages ou les associations d'affaires. Lorsque l'Acteur tombe dans cette maison, c'est une indication que vous pouvez manquer de naturel sur le plan émotionnel dans vos relations interpersonnelles, ceci provenant probablement de votre besoin de dominer. Le fait de prendre conscience de cette tendance et d'adopter des mesures vous permettant d'éliminer ce besoin, en particulier si ce besoin recourt à la duplicité, est une première grande étape pour vous acheminer vers la guérison.

Quand vous avez tout appris de votre roue des archétypes, faites une roue ponctuelle (aussi appelée roue de guérison) pour chercher de l'information concernant les aspects psychologiques, émotionnels et énergétiques de votre maladie ou de votre malaise. Veuillez suivre les indications fournies au chapitre 10 pour faire une roue ponctuelle, tout en vous servant des mêmes douze archétypes. Formulez votre intention de la façon suivante : « Je cherche à prendre conscience des énergies qui causent actuellement du stress dans ma vie et je cherche aussi de l'inspiration pour guérir ce stress. » (Je le répète ici, ne jamais demander de diagnostic ou de pronostic pour une maladie.) En construisant votre roue, la plupart des archétypes se repositionneront dans des maisons différentes et vous pourrez en interpréter la signification en fonction du défi que pose la maison en question.

Continuons dans l'esprit de l'exemple précédent et disons que l'archétype de la Victime tombe sur la septième maison. Vous pourriez en premier lieu vous demander si vous vous sentez victime de votre conjoint ou de votre partenaire en affaires. Penchez-vous sur votre besoin de dominer les autres et de rivaliser avec eux, besoin qui découle du fait que vous vous sentez victime. En apprenant à vous fier à l'archétype de la Victime pour vous signaler les risques que vous encourez dans telle ou telle situation, vous pouvez renoncer au besoin d'exercer un contrôle compulsif.

Défi de la première maison
Donner naissance au moi

Point énergétique faible : squelette, colonne vertébrale, système immunitaire et peau.

Maladies en puissance : douleur chronique, eczéma, sclérose en plaques, maladie de Crohn et lupus.

Au cours de votre vie, vous devrez affronter des situations qui vous obligeront à vous dissocier de la pensée collective. Il est essentiel que vous mettiez au monde votre propre pouvoir de choisir ainsi que votre responsabilité personnelle, car sans cette dissociation, vous n'aurez pas accès à votre puissance intérieure, à votre estime personnelle ni à votre instinct. Vous pouvez certes développer votre estime et votre puissance personnelles en vivant au sein d'une « famille ». Mais, pour donner naissance à votre moi, vous devrez avoir la force de suivre votre voie spirituelle propre. En fait, vous devrez passer de la conscience de groupe à la conscience individuelle, ce qui permet au potentiel supérieur de votre destinée de se révéler.

La première maison régit le moi tout entier, la personnalité. Par conséquent, les défis qu'il pose sur le plan de la santé concernent toute la structure du corps. Même si toutes les maladies affectent le corps dans son entier, les troubles du système immunitaire, les défectuosités de la colonne et les maladies de la peau représentent symboliquement le degré de votre sentiment de sécurité dans le « corps » de votre vie et de votre personnalité. Pour donner naissance au moi, on doit obligatoirement quitter le nid familial et développer son estime personnelle, démarche qui correspond aux premier et troisième chakras.

Conseils pour guérir : Maintenez votre attention dans le moment présent et ne laissez pas votre vitalité être happée par la linéarité de votre historique personnel. Savez-vous reconnaître les attitudes négatives et contraignantes dont vous avez héritées dans votre famille ou votre culture ? Lesquelles d'entre elles ne vont pas dans le sens de votre guérison (par exemple, « Le cancer court dans ma famille ») ? Formulez ces attitudes de façon plus positive et plus ouverte (par exemple, « Ma santé est indépendante de mon histoire familiale »). Même si les formes thérapeutiques traditionnelles peuvent vous aider, je vous encourage fortement à solliciter les services de thérapeutes ayant été formés selon les traditions archétypale et jungienne entre autres.

Défi de la deuxième maison
Réappropriation des valeurs

Point énergétique faible : bas du dos, hanches et organes sexuels.

Maladies en puissance : sciatique, cancer des ovaires ou de la prostate, douleurs lombaires, déplacement de disques intervertébraux, endométriose.

Les défis à relever ayant trait au sens des valeurs vous rendront conscient de la polarité qui existe entre vos valeurs extérieures et intérieures, et celle entre un choix et les conséquences qu'il entraîne. Réfléchissez à votre sens moral, à votre éthique de vie et à vos motivations profondes en ce qui concerne vos rapports avec les autres, car ce sont ces éléments qui constituent votre caractère et votre conscience. Ensuite, examinez l'ordre dans lequel vous avez placé vos valeurs. Placez-vous le gain matériel au-dessus de la générosité ? Prenez-vous vos décisions en fonction de la peur ou de la foi ? Êtes-vous capable de suivre votre intuition ou l'inspiration divine ?

Les maladies associées à la deuxième maison correspondent à des déséquilibres énergétiques du deuxième chakra, c'est-à-dire à l'expression du pouvoir dans le domaine de l'argent, du statut social et de la sexualité. Les efforts que vous devez faire pour maintenir votre équilibre dans un monde dans lequel les valeurs sont continuellement mises à l'épreuve se traduisent par un stress de survie qui correspond aux éléments fondamentaux du corps. Les douleurs lombaires, la sciatique et les cancers des organes génitaux sont le pendant de ce que vous prenez pour le pouvoir personnel.

Conseils pour guérir : Passez en revue les valeurs en fonction desquelles vous avez vécu jusqu'à maintenant. Dans quelle mesure votre style de vie correspond-il à votre moi profond ? Il est capital pour vous de connaître le contenu, les limites et le propre de votre conscience. Êtes-vous en accord avec les normes en fonction desquelles vous prenez vos décisions ? Un mentor spirituel ou un thérapeute spécialisé en développement personnel vous serait d'une grande aide dans ce travail d'introspection, tout comme le serait la lecture de livres traitant de l'appropriation du pouvoir personnel.

Sélectionnez un domaine dans lequel un conflit vous dépossède sans arrêt de votre puissance personnelle. Il peut s'agir d'une relation avec une autre personne, ou encore de la relation avec vous-même, si vous vous jugez ou anticipez en permanence ce que vous devez faire ou dire. Chaque fois que vous constatez que vous perdez votre pouvoir, arrêtez-vous et rappelez-vous qu'il s'agit du pouvoir associé à une perception négative et non pas de la réalité. Remplacez ensuite cette perception par une pensée positive et revenez sans arrêt à cette pensée, qui vous servira d'ancrage. Chaque fois que vous le faites, respirez profondément afin d'installer cet ancrage dans les cellules de votre corps. Tous les changements sur le plan de la conscience exigent de la persévérance.

Défi de la troisième maison
Affronter la peur de la vérité et l'attrait de la tromperie

Point énergétique faible : plexus solaire, intestin, gorge, glande thyroïde, œsophage et sinus.
Maladies en puissance : Ulcères, hyperthyroïdie ou hypothyroïdie, laryngite, sinusite chronique.

La troisième maison régit la communication et l'expression de votre essence personnelle, c'est-à-dire l'intégrité personnelle et la parole d'honneur. Il s'agit ici de la manifestation des valeurs de la deuxième maison. Vous explorerez donc le pouvoir de la vérité et de la duperie dans vos relations. Symboliquement, donner votre parole veut dire engager votre énergie dans un processus de création. Promettre de garder le secret que quelqu'un vous a confié, c'est vous engager à garder en vous une pensée en son nom. Rompre un tel engagement revient à commettre une forfaiture. C'est un acte de duplicité.

Pour se réapproprier son pouvoir, il faut devenir fort et chercher la vérité plutôt que la fuir. C'est par des gestes de duplicité que nous empêchons la vérité de se faire une place dans notre psyché, entre autres en niant nos émotions ou en excusant les gestes qui nous privent de notre pouvoir. Par ailleurs, nous séduisons et nous trompons les autres pour éviter de trop en apprendre sur nous. Par exemple, reprocher à une autre personne les conséquences de nos propres gestes nous évite d'en assumer la responsabilité.

Les maladies en puissance de la troisième maison représentent symboliquement notre image de nous-mêmes par la communication et l'intégrité, éléments qui sont liés à l'estime de soi et au pouvoir personnel. Si ces forces intérieures vous font défaut, vous ne saurez pas faire respecter vos limites et votre plexus solaire sera davantage prédisposé aux maladies (tout comme il serait vulnérable aux coups si vous ne saviez pas vous défendre physiquement). Le stress qui en résulte peut se traduire sous forme d'ulcères et de maladies du système digestif. Ces zones de vulnérabilité correspondent en gros aux troisième et cinquième chakras (plexus solaire et gorge), qui régissent respectivement l'estime personnelle et la façon dont vous l'exprimez aux autres.

Conseils pour guérir : Ici le défi est de réviser votre code moral et votre sens de l'éthique, ainsi que les façons dont vous intellectualisez et rationalisez votre comportement. Faites-vous le compte de ce que les autres vous ont fait ? Alors demandez-vous si vous avez trompé les autres en manquant à votre parole ou en posant des gestes déshonorants. Dressez la liste des gestes qui tombent dans cette catégorie et en face de chacun de ses éléments inscrivez ce qui vous pousse à justifier un tel comportement. Selon vous, de quelle façon l'autre personne vous perçoit-elle ? Écrivez votre réponse. En dernier lieu, de quelle façon agiriez-vous dans la même situation si une deuxième chance vous était donnée ? Pour vous aider à faire ce genre d'introspection, pourquoi ne pas faire appel à un mentor spirituel ou à quelqu'un qui est versé dans l'écoute objective ?

Défi de la quatrième maison
Développer la loyauté et composer avec la trahison

Point énergétique faible : systèmes respiratoire, circulatoire, lymphatique et nerveux central.

Maladies en puissance : Asthme, allergies et troubles nerveux.

Les gestes de trahison sont censés nous enseigner que nous ne pouvons contrôler la vie en fonction de nos peurs. Nous avons besoin de faillir en ce qui concerne notre besoin de créer un monde personnel parfaitement sécuritaire et sous contrôle. Pourquoi? Parce que les expériences de trahison ou d'échec nous forcent à examiner de près notre degré de dépendance face à l'ordre rationnel du monde physique. Même si les gestes de trahison s'avèrent pénibles aussi bien pour celui qui trahit que pour celui qui est trahi, il existe une raison d'être spirituelle à ces expériences : nous amener à analyser pourquoi nous cherchons de façon compulsive à maintenir l'ordre humain et à entretenir un pouvoir physique sans faire confiance au « chaos divin ».

Les maladies associées à cette maison correspondent au stress émotionnel qui est engendré par la peur. Si c'est le défi qui se pose à vous, alors l'anxiété qui vous pousse à vouloir tout contrôler ce qui représente l'ordre physique et la survie consomme la plus grande partie de votre énergie. Étant donné que les questions de survie consomment autant d'énergie mentale qu'émotionnelle, ce stress s'installe en général dans les systèmes circulatoire et nerveux. La loyauté et la trahison sont de puissantes attitudes émotionnelles également liées à la survie. Comme le foyer qui vous lie aussi bien à votre famille qu'à votre vie émotionnelle, ce sont les énergies du premier et du quatrième chakra qui sont à l'œuvre dans cette maison.

Conseils pour guérir : Débarrassez votre moi profond des impuretés, comme vous purifieriez votre système respiratoire ou purgeriez votre système circulatoire. Que pouvez-vous changer de votre routine qui vous permettra de remettre de l'ordre dans vos priorités ? Pourquoi ne pas faire une retraite si vous le pouvez, ne serait-ce que pour une fin de semaine ? Ou bien pourquoi ne pas vous désintoxiquer avec des exercices quotidiens de yoga et de respiration ? Un professeur qualifié pourrait vous y aider. Mais le seul fait de respirer profondément pendant cinq minutes toutes les quelques heures, ou dès que vous sentez que votre corps connaît une certaine anxiété, saura immédiatement neutraliser l'angoisse qui s'est installée dans votre système nerveux.

Défi de la cinquième maison
Le tarissement

> *Point énergétique faible* : énergie mentale, intuition, créativité.
>
> *Maladies en puissance* : fatigue émotionnelle et physique, dépression.

Le défi de cette maison se présente quand votre créativité s'amenuise et que ce qui vous venait si facilement vous paraît dorénavant hors de portée, que ce soit sur le plan amoureux, créatif ou spirituel. Le défi qui nous amène à affronter ce que les mystiques qualifient de « nuit noire de l'âme » consiste en partie à se rendre compte que la phase de vie qui s'achève ne nous procure plus d'énergie, alors qu'on n'a pas encore trouvé le filon énergétique de l'étape suivante. Cette période d'aridité peut s'avérer épuisante et déprimante car vous avez symboliquement soif de Dieu. Ce défi correspond au sixième chakra, siège de l'intellect et de l'imagination. Les défis dans le domaine de la guérison proviennent peut-être d'un déséquilibre entre la raison et l'intuition.

Conseils pour guérir : Vous êtes alors confronté à la puissance de votre volonté et à votre capacité de vous rendre responsable de vos gestes. Avez-vous souvent l'impression de ne pas avoir la force de réagir aux crises ? Avez-vous souvent tendance à la passivité et à la dépression dans de telles situations ? Si vous voulez contrer ces tendances et créer de nouveaux courants énergétiques dans votre corps et votre esprit, faites quelque chose qui sorte de l'ordinaire. Faites des exercices ou lisez un livre qui vous ouvre de nouveaux horizons dans le domaine des voyages, des passe-temps ou qui vous fait découvrir un nouvel intérêt.

Défi de la sixième maison
Instauration de la valeur personnelle

Point énergétique faible : système cardiovasculaire, vue, ouïe, goût.

Maladies en puissance : crises cardiaques, cataractes, tinnitus.

L'étape importante qui permet d'établir sa valeur personnelle consiste à ne plus avoir besoin de l'approbation des autres pour se sentir bien. Ce défi s'accompagne d'expériences de rejet car nous sommes tous entraînés à faire plaisir aux autres et à être désapprouvés lorsque nous ne comblons pas leurs attentes. Ceci concerne la profession et les valeurs, par conséquent le deuxième chakra.

La sixième maison régit la profession et la santé physique, un duo de forces qui sous-entend que nous associons notre valeur personnelle à notre occupation professionnelle et qui nous amène souvent à accorder davantage la priorité à ce que nous faisons qu'à ce que nous sommes. Vous devez accepter votre destinée sur ce plan même si vous n'en savez pas grand chose. Vous devez apprendre à vous défaire des habitudes négatives qui vous font détester, désapprouver ou diminuer la valeur propre de votre vie.

Nous souffrons profondément lorsque les gens que nous aimons (ou nous-mêmes) sont rejetés ou blessés par d'autres. Le stress qui résulte de cette souffrance affecte le cœur. Ce sont le système cardio-vasculaire et les cinq sens qui sont particulièrement sensibles au stress propre aux expériences de la sixième maison, justement parce qu'il s'agit de préoccupations d'ordre émotionnel.

Conseils pour guérir : Vous devez reprendre votre pouvoir en posant des gestes qui vous réconfortent. Buvez-vous ou mangez-vous trop ces derniers temps ? Ou bien regardez-vous trop la télévision ? Travaillez-vous trop ou vous laissez-vous trop aller à la colère ? Le fait de changer ces habitudes peut avoir un impact très positif sur votre estime personnelle. Sélectionnez trois habitudes qui vous contraignent et vous occasionnent du stress, et faites l'effort conscient de rompre l'emprise qu'elles ont sur votre psyché.

Défi de la septième maison
Maintien des limites personnelles

Point énergétique faible : plexus solaire, pancréas, gros et petit intestins, organes sexuels, intuition.

Maladies en puissance : maladies des gros et petit intestins, troubles du foie et de la rate, diabète, obésité et alcoolisme.

Vos limites personnelles sont des règles que vous appliquez lorsque vous interagissez avec les autres. Bébés, nous avons peu de limites et, au cours de nos premières années, nous avons tendance à nous conformer aux règles de la famille. Mais en grandissant, nous aspirons de plus en plus à l'indépendance. Nous avons besoin de devenir suffisamment fort pour assurer notre individuation et pour nous tracer un itinéraire spirituel. La septième maison régit les relations, par le truchement desquelles vous franchissez les limites des autres ou par lesquelles ceux-ci transgressent les vôtres sur les plans émotionnel, psychologique et physique.

L'apprentissage qui vous permet de définir vos limites constitue une étape naturelle dans le processus de prise de pouvoir personnelle. Sans cet apprentissage, vous courez le risque de devenir codépendant et incapable d'entretenir des relations saines. Vous pouvez alors vous compromettre de bien des façons, qu'il s'agisse de faire semblant d'être en accord avec les gens même quand vous ne l'êtes pas ou de continuer à entretenir des relations que vous savez pertinemment malsaines.

Étant donné que la septième maison régit les associations et le mariage, les valeurs et l'amour qui leur sont propres entrent en résonance avec les énergies des second et quatrième chakras.

Conseils pour guérir : Cernez les limites que vous avez besoin d'établir pour sentir votre pouvoir et engagez-vous à maintenir en permanence au moins l'une d'entre elles. Pour commencer et afin d'en identifier une, réfléchissez à ce qui vous envahit le plus dans vos relations. Est-ce que ce sont les autres qui prennent des décisions à votre place ? Si c'est le cas, dans quel domaine de votre vie le font-ils ? Ou bien transgressez-vous les limites d'une autre personne afin d'assurer votre propre sécurité ? Vous devez prendre la responsabilité de vos actes tout autant que les autres doivent le faire pour les leurs. Il suffit d'un effort concerté pour transformer une attitude afin que s'instaure la conscience que le maintien des limites personnelles est essentiel à l'appropriation du pouvoir personnel.

Défi de la huitième maison
Affronter la cupidité et trouver l'intégrité personnelle

Point énergétique faible : région lombaire, foie, reins et cerveau.

Maladies en puissance : migraine, problèmes de disques vertébraux, sciatique, cancer de l'estomac et autres organes centraux, anévrisme.

Votre besoin d'acquérir le pouvoir par le truchement de biens matériels peut provoquer des conflits dans le cas d'un héritage, de marchés d'affaires ou de prêts d'argent entre amis. Ce sont des expériences de ce genre qui vous permettent de comprendre si votre esprit est au service du monde matériel ou à celui du monde spirituel. Les maladies associées à la huitième maison traduisent le stress mental qui est généré par la peur de perdre le pouvoir sur le plan de la survie matérielle, entre autres la sécurité financière. Les tensions diverses énumérées pour la deuxième maison (valeurs de vie) et qui concernent l'aspect physique sont maximisées dans cette maison parce qu'elles sont le produit de l'interaction des valeurs des autres avec les vôtres en ce qui a trait au pouvoir. Ces deux maisons ont en commun les préoccupations liées à la survie et à de nombreuses maladies. Par contre, la huitième maison correspond aux second et sixième chakras.

Conseils pour guérir : Vous devez renoncer à votre peur de l'argent ou du manque d'argent. Quel ascendant l'aspect financier exerce-t-il sur votre être intérieur ? Qu'est-ce qui vous rend vulnérable dans le monde physique ? Une fois que vous avez cerné ne serait-ce qu'une peur, évaluez le nombre de vos décisions qui sont affectées par celle-ci et astreignez-vous chaque jour à visualiser le détachement de cette peur. Voyez constamment l'image de ce que votre vie serait si vous en étiez libéré.

Défi de la neuvième maison
Surmonter le doute spirituel

Point énergétique faible : psyché.
Maladies en puissance : dépression spirituelle, problèmes maniaco-dépressifs, fatigue chronique.

Les questions que nous soulevons quant à l'équité divine et aux événements nous amènent à nous demander s'il y a une raison d'être profonde et sacrée à tout ce que nous faisons. Les dysfonctionnements psychiques et émotionnels associés à la neuvième maison sont similaires à ceux du tarissement de la cinquième maison. Ils traduisent le périple qu'accomplit l'âme alors qu'elle se rapproche ou s'éloigne du Divin. Le vide qui survient après des périodes d'isolement spirituel engendre souvent une profonde dépression et un grand épuisement qui semblent rarement avoir une origine d'ordre physique

Mais, contrairement à la cinquième maison qui favorise un processus de création par lequel votre esprit apporte sa contribution au monde, la neuvième maison correspond au besoin personnel profond d'entreprendre une vie spirituelle en soi. Notre aspiration la plus puissante est de transformer notre vie physique en un périple spirituel conscient. Que nous en ayons conscience ou pas, cette aspiration guide en permanence le moi profond le long des voies psychologiques et émotionnelles voulues. Longtemps avant de pouvoir reconnaître intellectuellement que nous sommes spirituellement vide, nous constatons souvent une absence de sens. Notre esprit a besoin de s'assurer que nous avons établi des corrélations entre les divers plans de conscience afin que le choix d'un lien ultime avec Dieu devienne notre principal objectif. Étant donné que cette maison concerne la relation avec le Divin, elle correspond au septième chakra.

Conseils pour guérir : Vous devez vous engager à méditer et à prier quotidiennement, quelles que soient les circonstances. Combien de fois êtes-vous passé par le cycle archétypal foi-peur ? Au cours de telles périodes, de quelles façons l'inspiration divine et la transformation sont-elles intervenues dans votre vie ? Inscrivez dans votre journal personnel les souvenirs que vous en avez et faites un résumé de ce que vous avez appris de ces cycles répétitifs. De quelle façon cet apprentissage a-t-il changé votre vie ? En dernier lieu, passez votre vie en revue, cernez les choses dont vous devriez dorénavant vous débarrasser et faites votre part dans le processus de lâcher prise.

Défi de la dixième maison
Composer avec le rejet et l'échec

Point énergétique faible : tous les tissus du corps, volonté. *Maladies en puissance* : cancer de la peau, cancer de la moelle osseuse, maladies de la gorge, troubles alimentaires, maladies de l'articulation temporomandibulaire, arthrite.

Vos expériences d'échec et de rejet ont une raison d'être spirituelle. En effet, elles sont là pour vous apprendre à faire confiance à votre intuition spirituelle et à l'importance des « contrats » sacrés qui existent entre vous et l'univers. À moins de vous être débarrassé de votre besoin d'approbation, vous aurez de la difficulté à suivre votre intuition. En effet, vous validerez ou pas vos intuitions selon que les autres vous approuvent ou non. Il va de soi cependant que peu de gens approuveront le fait que vous deveniez plus inspiré ou plus puissant intérieurement que ce que vous n'êtes déjà.

Les maladies de la dixième maison concernent la vulnérabilité qui nous habite quand nous poursuivons des rêves ou des ambitions sans le soutien des autres. La quête du potentiel supérieur, qu'il s'actualise dans l'expression créative ou dans la compassion, est un défi qui s'affronte seul. Lorsque nous sabotons l'expression de notre spiritualité dans la contribution que nous faisons au monde, nous voulons tenir ceci caché aux yeux des autres. Étant donné que nous refusons que les autres constatent l'échec de notre vie, nous somatisons ce dernier sur la peau. Lorsque nous échouons à établir notre structure spirituelle, notre structure corporelle est prédisposée aux maladies, entre autres celles de la moelle osseuse. La répression de la créativité peut affecter la gorge et déclencher des troubles alimentaires ainsi que les problèmes de l'articulation temporomandibulaire. Enfin, toutes les formes d'arthrite résultent du besoin de contrôler le changement, ainsi que le besoin de s'exprimer. Pour atteindre son potentiel supérieur, il faut employer sa volonté et mettre à contribution les intuitions d'ordre spirituel. Par conséquent, cette maison correspond en particulier aux énergies du cinquième et du septième chakras.

Conseils pour guérir : Le rejet et l'échec sont les termes qui traduisent pour nous les sentiments d'absence de pouvoir personnel. Aussi longtemps que vous ne croirez pas en vous sans le soutien des autres, vous serez toujours prédisposé au rejet et à l'échec. Qu'est-ce qui vous incite à rejeter quelqu'un ? La dernière fois que vous avez rejeté une personne, quel élément chez elle vous a donné l'impression de ne pas avoir de pouvoir personnel ? Déterminez ce qui vous porte à rejeter les autres et prenez note du nombre de raisons qui s'appliquent à vous. Choisissez-en une et appliquez-vous à la changer.

Défi de la onzième maison
S'abandonner au Divin

Point énergétique faible : Vitalité.

Maladies en puissance : Maladies de Parkinson, d'Alzheimer et autres troubles neurologiques, névroses, paranoïa et autres troubles mentaux et affectifs.

Une des expériences que nous appréhendons le plus, c'est le lâcher prise. Le périple qui vous amène au fond de la caverne commence souvent par des troubles psychiques et affectifs. Dans les expériences que ces troubles engendrent, aucune de vos ambitions, de vos décisions et de vos désirs ne correspond à ce que vous considérez comme étant votre rôle sur Terre. Ces expériences ont une raison d'être spirituelle : elles sont là pour vous permettre de vous ouvrir à des possibilités que vous rejetteriez autrement. Votre vision du monde vient colorer votre vision de vous-même dans le monde, et par conséquent ce que vous avez à lui apporter. Il se peut fort bien que vous ayez une vision de vous qui éclipse totalement vos dons et talents naturels. Mais il est plus que probable que vous ne sachiez pas du tout ce que vous êtes capable de faire ou d'être. Une fois que vous pouvez vous abandonner avec espoir et confiance à une grande sagesse supérieure, vous élargissez la voie qui vous donne accès à une intense prise de pouvoir personnel. Étant donné que le lâcher prise exige la collaboration du cœur et de l'esprit, cette maison correspond au quatrième et sixième chakras.

Conseils pour guérir : Lâcher prise, c'est renoncer à tout besoin de contrôler quoi ou qui que ce soit. Demandez-vous à quel point vous avez peur de perdre le contrôle dans votre vie. À quel point croyez-vous pouvoir être l'instigateur ou l'instigatrice de tout événement survenant dans votre vie ? Croyez-vous devoir être capable de toujours amener les autres à faire ce que vous voulez ? Choisissez un domaine qui vous prédispose particulièrement à l'anxiété (sécurité financière, stabilité conjugale, carrière) et chaque fois que vos peurs sont déclenchées, répétez-vous le mantra « Je remets la solution entre les mains du Divin ».

Défi de la douzième maison
Dépasser la peur de la prise de pouvoir personnel

Point énergétique faible : Équilibre entre la psyché et l'esprit.

Maladies en puissance : Crises de panique, troubles maniaco-dépressifs, schizophrénie.

La vie vous amène sans cesse à affronter l'ombre qui est en vous, à revenir comme Perséphone au monde souterrain pour y découvrir vos archétypes. Mais la peur de retrouver votre intégralité en rassemblant les éléments de votre conscience peut cependant vous inciter à saboter votre évolution spirituelle. Par exemple, les occasions de pardonner et d'aller de l'avant sont souvent contrecarrées par un orgueil virulent ou la crainte paralysante du changement. Souvent, nous résistons au changement parce que nous redoutons qu'une vie à pleine puissance nous demande plus que ce que nous sommes prêts à donner. Le comportement qui nous fait dire « Oui, je sais », mais nous fait agir différemment, est la forme la plus commune de tourment psychologique dont nous sommes victime lorsque nous freinons notre propre évolution spirituelle. Les problématiques concernant cette maison correspondent donc au sixième et septième chakras. Au sixième, parce que celui-ci régit l'intellect et l'intuition, et au septième, parce que celui-ci régit l'évolution spirituelle. Lorsque vous évitez ce que vous savez être la vérité parce que vous l'appréhendez, et que vous employez délibérément votre intellect pour dédaigner le monde autour de vous, y compris les valeurs des autres, c'est que vous êtes mené par la force de l'ombre de la douzième maison.

Conseils pour guérir : La seule façon de rompre l'emprise que le Saboteur a sur votre psyché est de lui faire carrément face. Quelle peur vous amène à vous fermer ? Quelle image ou vérité symbolique pouvez-vous employer pour faire fondre vos peurs ? Comme les scénarios propres à l'anxiété sont plus forts au courant de la nuit que le matin, il est donc recommandé de vous remémorer ce qui vous limite avant d'aller vous coucher. Rappelez-vous qu'il s'agit là d'une expérience liée à un archétype que vous êtes censé mettre à profit pour examiner la raison qui vous fait craindre votre propre potentiel. Restez aussi objectif que possible face à vos angoisses. Lisez des prières spirituelles inspirantes afin de vous calmer. Au réveil, invoquez votre peur en lui dédiant une brève prière. « J'ai peur d'avoir à exprimer mon opinion dans cette réunion. J'ai peur d'être critiqué. » Puis, faites suivre cette prière de la phrase suivante : « Je mérite cette occasion de m'exprimer puisque m'exposer à une critique négative m'indique seulement que les autres sont le témoin du pouvoir qui émerge en moi. Et, par dessus tout, je me ferai le véritable porte-parole du pouvoir de mon esprit. »

Votre roue d'origine et votre ADN spirituel

La seconde démarche à entreprendre pour arriver à une guérison, c'est d'examiner la combinaison archétype-maison pertinente dans votre roue d'origine. Pour cela, reportez-vous à votre journal intime, où vous trouverez les informations qui vous ont fait choisir cet archétype, de même que toute donnée ultérieure compilée après avoir trouvé les réponses à vos questions aux sujets de l'archétype. Avant de faire une roue ponctuelle, vous devrez solliciter votre imagination et votre intuition pour découvrir de quelles façons l'archétype en question correspond à votre maladie, en particulier dans le cas de malaises psychologiques, émotionnels et spirituels.

Les personnes que je vous présente dans les histoires suivantes ont commencé par établir un rapport entre leur maladie et une maison précise de la roue des archétypes. Ils ont par la suite examiné le rôle que jouait l'archétype présent dans cette maison.

La maladie de Parkinson et l'archétype de la Marionnette

Heureuse dans son mariage, mère de deux enfants et professeur dans une école secondaire (lycée), Francine a commencé à observer les symptômes de la maladie de Parkinson à 40 ans.

Comme elle avait des habitudes de vie irréprochables, tant sur le plan physique qu'émotionnel, elle ne pouvait leur imputer sa maladie. Étant donné que les explications traditionnelles de l'origine de sa maladie ne lui procuraient aucune réponse satisfaisante, Francine décida de faire appel aux archétypes pour voir s'ils pouvaient l'aider à comprendre sa situation.

Comme je l'ai déjà dit, vous ne pouvez pas vous servir d'un scénario archétypal pour prédire une maladie ou une mort. Par contre, les associations symboliques qui s'établissent entre vous et un archétype sollicitent parfois des ressources qui vous mettront sur le chemin de la guérison, même si vous n'aviez auparavant aucune idée de la présence de cette possibilité. Par exemple, il ne vous est peut-être jamais venu à l'esprit que vous étiez un héros, une héroïne, un magicien, une magicienne. Pourtant, si vous deviez prendre conscience du lien étroit que vous entretenez avec ces archétypes et leur pouvoir symbolique, l'image que vous vous faites de vous-même subirait une grande métamorphose.

Ce fut le cas de Francine, qui décida de travailler avec l'archétype de la Marionnette puisqu'il se trouvait dans sa onzième maison, celle associée aux troubles neurologiques, entre autres à la maladie de Parkinson. Elle avait initialement choisi la Marionnette comme l'un des douze archétypes de base parce qu'elle aimait beaucoup les marionnettes et avait même enseigné aux conseillers de son école à s'en servir dans leurs thérapies avec les élèves. Les jeunes répondent très bien à l'analogie de la « marionnette manipulée par quelqu'un d'autre » et laissent en général libre cours à tout un éventail d'émotions quand ils jouent avec elles.

Donc, parce qu'elle avait constaté *de visu* sa valeur thérapeutique, Francine sut travailler avec l'archétype de la Marionnette pour faire apparaître ses peurs inconscientes et trouver l'inspiration qui l'aiderait à guérir sa maladie. Dans un état de relaxation approfondie, elle s'imagina être elle-même une marionnette. Immédiatement, elle fit un lien entre la marionnette qui n'a aucun contrôle de ses mouvements et les mouvements involontaires causés par la maladie de Parkinson.

Cette prise de conscience l'amena à se poser la question suivante : « Quelle partie de ma psyché a l'impression d'être une marionnette suspendue au bout de fils ? » Comprenant que certains aspects de son inconscient tiraient les ficelles et la contrôlaient, Francine sut qu'elle devait examiner cet aspect d'elle-même et couper ces ficelles.

En poursuivant la visualisation, Francine se vit dialoguer avec le marionnettiste (son inconscient) et prit note de chacune de ses impressions. Au début, ses notes semblaient n'avoir aucun sens étant donné qu'elle n'avait pas l'habitude de faire ce genre d'introspection. Mais, en apprenant à travailler avec l'image de la Marionnette, elle finit par établir un fort rapport intuitif entre elle et la Marionnette. Ce rapport lui permit de passer d'une thérapie analytique à une introspection d'ordre spirituel.

Puis, une nuit, Francine rêva qu'elle réussissait à manipuler elle-même sa propre marionnette intérieure, qui elle-même regardait le marionnettiste droit dans les yeux. Elle réalisa que ce qu'elle voyait, c'était l'énergie divine. Après ce rêve, Francine sentit que les choses ne seraient plus jamais les mêmes dans sa vie et qu'elle venait de trouver une voie pour guérir. « Ce rêve m'a indiqué que j'avais besoin de prendre conscience des forces qui influençaient mes choix et mes gestes, dit-elle. Comme Pinocchio, j'ai dû redéfinir le sens de mon intégrité face à moi-même avant de pouvoir avancer. Ce fut un point charnière dans le cadre de mes interactions avec les autres. J'ai toujours beaucoup pris soin des autres et même si ça n'a jamais été un fardeau pour moi, je ne suis peut-être tout simplement pas censée procéder ainsi dans ma vie. »

Je fis remarquer à Francine que, souvent, nous n'écoutons pas ce que notre intuition nous dit parce que nous portons en notre psyché les voix d'un grand nombre de personnes. Ces voix ne sont pas obligatoirement négatives, mais elles proviennent souvent de gens qui sont dans le besoin surtout si vous avez une tendance naturelle à aider les autres. Si les préoccupations des autres vous envahissent, vous avez alors de la difficulté à écouter vos propres intuitions puisque vous ne pouvez pas vous entendre.

Francine fut donc amenée à entamer un nouveau cycle de vie où elle établirait un rapport plus direct avec son intuition. Elle devait absolument couper les ficelles qu'elle avait inconsciemment remises entre les mains de tant d'autres personnes afin de remettre sa vie entre celles du marionnettiste qu'elle avait reconnu comme étant Dieu dans son rêve. Une maladie peut donc survenir dans notre vie non seulement en raison de la négation, mais parce que le Divin demande davantage de nous. Une maladie grave peut en fait vous aider à couper tous les liens inutiles avec les besoins de ceux qui devraient dorénavant être capables de se tenir debout tout seul. Fortes de ces révélations, Francine connut une transformation majeure sur le plan émotionnel. Son pessimisme et ses sentiments de futilité se résorbèrent. Elle peut maintenant mieux faire face aux changements survenus dans son corps, même si la guérison physique ne semble pas emboîter le pas à la guérison spirituelle.

Le cancer du pancréas et l'archétype du Patriarche

Actuellement dans la soixantaine, Ivan avait émigré de Russie aux États-Unis avec sa famille, déterminé à se créer dans son pays d'adoption une vie meilleure que celle qu'il avait laissée derrière lui. Il avait accompli ce rêve, mais au fil des années sa santé s'était étiolée. Lorsque je le rencontrai, au cours d'un de mes ateliers où sa fille Elisa l'avait quasiment traîné de force, on venait de diagnostiquer chez lui un cancer du pancréas, contre lequel il avait déjà entrepris une chimiothérapie. Sa fille l'avait initié à des méthodes de guérison non conventionnelles, lui faisant remarquer que ses propres grands-parents auraient eux-même employé ces traitements, entre autres les plantes médicinales. Ivan acceptait facilement de tels traitements, alors qu'avec le travail avec les archétypes, la marche était un peu haute pour lui. Mais comme il avait l'esprit ouvert, il choisit des archétypes qui lui rappelaient certains aspects de lui : l'Artisan, le Pèlerin, le Mendiant (ce qu'il se voyait être en Russie et craignait le plus de devenir) et le Patriarche. Étant donné que le Patriarche était tombé sur sa septième maison, dont la vulnérabilité sur le plan énergétique correspond à celle du pancréas, nous avons décidé de travailler avec cet archétype. Ivan reconnut que le Patriarche était non seulement l'Archétype qui lui procurait le plus de fierté, mais également celui qui reflétait son sens des responsabilités envers sa famille.

Comme je l'ai fait remarquer plus haut, le pancréas est sensible à un éventail de dilemmes concernant la responsabilité. Si vous vous sentez responsable de tout le monde au point d'ignorer vos propres besoins, cette négligence viendra détériorer peu à peu votre pancréas limitant ainsi son rôle vital, qui est la production de l'insuline. Le résultat, c'est que le reste du corps est à un moment donné affecté par un stress extrême. Par contre, si vous refusez toute responsabilité et trouvez le moyen que les autres les endossent à votre place, il se crée également un stress qui se loge aussi dans le pancréas. Mais pour qu'une maladie grave s'installe, il faut que ce stress devienne chronique ou aigu. Avoir des responsabilités, disons raisonnables, n'exerce pas un stress aussi aigu sur le pancréas.

En ce qui concerne Ivan, il était clair que son sens des responsabilités face aux membres de sa famille prenait toute la place et qu'il ne voulait s'en défaire à aucun prix. Les souvenirs de vieilles personnes mendiant dans la rue en Russie, après la guerre, le hantaient et, tout jeune, il s'était promis qu'il ne reverrait jamais une telle scène de sa vie. Je lui expliquai que ces sentiments correspondaient symboliquement au Patriarche en lui et qu'il fallait maintenant faire comprendre à ce dernier qu'il avait accompli sa mission. Ivan devait céder cette responsabilité à la génération suivante. Rien qu'à cette pensée, Ivan sentit le chagrin l'accabler.

Sa fille l'aida à prendre conscience comment sa ténacité avait aidé ses enfants à se faire une place au soleil. Sans cette aide, Ivan n'aurait certainement pas pu renoncer à ses responsabilités. Sa fille Elisa demanda donc à son père de lui dire de quoi il avait le plus peur pour chacun de ses enfants et quelle était la plus grande force qu'il voyait chez chacun d'eux. Elle ajouta qu'il était temps pour elle et ses frères et sœurs de réorganiser la famille afin de procurer du soutien à leur père et à leur mère, tout en respectant l'image du Patriarche que son père avait de lui-même. Elisa promit qu'elle rassemblerait la famille et verrait à ce que les responsabilités de son père soient réparties immédiatement.

« Elisa, est-ce que tu me prépares à mourir ? » lui demanda son père.

« Tu pourrais mourir de cette maladie, papa, lui répondit-elle. On ne sait pas ce que l'avenir réserve. Par contre, je sais que les pressions que tu as dû endurer toutes ces années doivent nous être transférées. Je sais aussi que tu dois admettre que nous pouvons dorénavant prendre nos vies en main. Mais, surtout, je suis très consciente du fait que, pour guérir, tu disposeras de toute l'énergie et de la force que tu nous a toujours insufflées. Je pense que la nouvelle leçon que tu dois tirer de tout cela est celle de la responsabilité face à toi-même. Tu ne sais pas même ce que prendre soin de tes propres besoins veut dire. »

Lorsque j'ai quitté Ivan et Elisa, celle-ci l'appelait déjà le Patriarche, ce qui me fit comprendre que ce qualificatif deviendrait dorénavant son sobriquet officiel et qu'il vivrait entouré d'êtres chers sachant reconnaître tout ce qu'il avait fait pour eux. Six mois après l'atelier auquel Ivan et sa fille avaient participé, Elisa m'appela pour me dire que le sobriquet officiel de Patriarche permettait à son père de mieux reconnaître tout ce qu'il avait fait pour ses enfants et à quel point ces derniers l'aimaient. Il était toujours en chimiothérapie pour son cancer, qui n'avait cependant pas produit de métastases. « Quoi qu'il arrive à long terme, dit Elisa, je suis reconnaissante que la famille entière ait pu reconnaître tout ce que cet homme a fait pour elle. »

Ivan avait donc entamé sa guérison sur les plans psychique et émotionnel. Il avait fini par renoncer à son sens absolu des responsabilités et recevait l'amour de sa famille. Le surcroît d'énergie que cette transformation procura à son corps ne pouvait qu'améliorer ses chances de survie.

Le cancer de la moelle osseuse et l'archétype de l'hédoniste

La guérison par l'intuition peut aller à contre courant des traditions établies. N'ayez pas peur de vous fier à votre instinct et de faire ce qui vous semble juste, même si cela défie toute logique.

Dans un atelier qui se déroulait il y a quelques années, je rencontrai une femme du nom de Josie. On venait de diagnostiquer chez elle, le cancer de la moelle osseuse. Comme elle avait déjà subi toute une série de traitements par radiation, elle s'était par la suite totalement tournée vers des thérapies naturelles. Quand il fut question de choisir ses archétypes, Josie fut attirée par l'Hédoniste parce qu'elle aimait faire la belle vie. Son attrait pour les bons vins, la fine cuisine, les beaux vêtements et le sexe était une réaction à son éducation puritaine. « Comme la fille du pasteur, je voulais faire tout ce qui m'était interdit », dit Josie.

Les difficultés fondamentales de Josie provenaient du rejet et de l'échec, qui sont le défi de la dixième maison sur le plan de la guérison. Parce qu'elle était obèse petite, tous les élèves de sa classe la rejetaient, en particulier les garçons. Cette expérience précoce l'avait beaucoup marquée sur le plan affectif. Même si le bon sens semblait indiquer que Josie était tombée malade en raison de son style de vie un peu débridé, elle sentait que la position de l'archétype de l'Hédoniste dans sa dixième maison lui suggérait de travailler avec cet archétype pour guérir son cancer. Comme mécanisme d'adaptation qui reflétait aussi son sens de l'humour, elle s'inventa un adage : « Bien vivre est la meilleure des revanches. » « Je refuse de renoncer à faire la belle vie, dit-elle, et j'ai besoin de pouvoir me fier à ma détermination, à mon sens de l'humour et à mon penchant artistique pour briser toutes les règles, et par là même rompre le cours de cette maladie. »

Les recherches scientifique récentes tendent à aller dans le sens de l'intuition de Josie. Dans leur ouvrage intitulé *Healthy Pleasures (Plaisirs sains)*, Robert Ornstein, psychologue spécialiste du cerveau, et David Sobel font référence à des recherches médicales qui montrent que ce qui nous fait plaisir – la vue d'un paysage, une belle musique, un bon vin et de la bonne chère, des odeurs envoûtantes ou la compagnie de bons amis - améliore notre santé et nous aide à résister à la maladie.

Pour commencer, Josie interviewa son Hédoniste afin de se tracer une ligne d'action. Selon elle, l'Hédoniste réussirait à diriger son intuition pour découvrir le pouvoir guérisseur inhérent à son potentiel supérieur. Après avoir atteint un état intérieur de grande tranquillité, Josie visualisa à plusieurs reprises l'archétype de l'Hédoniste en répétant la phrase suivante : « Dis-moi ce que je dois faire pour abolir le pouvoir de cette maladie sur ma psyché. » Après cela, elle écrivit les pensées qui lui vinrent, se souciant peu de leur logique. Une réponse de son inconscient retint particulièrement son attention : elle devrait danser. Aimant beaucoup danser, Josie interpréta cette suggestion comme signifiant qu'elle devait faire de la danse une pratique spirituelle. « Il n'était pas question que j'entreprenne quelque chose de compliqué, comme m'inscrire à un cours de danse classique. Je devais me servir de mon corps pour le bien-être que m'apportait la danse. Il était essentiel pour moi que je continue de bouger. »

Josie eut aussi l'impression qu'elle devait tirer profit de sa maladie d'une façon ou d'une autre. Elle commença donc à écrire un livre qu'elle intitula *Comment devenir un hédoniste en santé*, dont la rédaction occupa la majeure partie de son temps. Elle prit part à des groupes d'entraide pour cancéreux, parmi lesquels elle interviewa certains membres, vérifiant entre autres ce qui leur procurait le plus de plaisir, ce qu'ils aimaient faire à ce moment-là et ce qu'ils avaient toujours voulu faire, mais estimaient être trop loufoque. Son intention était d'écrire un livre qui aiderait les gens à aimer la vie. « Je me rends compte que les gens sont totalement effrayés par les bonnes choses de la vie. Nous sommes pris au piège de la peur de la punition. Pas étonnant que nous considérions la maladie comme une forme de bienfait ! Je crois que l'une des mes obligations sacrées est de mettre fin à cette attitude destructrice. »

Un seul entretien avec son Hédoniste ne suffit pas à Josie, qui reprit régulièrement par la suite ses « interviews » avec lui. Ce projet de livre l'inspira beaucoup et, cinq mois après l'atelier, je reçus une lettre d'elle m'annonçant que son cancer était en rémission. Josie entrevoyait même guérir totalement étant donné qu'elle avait décidé d'emblée que cette maladie ne la priverait pas des plaisirs de la vie. « J'aime la vie, écrit-elle, et je savais qu'il me fallait trouver une façon de l'aimer même si je souffrais. Malgré cela, et comme je le dis aux autres, vous devez trouver un moyen d'apprécier chaque jour qui passe, peu importe la trivialité du geste à poser. Mais par-dessus tout, il faut renoncer à l'horrible croyance qui veut que la maladie soit une punition divine. Comment peut-on guérir si l'on croit avoir mérité ce qui nous afflige ? »

Configurer une roue de guérison

Une fois que vous avez élaboré une roue de guérison pour connaître votre défi sur le plan de la guérison, comparez les maisons où tombent un ou deux des archétypes sur lesquels vous concentrez votre attention dans votre roue d'origine et essayez d'y trouver des intuitions nouvelles qui correspondent à la situation du moment.

Cynthia, par exemple, s'arrêta à deux associations maison-archétype pour découvrir les raisons pour lesquelles elle ne pouvait concevoir d'enfant, ceci pouvant parfois avoir une origine émotionnelle. (La peur peut en effet avoir un impact sur la fertilité.) Elle se pencha donc en premier lieu sur la position des archétypes dans sa roue d'origine, puis conçut une roue de guérison en travaillant avec ces deux mêmes archétypes.

Elle avait la Reine dans la première maison de sa roue, dont le défi dans le domaine de la santé est de donner naissance au moi, et la Prostituée dans la cinquième maison, symbole du tarissement. En commençant à « travailler » avec la Reine, elle se rendit compte que chaque fois qu'elle s'efforçait de se « donner naissance » en faisant des choix autonomes totalement différents des traditions familiales, elle devait se bagarrer avec ses parents. En réalisant que, à la suite à ces affrontements, ses attitudes et sa colère étaient reliés à l'archétype de la Reine,

Cynthia put comprendre que ses parents craignaient qu'elle rompe les ponts pour établir son territoire propre. Le fait de concevoir un enfant ferait assurément d'elle une femme menant une vie indépendante de sa famille. Ses valeurs se distinguaient grandement de celles de ses parents et de sa belle-mère, puisqu'elle rejetait leurs croyances religieuses rigides de même que leurs attitudes racistes.

Par ces prises de conscience, Cynthia put se défaire de façon saine, de la pression émotionnelle résiduelle de l'ascendant du groupe. Le rapport de pouvoir entre Cynthia et sa famille se révéla essentiel pour trouver la force et la détermination dont une Reine a besoin pour régner. Cette image permit à Cynthia de se détacher de la situation et de considérer bien entendu ce détachement comme un événement positif. Si elle n'avait pas eu ce point de référence, elle aurait peut-être éprouvé du ressentiment envers ses parents qui ne la soutenaient pas et aurait laissé l'amertume teinter ses rapports avec eux. Étant maintenant capable de transposer leurs échanges sur un plan symbolique, ses réactions étaient plus calmes, comme s'il n'y avait « rien de personnel là-dedans ».

Le défi de la cinquième maison concerne la recherche de la créativité et des talents. Chacun de nous doit traverser le désert à un moment ou un autre, parce que nous sommes les seuls à pouvoir découvrir les habiletés inhérentes à notre esprit propre. Le sentiment de vide que l'on éprouve dans cette traversée rend difficile le maintien de son équilibre sans ressentir le besoin de demander de l'aide. Si par exemple la Victime tombe dans cette maison, il se pourrait que vous réagissiez à cette traversée du désert en vous apitoyant sur vous ou en vous plaignant de toutes les épreuves que vous devez affronter. Étant donné que Cynthia avait la Prostituée dans cette maison, elle était plus encline à vendre une partie de sa vie à une autre personne afin que cette dernière finisse à sa place le périple devant l'amener à découvrir ses talents profonds. Sachant bien cependant que la Prostituée régit le défi de sa cinquième maison, Cynthia fut à même de constater que chaque fois qu'elle commençait à donner son pouvoir à quelqu'un d'autre, elle se délestait également de son don de créativité. C'est ainsi qu'elle se dissocia des peurs qui remontaient pendant ces moments-là et se rappela en son for intérieur qu'elle ne pouvait se permettre de laisser une autre personne diriger ou réprimer sa créativité, parce que cela drainerait justement toute l'énergie dont elle avait besoin pour assurer sa santé physique. Rapprochant cette prise de conscience et sa difficulté à concevoir un enfant, Cynthia comprit que, vu que ses parents et beaux-parents la pressaient constamment d'avoir un enfant, elle avait l'impression qu'elle concevrait un enfant pour eux, plutôt que pour elle et son mari. Le ressentiment qui en résultait avait probablement entravé sa capacité de concevoir.

Ensuite, Cynthia fit une roue de guérison dans le même but. Sa Reine tomba sur la septième maison, où le défi est de maintenir les limites personnelles. Avec cet archétype dans cette maison, Cynthia comprit que devenir mère représenterait un changement radical quant aux limites qu'elle avait établies. Dans son entourage, elle était connue pour ses opinions marquées et son esprit d'indépendance. Elle maintenait cependant avec son mari une réelle relation d'intimité, chose qui déconcertait certains de ses amis incapables d'associer intimité et indépendance. Cynthia échappait au moule conventionnel de la relation mari-femme. Avoir un enfant représentait donc pour elle le retour au moule. Elle craignait de devenir dépendante et de voir son image de « Reine » autonome être mise au rancart. Elle appréhendait également toutes les contraintes qu'un enfant lui imposerait.

La Prostituée dans la douzième maison, où le défi est de surmonter la peur de la prise de pouvoir personnelle l'amena à considérer son incapacité à concevoir sous un angle positif. Absolument déterminée à être en pleine possession de ses moyens, elle sentait qu'un des cadeaux qu'elle pouvait faire à un enfant, c'était justement celui-là. « Je pourrais être un modèle fantastique pour un enfant, surtout le mien, dit-elle. La Prostituée dans cette maison me dit que j'ai tout ce qu'il faut pour aider mes enfants à prendre tout leur pouvoir au lieu du contraire. »

Cette prise de conscience et celle concernant sa résistance face aux responsabilités maternelles et aux pressions familiales amenèrent Cynthia à croire à la possibilité d'avoir un enfant. Quelques mois plus tard, elle tomba enceinte et donna ensuite naissance à des jumeaux.

Il faut garder à l'esprit qu'il n'y a pas de réponse magique avec les maisons et les archétypes pour ce qui est de la guérison de maladie ou de troubles de tous ordres. Il faut accumuler les données et les prises de conscience de multiples provenances, pour ensuite faire appel à votre intuition afin de trouver les stratégies de guérison. L'objectif ici est de trouver la voie qui met le mieux à profit connaissance, sagesse, inspiration et volonté de guérir.

Maintenez l'attention sur votre potentiel supérieur

Après avoir travaillé pendant des années avec des milliers de gens, j'ai découvert que la meilleure façon de trouver votre voie – qu'il s'agisse de comprendre votre mission de vie, le sens d'une relation ou d'un événement, ou encore une maladie que vous voulez guérir – c'est de maintenir votre attention sur votre potentiel supérieur. Une fois que cette décision fondamentale est prise, toutes les autres décisions se préciseront, qu'il s'agisse de votre régime alimentaire ou de la façon d'aborder votre vie spirituelle.

Rappelez-vous que le potentiel supérieur ne se limite pas au travail. Nous, les humains, ne pouvons nous empêcher de penser qu'un travail parfait nous procurera estime personnelle, sécurité financière, santé, amour, vie sociale et projets d'avenir de toutes sortes. Nous nous accrochons à ce rêve afin de supporter les défis ordinaires de la vie dont nous aimerions plutôt nous passer.

En termes pratiques, réaliser son plein potentiel veut dire agir en fonction de sa vérité profonde à chaque instant de sa vie. Ceci concerne donc votre profession, vos relations, votre santé et même peut-être aussi le film que vous verrez ce soir. Prenez toutes vos décisions en fonction de ce critère : chaque choix sert votre bien supérieur ou il le dessert. Ce petit truc peut simplifier le mystère qui entoure parfois la prise de décision dans le quotidien.

Mais, bien entendu, nous ne sommes pas là pour résoudre tous les mystères de la vie. Nous sommes plutôt ici pour les explorer et découvrir peu à peu la nature de notre esprit. Graduellement, nous retrouvons notre intégralité, notre conscience, notre discernement, et nous réalisons que la vie est un cheminement spirituel et que tout le reste n'est que fadaise. Vos archétypes sont des compagnons de route qui vous guident vers l'inconscient et vous amènent sans aucun doute là où vous devez aller, puisqu'ils ont comme fonction de manifester la volonté divine en ce qui concerne votre mission. Vous vous trouverez à l'endroit voulu au moment voulu. Et vous rencontrerez les gens que vous êtes censé rencontrer, que vous le réalisiez ou pas. Quand vous savez ceci, c'est-à-dire quand vous reconnaissez que tout dans la vie s'organise en fonction de votre mission, la confiance s'éveille en vous, confiance qui vous permet alors de faire des choix. Avons-nous suffisamment confiance pour laisser Dieu faire des choix à notre place ? Lorsque c'est le cas, notre rôle se limite à suivre les choix qui nous sont proposés. Si une relation vous blesse profondément, celle-ci vous servira de point de référence. Votre choix le plus efficace sera alors le pardon. Vous comprendrez peut-être que cette relation aura été établie juste pour que votre cœur s'ouvre par le pardon. Même si vous ne décidez rien à la suite de cette prise de conscience, vous ferez du moins un constat. Malgré la difficulté que cela représente pour votre ego, vous pouvez aussi vous dire que cette rencontre était due. Dorénavant, vous verrez les choses avec plus de recul et comprendrez que votre part de responsabilité dans le contrat qui vous lie à la vie consiste à chercher l'intention divine qui se cache derrière la forme matérielle. C'est ainsi que vous effectuerez vos choix.

Lorsque c'est nécessaire, rappelez-vous que ce contrat comporte des conditions préétablies. Les autres parties prenantes de ce contrat ont autant intérêt que vous à évoluer spirituellement.

Servez-vous de cette vérité pour mener une vie extraordinaire dans le monde physique. Ne laissez pas votre esprit errer. Restez dans le moment présent, dans ce lieu, en vous.

Et par dessus tout, rappelez-vous que nous suivons tous des itinéraires divers le long de la grande route qui nous conduit vers notre ultime devoir : le renoncement au moi. C'est seulement une fois que nous réalisons la futilité du contrôle que nous est révélée la vérité que nous ne contrôlons rien d'autre que le moment lorsque et si nous réussissons enfin à croire au fait que notre mission de vie est régie par une sagesse beaucoup plus puissante que la nôtre. Nous comprendrons aussi que les accords conclus avant notre naissance avec le Divin, conduiront notre esprit à notre demeure première.

C'est en quelques mots ce à quoi ressemble le renoncement.

Appendice

La galerie des archétypes

Le souci de concision rend impossible l'énumération détaillée de tous les archétypes les plus communs. Étant donné que dans une large mesure nombre d'entre eux se recoupent, j'ai décidé de faire entrer les archétypes similaires sous une même et unique rubrique. Par exemple, je regroupe sous la rubrique Artiste les archétypes du Musicien, de l'Artisan, de l'Ouvrier, du Sculpteur, du Tisserand, etc. Si la variante que vous avez sélectionnée ne figure pas sous une rubrique, disons le Photographe, il vous suffit de l'intégrer à celle-ci. J'ai également cherché à vous donner quelques exemples de chacun des archétypes dans plusieurs domaines, notamment le cinéma, le roman, le théâtre, les mythes, les religions, le folklore ou les contes de fée. Je suis certaine que vous trouverez bien d'autres exemples personnels qui vous aideront à déterminer avec plus d'exactitude le lien qui vous unit à un archétype particulier. On pourrait écrire des volumes entiers sur chacun des archétypes, étant donné qu'ils représentent des forces complexes dont on ne peut assurément faire le tour dans un tel résumé. Les descriptions que je vous fournis ici résultent de l'interprétation des scénarios personnels de gens qui sont venus me consulter, ainsi que de mes propres observations.

Chaque archétype constitue une expérience d'apprentissage ou un processus unique, censé nous guider dans la vie. En vous demandant si un scénario particulier fait partie de vos douze archétypes, vous devez d'abord essayer de trouver un fil conducteur dans ce processus d'apprentissage, plutôt que de n'y voir que des faits isolés. Ne déterminez jamais un lien avec un archétype en fonction de ce qui est flagrant. Au contraire, mettez au maximum votre imagination à profit et plongez en vous pour découvrir vos scénarios de vie, vos talents et les leçons que vous devez tirer de vos expériences. Il n'est pas facile d'accéder à ces réalités intérieures ! Si un archétype ne figure pas sur cette liste et que vous en cernez les scénarios dans votre comportement, cherchez-en des exemples représentatifs dans la mythologie ou les arts.

Comptable : voir Scribe.

Acteur : voir Artiste.

Drogué (Consommateur compulsif, Glouton, Bourreau du travail, Boulimique ; voir aussi Joueur)

Il y a en chacun de nous tous un peu de l'archétype du Drogué, pris ici au sens le plus large possible, et non pas seulement dans le sens de narcotine. Ce qui importe, c'est de déterminer à quel point notre vie y est investie. À part les stupéfiants, l'alcool, la nourriture et le sexe, on peut être un drogué du travail, des sports, de la télévision, de l'exercice, des jeux électroniques sur ordinateur, de discipline spirituelle, d'attitudes négatives et de multiples autres sensations excitantes qui activent l'adrénaline. L'aspect positif inhérent à cet archétype vous aide à reconnaître qu'un élément extérieur (substance, habitude, relation ou attitude de vie) exerce sur votre volonté, plus d'autorité que ne le fait votre propre esprit. Voilà pourquoi le fait d'affronter une accoutumance et de rompre l'emprise qu'elle a sur vous peut conférer une grande force à votre psyché. Découvrir son propre pouvoir par la persévérance a des effets à très long terme et devient un point de référence pour tous nos accomplissements. Comme le dit un ex-alcoolique : « Je sais à présent que si je peux m'arrêter de boire, je peux faire n'importe quoi. »

D'un point de vue symbolique, la part d'ombre de cet archétype représente le conflit avec la volonté, ainsi que l'absence de maîtrise de soi. Les gens qui sont très intellectuels ou extrêmement émotifs ont généralement une grande affinité avec cet archétype, car ils se battent constamment pour équilibrer ces aspects de leur personnalité. En l'absence de cet équilibre, la volonté cédera peut-être au profit d'un succédané qui vous rendra dépendant et assombrira votre vie. L'ombre de cet archétype vous oblige à des compromis sur le plan de l'intégrité et de l'honnêteté. Par exemple, bien des « accros » volent pour entretenir leurs mauvaises habitudes.

En évaluant vos rapports à l'archétype du Drogué, passez en revue le nombre de défis que vous devez relever et qui ont trait à des substances ou à certains penchants censés maintenir l'ordre dans votre vie. Même si ces défis font partie de notre vie à tous, c'est le degré de contrôle qu'une telle dépendance exerce sur vous et votre style de vie qui détermine si cet archétype fera partie de votre famille de douze archétypes. Il se peut, par exemple, que vous soyez très inconstant en ce qui concerne l'exercice physique, mais très assidu en ce qui a trait à la discipline spirituelle. Le besoin constant d'un stimulant, d'une activité ou d'une autre personne, au point de lui sacrifier relations, finances, intégrité, caractère et bien-être émotionnel et psychologique indique que vous devez considérer sérieusement cet archétype parmi vos choix.

FILMS : Jack Lemmon et Lee Remick dans *Days of Wine and Roses (Le jour du vin et des roses)* (alcool) ; Ben Stiller dans *Permanent Midnight* (héroïne) ; Dom DeLuise dans *Fatso* (nourriture) ; Claire Bloom dans *The Chapman Report (Les liaisons coupables)* (sexe).

THÉÂTRE : *Le long voyage dans la nuit* (morphine) d'Eugene O'Neill.

ROMANS : *The Basketball Diaries* (héroïne) de Jim Carroll ; *Sous le volcan* (mescal) de Malcolm Lowry.

RELIGION OU MYTHE : Soma (dieu védique de l'ivresse ainsi que le « jus » – traduction exacte du terme sanskrit – intoxicant ; Tantale (fils de Zeus et roi de Phrygie qui fut invité par les Dieux à partager leur nourriture, mais fut condamné, pour avoir abusé de cet honneur, à la tentation de la nourriture et des boissons interdites.)

Adonis : voir Dieu.

Défenseur (Avocat, Législateur, Lobbyiste, Écologiste)
Venir à la rescousse ou à la défense des autres est une des manifestations de ce que Ram Dass qualifie de « compassion dans l'action ». Le Défenseur incarne une dévotion qui conduit les gens à se faire les champions de la défense des droits d'autrui sur la scène publique. Les gens qui sentent chez eux la fibre de cet archétype connaissent très tôt dans la vie une passion qui les pousse à vouloir transformer la société, surtout au nom du bien de tous. Sur le plan symbolique, il se consacrent à la défense de groupes et de causes incapables de se faire entendre seuls. Des archétypes tels que l'Ermite, par contre, sont nettement plus tournés vers eux-mêmes et manquent de la passion qui permet au Défenseur d'amener des changements sociaux. Le Défenseur a besoin de s'exprimer publiquement, ne serait-ce que par l'écriture ou les arts.

L'ombre du Défenseur se manifeste dans les causes indéfendables, inutiles ou intéressées. Lorsque vous évaluez vos rapports à l'archétype du Défenseur, il est bon que vous vous demandiez à quel point vous consacrez votre vie aux causes sociales et vous passez à l'action.

FILMS : Paul Newman dans *The Verdict (Le verdict)* ; Spencer Tracy dans *Inherit the Wind* ; Julia Roberts dans *The Pelican Brief (Le dossier Pélican)* et *Erin Brockovich* ; Robert Duvall dans la trilogie *The Godfather (Le parrain)* (ombre).

TÉLÉVISION : *Perry Mason* ; *L.A. Law* ; *The Practice*.

ROMANS : *The Devil and Daniel Webster* de Stephen Vincent Benét. Contes de fée : *Le Chat botté*.

RELIGIONS ET MYTHES : David (champion juif qui réussit à battre l'immense Goliath) ; Hakuim (déité islamique du sud de l'Arabie qui rend justice et régit l'arbitrage).

Alchimiste (Magicien, Sorcier, Chaman, Enchanteur, Savant, Inventeur)
Ces divers archétypes, qui peuvent se regrouper sous la rubrique de l'Alchimiste, ont un trait commun, celui de pouvoir transformer une matière quelconque en une expression modifiée d'elle-même. Le Sorcier et le Magicien provoquent des événements qui échappent aux règles ordinaires de la vie, comme faire naître l'amour entre deux individus ou faire disparaître des objets. Tandis qu'on associe le Sorcier aux pouvoirs surnaturels, on a tendance à considérer le Magicien comme un amuseur. Même si l'on associe le plus souvent l'Alchimiste aux vaines tentatives de transformer le vil métal en or, c'est un archétype qui vise la transformation spirituelle complète dans sa manifestation la plus élevée. Il se peut que cet archétype vous convienne si la voie du développement spirituel vous attire, entre autres une voie qui fasse appel aux écoles de mysticisme ou à l'étude des lois de l'univers. Nostradamus et Isaac Newton peuvent donc être qualifiés d'Alchimistes.

L'ombre de l'Alchimiste (ainsi que des qualificatifs connexes) réside dans l'abus de pouvoir et l'usage des connaissances à mauvais escient. Ce pouvoir et ces connaissances leur sont inhérents. La séduction et la ruse manifestées par le truchement de la magie et de la sorcellerie viennent souvent attiser chez beaucoup de gens le désir de se transformer.

Pour que l'Alchimiste fasse partie de votre groupe de douze archétypes, il faut qu'il s'intègre d'une façon significative à votre vie quotidienne. Peut-être votre travail ou vos conditions de vie exigent-ils que vous soyez particulièrement inventif ou diligent de manière habituelle ? L'ombre du Sorcier se manifeste par l'emploi de l'ingénuité à des fins criminelles ou immorales, ou par des sentiments de supériorité, qu'une intelligence supérieure peut engendrer.

FILMS : Spencer Tracy dans *Edison the Man* (*La vie de Thomas Edison*) ; Greer Garson dans *Madame Curie* ; Anthony Michael dans le rôle de Bill Gates et Noah Wyle dans celui de Steve Jobs dans *Pirates of Silicon Valley* (vidéo HBO) ; Fred McMurray (ou Robin Williams) dans *The Absentminded Professeur* ; Katherine Hepburn dans *The African Queen* (*La reine africaine*) ; Jane Powell dans *Seven Brides for Seven Brothers* ; Jeff Goldblum dans *La mouche* (ombre) ; Patrick Stewart et Ian McKellen dans *X-Men*.

ROMANS : *L'alchimiste* de Paulo Coelho ; *Les dames du lac* de Marion Z. Bradley ; la série *Harry Potter* de J. K. Rowling ; *Alice au pays des merveilles* de Lewis Carroll.

THÉÂTRE : *The Miracle Worker* de William Gibson.

RELIGIONS ET MYTHES : Merlin (enchanteur et prophète intervenant à toutes les phases de la vie du roi Arthur, à sa naissance et tout au cours de son règne, et jouant aussi le rôle de conseiller) ; Cessair (magicienne qui devint la première reine d'Irlande) ; Tezcatlipoca (dieu aztèque de la nuit et des biens matériels dont le miroir de magie noire fait d'obsidienne ou d'hématite reflétait les pensées et les actes de l'humanité et pouvait tuer les ennemis) ; Paracelse (alchimiste et physicien suisse du XVIᵉ siècle qui décrivit l'humain comme étant un reflet microscopique du macrocosme) ; Hermès (figure mythique grecque qui servait de messager aux Dieux de l'Olympe mais qui, dans la pensée ésotérique, devint plus tard maître de la manipulation de la réalité puisqu'il pouvait se déplacer librement d'une dimension à l'autre) ; Simon (magicien samaritain dans les Actes des Apôtres, chap. 8, vers. 2 à 24, condamné par l'apôtre Pierre parce qu'il avait offert à ce dernier de lui acheter le pouvoir de l'Esprit Saint) ; Suyolak (magicien gitan réputé connaître toutes les cures médicinales).

CONTES DE FÉE : *Rumpelstiltskin* (filer de l'or avec de la paille).

Amateur : voir Dilettante.

Amazone : voir Guerrier.

Ambassadeur : voir Médiateur.

Analyste : voir Guérisseur.

Anarchiste : voir Rebelle.

Anachorète : voir Mystique.

Ange (Bonne fée, Ange gardien)
Il existe une catégorie particulière pour les anges parce qu'on les considère comme des êtres de lumière vivants et des messagers divins. On retrouve des anges dans presque toutes les cultures et les religions ; entre autres, la croyance en un ange gardien individuel est propre aux traditions juive, chrétienne et islamique. On représente typiquement les anges comme des êtres ailés qui interviennent dans les moments de grande nécessité ou pour livrer aux humains des messages divins. Vous n'êtes probablement pas un ange, mais vous savez reconnaître s'il existe ou non un lien puissant avec le royaume des anges, surtout si vous êtes en contact avec des gens qui vouent leur vie à la représentation des anges d'une façon ou d'une autre : les peintres qui les illustrent, les écrivains qui décrivent leurs interactions avec les humains et les médiums par lesquels ils manifestent leur présence terrestre. On dit de certaines personnes qu'elles sont des anges en raison des qualités de bienveillance et d'amour qu'elles incarnent. Quand on aide quelqu'un dans le besoin, que ce soit dans l'anonymat ou de façon désintéressée, on joue le rôle de la « bonne fée » ou de « l'ange gardien ».
L'ombre de cet archétype se manifeste chez les gens qui prétendent être en contact avec les anges par besoin de domination ou pour mousser leur ego, et chez ceux qui agissent de façon innocente ou angélique pour cacher aux autres leur véritable nature. Selon un point de vue biblique, l'ombre de l'Ange est fréquemment associée à Satan ou Lucifer. Cependant, le Diable ou le Démon doit être considéré comme un archétype à part.

FILMS : Herbert Marshall dans *The Enchanted Cottage (Le cottage enchanté)* ; Charles Coburn dans *The More the Merrier (Plus on est de fous)* ; Mary Wickes (tante March) dans *Little Women (Les quatre filles du docteur March)* ; les deux anges de *Life is Wonderful (La vie est belle)* ; Marlon Brando dans la trilogie *Le parrain* (ombre) ; Danny Glover et Kevin Kline dans *Grand Canyon.*

TÉLÉVISION : *Les anges du bonheur.*

CONTES DE FÉE : Glinda dans *Le magicien d'Oz* de L. Frank Baum

RELIGIONS ET MYTHES : Angiris (anges hindous qui président aux sacrifices) ; Uriel (ange qui, dans la tradition rabbinique, combattit Jacob) ; Gabriel (archange qui, selon les Saintes Écritures, apparut à la Vierge Marie et livra le Coran au prophète Mahomet) ; Sijil (anges islamiques qui supervisent les manuscrits célestes) ; Tenshi (anges japonais, messagers des dieux aidant l'humanité) ; Lucifer et Iblis (dans les croyances chrétiennes et islamiques, anges déchus qui s'acharnent à détruire les âmes humaines) ; Fravashis (anciens anges gardiens zoroastriens qui accompagnent les âmes des morts aux cieux) ; Ombwiri (anges gardiens tribaux et esprits des ancêtres du centre de l'Afrique) ; Athena (déesse qui vient fréquemment en aide à Ulysse dans l'*Odyssée*).

Apprenti : voir Étudiant.

Arbitre : voir Juge.

Architecte : voir Ingénieur.

Artisan : voir Artiste.

Artiste (Musicien, Écrivain, Acteur, Dramaturge, Artisan, Sculpteur, Tisserand)
L'archétype de l'Artiste incarne la passion qui veut exprimer une dimension de la vie se situant au-delà des cinq sens. Dans sa psyché, l'Artiste est animé d'une énergie qui veut manifester dans le concret. Peu importe la nature ou l'éminence de la forme d'expression employée. Ce qui importe chez les artistes, ce n'est pas tant ce qu'ils font, que l'intensité de leur motivation à vouloir manifester l'extraordinaire. Quand on fait les choses d'une façon telle que cela suscite une grande inspiration chez les autres, cela indique que l'énergie de l'Artiste est à l'œuvre. Il en est de même lorsque votre bien-être dépend de ce besoin émotionnel et psychique de s'exprimer.

L'ombre de l'Artiste est associée à bien des clichés, entre autres ceux de l'excentricité et de la folie, qui accompagnent souvent le génie. L'Artiste qui meurt de faim symbolise la peur de la ruine financière ou encore la croyance que célébrité et fortune n'arrivent qu'après la mort, ceci poussant souvent les artistes à nier leur talent. Lorsque vous évaluez vos rapports à l'archétype de l'Artiste, sachez reconnaître que le besoin de mettre l'art à la portée des autres, par exemple en consacrant en partie votre vie à soutenir les artistes, exprime autant l'archétype de l'Artiste que le fait de tenir un pinceau.

FILMS : Ed Harris dans *Pollock* ; Alec Guinness dans *The Horses' Mouth* (*De la bouche du cheval*) ; Isabelle Adjani dans *Camille Claudel* ; Kirk Douglas dans *Lust for Life* (*La vie passionnée de Vincent van Gogh*) ; Gene Kelly dans *An American in Paris* (*Un Américain à Paris*).

THÉÂTRE : *Amadeus* de Peter Shaffer.

ROMANS : *Portrait de l'artiste en jeune homme* de James Joyce ; *De la bouche du cheval* de Joyce Cary.

CONTES DE FÉE : Gepetto, dans *Pinocchio* de Carlo Collodi.

RELIGIONS ET MYTHES : Galatée (créature vivante du sculpteur Pygmalion, dans la mythologie grecque) ; Shen-nung (l'un des Trois Nobles de la mythologie chinoise qui inventa la charrue et enseigna les techniques de l'agriculture à l'humanité) ; Basa-Jaun (esprit des bois de la tradition basque qui transmit l'art de forger le métal) ; Sarasvati (patron hindou des arts) ; Ptah (dieu créateur égyptien, patron des artisans réputé avoir modelé l'humanité sur son tour de potier) ; Ambat (dieu-héros qui enseigna l'art de la poterie) ; Ixzaluoh (déesse maya de l'eau qui inventa l'art du tissage) ; Hiro (héros polynésien qui apporta à l'humanité l'art de l'écriture) ; Héphaïstos (dieu grec du feu et des forges, patron de tous les artisans).

Attila : voir Destructeur.

Avocat : voir Défenseur.

Auteur : voir Artiste.

Athlète (Olympien)
Cet archétype représente l'expression ultime de la force de l'esprit humain qui transcende le corps. Étant donné que l'Olympien est autant relié à la force spirituelle qu'à la force physique, on associe un puissant code d'é-thique morale à cet archétype. L'Athlète est le parfait exemple du pouvoir universel de la « psyché » d'un archétype. Le lien à l'archétype de l'ath-lète ne devrait pas s'évaluer sur la base de la similarité de votre dextérité physique à celle d'un professionnel ou sur celle de la perfection de la forme et du fonctionnement de votre corps. En effet, une personne qui se consacre totalement à transcender les limites que lui impose un handicap physique correspond autant à cet archétype que l'athlète professionnel ou le danseur, parce que la volonté personnelle et la force d'esprit sont néces-saires pour que le corps puisse atteindre sa perfection.

L'ombre de cet archétype se manifeste cependant par le mauvais usage de la force contre quiconque, en dehors du champ de l'athlétisme profes-sionnel (boxeur qui déclenche une bagarre dans un bar), par une fausse interprétation de l'invulnérabilité (comme celui d'Achille ou de Samson), les coups bas ou les coups montés (voir Brute). L'ombre de cet archétype peut aussi apparaître sous la forme du manque de droiture qui vous pousse à tricher pour gagner.

FILMS : Esther Williams dans *Million Dollar Mermaid (La première sirè-ne)* ; Burt Lancaster dans *Jim Thorpe, All American (Le chevalier du stade)* ; Tom Courtenay dans *The Loneliness of the Long Distance Runner (La solitude du coureur de fond)* ; Daniel Day-Lewis dans *My Left Foot (Mon pied gauche)* ; *Hoop Dreams* (documentaire).

ROMANS : *The Natural* de Bernard Malamud ; *Hans Brinker and the Silver Skates* de Mary Mapes Dodge.

FABLES : *Le lièvre et la tortue.*

RELIGIONS ET MYTHES : Atalante (femme athlète de la mythologie grecque) ; Smertios (dieu celte de la guerre aux allures d'athlète barbu) ; Nike (dans la mythologie grecque, personnification fémi-nine de la victoire qui court et vole à grande vitesse) ; Samson (douzième et dernier juge d'Israël, de force herculéenne) ; Achille (guerrier grec connu pour sa puissance exceptionnelle ; il est aussi le héros de l'*Iliade*).

Justicier (Ange justicier)
Cet archétype et ses manifestations connexes correspondent au besoin d'équilibrer les choses sur le plan de la justice, parfois en employant des moyens offensifs. Les avocats qui travaillent pour les démunis ou qui se portent bénévoles une partie de leur temps sont des Justiciers modernes. Faire comparaître des criminels en justice ou poursuivre des compagnies qui nuisent à la société sont des exemples de Justiciers de grande enver-

gure, motivés par le bon droit pour l'ensemble de la société. On peut aussi vouloir redresser des torts contre soi-même ou sa propre famille. L'Ange justicier est l'expression mythique de cet archétype, qui laisse entendre que l'on a une mission divine, comme Jeanne d'Arc.

Dans l'ensemble, l'ombre se manifeste sous la forme d'un comporte-ment vengeur perçu comme immoral car il a recours à la violence (terro-risme écologique et dynamitage de cliniques d'avortement). La justesse d'une cause ne peut jamais justifier le fait que des innocents paient la note. (Gandhi contra l'ombre de la vengeance sociale en mettant l'accent sur la résistance passive aux autorités illégitimes.) Lorsque vous évaluez votre rapport à cet archétype, passez en revue les expériences pour les-quelles votre motivation première était de défendre ou de représenter une cause au nom des autres. Il faut que de telles circonstances se répètent pour que cet archétype corresponde vraiment à une force vitale puissante qui influe sur de nombreux choix et actes dans votre vie. Un brûlant désir de régler des comptes peut être suffisamment puissant pour vous amener à organiser votre vie en fonction de cet objectif.

FILMS : Ingrid Bergman dans *The Visit (La rancune)* ; Jane Fonda dans *Cat Ballou* ; John Wayne dans *The Searchers (La prisonnière du désert)* ; Antonio Banderas dans *The Mask of Zorro (Le masque de Zorro)* ; Jane Fonda, Dolly Parton et Lily Tomlin dans *Nine to Five (Comment se débarrasser de son patron)* ; Vincent Price dans *Theatre of Blood (Théâtre de sang)* (ombre – acteur qui tue un critique) ; Al Pacino dans *Le parrain* (ombre) ; Robert de Niro ou Robert Mitchum dans *Cape Fear*.

TÉLÉVISION : *Chapeaux melon et bottes de cuir*.

THÉÂTRE : *L'Orestie* d'Eschyle ; *Hamlet* et *Macbeth* de Shakespeare.

ROMANS : *To Kill a Mockingbird* de Harper S. Lee.

RELIGIONS ET MYTHES : Furies (divinités de la mythologie romaine chargées d'exercer la vengeance divine sur les criminels) ; Bastet (déesse égyptienne à tête de chat, l'instrument de la vengeance de Râ) ; Durga (déesse guerrière de la vengeance du panthéon hin-dou) ; Kâli (déesse mère hindoue symbole de la destruction, élimi-ne l'ignorance et maintient l'ordre dans le monde).

Mendiant (Indigent, Sans-abri)

Dénué de toute ressource matérielle, le Mendiant est associé à la dépen-dance. Sollicitant la bienveillance et la générosité des autres, il vit dans la rue, a faim et est malade, à New York comme à Calcutta. Il est facile de croire que l'archétype du Mendiant est totalement négatif. En fait, c'est une illusion, car point n'est besoin de mourir de faim pour être qualifié de Mendiant. On peut mendier de l'attention, de l'amour, de l'autorité et des biens matériels. On jette un os à un chien impuissant pour qu'il ait sa dose de pouvoir. Sur un plan symbolique, le Mendiant tient lieu de l'épreuve qui poussera une personne à considérer la prise de pouvoir personnelle, surtout dans le domaine de la survie physique. L'apprentissage de la géné-rosité, de la compassion et de l'estime personnelle est essentiel à cet archétype.

FILMS : *City of Hope* avec Patrick Swayze.

ROMANS : *Oliver Twist* de Charles Dickens ; *Le prince et le pauvre* de

Mark Twain.
OUVRAGES GÉNÉRAUX : *Rebelles, de mère en fille* de Linda Schierse Leonard.
RELIGIONS ET MYTHES : Lazare (le mendiant de Luc, chap. 16, vers. 22 et 23, que les anges emportent vers Abraham après son décès, alors que l'homme riche auquel il demandait la charité partit pour Hadès) ; Yeta (mendiant japonais, en réalité Inari, dieu de la nourriture ou déesse du riz) ; Ulysse (qui se déguisa en mendiant à son retour de Troie) ; Lan Cai-he (l'un des huit immortels qui, dans la mythologie taoïste, s'habille de haillons et erre dans la rue en mendiant pochard).

Veuve noire : voir Femme fatale.

Bon vivant : voir Hédoniste.

Constructeur : voir Ingénieur.

Brute (Lâche)
L'archétype de la Brute incarne la vérité fondamentale selon laquelle l'esprit est toujours plus fort que le corps. Symboliquement, notre corps physique peut rudoyer ou brutaliser notre esprit en invoquant toutes les raisons possibles pour lesquelles nous devrions laisser tomber les défis qui semblent insurmontables. Il ne s'agit pas uniquement de vérifier si vous rudoyez les gens ; il faut observer si votre chemin de vie vous confronte sans arrêt à des expériences et à des relations qui semblent posséder plus de pouvoir que vous et vous amènent à vous demander si vous saurez y faire face. Les gens sont souvent appelés à affronter les brutes au nom des autres, comme David le fit avec Goliath. Voilà un autre critère de votre rapport à cet archétype.

La sagesse populaire veut que sous toute brute se cache un lâche qui essaie d'empêcher les autres de reconnaître sa véritable nature. Symboliquement, le Lâche intérieur doit affronter courageusement ses propres peurs. C'est la voie qui mène, par ces deux archétypes, à la prise de pouvoir personnel.

FILMS : Matt Dillon dans *My Bodygard (Veux-tu être mon garde du corps)* ; Jack Palance dans *Shane* ; Mel Gibson dans *Braveheart* ; James Cagney dans *The Fighting 69th (Le régiment des bagarreurs)* ; Bert Lahr dans *The Wizard of Oz (Le magicien d'Oz)* ; Jack Nicholson dans *As Good ad It Gets (Pour le pire et pour le meilleur)*.
ROMANS : *The Red Badge of Courage* de Stephen Vincent Benét.
CONTES DE FÉE : *Jack et le haricot magique ; Jack le tueur de géant*.

Cambrioleur : voir Voleur.

Soignant : voir Guérisseur.

Casanova : voir Don Juan.

Personne chaste : voir Moine ou Nonne.

Chef cuisinier : voir Hédoniste.

Chef : voir Roi.

Enfant : (Orphelin, blessé, magique, innocent, de la Nature, divin, éternel)
Il y a en chacun de nous tous ces aspects de l'enfant, même s'il s'avère, en
général, qu'un aspect domine tant, qu'il éclipse tous les autres. L'Enfant
blessé, par exemple, peut être tellement en état de manque, qu'il empêche
l'Enfant magique d'exprimer ses qualités. En même temps, étant donné que
chacun des aspects de l'Enfant est présent à des degrés divers dans notre
psyché, des qualités similaires se recoupent et il n'est pas facile de déterminer celui qui retient le plus votre attention. Peut-être l'Orphelin et
l'Enfant blessé vous parlent-ils autant l'un que l'autre, ou bien ce sont
l'Enfant Éternel et l'Enfant de la Nature. Si tel est le cas, choisissez-en un
des deux en y incorporant les qualités de l'autre.

Orphelin
L'Orphelin est le personnage le plus connu des histoires d'enfant
(*Cendrillon, La petite fille aux allumettes, Bambi, La petite sirène, Hansel et
Gretel, Blanche-Neige*, etc.) La trame commune à ces histoires se retrouve
dans la vie des gens qui ont toujours eu l'impression de ne pas appartenir
à la famille où ils ont vu le jour, aussi bien sur le plan de la psyché que sur
celui de la tribu. C'est précisément parce que les orphelins n'ont pas de
famille, qu'ils doivent très tôt devenir autonomes. L'absence de traditions,
de comportements et d'influences familiales invite ou oblige l'Orphelin à
se construire une réalité intérieure fondée sur l'expérience et le jugement
personnels. Les orphelins qui réussissent à survivre par leurs propres
moyens sont louangés dans les contes de fée et les récits folkloriques : ils
ont remporté la victoire sur la force de l'ombre, qui symboliquement
représente la peur de devoir survivre seul dans ce monde.
    L'ombre de cet archétype se manifeste lorsque les orphelins ne se
remettent jamais du fait qu'ils ont dû grandir en dehors de leur milieu
familial. Le sentiment d'abandon et la blessure résultant du rejet familial
entravent leur développement, ce qui les pousse souvent à chercher des
structures familiales de remplacement pour faire l'expérience de l'esprit
tribal. Les groupes d'entraide thérapeutique deviennent des tribus ou des
familles d'ombre pour l'Orphelin qui sait au fond de lui que, pour guérir
ses blessures, il doit devenir adulte. L'attrait pour l'archétype de
l'Orphelin se détermine par l'observation de vos souvenirs d'enfance, surtout ceux qui évoquent chez vous le sentiment de n'avoir jamais été
accepté dans votre famille.
    FILMS : Margaret O'Brian dans *The Secret Garden* ; *Ponette* avec
        Victoire Thivisol ; Hayley Mills dans *Pollyanna*.
    ROMANS : *Le Magicien d'Oz* de L. Frank Baum
    THÉÂTRE : *The Changeling* de Thomas Middleton.
    CONTES DE FÉE : *Blanche-Neige, Cendrillon, Bambi, La petite sirène*.
    RELIGIONS ET MYTHES : Romulus et Remus (jumeaux de la mytholo-
        gie romaine qui furent jetés dans le Tibre et miraculeusement sau-
        vés par une louve ; ils fondèrent par la suite Rome) ; Moïse ;

Havelock le Danois (chanson de gestes médiévale où le fils orphelin de Birkagen, roi du Danemark, abandonné par ses tuteurs traîtres est trouvé et élevé par un pêcheur britannique pour devenir par la suite roi du Danemark et d'une partie de l'Angleterre).

Enfant blessé

L'archétype de l'Enfant blessé a en lui des souvenirs d'abus, de négligence et d'autres traumatismes que nous avons tous subis pendant notre enfance. Il s'agit peut-être de l'archétype qui parle le plus aux gens, surtout depuis qu'il est devenu le point de mire des thérapies et qu'il est accepté comme étant le grand coupable des souffrances adultes. Quand on choisit l'Enfant blessé, cela laisse entendre que l'on estime que nos expériences d'abus et de souffrance de l'enfance ont un impact sur notre vie adulte. Bien des gens accusent leur Enfant blessé d'être à la source de tous leurs dysfonctionnements relationnels.

Les expériences douloureuses inhérentes à cet archétype éveillent souvent un profond sens de la compassion de même que le désir de trouver une voie où on pourra se mettre au service des autres Enfants blessés. D'un point de vue spirituel, une blessure de l'enfance altère le chemin de l'apprentissage du pardon. L'ombre de cet archétype se manifeste par un grand apitoiement sur soi, une tendance à accuser les parents pour les difficultés éprouvées et une résistance au pardon.

FILMS : Diana Scarwid dans *Mommie Dearest (Maman très chère)* ; Dean Stockwell dans *The Secret Garden* ; Linda Blair dans *The Exorcist (L'exorciste)* ; Natalie Wood dans *The Miracle on 34th Street (Miracle sur la 34e Rue)* ; Leonardo Di Caprio dans *This Boy's Life (Blessures secrètes)* ; Jon Voight dans *Midnight Cowboy*.

ROMANS : *Native Son (L'enfant du pays)* de Richard Wright ; *Oliver Twist* de Charles Dickens.

RELIGIONS OU MYTHES : Amazones (guerrières de la mythologie grecque qui subissaient l'ablation du sein droit pour mieux se servir de leur arc).

Enfant magique ou Enfant innocent

L'enfant magique ou l'Enfant innocent représente la partie de nous qui nous enchante et enchante les autres. C'est cette partie qui voit la beauté sacrée en tout (Tiny Tim dans *Contes de Noël* de Charles Dickens) et Anne Frank qui écrivit son journal intime malgré l'horreur dans laquelle vivait sa famille juive qui se cachait des Nazis, dans un grenier dissimulé d'Amsterdam. Anne Frank a malgré tout toujours cru à la bonté fondamentale de l'humanité et ses opinions, émises à une époque où la plupart des gens s'effondraient sous le poids de la guerre et des persécutions, inspirent encore aux gens la volonté de voir le merveilleux même dans les moments de crise.

On pourrait d'emblée penser que, vu sa dénomination, cet archétype ne désigne que les qualités rafraîchissantes des enfants. Il n'en est rien, comme le prouvent les exemples de Tiny Tim et Anne Frank, puisque ces derniers incarnent aussi le courage et la sagesse dans des circonstances difficiles.

Baudelaire a écrit que le génie, c'était l'enfance retrouvée. C'est dans ce sens que l'Enfant magique a quelque chose de génial. L'Enfant magique est doté du pouvoir d'imagination et de la croyance que tout est possible. L'ombre de cet archétype se manifeste par une incrédulité aux miracles et à la transformation du mal en bien. La dépression et le pessimisme, surtout au moment de l'exploration des rêves, émergent souvent chez l'Enfant magique blessé par le cynisme des adultes qui ont jugé stupides, ses rêves d'autrefois. Cette ombre se manifeste aussi par la croyance que l'énergie et l'action ne sont pas nécessaires, ce qui porte à se réfugier dans l'imaginaire.

FILMS : Drew Barrymore dans *E.T.* ; Margaret O'Brien dans *Meet Me in St. Louis (Le chant du Missouri)* ; George du Fresne dans *Ma vie en rose* ; Shirley Temple dans *Heidi* and *Wee Willie Winkie (La mascotte du régiment)*.

ROMANS : *Le petit prince* d'Antoine de Saint-Exupéry ; *Fifi Brin d'Acier* d'Astrid Lindgren ; *Alice au pays des merveilles* et *À travers le miroir* de Lewis Carroll.

RELIGIONS OU MYTHES : Merlin (de la légende du roi Arthur, le roi sans père qui, sur le point d'être sacrifié, se sauva lui-même en faisant montre de pouvoirs magiques bien plus grands que ceux des magiciens du roi).

Enfant de la nature

Cet archétype désigne le lien profond et intime avec les forces de la nature et l'affinité amicale particulière pour les animaux. Bien que l'Enfant de la nature soit doux et tendre, il est également coriace et sait survivre, car il possède la qualité naturelle de résilience. Les Enfants de la nature possèdent de grands dons de communication avec les animaux. Les histoires qui se fondent sur cet archétype présentent souvent un animal venant à la rescousse de son compagnon-enfant. Chez de nombreux vétérinaires et défenseurs des droits des animaux, cet archétype vibre parce qu'ils sentent un rapport de conscience avec les animaux depuis leur plus tendre enfance. Chez des adultes, cet archétype se manifeste par la capacité de communiquer avec les esprits de la nature et à travailler en harmonie avec eux pour maintenir l'ordre naturel.

L'ombre de cet archétype se manifeste par la tendance à abuser des animaux et de l'environnement.

Il ne suffit cependant pas d'aimer les animaux pour que cet archétype soit l'un des vôtres. Par contre, si vous avez toujours besoin d'établir un contact continu et profond avec des animaux pour vous sentir bien psychologiquement et spirituellement, c'est que cet archétype vous convient.

FILMS : Elizabeth Taylor dans *National Velvet (Le Grand National)* ; Anna Paquin dans *Fly Away Home (L'envolée sauvage)* ; Claude Jarman dans *The Yearling (Jody et le faon)* ; Kelly Reno dans *The Black Stallion (L'étalon noir)* ; Tommy Kirk dans *Old Yeller (Le fidèle vagabond)* ; Jean-Pierre Cargol dans *L'enfant sauvage*.

TÉLÉVISION : *Rintintin* ; *Flipper* ; *Mon Amie Flicka* ; *Lassie*.

ROMANS : *Tarzan, seigneur de la jungle* d'Edgar Rice Burroughs.

Chansons : *Nature Boy*.

RELIGIONS OU MYTHES : Perséphone (dans la mythologie grecque,

fille de Déméter enlevée par Hadès et associée aux cycles de croissance et des récoltes) ; saint François d'Assise (frère catholique
réputé pour avoir su parler aux animaux).

Enfant divin

L'Enfant divin est étroitement lié à l'enfant Innocent et à l'Enfant
magique, mais se distingue de l'un comme de l'autre par sa mission
rédemptrice. L'Enfant divin a également une résonance historique qui lui
est propre. Au début de l'Ère des Poissons, il y a 2 000 ans, fut introduit
l'archétype de la Famille divine. Cette structure comprenant le Père, la
Mère et l'Enfant divin (Dieu le Père, Marie et Jésus) fut préfigurée, en
quelque sorte, dans la mythologie égyptienne ancienne par Osiris, Isis et
leur fils Horus, mais ceux-ci ne partageaient pas l'union chaleureuse d'a-
mour et de divinité que développait le thème chrétien. L'Enfant divin est
associé à l'innocence, à la pureté et à la rédemption, qualités divines qui
suggèrent que l'Enfant profite d'une union particulière dans le Divin
même. Toutefois, peu de gens sont enclins à choisir l'Enfant divin comme
archétype dominant d'Enfant, car ils ont de la difficulté à reconnaître
qu'ils pourraient vivre continuellement dans l'innocence divine. Et pourtant, la divinité est aussi un point de référence de notre âme, auquel on
peut recourir dans un processus de choix.

On peut également tenir pour acquis que tout ce qui est divin ne peut
avoir d'aspect ombre, mais ce n'est pas réaliste. L'ombre de cet archétype
se manifeste sous la forme d'une incapacité à se défendre contre les forces
négatives. Même les dieux mythiques et la plupart des maîtres spirituels (y
compris Jésus, qui est le modèle de l'Enfant divin pour la tradition chrétienne) ont simultanément exprimé de la colère et de la force divine lorsqu'ils affrontaient ceux qui prétendaient représenter le ciel tout en étant
injustes, arrogants ou autrement destructeurs (songez à la colère de Jésus
contre les vendeurs du Temple). Évaluez votre engagement envers cet
archétype en vous demandant si vous voyez la vie à travers les yeux d'un
Dieu (ou d'une Déesse) confiant et bienveillant, ou si vous avez tendance à réagir initialement par la peur d'être blessé ou par un désir de blesser
les autres.

FILMS : Terence Stamp dans *Billy Budd* ; personnage du jeune Dalaï
Lama dans *Kundun* ; personnage du jeune Pu Yi dans *The Last
Emperor (Le dernier empereur)* ; Alex Wiesendanger dans *Little
Buddha (Petit Bouddha)*.

RELIGIONS OU MYTHES : Horus (dans la mythologie égyptienne, le fils
divin d'Isis et d'Osiris); Siddharta Gautama (selon la légende, le
futur Bouddha naquit en proclamant que son cycle de renaissances
était sur le point de prendre fin) ; l'Enfant de Prague (statue de
Jésus enfant, couvert d'habits royaux et portant une couronne, originaire de la Tchécoslovaquie du XVIIe siècle) ; Démophon (dans
la mythologie grecque, le fils de Métanira, reine d'Éleusis, qui fut
élevé en tant qu'être divin par Déméter); Balakrishna (la forme
enfantine de Krishna dans la mythologie hindoue) ; Suitengu
(enfant dieu japonais de la mer).

Enfant éternel : *Puer/Puella Æternis*

Les aspects positifs de cet archétype s'expriment par la détermination à rester éternellement jeune de corps, d'esprit et d'âme. Les gens qui insistent pour dire que l'âge ne les empêchera jamais d'apprécier la vie et qui entretiennent ainsi une saine attitude sont ceux qui se basent sur l'énergie positive de cet archétype. L'ombre de l'Enfant éternel se manifeste souvent sous la forme d'une incapacité à grandir et à accepter les responsabilités de l'adulte. Comme Peter Pan, ces gens éprouvent de la difficulté à quitter l'adolescence pour entrer dans l'âge adulte. Chez les femmes, cette ombre se reconnaît à l'extrême dépendance dont elles font preuve face à ceux qui se chargent de leur sécurité matérielle. Cette ombre se reconnaît aussi à l'inconstance persistante et au refus de vieillir. Bien que peu de gens aiment vraiment vieillir, l'Enfant Éternel patauge sans attaches entre les phases de la vie parce qu'il n'a pas établi les fondations lui permettant de fonctionner adéquatement comme un adulte.

FILMS : *Big* avec Tom Hanks ; Pee Wee Herman dans *Pee Wee's Big Adventure (Pee Wee et sa précieuse bicyclette)*; Carroll Baker dans *Baby Doll* ; Thomas Hulce dans *Dominic and Eugene* et *Amadeus* (rôle de Mozart).

CONTES DE FÉE : *Peter Pan.*

RELIGIONS OU MYTHES : Cupidon (dieu enfant de la mythologie romaine que l'on dit être né dans un œuf d'argent) ; Harpa-Khruti (Horus l'Enfant) ; Harpocrate (dieu du silence et du secret du monde gréco-romain, représenté par un enfant nu suçant son pouce).

Circé : voir Femme fatale.

Clown (Bouffon, Fou, Simple d'esprit)
L'archétype du Clown comporte trois grandes caractéristiques : faire rire, faire pleurer et porter un masque qui cache les émotions du protagoniste. Le Clown est en général de sexe masculin, très peu de femmes tiennent ce rôle dans la littérature ou au théâtre. Ceci s'explique très bien par la mentalité qui associe la faiblesse et la perte de contrôle à l'expression des émotions chez l'homme. C'est pour cette raison que l'homme doit porter un masque, qui représente souvent un visage qui pleure. Le Clown reflète les émotions de la foule et fait rire son public en faisant la satire des éléments qui les concernent collectivement ou en mimant des absurdités sociales. En général, les messages transmis par l'humour du Clown sont profondément sérieux et critiquent l'hypocrisie individuelle ou sociale. En raison de son masque, le Clown a bien entendu la permission de dépasser les limites socialement acceptables et d'exprimer ce que les gens aimeraient bien dire ou faire, mais n'osent pas.

Le Bouffon ou le Fou (du roi) est le Clown manifesté à la Cour. Étant donné que personne ne peut prendre au sérieux un fou, ce dernier est accepté dans les cercles les plus puissants. Alors qu'il amuse le roi de ses comportements choquants, le Fou passe en réalité des messages que le roi écoute. Les satiristes politiques ont souvent en eux un fort archétype de Bouffon et révèlent les motivations cachées des hauts dignitaires de la nation d'une façon qui leur garantit l'immunité, alors que d'autres seraient punis pour les mêmes écarts.

Proche du Fou, on trouve le Simple d'esprit, ce personnage de conte de fée qui, même s'il est souvent un peu simplet, agit avec cœur et en est récompensé. Des films comme *Forrest Gump*, entre autres, mettent en valeur cet archétype qui entretient l'esprit de bienveillance et de simplicité plutôt que de sagesse.

L'ombre du Clown ou du Fou s'exprime par la cruauté, la moquerie ou la trahison, en particulier l'indiscrétion à propos des confidences faites dans le cadre de cercles fermés.

Lorsque vous évaluez votre lien avec cet archétype, ne perdez pas de vue l'humour associé au pouvoir. Étant donné que nous sommes tous plus ou moins enclins au badinage, il vous faudra trouver chez vous un comportement qui, dans ce sens, vous assure protection et survie personnelles. Pour distinguer le Clown du Fou, il est bon de noter que le Fou évolue surtout dans l'arène politique, alors que le Clown traduit davantage des attitudes de la vie privée. Essayez de déterminer si « faire le clown » est votre principal moyen d'exprimer des émotions, et pas seulement un jeu. Demandez-vous également si, à l'instar du Fou, vous révélez la vérité aux cercles ou aux esprits fermés.

FILMS : Danny Kaye dans *The Court Jester* (*Le bouffon du roi*); Buster Keaton dans *The Navigator* (*La croisière du navigateur*), *Sherlock Jr* et *The General* (*Le mécano de la Générale*) avec Buster Keaton ; Charlie Chaplin dans *The Circus* (*Le cirque*) et *Gold Rush* (*La ruée vers l'or*) ; Giulietta Masina dans *La Strada* ; Barbra Streisand dans *What's Up, Doc?* (*On s'fait la valise, docteur?*) ; Renée Zellweger dans *Nurse Betty* ; Woody Allen dans *Zelig*.

THÉÂTRE : *La Gifle* de Maxime Gorki.

OPÉRA : *I Pagliacci* de Leoncavallo.

LITTÉRATURE : *Don Quichotte* de Miguel de Cervantès ; *Gimpel the Fool* d'Isaac Bashevis Singer ; *Holy Fools and Mad Hatters* d'Edward Hays ; *The Autobiography of Henry VIII with notes by his Fool, Will Somers* de Margaret George.

RELIGIONS OU MYTHES : Mullah Nasr Eddin Hodja (personnage soufi en Égypte, Iran et Turquie, mi-saint et mi-fou, qui agit comme un nigaud pour enseigner la sagesse) ; Sire Dagonet (fou du roi Arthur qui fut fait chevalier pour blaguer, mais qui brillait aussi dans les tournois) ; Heyoka (dans la tradition des Sioux Lakota, quelqu'un qui fait les choses à l'envers pour apprendre aux gens à ne pas se prendre trop au sérieux) ; Coyote (dans la tradition amérindienne).

Communicateur : voir *Networker*.

Compagnon (Ami, Acolyte, Bras droit, Condisciple, Copain)
Les qualités de l'Acolyte (loyauté, ténacité et altruisme) représentent les aspects positifs de cet archétype. Symboliquement, le Compagnon offre un service à une personnalité qui est souvent d'une nature plus forte que lui ou qui joue un rôle de notoriété dans la vie. Les secrétaires et les assistants à la direction sont les exemples parfaits de Bras droits, puisqu'ils prennent soin des détails quotidiens. Il se peut que vous ayez en vous ce Compagnon qui permette à un autre archétype de se concentrer sur votre

mission. En général, les Compagnons sont associés davantage à l'entraide sur le plan émotif que sur le plan sexuel. Les amitiés platoniques correspondent donc à cet archétype.

La trahison est l'exemple typique de l'ombre de cet archétype, geste qui endommage l'âme.

FILMS : Eve Arden dans *Mildred Pierce* (*Le roman de Mildred Pierce*), *The Lady Takes a Sailor* (*Amour en plongée*) et *The Kid from Brooklyn* ; Frank Sinatra et Montgomery Cliff dans *From Here to Eternity* (*Tant qu'il y aura des hommes*) ; Susan Sarandon et Geena Davis dans *Thelma and Louise* (*Thelma et Louise*).

TÉLÉVISION : *Mon amie Flicka* ; *Lassie*.

ROMANS : *Les Aventures de Sherlock Holmes* (le Dr Watson) d'Arthur Conan Doyle.

THÉÂTRE : Iago dans *Othello* de Shakespeare (ombre).

RELIGIONS OU MYTHES : Damon et Pythias (dans la tradition chrétienne, deux jeunes hommes dont la loyauté l'un envers l'autre leur valut la liberté après la condamnation à mort de Pythias) ; Enkidu (compagnon créé par les dieux pour Gilgamesh, et homme simple qui s'avéra le choix parfait pour le divin roi héroïque ; Eris (déesse grecque du conflit et compagne permanente du dieu de la guerre Arès) ; Apis (taureau sacré adoré dans l'Égypte ancienne et compagnon du dieu créateur Ptah) ; Nike (déesse grecque de la victoire et compagne d'Athéna, déesse de la sagesse et de la guerre).

Arnaqueur : voir Voleur.

Époux : voir Compagnon.

Consommateur compulsif : voir Drogué.

Copiste : voir Scribe.

Conseiller : voir Mentor.

Messager : voir Networker.

Fou du roi : voir Clown.

Lâche : voir Brute.

Artisan : voir Artiste.

Policier engagé dans la lutte contre le crime : voir Guerrier.

Critique : voir Juge.

Vieille Femme : voir Guide.

Jouvencelle (Princesse)
La Jouvencelle en détresse est probablement le plus ancien archétype

féminin de toute la littérature et du cinéma. Toujours belle et vulnérable, elle a besoin d'être sauvée (par un Chevalier) et somptueusement prise en charge. Lorsqu'elle est déçue, la Jouvencelle doit passer par un processus de prise de pouvoir personnel et apprendre à se rendre responsable d'elle-même dans le monde. L'ombre de cet archétype veut que soient disséminés à tort des préjugés de vieux patriarches sur la nature soi-disant faible des femmes, préjugés qui les convainquent qu'elles sont impuissantes et ont besoin de protection. Évidemment, ceci fait que les femmes s'attendent à ce que quelqu'un d'autre se batte pour elles pendant qu'elles patientent, belles, dévouées et à l'abri, dans un château. Bien des femmes espèrent encore épouser un homme qui leur offrira monts et merveilles et qui prendra soin d'elles. Et certains hommes sont éduqués dans cette perspective (voir Prince ou Chevalier).

C'est la peur de la Jouvencelle qui scelle la relation entre elle et le Chevalier. C'est aussi cette peur qui détruit la relation quand le Prince ou le Chevalier vieillit et compte sur une Princesse éternellement jeune à sa disposition. Inévitablement, la Princesse vieillit, même si elle reste impuissante. Par contre, elle s'intéresse davantage au monde extérieur, développe ses talents et refuse un tel lien de dépendance. D'une façon comme d'une autre, la plupart des relations Princesse-Prince se transforment ou échouent. La Princesse et la Jouvencelle doivent au bout du compte apprendre à mener leurs propres batailles et à devenir des Reines.

On associe plus souvent la Princesse à la romance qu'à la détresse. La Princesse attend le Chevalier, digne de sa beauté et de son rang, qui l'emmènera non pas dans un château, mais dans un palais. Les châteaux où les Jouvencelles sont logées possèdent des prisons, des murs de pierre froids, des ponts-levis et des douves. Les palais sont merveilleusement beaux et enchanteurs. On les associe aux salles de bal et à l'élégance. L'expression commune « la petite princesse à son papa » (à forte connotation archétypale), sous-entend que le père adore sa fille et l'élève dans la beauté et l'abondance. Il n'existe pas d'expression comme « la petite jouvencelle en détresse à son papa » ! Par contre, la Princesse et la Jouvencelle intègrent toutes deux ce sentiment d'impuissance et aspirent à la rencontre du Chevalier sans lequel elles sont désarmées. Le défi inhérent à ces archétypes consiste à faire pour vous ce que vous attendez du Chevalier c'est-à-dire pourvoir à vos besoins et vous protéger.

Employé à la légère, le terme de Princesse comporte des connotations antiféministes condamnant les femmes trop exigeantes, comme dans le cas de la « Jewish American Princess » et l'histoire de *La princesse au petit pois*. Même lorsqu'il est utilisé positivement, le terme peut dénoter un caractère rêveur, insipide ou capricieux. Le rôle d'une véritable princesse consiste cependant à se préoccuper du bien-être d'autrui, pas de son confort et de ses fantaisies. En Asie, les contes sur les Princesses intelligentes et dégourdies abondent, ainsi que les conflits entre diverses écoles d'arts martiaux (comme dans le film d'Ang Lee, *Tigre et dragon*). Il suffit de penser à Shéhérazade qui épousa le sultan qui avait décidé de faire tuer toutes ses épouses au lever du jour. Elle l'avait séduit en lui racontant des histoires pendant mille et une nuits, jusqu'à ce qu'il décide d'annuler son décret et d'épargner ainsi toutes ses femmes.

Lorsque vous évaluez la nature de votre lien à ces archétypes, passez en revue tous vos rêves de petite fille et notez vos aspirations d'alors en ce qui concerne l'homme de votre vie. Attendiez-vous consciemment ou inconsciemment l'arrivée de votre Chevalier ? Pensiez-vous ou agissiez-vous comme la Jouvencelle qui attend d'être tirée de son donjon ? Si, actuellement, vous devez composer avec les conséquences d'une rupture, estimez-vous qu'elle résulte des désirs insatisfaits de la Jouvencelle déçue ?

FILMS : Pearl White dans *The Perils of Pauline* (films muets) ; Fay Wray dans *King Kong* ; Betty Hutton dans *The Perils of Pauline* ; Jean Simmons dans *Young Bess* ; Robin Wright dans *Princess Bride* ; Carrie Fisher dans le rôle de la princesse Leia dans *Star Wars* (trilogie) ; Ingrid Bergman dans *Anastasia* ; Gwyneth Paltrow dans *Shakespeare in Love* (*Shakespeare et Juliette*) ; Kate Winslet dans *Titanic* ; Jeff Daniels dans *Something Wild* (*Dangereuse sous tous rapports*).

ROMANS : *Autant en emporte le vent* de Margaret Mitchell ; *Emma* de Jane Austen.

CONTES DE FÉE : *Blanche-Neige*, *La Belle au bois dormant*, *Rapuntzel*, *Cendrillon*.

RELIGIONS OU MYTHES : Ko-no-Hana (selon la croyance Shinto, princesse japonaise fleurie qui symbolise les aspects délicats de la vie terrestre) ; Io (dans la mythologie grecque, princesse et fille d'un dieu-rivière qui est sans cesse l'objet de luxure de Zeus) ; Aigiarn (princesse forte et vaillante, fille du roi mongol Kaïdu, qui s'est offerte en mariage au prétendant qui la terrasserait, mais devrait lui donner un cheval si elle gagnait. Elle ne se maria jamais et gagna dix mille chevaux).

Protecteur : voir Défenseur.

Destructeur (Attila, Savant fou, Tueur en série, Pilleur)
La destruction et la reconstruction évoquent le cycle de la mort et de la renaissance. Il faut que les systèmes et les structures soient démantelées pour qu'une vie nouvelle voit le jour. Toutes les traditions ont en commun des mythes et des légendes sur les dieux et déesses qui provoquent la destruction sur Terre. Yahvé détruisit le monde par le Déluge et fit pleuvoir le feu et le soufre sur Sodome et Gomorrhe. Dans la tradition hindoue, la déesse Kâli, représentée en général avec une ceinture faite de bras coupés et un collier de crânes humains, représente le pouvoir positif de destruction qui élimine l'ignorance et maintient l'ordre dans le monde. Le dieu Shiva, contrepartie masculine de Kâli, détruit pour créer.

La pulsion de création et de reconstruction est d'ordre archétypal. Nous nous inscrivons dans ce cycle d'apprentissage. La destruction renvoie également à ce qui nous détruit et dont nous devons nous débarrasser. C'est pour cela que tant de thérapeutes et de guérisseurs jouent le rôle du Destructeur puisqu'ils aident les autres à se défaire d'émotions ou de comportements dévastateurs. La force inhérente à la destruction positive libère et guérit beaucoup.

En ce qui concerne l'ombre de cet archétype, la destruction devient une fin en soi et le Destructeur s'enivre de son pouvoir, dont il dépend. Le Destructeur provoque la mort, la folie et l'abus, tant pour les individus que pour les groupes. Cet archétype peut se manifester sous la forme d'une nation qui détruit d'autres nations ou de gens qui détruisent l'environnement. Pour déterminer si cet archétype fait partie de votre groupe de douze, vous devez isoler dans votre psyché des tendances à détruire des relations ou à adopter des attitudes et à émettre des opinions qui anéantissent les rêves ou le potentiel d'autrui.

FILMS : Jack Palance dans *The Sign of the Pagan* (*Le signe du païen*) ; William Holden dans *The Wild Bunch* (*La horde sauvage*) ; Anthony Hopkins dans *Silence of the Lambs* (*Le silence des agneaux*) ; Ralph Fiennes dans *Schindler's List* (*La liste de Schindler*); Richard Baseheart dans *Hitler*.

RELIGIONS OU MYTHES : Ahriman (dans la religion de Zarathushtra, l'éternel destructeur du bien, personnification du mal et semeur de mort et de maladies) ; Kalki (selon la croyance hindoue, incarnation ultime de Vishnu, qui descend du ciel sur un destroyer blanc pour anéantir les méchants, renouveler le monde et restaurer la droiture) ; Érinyes ou Furies (déesses grecques de la vengeance qui pourchassent et persécutent quiconque a tué un parent, un frère ou un compagnon) ; les Quatre cavaliers de l'Apocalypse (personnages allégoriques dans le Livre des Révélations du Nouveau Testament ou Apocalypse, qui symbolisent la guerre, la peste, la famine et la mort).

Détective (Espion, Agent double, Limier, Fureteur, Sherlock Holmes, Détective privé, Journaliste d'enquête – voir aussi Guerrier, Policier chargé de la lutte contre le crime)

Parmi les caractéristiques positives du Détective figure l'habileté à dénicher les connaissances et les informations qui aident à éclaircir des crimes et à protéger le public. Les détectives possèdent de grands pouvoirs d'observation, combinés à une très grande intuition. Alors que le Détective opère en public et qu'il est respecté (l'enquêteur moderne), l'Espion en mission est beaucoup plus associé aux gestes subreptices et illégaux posés pour soutirer de l'information secrète concernant la politique, les affaires ou la sécurité nationale. Notre attitude envers les espions dépend du parti qu'ils prennent. Bien des Américains considèrent Gary Powers comme un héros, mais l'agent double Robert Hansson et l'agent secret britannique et espion russe Kim Philby comme des traîtres.

L'ombre de ces archétypes se manifeste sous la forme de voyeurisme, de falsification de documents ou de vente au plus offrant. Les parents qui « espionnent » leurs enfants avec la « bonne intention » de découvrir si ces derniers prennent de la drogue ou s'adonnent à des jeux sexuels, flirtent tout de même avec l'ombre du Détective.

FILMS : Humphrey Bogart dans *The Maltese Falcon* (*Le faucon maltais*) et *Le grand sommeil* (*The Big Sleep*) ; Richard Burton dans *L'espion qui venait du froid* (*The Spy Who Came From the Cold*) ; Kelly McGillis et Jeff Daniels dans *The House on Carroll Street* (*Une femme en péril*) ; Kathleen Turner dans *V. I. Warshawski* ; Laurence Olivier dans *Sleuth* (*Le limier*) ; et tous les films de James Bond, Sherlock Holmes ou Charlie Chan.

FICTION : Sir Arthur Conan Doyle ; Dashiell Hammett ; Agatha

Christie ; Rex Stout ; Tom Clancy ; John le Carré.

TÉLÉVISION : *I Spy, Magnum P.I.*

RELIGIONS OU MYTHES : Sinon (dans la tradition grecque, espion qui gagna la confiance des Troyens en prétendant avoir déserté de l'armée grecque et qui les convainquit de laisser entrer dans leurs murs le cheval de bois, ce qui les a conduits à leur défaite).

Explorateur de la spiritualité : voir Étudiant.

Dilettante (Amateur)

D'une racine latine qui signifie « délectation », le Dilettante est un amoureux des beaux-arts qui ne dépasse pas l'amateurisme, et à qui s'applique l'expression « touche-à-tout ». Bien que le mot ait la connotation négative, celle de l'amateur qui ne recherche qu'une connaissance ou expérience sommaire, il ne perd jamais complètement son sens d'amoureux des arts. L'Amateur, de la racine latine « aimer », possède nombre des mêmes qualités que le Dilettante, telles qu'elles sont attribuées au domaine des sports ou des arts appliqués, comme la cuisine et le jardinage. Dans bien des cas, il vaut mieux être un amateur inspiré qu'un professionnel ennuyeux. Comme les archétypes de survie, le Dilettante ou l'Amateur peut vous alerter lorsque vous êtes en danger de devenir tout simplement superficiel dans vos poursuites ou de perdre l'amour qui vous a attiré au départ vers votre vocation.

L'aspect ombre du Dilettante se manifeste sous la forme d'une prétention à une connaissance beaucoup plus profonde que celle que vous possédez vraiment.

FILMS : Catherine Frot dans *La dilettante* ; Carol Channing dans *Thoroughly Modern Millie* ; Liza Minnelli dans *Cabaret* ; Spring Byington dans *You Can't Take It with You* ; Hermione Gingold dans *The Music Man* ; John Savage dans *The Amateur* ; Henry Fonda dans *The Lady Eve* (*Un cœur pris au piège*) (Amateur).

ROMANS : *Dodsworth* de Sinclair Lewis ; *Le dilettante* d'Edith Wharton.

Diplomate : voir Médiateur.

Disciple : voir Étudiant.

Don Juan (Casanova, Gigolo, Séducteur, Charmeur, Obsédé sexuel)

L'énergie sexuelle confère un grand pouvoir lorsqu'elle est bien canalisée. Tout comme la Femme fatale, le Don Juan est un archétype qui peut nous amener à prendre conscience de notre propension à tomber dans des clichés sexuels en nous servant de la force du désir et des jeux amoureux. Bien que cet archétype soit associé à la sensualité et la sophistication, il n'en représente pas moins un homme qui fait sa proie des femmes au seul nom de la conquête. La compulsion sexuelle ne concerne pas le sexe, mais le besoin de domination. Le Don Juan donne l'impression que toutes les femmes ont besoin de lui beaucoup plus qu'il n'a pas besoin d'elles, et qu'il est insensible à leurs charmes.

L'aspect positif de cet archétype concerne sa vulnérabilité sous-jacente et sa capacité à ouvrir grand son cœur à un amour profond. Ainsi que le racontent bien des histoires, le Gigolo qui trouve chaussure à son pied trouve aussi l'âme-sœur. Par contre, la personne rencontrée doit être émotionnellement autonome et dotée d'une estime de soi suffisante pour l'empêcher de tomber dans les filets manipulateurs de l'autre.

FILMS : Warren Beatty dans *Shampoo* ; Richard Gere dans *American Gigolo* ; Donald Sutherland dans *Casanova* ; Michael Caine dans *Alfie* ; Johnny Depp dans *Don Juan de Marco* ; Jude Law dans *A.I.*

ROMANS : *Jours tranquilles à Clichy* de Henry Miller.

RELIGIONS OU MYTHES : Satyre (dans la mythologie grecque, une créature avec une tête d'homme et un corps de bouc ; il boit, danse et pourchasse les nymphes. La version romaine de ce personnage est le faune, et la version slave, le Ljeschi) ; Priape (dieu gréco-romain des jardins affublé d'organes génitaux énormes) ; Aka Manah (personnification du désir sensuel dans le zoroastrisme).

Agent double : voir Détective

Dramaturge : voir Artiste.

Rêveur : voir Visionnaire.

Poupée ventriloque : voir Clown.

Empereur : voir Roi.

Impératrice : voir Reine.

Enchanteresse : voir Femme fatale.

Ingénieur (Architecte, Maître d'œuvre, Concepteur)
L'Ingénieur est éminemment inventif, impliqué et axé sur l'efficacité. Il émane de lui un esprit terre à terre, ordonné et stratégique qui sait transformer l'énergie créative en une manifestation concrète. Cet archétype apparaît également comme un talent qui permet de composer avec les situations quotidiennes ou imaginer des solutions à des ennuis courants. L'ombre de l'Ingénieur se manifeste sous la forme du manipulateur extrême qui conçoit et manigance à son profit, sans tenir compte des besoins et des désirs des autres.

FILMS : Alec Guinness dans *Bridge over the River Kwai* (*Le pont de la rivière Kwaï*) ; Gary Cooper dans *The Fountainhead* (*Le rebelle*) ; Jeff Bridges dans *Tucker*.

PIÈCES DE THÉÂTRE : *Solness le constructeur* de Henrik Ibsen.

RELIGIONS OU MYTHES : Elen (femme de la mythologie galloise, premier ingénieur routier, qui protégea ses terres en créant magiquement des routes afin que ses soldats puissent les défendre) ; Amenhotep (architecte de l'Antiquité égyptienne qui fut par la suite vénéré en tant que dieu de la construction) ; Dédale (grand architecte crétois de la mythologie grecque qui construisit le Labyrinthe pour le Minotaure, y fut plus tard emprisonné et s'en échappa en confectionnant des ailes de plumes et de cire pour lui et son fils, Icare.).

Écologiste : voir Défenseur.

Évangéliste : voir Guide.

Examinateur : voir Juge.

Exorciste (Chamane)
Cette habilité à faire face au mal (possession ou pulsions destructrices ou antisociales chez soi et les autres) est aussi précieuse de nos jours qu'elle l'était à l'époque de Jésus, ce grand exorciste. Les spécialistes modernes de la Bible prétendent que les démons que Jésus chassait ont possiblement été des formes de dérangements de la psyché. Nous pouvons donc considérer nos démons intérieurs comme des forces hors de notre contrôle. Les chamanes effectuent des rituels pour que les esprits négatifs quittent l'âme d'une personne. Pour inclure cet archétype dans votre groupe il faut absolument que vous exorcisiez depuis longtemps des personnes, des groupes ou des sociétés.
L'ombre de cet archétype s'attaque au mal chez les autres sans avoir le courage d'affronter ses propres démons.
FILMS : Jason Miller dans *The Exorcist (L'exorciste)* ; Bruce Willis dans *The Sixth Sense (Le sixième sens)*.
RELIGIONS OU MYTHES : Shoki (dieu shintoïste de l'après-vie et de l'exorcisme) ; Zhong-kui (dieu taoïste de l'après-vie et de l'exorcisme).

Explorateur : voir Pionnier.

Fée-marraine : voir Ange.

Père (Patriarche, Géniteur, Parent)
Chez cet archétype, il y a combinaison du don de créer ou d'initier et de la facilité à superviser les autres, que ce soit dans la famille ou dans un groupe. Bien que le Père ait des connotations négatives provenant historiquement du paternalisme et de la dominance masculine, il ne faut surtout pas perdre de vue ses caractéristiques principales, le courage et l'attitude protectrice (pensez à Abraham qui quitte la demeure de ses ancêtres pour fonder une nouvelle race dans un nouveau pays). Un vrai Père guide et protège ceux qui sont sous sa garde, sacrifiant ses propres désirs lorsque c'est nécessaire. L'ombre du Père se manifeste quand ses soins et sa protection se transforment en domination dictatoriale ou en abus d'autorité.
Il ne suffit pas d'être un père biologique ni un homme de famille pour faire de cet archétype l'un des vôtres. Vous devrez pour cela découvrir votre filiation au rôle de patriarche dans la famille, quelle que soit votre conception de la famille.
FILMS : William Powell dans *Life with Father (Mon père et nous)* ; Spencer Tracy dans *Father of the Bride (Le père de la mariée)* ; Dustin Hoffman dans *Kramer vs Kramer* ; Gregory Peck dans *To Kill a*

Mockingbird (Du silence et des ombres) ; Lamberto Maggiorani dans *The Bicycle Thief (Le voleur de bicyclette)* ; Raymonde Massey dans *East of Eden (À l'est d'Eden)*.

TÉLÉVISION : *Papa a raison* avec Robert Young ; *Mes trois fils* avec Fred McMurray.

ROMANS : *All the Way Home* de James Agee.

RELIGIONS OU MYTHES : Les plus vieilles cultures avaient au minimum un dieu Père, habituellement associé au ciel et jouant le rôle de créateur et de patriarche : Zeus et Uranus (Grèce), Jupiter (Rome), Indra et Brahma (Inde), « l'empereur de Jade » (Chine), Izanagi (Japon), Râ et Ptah (Égypte) et Olorun et Obatala (Afrique).

Femme fatale (Veuve noire, Circé, Séductrice, Enchanteresse, Sirène, Séductrice, Vamp, Nymphette)

À la contrepartie féminine de Don Juan s'ajoute parfois un élément qui veut que celle-ci tue sa conquête pour exprimer sa capacité à dominer, ceci venant inverser les stéréotypes sexuels conventionnels. Comme c'est le cas pour Don Juan, la Femme fatale est dotée de très grands talents de manipulation, sans implication émotionnelle de sa part. La Femme fatale est un archétype sur le plan de la sexualité et de l'argent, qu'elle soit attirée par le pouvoir ou qu'elle y baigne déjà. La séduction des hommes avec l'argent et le pouvoir par besoin de domination et de survie fait intrinsèquement partie de cet archétype. La Femme fatale ne cherche cependant pas à s'établir dans une belle maison ni dans les plaisirs de la vie familiale.

Comme c'est aussi le cas avec le Don Juan, l'aspect positif de cet archétype est l'ouverture du cœur, qui se produit souvent lorsque l'objet mâle convoité refuse les manipulations et la dépendance envers la Femme fatale, comme le fit Rhett Butler avec Scarlett O'Hara à la fin du film *Autant en emporte le vent*.

FILMS : Barabara Stanwyck dans *Double Indemnity* ; Linda Fiorentino dans *The Last Seduction* ; Theresa Russell dans *Black Widow (La veuve noire)* ; Marilyn Monroe et Jane Russell dans *Gentlemen Prefer Blondes (Les hommes préfèrent les blondes)* ; Kathleen Turner dans *Body Heat* ; Elizabeth Taylor dans *Cleopatra (Cléopâtre)*.

ROMANS : *Le facteur sonne toujours deux fois* de James M. Cain.

RELIGIONS OU MYTHES : Circé (sorcière et séductrice de la mythologie grecque qui, de sa baguette magique, pouvait transformer les hommes en cochons) ; femme de Potiphar (personnage de la bible hébraïque, dénommée Zeleikha dans la tradition islamique, qui fit jeter Joseph en prison après avoir échoué à le séduire) ; Tapairu (nymphes polynésiennes vivant dans les eaux qui mènent aux enfers ; déesse de la mort se servant des eaux pour attirer les hommes loin des terres) ; Lorelei (belle jeune fille de la mythologie teutonique qui se noya après avoir été repoussée par son amant et se transforma plus tard en sirène dont le chant enchanteur attirait les marins vers la mort).

Dragueuse : voir Femme fatale.

Disciple : voir Étudiant.

Fou : voir Clown.

Ami : voir Compagnon.

Joueur

Le Joueur est un preneur de risques qui tente sa chance à tout prix. Cet archétype comporte beaucoup plus de caractéristiques (drogués, gens d'affaires et cambistes) que ce que l'on pense habituellement (joueurs de cartes et parieurs dans les courses). Le Joueur est également très présent chez ceux qui prennent des risques, en politique et dans d'autres domaines d'activités sociales, qui se résument à jouer avec la réputation personnelle. Considéré sur le plan énergétique, le pari ou le jeu sont des tentatives de dépassement du rythme habituel du changement. Gagner une grosse somme d'argent au casino ou à la loterie est une expérience spectaculaire pas seulement à cause de l'argent, mais aussi du point de vue de la compression du temps. Ce qui est dramatique à vouloir défier les hasards, c'est le blocage psychique, la fixation.

L'aspect positif de cet archétype se manifeste lorsqu'on a confiance en son instinct et qu'on suit son intuition, même si les autres sont sceptiques. Que ce soit dans l'immobilier ou la recherche scientifique, l'intuition a toujours porté fruit. Pour déterminer si cet archétype est l'un des vôtres, observez si vous savez écouter votre intuition et ce que les autres pourraient qualifier de risqué. Demandez-vous quel est le nombre de vos décisions fondées sur l'instinct plutôt que sur les faits et les chiffres.

Votre rapport avec cet archétype s'évalue aussi en fonction de vos compulsions. Certaines personnes ont une obsession à vouloir gagner à la loterie, au casino ou dans des structures pyramidales. Elles dépenseront peu d'argent comparativement aux joueurs professionnels, mais se concentreront tout le temps pour trouver des façons de mettre les chances de leur côté. Un dérivé de cette attitude apparaît dans les relations lorsque vous cherchez des échappatoires au lieu de faire des efforts sur le plan psychologique.

FILMS : Steve McQueen dans *The Cincinnati Kid* (*Le kid de Cincinnati*) (ombre) ; Paul Newman, Jackie Gleason et George C. Scott (ombre) dans *The Hustler* (*L'arnaqueur*) ; Woody Harrelson et Wesley Snipes dans *White Men Can't Jump* (*Les Blancs ne savent pas sauter*) ; Roger Duchesne dans *Bob le flambeur*.

ROMANS : *Le Joueur* de Dostoïevski.

RELIGIONS OU MYTHES : Jason et Ulysse (personnages héroïques de légendes grecques qui ont misé le tout pour le tout sans peur, risquant leur vie pour atteindre leur but) ; Cunawabi (personnage amérindien, connu comme joueur, qui entreprend de nombreuses aventures risquées et entraîne obscurité et maladie dans son sillage).

Gigolo : voir Don Juan.

Glouton : voir Drogué.

Intermédiaire : voir Médiateur.

Dieu (Adonis – Voir aussi Héros)
Grande puissance terrestre ou grand spécimen physique, l'archétype de Dieu représente ce qu'il y a d'ultime sur le plan de la domination masculine. Du côté positif, un Dieu peut s'avérer bienveillant et compatissant, disposé qu'il est à se servir de ses pouvoirs pour aider les autres par amour de l'humanité. L'ombre de cet archétype sombre facilement dans la dictature ou le despotisme, opprimant les autres avec ces mêmes pouvoirs ou se servant de son attrait physique pour obtenir ce qu'il veut sans jamais rendre l'affection qu'il arrache aux autres. Pour faire de cet archétype l'un des vôtres, il faut que vous ayez utilisé tout au long de votre vie un grand pouvoir, soit de façon égoïste, soit de façon altruiste.

Il se peut que vous ressentiez une attirance particulière envers une déité ou une autre. En voici quelques-unes du panthéon grécoromain : Zeus ou Jupiter, dieu le père, chef du panthéon ; Dionysos ou Bacchus, dieu du vin et des festivités ; Arès ou Mars, dieu de la guerre ; Poséidon ou Neptune, dieu des mers ; Hadès ou Pluton, dieu de la mort et des enfers.

FILMS : Marlon Brando dans *The Godfather (Le parrain)* (trilogie).

RELIGIONS OU MYTHES : Comme l'archétype chez l'humain, les dieux mythiques et religieux se retrouvent dans toute une gamme de déités bienveillantes ou malveillantes. En plus de ceux nommés ci-dessus, on pourrait ajouter ceux-ci : Yahvé (hébreu) ; Shiva. Vishnu, Brahma, Indra (hindous) ; Allah (musulman) ; Râ, Osiris et Ptah (égyptiens) ; Baal (cananéeen) ; Marduk et Ishtar (babyloniens) ; Quetzalcoatl et Tezcatlipoca (aztèques) ; Enlil et Dumuzi (sumériens) ; Osun et Olokun (yorubas) ; Wakan Tanka (amérindien).

Déesse (voir aussi Héros, Héroïne)
L'adoration de la Déesse est probablement la plus ancienne tradition religieuse, que certains archéologues situent à trente mille ans. Il était assurément naturel de vénérer l'archétype de la femme comme source de toute vie, en particulier avant l'époque où les hommes-guerriers la remplacèrent par leurs dieux célestes combattants. L'association entre la fertilité et des attributs sexuels exagérés, dans les statues de la Déesse, se retrouve de nos jours dans la vénération que l'on porte à certaines vedettes de cinéma, entre autres Marilyn Monroe et Jayne Mansfield. La Déesse inspire les femmes, incarne la sagesse, la vision, la grâce physique, la prouesse athlétique et la sensualité. Ceci se manifeste par le truchement des déesses de diverses traditions spirituelles, entre autres Kâli, Durga et Uma en Inde, Tara au Tibet, Quanyin en Chine et toutes les représentations de Marie en Occident, par exemple Notre Dame de Guadeloupe ou la Madone noire de Czestochowa.

L'ombre de la Déesse est inhérent à l'abus de pouvoir féminin, à l'exploitation ou à la gratification extrême des vedettes de cinéma et des mannequins.

Pour que cet archétype fasse partie de votre groupe de douze, il faut que votre vie ait toujours été marquée par des faits et gestes qui y sont associés, sur le plan de l'image comme sur celui de la personnalité. Athéna est la femme guerrière et la femme forte qui est derrière le trône. De nos jours, cette force est illustrée populairement par des personnages néomythiques comme Xéna la Princesse guerrière et Buffy la tueuse de vampires, de belles femmes qui sont également fortes et déterminées. On retrouve l'énergie de Vénus (Aphrodite) chez les femmes qui construisent leur image autour de leur sexualité. Il vous faut donc étudier les qualités propres à chacune de ses déesses pour déterminer à quel point votre valeur personnelle s'y reflète. Commencez par les déesses les plus connues du panthéon gréco-romain : Vénus-Aphrodite, amour et fertilité ; Diane-Artémis, nature et chasse ; Minerve-Athéna, force, clarté d'esprit ; Cerès-Déméter, maternité ; Junon-Héra, règne et partenariat ; Proserpine-Perséphone, mysticisme et médiumnité ; Sophia, sagesse.

FILMS : Kim Stanley dans *The Goddess (La déesse)*; Ava Gardner dans *One Touch of Venus (Un cadeau de Vénus)*; Marilyn Monroe dans *The Seven Year Itch (Sept ans de réflexion)* ; Mira Sorvino dans *Mighty Aphrodite (Maudite Aphrodite)*.

ROMANS : *Elle* de H. Rider Haggard.

RELIGIONS OU MYTHES : Toutes les cultures du monde possèdent des histoires mythologiques décrivant le pouvoir de la Déesse. À part celles qui sont mentionnées ci-dessus, en voici d'autres parmi lesquelles vous pourrez choisir : Tara et Quanyin (bodhisattvas tibétaine et chinoise de la compassion) ; Amaterasu Omigami (déesse shinto du soleil) ; Shakti (personnification hindoue de l'énergie de la Mère divine) ; Branwen (déesse celte de l'amour et de la beauté) ; Ochún (déesse yoruba du plaisir, de l'amour et de la beauté, en Afrique orientale) ; Pan Jin Lian (déesse chinoise de la prostitution) ; Frigg (déesse scandinave du mariage, de la maternité, de l'enfantement et de l'obstétrique) ; Turan (déesse étrusque de l'amour, de la santé et de la fertilité).

Cancanier (voir aussi Diffuseur)

Cet archétype est associé aux commérages, à la médisance et à la transmission d'information exagérée et nuisible destinée à dévaloriser les autres. Dans le monde du travail, cet archétype se manifeste par la publication de fausses informations, la transmission de rumeurs dévastatrices ou le harcèlement des célébrités dans l'intention de les prendre en photo. Bien que nous ayons tous un peu tendance à écouter et à répandre des commérages, l'archétype du Cancanier se délecte du pouvoir qu'il éprouve à transmettre des renseignements secrets ou intimes. La plupart des individus hésiteraient à choisir cet archétype en raison de ses implications négatives. Pourtant, bien des gens gagnent leur vie, dans le domaine politique, social ou du spectacle, en se servant de commérages. Cet archétype nous amène à tirer des leçons sur le plan de la vérité, de l'intégrité et de la confiance (qu'une autre personne nous accorde).

Lorsque vous évaluez si cet archétype vous convient, il est bon que vous passiez en revue les leçons que vous avez dû tirer de situations où vos commérages ont blessé les autres. Évaluez-vous la qualité d'une relation au fait qu'une personne partage ou pas ses secrets avec vous ?

FILMS : Rosalind Russell dans *The Women (Femmes)* ; Richard

Hayden dans *Sitting Pretty* ; Burt Lancaster dans *The Sweet Smell of Success (Le grand chantage)* ; Glenn Close dans *Dangerous Liaisons (Les liaisons dangereuses)*.

RELIGIONS OU MYTHES : Ratatosk (écureuil de la mythologie scandinave et cancanier célèbre, dont le nom veut dire « dents rageuses » et qui vit dans un monde d'arbres appelé Yggdrasil).

Gourmand : voir Hédoniste.

Gourmet : voir Hédoniste.

Guide (Gourou, Sage, Vieille Femme, Femme Sage, Maître spirituel, Évangéliste, Prédicateur)
Chez le Guide, le rôle du Maître se manifeste sur un plan spirituel, puisqu'il n'enseigne pas seulement les croyances et les rituels inhérents aux religions établies, mais aussi le principe qui veut que l'on voit le Divin en tout. Il n'est évidemment pas nécessaire d'être un prédicateur ou un gourou pour compter cet archétype parmi les nôtres, puisque nous pouvons tous apprendre à guider les autres sur le plan spirituel en développant notre propre conscience et en transmettant avec humilité ce que nous apprenons. Pour déterminer si cet archétype est vôtre, il vous faudra trouver un schème continuel de ferveur à transmettre aux autres vos expériences spirituelles. Cela sous-entend que vous avez acquis de la sagesse grâce la pratique et à l'étude d'une discipline spirituelle, et grâce à des expériences spirituelles spontanées. La sagesse venant avec l'âge, la Vieille Femme et la Prêtresse incarnent la maturation de la prise de conscience naturelle et de l'acceptation de ce qui est. Ce faisant, cette sagesse peut se transmettre aux autres.
L'ombre de cet archétype se constate chez les télé-prédicateurs et gourous contemporains qui sont plus intéressés par l'argent et par l'ascendant qu'il exercent sur leurs disciples, que par la transmission de révélations spirituelles.

FILMS : *Meetings with Remarkable Men (Rencontres avec des hommes remarquables)* ; Robert Duvall dans *The Apostle (Le prédicateur)*.

RELIGIONS OU MYTHES : Marpa (maître bouddhiste et gourou de Milarepa ayant guidé ce dernier sur le sentier ardu qui le prépara à devenir le plus grand yogi du Tibet).

Bandit armé : voir Guerrier.

Gourou : voir Guide.

Guérisseur (Guérisseur blessé, Guérisseur intuitif, Aide-soignant, Infirmier ou Infirmière, Thérapeute, Analyste)
L'archétype du Guérisseur se manifeste par la passion d'assister les autres en les aidant à retrouver leur santé physique, intellectuelle et spirituelle. Il s'exprime cependant par des voies différentes de celles que l'on associe habituellement à la guérison des maladies. C'est pour cela que vous devez sonder d'autres avenues que celle, évidente, d'une occupation dans ce domaine. Il se peut que cet archétype vous anime beaucoup dans une pro-

fession ou un rôle que vous occupez. De par leur nature et leur personnalité, certains individus savent susciter chez les autres le soulagement de leurs douleurs ou des changements qui donnent une nouvelle direction à leur vie. Entre autres caractéristiques, ils ont la force et le don innés d'aider les gens à faire de leur souffrance un processus de guérison, et ils disposent les « conduites » voulues pour canaliser l'énergie qui permettra d'amener des changements physiques ou émotionnels.

RELIGIONS OU MYTHES : Rabbin Hanina ben Dosa (guérisseur juif réputé avoir été dans la même classe que Jésus) ; Ninkarrak (déesse sumérienne-babylonienne qui soignait les humains) ; Bear Medicine Woman (esprit de guérison amérindien) ; Muruku (dieu créateur des hommes de brousse namibiens qui envoie la pluie, guérit les malades et soigne les vieillards).

Guérisseur blessé

Le Guérisseur blessé est initié à l'art de la guérison par une épreuve personnelle quelconque, qu'il s'agisse d'une blessure ou d'une maladie physique, ou encore de la perte de biens matériels. Le défi propre à cette initiation, c'est que l'initié ne peut pas se tourner vers les autres au-delà d'un certain moment et qu'il est le seul à pouvoir guérir sa blessure. Dans le cas d'une maladie ou d'un accident, il n'existera pas de moyens traditionnels de guérison. L'archétype du Guérisseur blessé demande à votre psyché de produire un effort tel qu'il devienne lui-même un processus de transformation au lieu d'être une tentative de guérison d'une maladie en particulier. Si vous passez à travers l'initiation, vous connaissez inévitablement une guérison spectaculaire et, peu après, la vocation de servir les autres se dessine comme par magie.

L'ombre de ces deux archétypes se manifeste par le désir de profiter de ceux qui ont besoin d'aide, entre autres par la prétention qui leur fait croire que vous pouvez guérir n'importe quelle maladie.

FILMS : Ellen Burstyn dans *Resurrection (Résurrection)* ; Louise Fletcher dans *One Flew Over the Cuckoo's Nest (Vol au-dessus d'un nid de coucou)* (ombre) ; Rosalind Russell dans *Sister Kenny* ; Barbara Stanwyck dans *Miracle Woman* (d'après l'histoire de Aimee Semple McPhearson).

ROMANS : *La Citadelle* de A. J. Cronin ; *Elmer Gantry* de Sinclair Lewis (ombre).

RELIGIONS OU MYTHES : Asclépios (héros grec qui devint le dieu de la peste, puis le dieu de la médecine et de la guérison) ; Esculape (homologue romain d'Asclépios) ; Garuda (ce grand oiseau doré avec un bec et des ailes d'aigle et un corps d'homme est le symbole indien de la médecine) ; Meditrina (guérisseuse et déesse romaine du vin et de la santé qui fut par la suite assimilée au culte d'Esculapius) ; Eeyeekalduk (dieu inuit de la guérison) ; bouddhas de la médecine (principalement Bhaishajyaguru au Tibet et Yakushi-Nyorai au Japon, qui symbolisent la qualité transformatrice et de guérison inhérente à l'état de bouddha).

Hédoniste (Bon vivant, Chef, Gourmet, Gourmand, Sybarite – Voir aussi Mystique)

Cet archétype a un grand appétit pour les plaisirs de la vie : bons vins, bonne chère, jeux de l'amour sexuels et sensuels. Des recherches scientifiques prouvent que le plaisir peut améliorer notre santé et prolonger notre vie. Il est ainsi nécessaire de l'intégrer à notre vie pour trouver l'équilibre. La gratification personnelle est le thème central de cet archétype, qu'il s'agisse de séjourner dans un centre de bains thermaux ou de s'initier au kama-sutra. Le fait que l'Hédoniste soit en général considéré comme une personne à la recherche de la gratification extrême est davantage le reflet de l'éducation puritaine que la caractéristique de cet archétype comme telle. Du côté positif, il insuffle à la psyché l'énergie créative permettant d'accueillir les bonnes choses de la vie. Il met aussi au défi la peur collective archétypale d'être séduit et de perdre le contrôle sur le plan physique. L'ombre de l'Hédoniste se manifeste par la quête égocentrique du plaisir, aux dépens des autres et de sa propre santé.

L'appel de l'extase physique se fait simultanément avec l'appel de la transformation spirituelle. Cette dualité se retrouve dans le symbole grec célèbre de la quête des plaisirs, Dionysos. En plus d'être le dieu du vin et de la fertilité (nommé plus tard Bacchus par les Romains), Dionysos représente aussi le summum des religions mystiques, comme celles qui se pratiquaient à Éleusis, c'est-à-dire la libération extatique du monde ordinaire par l'ivresse physique ou spirituelle prévue lors de rites secrets. Le sacrement de Veda (dieu du panthéon védique) jouait un rôle similaire dans l'ancienne spiritualité hindoue.

FILMS : *Babette's Feast (Le festin de Babette)* ; *Like Water for Chocolate* ; *Big Night.*

ROMANS : *Tom Jones* by Henry Fielding ; *L'insoutenable légèreté de l'être* de Milan Kundera ; *Les liaisons dangereuses* de P. Choderlos De Laclos.

RELIGIONS OU MYTHES : Ochún (déesse yoruba de l'amour et du plaisir, généreuse et douce) ; Bebhionn (grande déesse irlandaise du plaisir) ; Qadesh (déesse sémite de la fertilité, incarnation même de la sexualité et de l'érotisme féminin) ; Bes (dieu nain égyptien à l'origine associé à la royauté et à l'enfantement qui devint célèbre auprès du peuple en tant que dieu des plaisirs humains comme la jovialité, la musique et la danse).

Héraut : voir Networker.

Ermite : voir Mystique.

Héros ou Héroïne (voir aussi Chevalier, Guerrier, Dieu, Déesse)
De nombreux dieux des religions anciennes ont commencé leur vie en étant des héros capables de grands tours de force ou d'une grande dextérité. Le Héros est aussi un personnage classique de la littérature romaine et grecque antique, souvent dépeint comme celui qui doit affronter un chemin parsemé d'obstacles de plus en plus difficiles pour pouvoir engendrer sa virilité. De nos jours, cet archétype occupe une place dominante dans l'esprit des gens. Il représente le summum du pouvoir masculin et féminin, que l'on retrouve sous la forme de super-héros dans les bandes dessinées (*Superman* et *Wonder Woman*), à la télévision, au cinéma et dans

les romans populaires. Le périple classique du Héros, ainsi que le conçoit entre autres, Joseph Campbell, incite la personne à entreprendre un cheminement initiatique qui l'éveillera à son propre pouvoir spirituel, à sa sagesse intérieure. Le Moi émerge alors que le Héros affronte des obstacles extérieurs et intérieurs. Il fait face aux peurs de survie qui pourraient compromettre ce périple, où il doit trouver son pouvoir et conquérir les forces qui sont dressées contre lui. Le Héros revient ensuite vers sa tribu avec quelque chose ayant une grande valeur pour tous.

L'ombre du Héros se manifeste quand celui-ci s'empare de son pouvoir pour déposséder les autres. La façon dont le Héros emploie sa force physique reflète son esprit par des actes authentiques d'héroïsme.

FILMS : Sigourney Weaver dans *Alien* ; Dustin Hoffman dans *Hero* ; Jeff Bridges dans *The Last American Hero (Le dernier héros américain)* ; Kevin Kostner dans *The Postman* et *Waterworld* ; Debbie Reynolds dans *The Unsinkable Molly Brown* ; Seema Biswas dans le rôle de Phoolan dans *Bandit Queen*.

RELIGIONS OU MYTHES : Ulysse (héros de l'*Odyssée* surtout connu pour son extrême ingéniosité, son habileté à se tirer des situations les plus dangereuses) ; Arjuna (dans la Bhagavad Gita, personnage que le dieu Krishna a initié à la sagesse divine après que celui-ci ait remis en question son rôle de héros et de guerrier) ; Hidesato (héros d'une légende japonaise qui tue de nombreux monstres, entre autres le redoutable mille-pattes) ; Saynday (héros-fripon de la tribu amérindienne Kiowa) ; Paul Bunyan (héros légendaire des camps de bûcherons du nord-ouest des États-Unis dont l'une des prouesses est d'avoir créé le Grand Canyon en traînant sa hache derrière lui) ; Thésée (héros athénien qui terrassa le Minotaure) ; Bernardo del Caprio (héros espagnol du IXe siècle réputé avoir battu Roland à Roncevaux).

Sans-abri : voir Mendiant.

Indigent : voir Mendiant.

Innovateur : voir Pionnier.

Instructeur : voir Enseignant.

Inventeur : voir Alchimiste.

Journaliste : voir Networker.

Juge (Critique, Examinateur, Médiateur, Arbitre)
Les fondements de l'archétype du Juge dans la culture judéo-chrétienne proviennent en grande partie du roi Salomon, bien connu pour avoir su équilibrer justice et compassion. Nous honorons encore à tel point ces fondements d'équilibre, qu'ils nous servent de normes pour choisir tous les juges. Ceux des juges qui manipulent la justice, déshonorent ces fondements ou les transgressent sont considérés comme des criminels ayant discrédité la cour, la nation et l'archétype lui-même. C'est pour cela que cet

archétype doit être considéré comme un archétype doté de la capacité visionnaire qui permet d'appliquer justement le pouvoir sous toutes ses formes, qu'il s'agisse d'enfreindre des codes militaires ou de rompre des vœux de mariage.

Il n'est pas nécessaire d'être procureur, juge, avocat ou critique de profession pour s'identifier à cet archétype. Si vous êtes un médiateur né ou si vous intervenez d'une façon ou d'une autre entre les gens, il se peut que votre psyché porte en elle cet archétype. Si vos qualités personnelles vous amènent à mener une vie où vous faites appel à des standards élevés de justice et de sagesse dans toutes vos interactions, c'est que cet archétype est fortement présent chez vous. Le fait d'avoir été longtemps mal jugé et d'en avoir souffert, expérience qui va de pair avec l'apprentissage du pardon, est également l'expression de cet archétype dans votre vie. Il faut évidemment qu'il s'agisse d'un processus permanent d'apprentissage de la justice et de la compassion, et non d'expériences isolées.

L'ombre du Juge se manifeste sous la forme de la critique destructive, du jugement émis sans compassion ou avec des intentions cachées. La manipulation légale, l'abus d'autorité et du pouvoir légal, ainsi que la menace par le truchement d'association légitime sont des expressions de l'ombre de cet archétype. Sont regroupés sous le nominatif manipulation, l'abus d'autorité dans le milieu des affaires et l'abus d'autorité dans le milieu légal et criminel.

FILMS : Spencer Tracy dans *Judgement at Nuremberg (Jugement à Nuremberg)* ; Louis Calhern dans le rôle d'Oliver Wendell Holmes dans *The Magnificent Yankee* ; John Forsythe dans *And Justice for All (Justice pour tous)* (ombre) ; Dominic Guard dans *The Go-Between (Le messager)*.

ROMANS : *Billy Budd, Foretopman* (Capt. Starry Vere) d'Herman Melville ; *The Ambassadors (Les ambassadeurs)* d'Henry James.

RELIGIONS OU MYTHES : Skan (dieu de la création des Sioux Lakota qui juge aussi bien les dieux que les âmes humaines) ; Yama (dieu hindou et bouddhiste de la mort, juge des morts et souverain du royaume de la mort ou de l'enfer) ; Pluton ou Hadès (dieu gréco-romain de l'enfer et juge des morts) ; Thot (à l'origine dieu égyptien des scribes, aussi connu en tant que médiateur des dieux) ; San-guan (« Trois souverains », non collectif donné aux trois divinités taoïstes qui tiennent le registre des bons et mauvais actes des gens).

Roi (Empereur, Souverain, Monarque, Régent, Chef)

Le Roi est un archétype très important, car il représente le summum du pouvoir temporel masculin et le summum de l'autorité temporelle masculine. On associe à cet archétype deux extrêmes : la bienveillance et la cruauté. À la cruauté du Roi correspond de façon classique l'espoir collectif de ses sujets de le voir chassé de son trône. Le Roi est obligatoirement issu d'une lignée, alors que l'empereur peut être issu du peuple (comme Napoléon). Par la filiation de sang, l'archétype du Roi est relié à celui du Prince, ainsi qu'aux privilèges, l'une des caractéristiques de l'ombre associée à la régence. Les autres caractéristiques de l'ombre du Roi sont la résistance à la critique, le questionnement et les défis soulevés par les décisions concernant la régence du royaume.

Tout au long de l'histoire, il y a eu en alternance de bons rois et de mauvais rois, des rois bienveillants ou encore des rois reconnus comme saints et des rois criminels avides. Saint Louis (Louis IX) détenait toutes les qualités du régent juste : guerrier sans peur et saint homme. Ce souverain du XIIIe siècle ne vivait que pour la gloire de Dieu et le bien-être de ses sujets. Tout à fait humains, Charlemagne, le roi David et Akhenaton figurent parmi les régents les plus éclairés de la Terre. Mais il y eut aussi des rois fous comme George III d'Angleterre, qui força les colonies à se rebeller ; le roi de France Louis XVI, qui fut synonyme de décadence et d'excès ; et l'empereur Hirohito du Japon, qui entraîna son pays dans une guerre dévastatrice.

Les caractéristiques de cet archétype valent aussi sur le plan individuel, peu importe que le « royaume » soit une entreprise, une collectivité ou une famille. Le besoin de régner et d'exercer un contrôle sur un royaume figure au cœur de cet archétype.

FILMS : Charles Laughton dans *The Private Life of King Henry VIII (La vie privée d'Henry VIII)* ; Yul Brynner dans *The King and I (Le roi et moi)* ; Richard Gere dans *King David (Le Roi David)* ; Paul Scofield, *King Lear (Le Roi Lear)* (1971) ; Christopher Walken dans *The King of New York* (ombre suprême).

THÉÂTRE : *Richard III, Henry IV, Hamlet* et *Macbeth* de Shakespeare.

ROMANS : *Le Roi des gitans* de Peter Mass ; *Le parrain* de Mario Puzo (ombre) ; *The Once and Future King* de T. H. White.

RELIGIONS OU MYTHES : Priam (roi de Troie) ; Baibutsu ou Daibosatu (bouddha méditatif japonais souverain du monde) ; Sila ou Silapinua (régent divin des Esquimaux perçu comme l'air que vous respirez et l'énergie qui anime tout l'univers et chaque individu) ; Amun (dieu égyptien suprême de la création, souverain de l'air et de la force animant le vent et les brises) ; Chef Seattle (chef amérindien) ; Haïlé Sélassié (empereur d'Éthiopie, par la suite déifié par la religion rastafari).

Chevalier (voir aussi Guerrier, Sauveteur, Héros)

L'archétype du Chevalier est principalement associé à la chevalerie, l'amour courtois, la protection de la princesse et au combat pour de nobles causes. Étant donné que le Chevalier sert le Roi ou le Seigneur, il est lié à la spiritualité, la dévotion et le service. La loyauté et le sacrifice sont ses grandes vertus, ainsi que l'efficacité.

Le Chevalier noir qui porte une armure sombre et qui chevauche un destrier noir représente l'ombre de cet archétype. Chez lui, honneur et esprit de chevalerie sont absents. Un peu comme le Guerrier, l'ombre du Chevalier se manifeste par la loyauté accordée à un régent dont les principes sont douteux. Dans son aspect négatif, le Chevalier peut, à l'instar du Sauveteur, adopter une attitude qui le pousse à sauver les autres et à ignorer ses besoins. Le véritable Chevalier, comme le Mystique, oscille entre négligence et sacrifice personnels.

FILMS : Harrison Ford dans *Indiana Jones and the Last Crusade (Indiana Joones et la dernière croisade)* ; Tom Hanks dans *Saving Private Ryan (Il faut sauver le soldat Ryan)* et *Apollo 13* ; Christopher Reeve dans

Superman ; Kevin Kostner dans *Dances with Wolves* (*Il danse avec les loups*), *Tin Cup* et *JFK*.
PIÈCES DE THÉÂTRE : *L'homme de La Mancha* de Dale Wasserman.
TÉLÉVISION : *Have Gun, Will Travel*.
CONTES DE FÉE : *Prince Vaillant*.
RELIGIONS OU MYTHES : Chevaliers de la Table ronde (dans la tradition médiévale anglaise, groupe à demi mythique de 150 chevaliers, y compris Lancelot, Gauvain, Kay, Mordred, Galahad et les autres qui servaient le roi Arthur) ; Sire Perceval (chevalier de la Table ronde qui a vu le Saint Graal) ; Fabian (chevalier bienveillant transformé en esprit sylvestre par son ancienne amoureuse, une sorcière, et habitant maintenant dans les collines près de Prague) ; Damas (chevalier malveillant qui piégea deux autres chevaliers afin que son frère puisse les combattre).

Leader : voir Roi.

Législateur : voir Défenseur.

Libérateur
Habituellement, les Libérateurs sont pour nous les grands chefs militaires ou politiques qui libèrent un peuple ou un pays tout entier du joug de la servitude : Mahatma Gandi, Abraham Lincoln, Simón Bolívar du Venezuela, Nelson Mandela et, selon notre point de vue politique, Lénine, Fidel Castro et Che Guevara. Par contre, dans la vie quotidienne, un certain nombre de gens peuvent jouer un rôle semblable à plus petite échelle en nous aidant à nous libérer de la tyrannie de nos schèmes personnels de pensées et de nos croyances négatives, de notre paresse spirituelle, de nos mauvaises habitudes alimentaires, de nos relations destructives ou de nos dépendances. Cet archétype peut s'avérer un allié précieux, car il nous aide à nous débarrasser des vieilles croyances tenaces qui nous ont été inculquées. En ce sens, Jésus, Mahomet et Bouddha ont été des Libérateurs puisqu'ils ont donné aux hommes d'autres choix que la violence, la souffrance et la stagnation spirituelle. Point n'est besoin d'être un chef charismatique pour avoir cet archétype cependant. Des milliers de gens ont pris part aux longues campagnes visant l'abolition de l'oppression sous diverses formes, qu'il s'agisse des Freedom Riders du mouvement des droits civils aux États-Unis ou des défenseurs de la liberté de la révolution hongroise.
L'ombre du Libérateur se manifeste chez ceux qui voudraient nous libérer d'une tyrannie pour nous imposer la leur. Ce sont entre autres les chefs des milieux politiques, religieux, spirituels et des affaires qui parlent de liberté dans le but d'intensifier leur prestige.
Pour évaluer si cet archétype fait partie de votre groupe de douze, demandez-vous s'il existe depuis toujours en vous une tendance à libérer les autres de l'injustice, de situations économiques ou sociales défavorables ou bien de leurs propres croyances erronées.
FILMS : Anthony Quinn dans *Zorba the Greek* (*Zorba le Grec*) ; Rosalind Russell dans *Auntie Mame* ; Ingrid Bergman dans *Joan of Arc* (*Jeanne d'Arc*) ; Tom Selleck dans *In and Out*.

ROMANS : *Siddharta* d'Hermann Hesse.
CONTES DE FÉE : *Belling the Cat.*
RELIGIONS OU MYTHES : Dionysos et Éros (ils portaient tous deux un nom voulant dire « le libérateur »).

Lobbyiste : voir Défenseur.

Amoureux
Cet archétype est présent non seulement chez ceux enclin à l'amour romantique, mais également chez quiconque fait preuve d'une grande passion et d'une grande dévotion. On peut être un amoureux des arts, de la musique, du jardinage, des tapis de Perse, de la nature ou du point de croix. Le thème central de cet archétype, c'est l'affection et l'appréciation débridées que vous portez à quelqu'un ou à quelque chose, qui font en sorte que l'organisation de votre vie et votre milieu de vie tournent autour d'elles. Bien que l'Amoureux existe chez tout le monde dans une certaine mesure, en tant qu'archétype personnel, il doit cependant jouer un rôle significatif global dans votre style de vie et dans votre estime personnelle, cette dernière étant son lien le plus fort avec votre psyché. L'Amoureux se rapporte à des questions d'estime personnelle vu qu'il est fortement relié aux apparences physiques. Même si cet archétype est prépondérant dans votre psyché, il se peut que vous le réprimiez par manque de confiance.
L'ombre de l'Amoureux se manifeste sous la forme de la passion exagérée et obsessionnelle qui a des effets destructeurs sur la santé mentale ou physique, ainsi que sur la confiance en soi.
FILMS : Nicolas Cage dans *Moonstruck (Éclair de Lune)* ; Charles Denner dans *L'homme qui aimait les femmes* ; Humphrey Bogart et Ingrid Bergman dans *Casablanca* ; José Ferrer dans *Cyrano de Bergerac.*
THÉÂTRE : *Roméo et Juliette* de Shakespeare.
POÉSIE : *Troilus et Cressida* de Chaucer.
ROMANS : *Stealing Heaven* de Marion Meade (Abélard et Héloïse)
CONTES DE FÉE : *La princesse et la grenouille ; La belle et la bête*
RELIGIONS OU MYTHES : Pyrame et Thisbé (amants maudits de Babylone s'étant suicidés ensemble, décrits par Ovide) ; Endymion (berger de la mythologie grecque et amant mortel de Séléné, déesse de la lune) ; Hasu-Ko (jeune fille japonaise morte d'amour pour son fiancé qu'elle n'avait jamais vu) ; Freya (déesse scandinave de l'amour et de la fertilité, symbole de la sensualité, amoureuse de la musique, du printemps, des fleurs et des elfes) ; Guenièvre et Lancelot (même si Guenièvre était mariée au roi Arthur et que Lancelot était l'un des chevaliers préférés du roi, ils n'en continuèrent pas moins à entretenir leur idylle, ce qui aboutit à la dissolution de la Table ronde).

Savant fou : voir Destructeur.

Magicien : voir Alchimiste.

Martyr
L'archétype du Martyr est très connu dans deux domaines : la politique et la religion, ainsi que dans le monde contemporain de la psychologie. Dans ce dernier domaine, l'ombre du Martyr se manifeste comme la personne qui a appris à utiliser la souffrance qu'il éprouve comme moyen de contrôle et de manipulation. De façon ironique, dans la société et en politique, le Martyr est souvent hautement respecté pour avoir le courage de représenter une cause, même si cela veut dire qu'il doive mourir pour le bien d'autrui. Souffrir pour le salut des autres, qu'il soit d'ordre spirituel ou politique, est l'un des gestes humains les plus sacrés. Alors que les gens reconnaissent très bien cet archétype chez les autres, ils ne savent pas le reconnaître chez eux.

FILMS : Paul Scofield dans *A Man for All Seasons* (*Un Homme pour l'éternité*) ; Meryl Streep dans *Silkwood* ; Denzel Washington dans *Malcolm X* ; Ben Kingsley dans *Gandhi*.

THÉÂTRE : *Sainte Jeanne* de G. B. Shaw.

ROMANS : *Un conte de deux villes* de Charles Dickens.

RELIGIONS OU MYTHES : Nombreux saints chrétiens, y compris les apôtres, Mansour al-Hallaj, mystique soufi du Xe siècle martyrisé pour avoir cru que Dieu était en lui).

Maître : voir Mentor.

Matrone : voir Mère.

Médiateur (Ambassadeur, Diplomate, Intermédiaire, Conciliateur, Entremetteur)
Pour aplanir les difficultés entre des groupes ou des personnes potentiellement antagonistes, il faut de la patience et du doigté, et de la finesse pour déchiffrer des personnes et des situations avec précision. Si un bon Défenseur doit faire preuve d'empathie envers ceux qu'il défend, le bon Médiateur doit, quant à lui, tenir compte des deux aspects d'un litige ou d'une cause pour faire se rencontrer les parties antagonistes. Étant donné que ce rôle incombe souvent à un membre de la famille, vous n'avez pas besoin d'être un diplomate professionnel pour vous prévaloir de cet archétype. Par contre, il faudra que, toute votre vie, vous ayez voulu résoudre des différends et rapprocher les gens.

L'ombre du Médiateur se manifeste sous la forme de motifs ou d'intérêts cachés.

FILMS : Dominic Guard dans *The Go-Between* (*Le messager*).

ROMANS : *Les ambassadeurs* d'Henry James

RELIGIONS OU MYTHES : Thoth (dieu égyptien de la sagesse et médiateur des dieux, qui étaient toujours en quête de ses conseils) ; Genetaska (femme iroquoise tellement respectée pour son équité et son impartialité que tous les litiges lui étaient soumis) ; Mitra ou Mithra (dieu védique et perse de l'amitié et des contrats, gardien de l'ordre cosmique et considéré comme le médiateur entre les dieux et les humains).

Mentor (Maître, Conseiller, Tuteur. Voir aussi Enseignant.)

Un Mentor est un maître en qui vous avez implicitement confiance. Le terme de « mentor » vient du nom d'un personnage de l'*Odyssée* à qui Ulysse, lors de son départ pour Troie, avait confié le soin de sa maison et l'éducation de son fils, Télémaque. De nos jours, le rôle du Mentor est essentiel dans un nombre surprenant de domaines : arts, artisanat, affaires, spiritualité. Les Mentors font plus qu'enseigner, car ils transmettent la sagesse à leurs élèves et affinent leur caractère. Du côté de l'ombre, le Mentor peut adopter une attitude autoritaire qui consiste davantage à dominer les autres qu'à transmettre la sagesse. Un autre aspect de l'ombre du Mentor est l'incapacité à laisser l'élève entrer dans le rôle du Maître, en contrôlant son développement corporel, intellectuel et spirituel.

La distinction entre cet archétype et celui du Maître n'est qu'une question de degré. Si, tout au long de votre vie, vous avez toujours pris des élèves sous votre aile et les avez guidés dans divers domaines de leur vie, cet archétype pourrait très bien vous convenir.

FILMS (MENTOR) : Alec Guinness comme mentor de Mark Hamill dans *Star Wars* ; Takashi Shimura comme mentor de Toshiro Mifune dans *The Seven Samouraïs (Les sept samouraïs)* ; Yul Brynner comme mentor de Horst Bucholz dans *The Magnificent Seven (Les sept mercenaires)* ; Bette Davis comme mentor d'Anne Baxter dans *All About Eve (Ève)* ; Paul Newman comme mentor de Tom Cruise dans *The Colour of Money (La couleur de l'argent)*.

FILMS (MAÎTRE) : Bette Davis dans *The Corn is Green* ; Sidney Poitier dans *To Sir with Love (Les anges aux poings serrés)* ; Michael Caine dans *Educating Rita (L'éducation de Rita)* ; Glenn Ford dans *Blackboard Jungle (Graine de violence)*.

TÉLÉVISION : *The Sopranos* avec James Gandolfini comme mentor de Robert Imperioli.

ROMANS : *La prime jeunesse de Miss Jean Brodie* de Muriel Spark (ombre) ; *Les temps difficiles* de Charles Dickens (ombre).

RELIGIONS OU MYTHES : Krishna (mentor spirituel d'Arjuna dans les écritures hindoues) ; Chiron (centaure sage de la mythologie grecque qui a de grandes connaissances dans les arts de la guérison et qui sert de mentor à Asclépios, Thésée et Achille) ; Ninsun (mère de Gilgamesh, dans une légende sumérienne, qui sert de conseillère à ce dernier).

Mercenaire : voir Guerrier.

Messager : voir Diffuseur.

Messie (Rédempteur, Sauveur)
On associe cet archétype à l'incarnation du pouvoir divin chez un homme venu des cieux sur Terre pour sauver l'humanité. Fort de toute sa signification judéo-chrétienne, l'archétype du Messie est aussi associé maintenant à un comportement psychologique. Le complexe du Messie concerne par exemple une personne qui est convaincue d'être chargée d'une mission divine et qui, dans la plupart des cas, est obsédée par cette mission au point d'en faire une psychose et, à l'extrême, d'entendre des voix lui dicter des gestes meurtriers. Des criminels comme Jim Jones et Charles

Manson sont des exemples extrêmes de l'ombre du Messie.

Les expressions subtiles de l'ombre du Messie sont cependant plus communes et plus ardues à détecter sur le plan personnel. Par exemple, une personne sera obsédée par l'idée qu'elle a une mission spirituelle et que Dieu veut qu'elle accomplisse quelque chose.

FILMS : Reese Witherspoon et Tobey Maguire dans *Pleasantville* ; Jeremy Irons et Robert de Niro dans *The Mission* ; Marcello Mastroianni dans *The Organizer*.

RELIGIONS OU MYTHES : Mâschîakh (de l'hébreu qui veut dire « oint » du Seigneur, descendant du roi David censé rétablir le royaume juif) ; Jésus Christ (du grec qui veut dire « oint » du Seigneur, que les chrétiens croient être le rédempteur promis) ; Adam Kadmon (« homme primordial » de la cabale juive, considéré comme la manifestation la plus parfaite de Dieu que l'humanité ait connue et que l'on a ensuite assimilé au Messie) ; al-Mahdi (de l'arabe qui veut dire « celui qui est guidé », descendant attendu de Mahomet qui annoncera la fin de l'histoire et redonnera sa pureté à l'Islam) ; Maitreya (du sanskrit qui veut dire « celui qui aime », le cinquième et dernier bouddha terrestre qui aidera ceux qui n'ont pas encore atteint l'éveil) ; Kalki (selon une croyance hindoue, réincarnation future de Vishnu qui arrivera sur un destrier blanc pour libérer le monde du tourment) ; Tang (messie chinois qui a sauvé l'Humanité d'une grande sécheresse en jetant son corps en sacrifice sur des ronces, ce qui fit immédiatement tomber la pluie).

Avare ou **Midas**

Ces deux archétypes sont si proches que, à toutes fins pratiques, vous pouvez les considérer comme des synonymes. Midas transforma tout ce qu'il touchait en or, y compris sa fille bien-aimée. Cet archétype est associé à l'esprit d'entreprise et la créativité. Le fait que Midas ait été roi sous-entend symboliquement que le personnage de Midas a le pouvoir de générer la richesse pour tout un royaume, mais que seul le prestige personnel l'intéresse. C'est la cupidité qui le perd. C'est pour cette raison que les leçons à tirer de cet archétype concernent surtout la générosité. L'ombre de Midas consiste à générer la richesse en accumulant son argent et en retenant ses émotions aux dépend des autres, puisqu'on ne les partage pas.

Bien que le désir de gagner sa vie ou de devenir riche ne soit pas négatif comme tel, il y a aussi chez cet archétype le besoin de contrôler les forces autour de soi par peur de perdre sa richesse. Les défis inhérents à cet archétype vont même jusqu'à obliger une personne à observer ce qu'elle est capable de faire pour accumuler une grande fortune.

FILMS : Bette Davis dans *The Little Foxes (La vipère)* ; Michael Douglas dans *Wall Street* ; James Dean dans *Giant* ; Lionel Barrymore dans *It's a Wonderful Life (La vie est belle)*.

ROMANS : Scrooge dans *Conte de Noël* et Uriah Heep dans *David Copperfield* de Charles Dickens ; *Silas Marner* de George Eliot.

THÉÂTRE : *L'avare* de Molière.

RELIGIONS OU MYTHES : Midas (roi de Phrygie, en Asie mineure, qui avait le don, accordé par le dieu Dionysos, de transformer en or tout ce qu'il touchait) ; Kuluth (dans la tradition albanaise, esprit d'un vieil avare mort, qui ne peut trouver la paix).

Pasteur : voir Prêtre.

Ménestrel : voir Conteur.

Moine ou Nonne (Chaste)

Les aspects positifs de cet archétype sont évidents : intensité spirituelle, dévotion, dévouement, ténacité et peut-être sagesse. Du côté de l'ombre, c'est le reclus qui vit en dehors du monde, exagérément pieux et même privilégié dans le sens où il n'a pas à se préoccuper de gagner sa vie ni d'élever une famille. Pourtant, tout au long de l'histoire, les moines ont toujours été très laborieux et engagés dans des entreprises bien concrètes : assèchement des marécages et plantation de vignobles en Europe au Moyen Âge, travail dans les rizières en Asie, construction de monastères, enseignement ou transcription et préservation des vieux manuscrits. De nos jours, l'archétype du Moine se manifeste par les qualités de détermination, d'assiduité, de dévouement à une cause spirituelle ou tout autre grand accomplissement qui exige une grande détermination. Dans ce sens, les romanciers et les entrepreneurs peuvent avoir en eux l'archétype du Moine, au même titre que les Explorateurs de la spiritualité.

Le ou la personne chaste réserve son énergie pour le travail ou la spiritualité. Cependant, on peut être moine, même dans le sens religieux, sans être chaste, comme c'est le cas de certains lamas tibétains, yogis et érudits de l'Islam. N'oublions pas Abélard et Héloïse, ce moine et cette nonne du XIIᵉ siècle qui renoncèrent à leurs vœux de chasteté en raison de la passion qu'ils se portaient mutuellement. Tous deux avaient des charges nobles – Abélard était conférencier, orateur et philosophe ; Héloïse était prieure fondatrice de couvents – et bien que la passion leur ait causé des souffrances, il ne semble pas qu'elle ait entravé leur démarche spirituelle.

> FILMS : *Journal d'un curé de campagne* avec Claude Laydu ; Audrey Hepburn dans *The Nun's Story (Au risque de se perdre)*; Yi Pan-Yong dans *Why Has Bodhi Dharma Left for the East ?* ; Deborah Kerr dans *Heaven Knows (Dieu seul le sait)*, *Mr. Allison* ; Loretta Young dans *Come to the Stable* ; Lilia Skaka dans *Lilies of the Field (Les lis des champs)*.
>
> TÉLÉVISION : Derek Jacobi dans *Brother Cadfael*.
>
> ROMANS : *Le nom de la rose* d'Umberto Eco.
>
> RELIGIONS OU MYTHES : Frère Tuck (le moine mythique qui se bat à l'épée aux côtés de Robin des Bois) ; Nennius (moine gallois censé avoir rédigé l'*Historia Brittonum*, encyclopédie qui fut par la suite employée par Geoffrey de Monmouth et d'autres écrivains pour rédiger l'histoire du roi Arthur) ; Bernadette Soubirous (jeune fille française ayant prétendu, à l'âge de quatorze ans, avoir eu des visions de la Vierge Marie).

Mère (Aïeule, Mère nature, Parent)

La Mère est celle qui donne la vie, procure soins et nourriture, amour inconditionnel, patience, dévouement, attention et gestes altruistes.

Gardienne et préservatrice de la vie, de la famille, et de la terre (sens large avec Mère nature). La mère nature, connue aussi sous le nom de Gaïa, est la déesse de la vie, la gardienne du milieu vivant de cette planète. Elle est connue comme étant puissante et même pleine de courroux, comme c'est le cas lorsque des ouragans sèment la mort et la destruction sur leur passage. La compassion et la capacité à pardonner à ses enfants et à les faire passer avant elle sont les principales caractéristiques de la Bonne Mère. La Mère abusive, la Mère qui abandonne, la Mère dévoratrice et la Mère qui travaille sont des variantes universelles de ce grand archétype.

Même si les mères ont toujours travaillé, l'archétype contemporain de la Mère professionnelle ou de la Mère qui travaille reflète les crises que traversent les femmes qui veulent aussi être des Mères dévouées. Lorsqu'on compare la Mère professionnelle à l'impossible mythe idéaliste de Mère parfaite, il arrive que l'on considère souvent cette première, à tort, comme une mère qui fait passer ses besoins avant ceux de ses enfants. Cette crise est ressentie par bien des femmes.

La Mère dévoratrice « dévore » littéralement ses enfants sur le plan psychologique et émotionnel. Elle les rend souvent coupables lorsqu'ils quittent le foyer ou qu'ils deviennent autonomes. La Mère qui abandonne ou qui est abusive violent les lois de la nature en faisant du tort à ses propres enfants.

Les rapports entretenus avec cet archétype ne s'établissent pas en fonction du fait que l'on est ou non une mère biologique. Si, par exemple, vous vous occupez de protéger l'environnement ou d'en prendre soin (y compris le jardinage ou le fermage), il vous faut découvrir si ces activités constituent une permanence dans votre vie par rapport à Mère nature. Vous pouvez par ailleurs avoir un lien marqué avec certains aspects de l'ombre de cet archétype. Même si c'est difficile à admettre pour elles, certaines femmes devront accepter le fait que leurs enfants les considèrent comme des Mères abusives ou des Mères qui abandonnent.

À l'instar des hommes qui adoptent l'archétype de la mère, certaines femmes de leur côté adoptent l'archétype du père et jouent son rôle dans le foyer. Les qualités associés à cet archétype s'expriment d'une façon autre que biologique, par exemple en donnant naissance à des livres ou en s'occupant des autres.

FILMS : Irene Dunne dans *I Remember Mama* ; Myrna Loy dans *Cheaper by the Dozen* et *Belles on Their Toes* ; Sophia Loren dans *Two Women* (*Deux femmes*) ; Sally Field dans *Places in the Heart* (*Les saisons du cœur*) ; Anne Bancroft dans *The Pumpkin Eater* (*Le mangeur de citrouilles*) ; Rosalind Russell dans *Gypsy* (Mère dévoratrice) ; Katharine Hepburn dans *Suddenly Last Summer* (*Soudain l'été dernier*) (ombre) ; Faye Dunaway dans *Mommie Dearest* (*Maman très chère*) (ombre) ; Angela Lansbury dans *The Manchurian Candidate* (*Un crime dans la tête*) (ombre) ; Alberta Watson dans *Spanking the Monkey* (inceste).

THÉÂTRE : *Mère courage* de Bertolt Brecht ; *Médée* d'Euripide ; *La ménagerie de verre* de Tennessee Williams.

RELIGIONS OU MYTHES : À l'instar des dieux, des déesses et des mystiques, la Mère est présente dans toutes les traditions religieuses et mythes, en particulier sous la forme de la Mère divine. En voici

quelques exemples : Lakshmi, Durga et Kali (hindouisme) ; Marie ou Myriam (christianisme et islam) ; Saraï et Naomi (judaïsme) ; Cybèle (déesse de la fertilité d'Anatolie, aussi connue comme Grande Mère) ; Déméter (mythologie grecque) ; Isis (mythologie égyptienne) ; Tellus (déesse mère romaine de la Terre) ; Cihuacoatl (déesse mère aztèque de la Terre, également patronne des naissances et des femmes qui meurent en couches).
CONTES DE FÉE : *Ma Mère l'oie*, *Mother Hubbard*.

Mystique (Ermite, Anachorète, Renonciateur)
Aucun autre archétype n'est plus convoité ou incompris que celui-ci. Beaucoup de gens croient qu'ils ont un penchant mystique ; ils sous-estiment cependant les difficultés inhérentes à la voie mystique. Lorsqu'ils les découvrent, ils sont bien contents de laisser ce rôle à d'autres. Les grands mystiques du monde ont souvent connu dans leur vie des états de conscience extraordinaires (extases prolongées) ou des moments surnaturels de prémonition ou d'ubiquité. Ils ont également connu de grandes souffrances physiques et spirituelles, ainsi que des activités triviales. Pour que cet archétype fasse vraiment partie de votre groupe de douze, demandez-vous si vous êtes disposé à en payer le prix par les larmes, le sang et le labeur. Si, selon vous, la conscience mystique consiste à méditer une fois par jour, à faire une retraite ou à assister à un atelier de yoga, vous êtes plutôt un Explorateur sur le chemin de la spiritualité, pas un Mystique. L'absolue résolution du Mystique se trouve chez le Renonciateur, c'est-à-dire celui qui renonce à tous désirs matériels pour poursuivre sa quête spirituelle. Quant à l'Anachorète, il se retire du monde pour suivre un chemin semblable. L'Ermite, quant à lui, s'éloigne des autres pour vivre en solitaire, mais pas toujours pour des raisons spirituelles.

L'ombre du Mystique se manifeste sous la forme de préoccupation égocentrique de progrès spirituel et d'un sentiment d'importance pour avoir atteint des états supérieurs de conscience. Elle peut également se manifester par des comportements qui profitent d'admirateurs ou d'élèves, dans le domaine de l'argent, des émotions ou de la sexualité. Étant donné que la véritable illumination consiste à se mettre au service des autres, celle-ci est l'indicateur parfait pour vous signaler si vous avez atteint l'éveil ou pas.

FILMS : *Thérèse* avec Catherine Moucher ; *Close Encounters of the Third Kind (Rencontres du troisième type)* avec Richard Dreyfuss ; *Breaking the Waves* avec Emily Watson.

THÉÂTRE : *Agnes of God* de John Pielmeyer.

ROMANS : *Lying Awake* de Marc Salzman.

RELIGIONS OU MYTHES : On retrouve des mystiques dans toutes les traditions religieuses. En voici quelques-uns : Thérèse d'Avila, Maître Eckhart, William Law, Hildegarde de Bingen (christianisme) ; Ba'al Shem Tov, Moïse ben Nahman et Abraham Abulafia (judaïsme) ; Rabi'a, Ibn al-'Arabi et Mansur al-Hallaj (islam) ; Sri Ramakrishna, Ananddamyi et Ramana Maharshi (hindouisme) ; Bodhidarma, Milarepa, Bakei et Pema Chödrön (bouddhisme) ; Tchouang tseu et Wang pi (taoïsme) ; Padrinho Sebastão et Credo Mutwa (chamanisme).

Narrateur : voir Conteur.

Diffuseur (Messager, Héraut, Coursier, Estafette, Journaliste, Communicateur – voir aussi Cancanier)
Même si la création de réseaux semble être un élément très moderne de l'ère actuelle des médias, ère que l'on associe à la carrière, c'est en fait quelque chose de très ancien. Les Diffuseurs élargissent leur cercle d'influence en créant des alliances et en établissant des liens avec des groupes de gens très différents. Ce genre d'activités remonte aux intrigues du Moyen Âge, de la Grèce, de Rome et de la Chine d'antan. Elles ont aussi fait intégralement partie des alliances militaires et des complicités sociales et claniques de la préhistoire. Du côté positif, cet archétype nous aide à développer flexibilité et empathie sur le plan social pour trouver des terrains d'entente avec des personnes qui, à première vue, ne semblent pas pouvoir être des amis, des alliés ou des complices. Comme les archétypes connexes du Messager et du Communicateur, le Diffuseur sait transmettre information (ou pouvoir) et inspiration à des groupes divers de personnes. L'ombre de cet archétype consiste à se servir des autres à ses propres fins.
> FILMS : Peter Finch dans *Network* ; John Boles dans *A Message to Garcia* ; Stewart Peterson dans *Pony Express Rider* ; Jeff Goldblum dans *Between the Lines*.
> RELIGIONS OU MYTHES : Presque toutes les cultures sur Terre ont ou ont eu un messager des dieux qui faisait la navette entre les dieux et les humains : Raphaël (judaïsme) ; Gabriel (christianisme) ; l'ange Jibril (islam) ; Matarivan (culture védique des Indes) ; Aigle et Coyotte (culture amérindienne) ; Iris et Hermès (Grèce) ; Mercure (Rome) ; Sraosa (zoroastrisme) ; Nusku (Assyrie) ; Nirah (Sumer) ; Srosh (Perse) ; Paynal (Aztèques) ; Savali (Samoa) ; Gou Mang (Chine) ; Narada (Java) ; Gna et Hermod (Scandinavie).

Nomade : voir Explorateur de la spiritualité.

Non-conformiste : voir Rebelle.

Infirmier : voir Guérisseur.

Olympien : voir Athlète.

Patriarche : voir Père.

Pickpocket : voir Voleur.

Pèlerin : voir Pionnier.

Pionnier (Explorateur, Pèlerin, Innovateur, Entrepreneur, Colon)
Le Pionnier est appelé à découvrir et à explorer de nouveaux territoires, qu'il se situent dans le monde extérieur ou dans le monde intérieur. La

passion qui pousse quelqu'un à explorer la médecine ou la spiritualité équivaut à celle qui pousse quelqu'un à explorer l'Antarctique. Les innovations dans les domaines de la mode, de la musique, des arts, de la littérature et des affaires sont également des expressions de cet archétype. En fait, l'élément essentiel dans tout cela, c'est l'esprit d'innovation, c'est-à-dire faire et créer ce qui ne l'a jamais été auparavant. Pour que cet archétype fasse réellement partie de votre groupe de douze, il faut que votre vie soit constamment marquée par le besoin de découvrir des territoires nouveaux et inconnus dans au moins un domaine.

L'ombre du Pionnier se manifeste par le besoin compulsif de renoncer à son passé et d'avancer, à l'instar des pionniers du genre Don Juan et Femme fatale qui doivent sans cesse faire de nouvelles conquêtes. Par contre, ceux qui sont forcés de quitter leur patrie et par conséquent de devenir des Pionniers malgré eux (les juifs de la diaspora, les Africains se retrouvant esclaves, les bouddhistes tibétains ou les Amérindiens), ne devraient pas être inclus dans l'ombre.

FILMS : Debbie Reynolds dans *How the West was Won* (*La conquête de l'Ouest*) ; Jean Arthur et Van Helfin dans *Shane* (*L'homme des vallées perdues*) ; Judy Garland dans *The Harvey Girls* (*Deborah*) ; Jackie Robinson dans *The Jackie Robinson Story*.

TÉLÉVISION : *Wagon Train, Bonanza, La petite maison dans la prairie*.

ROMANS : *Horizons perdus* de James Hilton ; *O Pionniers !* de Willa Cather.

RELIGIONS OU MYTHES : Nana-Ula (pionnier marin qui emmena son peuple dans un périple de 5 000 km de Tahiti à Hawaï il y a plus de mille ans) ; Bodhidharma (patriarche bouddhiste qui transmit les enseignements de l'Inde à la Chine et fonda la tradition connue actuellement sous la dénomination de Zen) ; Hagar (servante) d'Abraham qui emmena son fils Ishmaël en Arabie, dans la vallée de La Mecque, pour y établir le peuple arabe).

Pirate (Boucanier, Flibustier, Fanfaron, Corsaire)

Traditionnellement, les Pirates étaient les bandits de la mer, à la poursuite de trésors qu'ils allaient cacher dans des grottes. C'est cette légende de trésors enfouis dans des grottes qui a donné naissance à l'image des trésors enfouis dans notre for intérieur. Même si les pirates étaient des voleurs, aux yeux des pauvres paysans laborieux, ils symbolisaient la liberté et la possibilité de frapper les riches aristocrates qui s'enrichissaient sur leur dos. Les Pirates des temps modernes volent de tout, entre autres des propriétés intellectuelles et de l'information sur Internet. Il est très tentant de voler l'énergie ou la créativité d'une autre personne. Lorsque nous trouvons notre propre valeur au lieu de pirater la richesse des autres, nous accédons à la maturité spirituelle.

FILMS : Errol Flynn dans *Captain Blood* ; Walter Matthau dans *Pirates* ; Robert Stevens dans le rôle d'Henry Morgan dans *Pirates of Tortuga*.

OPÉRETTES : *The Pirates of Penzance* de Gilbert et Sullivan.

ROMANS : *Le Comte de Monte Cristo* d'Alexandre Dumas.

RELIGIONS OU MYTHES : Formorians (dans la mythologie celto-irlandaise, une race de géants préhistoriques démoniaques qui pillent l'Irlande à partir de la mer).

Poète (voir aussi Artiste)
Étroitement apparenté à l'Auteur et à l'Artiste, le Poète offre une combinaison de lyrisme et de discernement aiguisé, qui lui permet de trouver beauté et vérité non seulement dans les aspects pittoresques de l'humanité, mais aussi dans son aspect ordinaire. La poésie classique loue les moments captivants et les actions nobles. Elle s'émerveille aussi devant les joies et les peines cachées à la plupart d'entre nous. Pour compter l'archétype du Poète parmi vos douze archétypes, vous n'avez pas besoin d'avoir publié des poèmes. Par contre, vous devez être motivé par le besoin de découvrir la beauté chez les gens et dans les choses, et d'exprimer cette beauté d'une façon visible, accessible aux autres.

L'ombre du Poète utilise son lyrisme de manière négative ou destructive, entre autres, dans les chansons ou poèmes rédigés pour soutenir les agressions militaires ou les génocides.

FILMS : Glenda Jackson dans *Stevie* ; Philippe Noiret dans *Il Postino* (*Le postier*) ; Sean Connery dans *A Fine Madness* (*L'homme à la tête fêlée*).

ROMANS : *The Basketball Diaries* de Jim Carroll (ombre).

RELIGIONS OU MYTHES : roi David (roi d'Israël à qui on attribue de nombreux psaumes) ; Orphée (grand musicien et poète de la mythologie grecque qui savait charmer les animaux sauvages) ; Bragi (dieu de l'éloquence de la mythologie scandinave et patron des poètes) ; Finn Mac Cumhail (héros et chef légendaire irlandais également doté de grands talents de poète).

Manifestant : voir Rebelle.

Prêtre : voir Guide.

Prêtre (Prêtresse, Pasteur, Chaman, Évangéliste, Rabbin, Prédicateur, Révérend, Marabout, Lama)
Le rite par lequel on confère un rôle précis au prêtre s'appelle l'ordination, au cours de laquelle il prononce des vœux et s'engage auprès des « autorités divines ». L'ordination, ou tout autre rituel similaire, permet au Prêtre, au Rabbin, au Chamane ou au Sorcier de servir de canal spirituel ou énergétique aux autres. Par contre, nombreux sont les gens à se consacrer à la vie spirituelle (Moines et Nonnes parmi eux) sans se servir d'un canal. Par l'ordination, le Prêtre obtient le droit de transmettre aux gens le pouvoir des enseignements, des rituels, de la sagesse, de la moralité et de l'éthique sacrés. C'est cette responsabilité spirituelle importante qui fait que l'on s'attend des prêtres ordonnés à ce qu'ils prêchent par l'exemple. Par conséquent, l'ombre de cet archétype se manifeste par l'incapacité de vivre en fonction de ces enseignements, en particulier sous la forme d'écarts à la morale. Quand un prêtre qui représente une collectivité ne respecte pas lui-même ses vœux ou qu'il se sert de son pouvoir pour exercer sa domination sur la population dans son intérêt propre, nous avons à l'œuvre l'expression bien connue de l'ombre de cet archétype. Les prêtres corrompus des temples d'Égypte dans l'Antiquité, ainsi que les prélats et

les papes du Moyen Âge, calculateurs et avides de pouvoir, sont autant d'exemples de Prêtres qui sont intervenus dans le domaine politique pour mousser le pouvoir de l'Église et extorquer de l'argent au peuple en grand besoin de nourriture et d'abris, dans l'intention de construire de plus grands temples et de plus grandes églises. Ils ont aussi fait obstruction aux droits des femmes et des homosexuels et ont abusé de la confiance des autres pour satisfaire leurs propres besoins sexuels.

FILMS : Montgomery Clift dans *I Confess (La loi du silence)* ; Karl Malden dans *On The Waterfront (Sur les quais)* ; Don Murray dans *The Hoodlum Priest (Le mal de vivre)* ; Richard Todd dans *A Man Called Peter* ; Richard Burton dans *Becket*.

ROMANS : *Journal d'un curé de campagne* de Georges Bernanos.

THÉÂTRE : *La chaire* de Bill C. Davis, *Meurtre dans la cathédrale* de T. S. Eliot.

RELIGIONS OU MYTHES : Eléazar (premier grand prêtre d'Israël) ; Pythie (prophétesse du temple d'Apollon, à Delphes, qui entrait en transe et rendait des oracles) ; Apotequil (grand prêtre du dieu inca de la lune) ; Hungan (prêtre haïtien du vaudou) ; Ishkhara (prêtresse d'Ishtar et déesse babylonienne de l'amour) ; Kokopelli (prêtre de la tradition zuni qui apporte pluie et abondance au peuple) ; Utnapishtim ou Ziusudra (dans la mythologie babylonienne et sumérienne, le prêtre-roi de Shurrupak qui, averti par les dieux de la venue du déluge, construit une immense arche pour préserver la vie humaine et animale).

Prince

Les connotations qui accompagnent certains termes sont aussi importantes pour déterminer la nature d'un archétype que leur sens littéral. Le terme Prince vient du latin *princeps* qui veut dire « premier » ou encore « chef ». Anciennement, ce terme désignait le chef d'une principauté ou le fils d'un souverain. De nos jours, ce terme s'emploie pour désigner quelqu'un qui est très en vue dans son domaine ou alors qui est extrêmement généreux. Le conte écrit par Antoine de Saint-Exupéry pour les adultes a rajouté à l'image du Prince la connotation d'explorateur innocent et émerveillé. Cependant, le véritable Prince est un souverain en apprentissage qui est au service du peuple sur lequel il va régner, qu'il s'agisse d'un royaume terrestre ou d'un royaume spirituel. Le prince Siddharta en est l'exemple parfait, puisqu'il fut les deux. L'ombre du Prince peut se manifester chez un jeune homme qui sent qu'il a de grands droits, un héritier qui met à profit sa position aux seules fins de prestige personnel ou encore chez quelqu'un qui hérite d'un empire mal acquis et qui endosse toutes les caractéristiques malveillantes du « roi », comme le fait le personnage de Michael Corleone dans *Le parrain*. *Le prince* de Machiavel servit de guide à ceux qui voulaient utiliser le pouvoir de l'ombre uniquement à des fins professionnelles et par intérêt personnel, sans le moindre égard pour les autres.

FILMS : Laurence Olivier dans *The Prince and the Showgirl (Le prince et la danseuse)* ; Henry Fonda dans *The Lady Eve (Un cœur pris au piège)* ; Joseph Cohen dans *The Farmer's Daughter* ; Paul Newman dans *Cat on a Hot Tin Roof (La chatte sur un toit brûlant)* ; Robert

Redford dans *The Way We Were* (*Nos plus belles années*) ; Anthony Perkins dans *Phaedra* (*Phèdre*).

THÉÂTRE : Biff dans *Mort d'un commis-voyageur* d'Arthur Miller.

ROMANS : *Le prince et le pauvre* de Mark Twain.

CONTES DE FÉE : *La belle au bois dormant, Cendrillon.*

RELIGIONS OU MYTHES : Rama (prince d'Ayodhya, septième incarnation de Vishnu et héros de l'épopée hindoue Ramayana) ; Shotoku (prince japonais déifié comme l'incarnation de Gauthama le bouddha) ; Xochipilli (dieu aztèque des fleurs, du maïs, de l'amour, de la beauté et des chansons dont le nom signifie « Prince des fleurs ») ; Belzébuth (à l'origine dieu et patron des Philistins et des Cananéens dont le nom signifie « Prince Baal » et qui fut diabolisé par la tradition judéo-chrétienne sous le nom de Prince des ténèbres).

Princesse : voir Jouvencelle.

Enquêteur privé : voir Détective.

Journaliste d'enquête : voir Détective.

Géniteur : voir Père.

Prophète : voir Visionnaire.

Prostituée (voir texte pour plus de détails)

L'archétype de la Prostituée comporte des leçons à tirer sur le plan de l'intégrité, que les peurs reliées à la survie ou à l'appât du gain tendent souvent à galvauder. Cet archétype active les éléments inconscients ayant rapport à la séduction et au contrôle : vous pouvez acheter le contrôle face à une autre personne ou vendre votre propre pouvoir. On peut aussi comprendre la prostitution comme la vente des talents, des idées et des autres expressions du Moi, ou encore comme le manquement à ces derniers. Cet archétype est universel et il revient essentiellement au besoin que nous avons d'être valorisé et respecté.

FILMS : Jack Lemmon dans *The Apartment* (*L'appartement*), *Some Like It Hot* (*Certains l'aiment chaud*), *Save the Tiger* (*Sauvez le tigre*), *The China Syndrome* (*Le syndrome chinois*) et *Mass Appeal* ; Judy Holliday dans *Born Yesterday* (*Comment l'esprit vient aux femmes*) ; Fred McMurray dans *Double indemnity* (*Assurance sur la mort*) ; Marlon Brando dans *On the Waterfront* (*Sur les quais*).

THÉÂTRE : *Faust* de Christopher Marlowe.

RELIGIONS OU MYTHES : Ochún (orisha yoruba de l'amour, du mariage et de la maternité qui fut contrainte pendant un certain temps à se prostituer pour nourrir ses enfants) ; prostituées des temples (dans l'Antiquité grecque, romaine, indienne et en Asie mineure, ces femmes qui s'adonnaient publiquement à la copulation pour stimuler la fertilité chez les autres).

Marionnette : voir Esclave.

Reine (Impératrice)
À part le fait qu'elle occupe une position de régence à la cour, la Reine représente le pouvoir et l'autorité chez toutes les femmes. Symboliquement, la cour peut prendre la forme d'une entreprise ou du foyer familial. L'image de la Reine démoniaque a largement été illustrée par les auteurs des contes de fée et des traditions folkloriques sous la forme d'une force du mal. Elle est aussi représentée comme une femme sujette à l'hystérie et aux intrigues, aux complots et aux influences de l'ombre, comme on le voit dans *Blanche-Neige*. Dans *Gulliver*, cependant, on trouve une reine bienveillante qui règne sur le royaume des Géants, mais ceci est une exception.

Cet archétype est également associé à l'arrogance et à une attitude défensive, éléments qui symbolisent le besoin que l'on a de protéger son pouvoir et ses émotions. On représente rarement les Reines avec un système de soutien digne de confiance. Au contraire, elles sont plutôt des personnages solitaires évoluant dans une Cour remplie de traîtres, de rivaux et de félons en puissance. Les femmes qui ont vu cet archétype chez elles dans mes ateliers prétendent que, si elles n'avaient pas possédé ces caractéristiques agressives dans leur personnalité, elle auraient été vulnérables à l'autorité des autres.

Avec cet archétype, les défis inhérents à la domination, à l'autorité et à l'ascendant jouent un rôle marquant pour tirer des leçons sur le plan du développement personnel. La Reine bienveillante use de son autorité pour protéger les gens de sa Cour et faire en sorte que son pouvoir soit amélioré par ses expériences et ses rapports à autrui. La Reine malveillante (ombre) peut user de comportements agressifs et destructeurs, surtout lorsqu'elle soupçonne que son pouvoir ou sa capacité à maintenir le contrôle sur sa Cour est mis au défi. La Reine de glace règne avec une froide indifférence sur les véritables besoins des autres, qu'ils soient matériels ou affectifs. La Reine des abeilles présente une image double : elle est dotée de l'incroyable capacité de régner sur toute la ruche sans jamais quitter sa « chambre », tout en assujettissant la collectivité tout entière.

FILMS : Joan Crawford dans *Queen Bee (La reine des abeilles)*; Marlene Dietrich dans le rôle de Catherine la Grande dans *The Scarlet Empress (L'impératrice rouge)* ; Geraldine Chaplin dans *The Three Musketeers (Les trois mousquetaires)* ; Greta Garbo dans *Queen Cristina* (La reine Christine) ; Judi Densch dans *Shakespeare in Love (Shakespeare et Juliette)* ; Cate Blanchett dans *Elizabeth*.

THÉÂTRE : *Antoine et Cléopâtre* de Shakespeare.

CONTES DE FÉE : *Blanche-Neige et les sept nains* (ombre).

RELIGIONS OU MYTHES : Marie (mère de Jésus, par la suite élevée au rang de Reine des cieux par la religion catholique) ; Mab (reine des fées rusée qui vole les bébés, dont l'origine remonte à la Mabb galloise ou la Maeve gaélique) ; Anatu (reine du ciel de la Mésopotamie) ; Antiope (reine des Amazones de la mythologie grecque) ; Marisha-Ten (reine japonaise des cieux) ; Guenièvre (femme du roi Arthur).

Provocateur : voir Fripon.

Lutin : voir Fripon.

Rabbin : voir Prêtre.

Rebelle (Anarchiste, Révolutionnaire, Objecteur de conscience, Non-conformiste, Insurgé, Frondeur, Insoumis)
Les images du Rebelle sont actuellement trop liées aux clichés que nous renvoient les jeunes et leur culture pour nous permettre de comprendre la signification profonde de cet archétype précieux. Qu'il soit enclin à la politique comme Martin Luther King Jr, Betty Friedan ou Lech Walesa, ou bien un artiste comme Van Gogh, Joyce ou Coltrane, le Rebelle est un élément-clé du développement humain. Dans un groupe d'entraide, le Rebelle aidera beaucoup les gens à se débarrasser des vieux clichés tribaux. Il peut également vous aider à prendre conscience de vos préjugés dans votre domaine professionnel ou dans vos démarches créatrices. Le Rebelle vous aide aussi à rejeter des voies spirituelles qui ne correspondent pas à votre besoin d'être en union directe avec le Divin et à trouver des voies qui vous conviennent mieux. Inversement, l'ombre du Rebelle peut vous pousser à vous rebeller contre la pression exercée sur vous par les autres ou au nom de la mode, ce qui à son tour devient une autre manifestation du conformisme. Il se peut aussi que le Rebelle rejette l'autorité légitime pour la simple raison qu'on lui demande de faire quelque chose de difficile ou de désagréable. Soyez très attentif lorsque vous évaluez vos pulsions rebelles. Même si le Rebelle ne fait pas partie de votre groupe de douze archétypes, il vous habite dans une certaine mesure et vous devriez prêter attention à ses impulsions.
   FILMS : James Dean dans *Rebel Without a Cause* (*La fureur de vivre*), Marlon Brando dans *The Wild One* (*L'équipée sauvage*) ; Kirk Douglas dans *Spartacus* ; Sally Field dans *Norma Rae* ; Meryll Streep dans *Silkwood*.
   ROMANS : *La révolte* d'Albert Camus ; *Vol au-dessus d'un nid de coucou* de Ken Kesey.
   RELIGIONS OU MYTHES : Iblis ou Lucifer (ange rebelle qui, selon la croyance musulmane et chrétienne, refusa d'adorer Adam ou de reconnaître la suprématie de Dieu).
   FOLKORE OU CONTES DE FÉE : *Jack and the Beanstalk* (*Jacques et le haricot magique*) ; *Peter Rabbit* (*Pierre Lapin*) de Beatrix Potter.

Rédempteur : voir Messie.

Ascète : voir Mystique.

Sauveur (voir aussi Chevalier, Guérisseur, Héros)
Dans sa version accomplie, le Sauveur accorde son aide lorsque c'est nécessaire et se retire une fois sa mission accomplie. Il infuse de la force et apporte son soutien aux autres pour les aider à survivre en cas de situation difficile, de crise ou de démarche où ils manquent de la vitalité ou des connaissances nécessaires pour s'en sortir eux-mêmes. Au contraire du Chevalier, auquel il est affilié, le Sauveur se retrouve davantage chez les

femmes, surtout dans son aspect ombre. En effet, le côté sombre de cet archétype apparaît dans un rapport amoureux lorsque l'une des deux personnes établit avec l'autre un lien de soutien affectif dans l'attente secrète de recevoir de l'amour en retour. De tels rapports amoureux ne peuvent qu'échouer, vu que l'attente vise à maintenir le rescapé impuissant, sinon la Sauveuse perd tout son sens.

La guérison et la prise de pouvoir du Sauveur en nous sont des défis très courants, car le fait que l'on ait besoin les uns des autres est un trait propre à la nature humaine. La plupart des gens se sentent concernés par les caractéristiques de cet archétype, qui ressemblent un peu à celles du Chevalier, du Guérisseur, du Héros et même du Serviteur. Si cet archétype vous attire, assurez-vous d'en comparer les caractéristiques avec celles des autres avant de décider s'il fera partie ou non de votre groupe de douze.

FILMS : Sigourney Weaver dans *Alien* ; Tom Hanks dans *Saving Private Ryan (Il faut sauver le soldat Ryan)* ; Jason Gedrick dans *Iron Eagle (Aigle de fer)*.

TÉLÉVISION : *The Lone Ranger.*

RELIGIONS OU MYTHES : Bidadari (dans la mythologie javanaise, une adorable nymphe qui se sert de ses connaissances en magie pour sauver un héros d'une situation dangereuse et l'épouser) ; Lancelot (chevalier de la Table ronde qui sauve Guenièvre, avec qui il a une liaison, lorsque le roi Arthur menace de l'exécuter pour adultère) ; Bran (dans la tradition galloise, un géant qui sauva sa sœur Branwen de l'esclavage auquel son époux la vouait).

Révolutionnaire : voir Rebelle.

Bras droit : voir Compagnon.

Robin des bois : voir Voleur.

Monarque : voir Roi.

Saboteur (voir le texte pour plus de détails)
Le Saboteur est l'archétype qui émane des peurs et des problèmes liés au manque d'estime personnelle, cette déficience qui vous suggère des choix vous empêchant de saisir votre pouvoir et de réussir. Comme c'est le cas aussi avec la Victime et la Prostituée, vous devez affronter ce puissant archétype, que nous possédons tous, et en faire votre allié. Vous découvrirez ainsi certaines situations où les autres vous sabotent et d'autres où c'est vous qui vous sabotez. Quand vous serez plus à l'aise avec cet archétype, vous comprendrez les avertissements qu'il vous lance et vous en tiendrez compte. Vous éviterez ainsi de répéter sans arrêt les mêmes erreurs. Si vous ignorez ces avertissements, l'ombre du Saboteur se manifestera sous la forme de comportements auto-destructeurs ou du désir d'ébranler les autres.

FILMS : Greta Garbo dans *Mata Hari* ; Angela Lansbury dans *The Manchurian Candidate (Le crime dans la tête)* ; Woody Harrelson dans *The People vs. Larry Flint (Larry Flint)* ; Judy Holliday dans

The Solid Gold Cadillac (*Une Cadillac en or massif*).
THÉÂTRE : *Amadeus* (Salieri) de Peter Schaffer ; *La folle de Chaillot* de
Jean Giraudoux.
RELIGIONS OU MYTHES : Loki (dans la tradition scandinave, fripon et
métamorphoseur puissant et rusé, mais cependant héroïque) ; Éris
ou Discordia (dans la mythologie gréco-romaine, déesse de la dis-
corde, réputée avoir causé la guerre de Troie) ; Bamapana (fripon-
héros aborigène qui cause le désaccord et les quiproquos) ; Serpent
(dans de nombreuses cultures, personnage qui trompe les humains
et sabote souvent leur unique chance d'immortalité).

Sage : voir Guide.

Samaritain
Le Samaritain et le Martyr se ressemblent, à la seule différence que les
Samaritains se sacrifient pour ceux qu'ils sont le moins enclins à servir,
comme c'est le cas du Bon Samaritain dans les Écritures saintes. Il peut
s'agir d'un geste banal comme donner des renseignements à quelqu'un
dans la rue alors qu'on est pressé. L'ombre du Samaritain se manifeste lorsqu'on aide une personne ou un groupe au détriment d'une autre personne, de la famille ou de la société. En voici un exemple : le conducteur qui
arrête la circulation pour permettre à un autre conducteur de faire un
demi-tour et qui interdit la circulation à un grand nombre d'autres
conducteurs. Il semblerait qu'il y ait implicitement dans ce comportement
une forme de suffisance qui sous-entend que les autres doivent adhérer
aux choix de celui qui semble le plus méritant.
FILMS : Richard Dreyfuss dans *Down and Out in Beverly Hills* (*Le clo-
chard de Beverly Hills*) ; Gary Cooper dans *Good Sam* (*Ce bon vieux
Sam*) ; Jean Arthur dans *The More the Merrier* (*Plus on est de fous*) ;
Liam Neeson dans *La liste de Schindler*.
RELIGIONS OU MYTHES : Ninlil (déesse sumérienne des Cieux, de la
Terre, de l'air et des céréales qui fait preuve de compassion envers
les démunis) ; Perceval (chevalier du roi Arthur qui guérit la bles-
sure d'Anfortas en s'enquérant de lui avec compassion).

Samouraï : voir Guerrier.

Sauveur : voir Messie.

Intriguant : voir Ingénieur.

Érudit : voir Scribe.

Scientifique : voir Alchimiste.

Scribe (Copiste, Secrétaire, Comptable – Voir aussi Journaliste)
Il y a une différence majeure entre le Scribe et l'Auteur ou l'Artiste en ce
sens que le Scribe se contente de recopier des œuvres existantes au lieu de
les créer. Les scribes hébreux étaient, à l'origine, des secrétaires qui trans-
crivaient la parole des prophètes. Avec le temps, ils sont devenus une clas-

se à part entière de prêtres chargés de l'écriture et de la consignation des lois et des documents. Ils ont donc transcrit les textes de nombreux parchemins et ceux de traditions orales. Les scribes chrétiens du Moyen Âge recopiaient les manuscrits et aidaient à préserver les connaissances. En Inde, les sages qui rédigèrent les Védas sont connus sous le nom de vyasa, terme sanscrit signifiant « collectionneur », que l'on peut également traduire par « scribe ». Cette définition peut être élargie pour englober les journalistes actuels, qui colligent quotidiennement connaissances et informations, et révèlent des secrets (reporters-enquêteurs). Nous devrions par la même occasion inclure dans cet archétype la horde de copistes anonymes qui s'affairent à télécharger toutes sortes de renseignements possibles à partir d'Internet, dans l'intention de les distribuer à tout le monde et de les préserver. Ce qui fait d'Internet l'équivalent moderne de la transcription médiévale, c'est que toute cette information est transcrite non pas par intérêt personnel, mais pour la simple joie de la préserver et d'en faire profiter le plus de gens possibles.

L'Ombre du Scribe se manifeste lorsqu'on falsifie les faits, qu'on plagie ou qu'on vend des renseignements qui appartiennent à d'autres.

FILMS : Dustin Hoffman et Robert Redford dans *All the President's Men* *(Les hommes du président)* ; Sally Field dans *Absence of Malice* *(Absence de malice)* (ombre) ; Kirk Douglas dans *Ace in the Hole (Le gouffre aux chimères)* (ombre) ; Nicole Kidman dans *To Die For* *(Prête à tout)* (ombre) ; Holly Hunter dans *Broadcast News.*

ROMANS : *Bartleby le scribe* de Herman Melville.

RELIGIONS OU MYTHES : Ezra (scribe et prêtre hébreu, bien connu pour avoir colligé et rédigé les livres de la bible hébraïque Vieux Testament au Ve siècle avant Jésus Christ) ; Imhotep (architecte, physicien et scribe de la mythologie égyptienne qui vivait à la cour du pharaon Zoser) ; Thot (dieu égyptien de la sagesse, inventeur de l'écriture et patron des scribes, souvent représenté comme un homme à tête d'ibis tenant une tablette et une plume de roseau à la main).

Sculpteur : voir Artiste.

Secrétaire : voir Scribe.

Séducteur : voir Don Juan.

Séductrice : voir Femme fatale.

Explorateur de la spiritualité (Vagabond, Nomade)
Cet archétype renvoie à celui qui, dans une quête au départ toute simple, cherche fondamentalement l'éveil spirituel. Contrairement au Mystique, dont le Divin est le seul objectif, l'Explorateur de la spiritualité est en quête de sagesse et de vérité, peu importe les moyens qui lui permettent de la mener. L'ombre de cet archétype prend la forme de ce qu'on appelle une « âme perdue », c'est-à-dire une personne qui entreprend un périple sans direction, sans enracinement et sans liens avec les autres et ses buts. L'ombre apparaît lorsque les Explorateurs se font prendre au piège de cer-

taines pratiques spirituelles ou de certains gourous, tombant ainsi dans ce que Chögyam Trungpa appelle si justement le « matérialisme spirituel » et ne transformant jamais leur égocentrisme sous-jacent.

FILMS : Tyrone Power dans *The Razor's Edge (Le fil du rasoir)* ; Brad Pitt dans *Seven Years in Tibet (Sept ans au Tibet)* ; Peter Weller et Judy Davis dans *The New Age (Nouvel Âge)* (ombre) ; Ellen Burstyn dans *Alice Doesn't Live Here Anymore (Alice n'est plus ici)* ; Henry Fonda dans *The Grapes of Wrath (Les raisins de la colère)*.

THÉÂTRE : *La Maison de Poupée* de Henrik Ibsen.

ROMANS : *Siddharta* d'Herman Hesse ; *Horizon perdu* de James Hilton.

AUTOBIOGRAPHIES : *En route pour la gloire* de Woody Guthrie ; *My Experiments with Truth* de Mahatma Gandhi ; *Be Here Now* de Ram Dass ; *Longing for Darkness* de China Galland.

RELIGIONS OU MYTHES : Arjuna (il s'interroge sur son rôle dans la vie dans la Baghavad Gita) ; Siddharta Gautama (avant son illumination et avant de devenir Bouddha, Siddharta entreprit le classique périple de l'Explorateur de la spiritualité).

Prophète : voir Visionnaire.

Serial killer : voir Destructeur.

Serviteur (Domestique assujetti)
Nous servons tous quelqu'un ou quelque chose. Étant donné que le cheminement spirituel consiste essentiellement à servir les autres, tout le monde est concerné par cet archétype. Il nous rend psychiquement disponible aux autres pour les aider à améliorer leur vie. Cette tâche ne peut s'accomplir de manière saine qu'à la seule condition que le Serviteur soit simultanément à son propre service. Dépourvu de la force qui lui permet de maintenir son bien-être, le Serviteur se fait littéralement phagocyter par les besoins des autres et perd tout sens de la valeur de sa vie.

Si l'on considère le Serviteur d'un point de vue social, il faut ajouter que cet archétype est associé à l'argent puisque les Serviteurs sont des personnes engagées et payées pour servir. On retrouve cet aspect dans la psyché du Serviteur assujetti, c'est-à-dire la personne qui se voit liée par des conditions qu'elle n'a pas choisies en raison de son incapacité à « acheter sa liberté », ce qui sur le plan symbolique revient à prendre son pouvoir. Le défi principal concernant cet archétype est de faire des choix en fonction de votre potentiel supérieur. Si ceci est difficile pour vous, vous devriez incorporer cet archétype à votre groupe de douze.

FILMS : William Powell dans *My Man Godfrey* ; Anthony Hopkins dans *Remains of the Day (Les restes du jour)* ; Morgan Freeman dans *Driving Miss Daisy (Miss Daisy et son chauffeur)* ; Dirk Bogarde dans *The Servant* (ombre).

ROMANS : *The Turn of the Screw* (Mᵐᵉ Grose) d'Henry James.

RELIGIONS OU MYTHES : Les noms d'un grand nombre de maîtres spirituels renvoient souvent à la notion de service. Le terme sanscrit *dasya*, par exemple, veut dire « serviteur » et se retrouve dans le nom de mystiques modernes, entre autres Ram Dass, Bhagavan Das et Lama Surya Das ; Obadiah (prophète hébreu dont le nom

veut dire « serviteur de Dieu ») ; Ganymède (dans la mythologie grecque, un beau jeune homme qui était l'un des amants de Zeus et l'échanson des dieux) ; Thialfi (serviteur scandinave de Thor et messager des dieux).
CONTE DE FÉE : *Cendrillon*.

Colon : voir Pionnier.

Obsédé sexuel : voir Don Juan.

Chamane : voir Exorciste.

Métamorphoseur (Jeteur de sort – voir aussi Fripon)
Cet archétype est connu depuis fort longtemps des chamanes, de l'Amérique du Nord entre autres, pour avoir le don de changer d'apparence pour toutes sortes de raisons. Le Métamorphoseur se déplace d'un plan de conscience à un autre : éveil, rêves ou plan astral. Il a une certaine affinité avec le Fripon, quoique plus flexible et moins rivé sur un objectif que celui-ci. L'ombre du Métamorphoseur se traduit par l'instabilité, l'inconstance et le manque de conviction. C'est un trait que l'on peut remarquer chez certains politiciens actuels qui se réinventent une image personnelle pour correspondre aux tendances du moment.
FILMS : *Wolfen* ; Lon Chaney Jr. dans *The Wolf man* ; Aaron Eckhart dans *In the Company of Men* (*En compagnie des hommes*).
RELIGIONS OU MYTHES : Étant donné que la plupart des déités ou des personnages mythiques qui sont des mystificateurs sont également des Fripons, celles-ci représentent ces deux archétypes : Tezcatlipoca (dieu aztèque de la nuit qui change de forme et se sert de son « miroir qui fume » pour tuer ses ennemis) ; Estanatlehi (« femme qui change », puissante déité Navajo, déesse de la fertilité et Mystificatrice associée à la transformation et à l'immortalité).

Sherlock Holmes : voir Détective.

Acolyte : voir Compagnon.

Sirène : voir Femme fatale.

Esclave (Marionnette)
L'archétype de l'Esclave symbolise l'absence totale de pouvoir personnel et du droit de choisir. C'est pourtant cette absence qui confère à l'Esclave un grand potentiel de transformation personnelle. Le devoir spirituel ultime est de remettre sa volonté à Dieu, en fait de devenir un Esclave divin. Bien des disciplines monastiques ont comme but le renoncement au choix personnel et l'obéissance à la volonté d'un maître spirituel, en espérant que ce dernier aura leurs intérêts à cœur. Cette reddition à un pouvoir autre se retrouve dans certaines organisations très hiérarchisées, comme l'armée et les grandes sociétés. En fait, on devient l'Esclave d'un système.
Pour des millions de Noirs américains, l'archétype de l'Esclave repré-

sente un tel fardeau historique qu'il est impossible de le passer sous silence. Si l'esclavage est inscrit dans vos gènes, observez avec attention si cet archétype ressort dans votre famille proche. Ceux qui éliminent cet archétype en prétendant qu'il ne joue aucun rôle dans leur vie découvriront peut-être qu'il prévaut plus que ce qu'ils pensent puisqu'il peut s'exprimer de bien des façons. Nous n'imaginons pas qu'un soldat armé soit un Esclave. Pourtant, le fait de suivre inconditionnellement des ordres est bel et bien un aspect de l'Esclave, surtout si ces ordres viennent transgresser votre intégrité. La Marionnette est toujours manipulée par les autres, quelle que soit la façon dont cet archétype se manifeste. Par contre, l'apprentissage qui lui est inhérent consiste à comprendre cette vérité paradoxale que l'on est véritablement libre seulement lorsqu'on remet entre les mains de Dieu le pouvoir de choisir.

FILMS : Djimon Hounstou dans *Amistad* avec ; Ossie Davis dans *Slave* ; Russell Crowe dans *Gladiator (Gladiateur)* ; Yvette Mimieux dans *The Time Machine (La machine à explorer le temps)* ; Kevin Spacey et Annette Bening dans *American Beauty* ; Victor Mature dans *The Robe (La tunique)* ; Charlton Heston dans le rôle de Moïse dans *The Ten Commandments (Les dix commandements)*.

TÉLÉVISION : *Roots (Racines)* avec LeVar Burton.

THÉÂTRE : *L'Empereur Jones* d'Eugene O'Neil ; *Ma Rainey's Black Bottom* d'August Wilson ; *Glengarry Glen Ross* de David Mamet.

RELIGIONS OU MYTHES : Euryclée (dans l'Odyssée, esclave de Laerte, nourrice d'Ulysse, le premier à avoir reconnu le héros de retour de son voyage après la guerre de Troie) ; Pierre Noir (nom médiéval hollandais donné au diable qui fut enchaîné et asservi par saint Nicolas, ce même saint qui, le 6 décembre, se sert de Pierre Noir pour faire tomber des bonbons et des cadeaux dans les chaussures des enfants devant les cheminées) ; Sisyphe (fondateur de Corinthe, fils d'Éole, roi de Thessalie. Sisyphe ayant vu Zeus enlever la jeune vierge Égine rapporta le fait au père de celle-ci. Fou de rage d'avoir été dénoncé, Zeus l'enferma dans le Tartare et le condamna à pousser éternellement un rocher au sommet d'une montagne, d'où le rocher retombait systématiquement).

CONTES DE FÉE : les singes volants dans *Le magicien d'Oz.*

Limier : voir Détective.

Fouineur : voir Détective.

Mercenaire : voir Guerrier.

Soldat : voir Guerrier.

Jeteur de sort : voir Métamorphoseur.

Maître spirituel : voir Guide.

Gâcheur : voir Destructeur.

Espion : voir Détective.

Conteur (Ménestrel, Narrateur)

L'Archétype bien connu du Conteur ou Ménestrel renvoie à la sagesse et la bêtise, aux échecs et aux succès, aux faits et aux virtualités, aux contes d'amour et à l'impossible amour, exagérés à un point tel que cela dépasse la vie ordinaire. L'amour est plus grand, le pouvoir plus absolu, le succès plus éclatant, la bêtise plus flagrante. Nous avons en nous le besoin archétypal de nous faire parler par le biais d'histoires parce que ces dernières nous mettent en contact avec notre for intérieur. Nous sommes naturellement des Conteurs. Ceux chez qui cet archétype est fort remarqueront que la voix et les méthodes du Conteur sont essentielles à la façon dont ils perçoivent le monde et le communiquent aux autres. Certains enseignants ont en eux l'archétype du Conteur, mais le contraire n'est pas toujours vrai. Ce ne sont pas tous les écrivains qui sont des Conteurs, alors que les auteurs de romans doivent l'être par définition. Un Conteur ne communique pas seulement des faits, mais transmet aussi une leçon métaphorique. Les Conteurs se trouvent dans tous les domaines, pas seulement parmi les écrivains professionnels.

La tradition des Ménestrels révèle l'importance que revêtait le Conteur dans la culture médiévale. En effet, les Ménestrels devaient raconter et chanter des histoires pour amuser les gens et pour communiquer des nouvelles.

Dans un cas extrême, l'ombre du Conteur est un menteur et, dans un cas plus modéré, celle de l'exagération. La tentation existe toujours de se servir à mauvais escient du don de la narration. L'ombre se manifeste lorsque nous ne pouvons nous empêcher d'inventer une histoire pour dissimuler une vérité. Cependant, l'attrait universel que l'homme a eu tout au cours de l'histoire pour la narration indique un lien plus profond avec cet archétype sur le plan spirituel. Les plus vieux textes écrits en notre possession, c'est-à-dire ceux de l'épopée de Gilgamesh, de la Bible et de l'Odyssée, se servent de la narration pour faire passer leurs messages. Ceci reflète peut-être simplement le sentiment que nous avons que chacune de nos vies vaut la peine d'être racontée ou encore notre désir d'imposer un certain ordre à un univers qui semble parfois chaotique et erratique.

FILMS : Rod Taylor dans le rôle de Sean O'Casey dans *Young Cassidy* (Le jeune Cassidy) ; Laurence Harvey et Karl Boehm dans *The Wonderful World ot the Brothers Grimm* ; Judy Davis dans le rôle de George Sand dans *Impromptu* ; Barbara Bel Geddes dans *I Remember Mama*.

ROMANS : *Lord Jim* de Joseph Conrad ; *Beloved* de Toni Morrison ; *Ulysse* de James Joyce.

CONTES DE FÉE : *Les mille et une nuits*.

RELIGIONS OU MYTHES : Homère (écrivain ayant produit des textes où sont combinées histoire et mythologie, entre autres deux épopées, l'*Iliade* et l'*Odyssée*) ; Blaise (conteur gallois qui devint le scribe de Merlin dans la légende du roi Arthur) ; Thamyris (ménestrel thrace qui remporta tellement de concours de narration qu'il défia les Muses qui en retour le frappèrent de cécité pour son arrogance).

Étudiant (Disciple, Fidèle, Apprenti, Dévot, Élève)
Cet archétype renvoie au besoin permanent d'apprendre, à l'ouverture qui permet d'absorber les informations nouvelles conférant du bien-être. Il renvoie également à l'absence de maîtrise d'un sujet particulier et à un désir continuel de développer l'intellect. Dans un contexte spirituel, l'Étudiant, le Disciple, le Dévot et le Fidèle laissent entendre que l'on a trouvé une source d'enseignement, sous la forme d'un gourou ou d'un maître spirituel qui devient aussi un guide.

L'ombre de cet archétype se manifeste de concert avec l'ombre de l'Enseignant ou du Mentor qui apprend avidement à connaître toutes les ficelles du mauvais métier ou se sert à mauvais escient des connaissances apprises. Ceci est illustré dans le dessin animé de Walt Disney *L'apprenti sorcier*, dans lequel Mickey incarne justement l'apprenti sorcier qui se laisse emporter par son talent brut et sème le désordre. L'ombre de cet archétype se manifeste aussi chez des gens qui, parce qu'ils ont peur de se lancer dans la vie, étudient toujours sans jamais mettre leurs connaissances en pratique. Les gens qui prétendent ne jamais être prêts ou ne pas en savoir suffisamment pour réaliser leurs rêves devraient particulièrement faire attention à cet archétype.

FILMS : Julie Walters dans *Educating Rita (L'éducation de Rita)* ; Jean-Pierre Léaud dans *Les 400 coups* ; Matthew Broderick dans *The Freshman (Premiers pas dans la mafia)*.

THÉÂTRE : *Pygmalion* de G. B. Shaw.

ROMANS : *Tom Brown's School Days* de Thomas Hughes.

AUTOBIOGRAPHIES : *L'éducation de Henry Adams* de Henry Adams.

RELIGIONS OU MYTHES : Derviche (terme soufi désignant l'élève du cheikh) ; Hunsi (terme haïtien provenant de la culture du Dahomey et désignant une personne adorant toute déité africaine) ; Télémaque (élève de Mentor, à qui Ulysse confia le soin et l'éducation de son fils) ; Médée (disciple d'Hécate, déesse grecque des croisées de chemins et grande sorcière) ; Ananda (disciple bien connu de Bouddha) ; Pierre (disciple principal de Jésus) ; Abu Bakr (un des disciples du prophète Mahomet, disciples surnommés Compagnons).

Escroc : voir Voleur.

Sybarite : voir Hédoniste.

Enseignant (Instructeur; voir aussi Mentor)
L'enseignement est l'art de communiquer du savoir, de l'expérience, de l'habileté et de la sagesse à un autre. L'enseignement, ou la présentation d'une instruction quelconque, peut se transmettre par les conseils de parents, par l'apprentissage commercial, ou par une instruction inspirée. Pour déterminer si cet archétype fait partie de votre équipe de soutien, demandez-vous si les autres vous considèrent comme un Enseignant dans une situation ou dans une autre. Êtes-vous celui que les autres recherchent pour la richesse de son expérience, ou pour leur enseigner des manoeuvres ?

L'aspect ombre de l'Enseignant se manifeste sous la forme d'un désir de manipuler ou d'abuser ceux à qui l'on enseigne ; de se préoccuper davantage de reconnaissance que de transmission de connaissances ; ou, commele côté sombre du Mentor, d'enseigner des traits négatifs et des habiletés destructrices, comme le cambriolage ou la tricherie au travail.

FILMS : Bette Davis dans *The Corn Is Green* ; Sidney Poitier dans *To Sir with Love* ; Michael Caine dans *Educating Rita (L'éducation de Rita)* ; Glenn Ford dans *Blackboard Jungle* ; Deborah Kerr dans *The King and I (Le Roi et moi)* ; Ian McKellen dans *Apt Pupil* ; Maggie Smith dans *The Prime of Miss Jean Brodie (La prime jeunesse de Mademoiselle Jean Brodie)* (ombre).

THÉÂTRE : *The Miracle Worker* de William Gibson.

ROMAN : *Goodbye, Mr. Chips* de James Hilton.

RELIGIONS ET MYTHES : Socrate (philosophe grec classique qui enseignait à la jeunesse d'Athènes et fut accusé de l'avoir corrompue) ; le Roi Pêcheur (dans la légende arthurienne, l'enseignant de Perceval) ; Nommo (héros de la culture africaine et enseignant du peuple dogon du Mali, du Soudan et du Burkina-Faso) ; Chiron (enseignant des héros mythiques grecs Jason et Achille) ; Dhanvantari (déité hindoue à qui l'on attribue l'enseignement de la médecine à l'humanité).

Thérapeute : voir Guérisseur.

Voleur (Maraud, Brigand, Arnaqueur, Pickpocket, Cambrioleur, Voleur à la tire, Truand)

Le Voleur prend habituellement la forme d'un personnage nocturne dont la tête est couverte d'une cagoule et qui se glisse subrepticement dans certains lieux pour y voler ce qu'il convoite. Dans la hiérarchie du vol, le Voleur le plus respecté est le Voleur juif, que l'on associe à la classe, au charme et à la sophistication. Le Bon Voleur vole au nom des autres, comme c'est le cas avec Robin des Bois. Tous ses méfaits lui semblent pardonnés du fait qu'il les perpètre par esprit de bienveillance envers les autres. En fait, ceci n'est souvent qu'une belle rationalisation. Le Braqueur de banque maintient un certain degré de respect étant donné qu'il vise une entité commerciale et impersonnelle ; sa démarche sous-entend qu'il y a chez lui un esprit intelligent et stratégique. Le Voleur à la tire et le Pickpocket, par contre, figurent au bas de la liste, parce qu'ils volent les gens ordinaires et que leurs méthodes rapportent peu.

Sur le plan symbolique, le vol peut prendre bien des formes, entre autres le plagiat, le vol d'idées et même le vol d'affection. Prendre ce qui ne vous appartient pas parce que vous ne savez pas pourvoir à vos besoins sous-entend que vous devez apprendre à vous respecter vous-même. Cet archétype vous rappelle que vous devez apprendre à trouver la force qui est en vous. Comme bien des archétypes qui, en premier lieu, ne semblent pas correspondre à ce que vous êtes, celui-ci devrait être abordé sur le plan de sa signification symbolique. Il se peut fort bien que vous n'ayez jamais volé un objet matériel. Qu'en est-il sur le plan intellectuel ou affectif ?

FILMS : James Caan dans *Thief (Voleur)* ; Vittorio Gassman et Marcelo Mastroianni dans *Big Deal on Madonna Street* ; Jean-Paul Belmondo dans *The Thief of Paris (Le voleur)* ; Sabu dans *The Thief of Bagdad (Le voleur de Bagdad)* (1940) ; Steven Bauer dans *Thief of Hearts* ; Kevin Kostner dans *Robin Hood : Prince of Thieves (Robin des Bois, prince des voleurs)* ; Angelica Huston dans *The Grifters (Les arnaqueurs)* (ombre).

ROMANS : *Les aventures de Robin des Bois* (divers auteurs).

RELIGIONS OU MYTHES : Corbeau (pour les Amérindiens du nord-ouest, un voleur serviable qui vola la lune et le soleil au Grand chef du ciel et les mit dans le ciel) ; Prométhée (héros de la mythologie grecque qui vola le feu sacré à Zeus et aux dieux) ; Autolycus (grand-père d'Ulysse et voleur renommé qui vola le bétail d'Eurytus) ; le Bon Larron (un des deux hommes, dans le Nouveau Testament, à être crucifié avec Jésus, qui se repentit et demanda pardon).

Fripon (Farfadet, Provocateur)

Aussi loin que peuvent remonter les écrits, le Fripon est un élément-clé de la comédie humaine. Selon le grand historien des religions, Mircéa Éliade, un Fripon est un personnage humain ou animal qui joue des tours douteux ou fait des blagues de mauvais goût, qui se moque des autres ou dont les autres se moquent. Il cache derrière son aspect un demi-dieu de tradition religieuse. Le serpent qui tente Ève tire ses origines d'un personnage de la mythologie sumérienne et babylonienne datant de 3 000 ans avant Jésus-Christ, où le serpent joue un tour à l'humanité en lui subtilisant son immortalité et en se l'appropriant. (Certains qui avaient observé les serpents muer en avaient conclu que cet animal à sang froid pouvait renaître indéfiniment.) Dans bien des cultures, par contre, surtout chez les Amérindiens, le Fripon est aussi l'aide ou le messager du Créateur.

Comme la Prostituée et le Serviteur, cet archétype semble de prime abord n'avoir que des connotations négatives. Il peut cependant s'avérer un grand allié, car il vous propose des avenues autres que la voie rectiligne et étroite que les gens et les institutions cherchent à vous imposer par la pression et le conformisme. La meilleure illustration moderne de cette dualité se retrouve dans les films où jouent Jack Nicholson et Groucho Marx. Même si leur personnage respectif est souvent fade ou plein de duplicité, leurs tribulations peuvent s'avérer rafraîchissantes, car elles dépassent les conventions, la rigidité et les comportements prévisibles.

FILMS : Barbara Stanwyck dans *The Lady Eve (Ève)* ; Wilfred Ramble (grand-père) dans *A Hard Day's Night* ; Peter Cook dans *Bedazzled (Endiablé)* (ombre) ; Michael Caine, Steve Martin et Glenne Headley dans *Dirty Rotten Scoundrels (Le plus escroc des deux)*.

THÉÂTRE : *La meneuse de jeu* de Thornton Wilder.

ROMANS : *Les sorcières d'Eastwick* de John Updike.

CONTES DE FÉE : *Le petit chaperon rouge, Le renard et les raisins, Le bonhomme de pain d'épices.*

RELIGIONS OU MYTHES : Kaulu (dieu fripon polynésien) ; Geai bleu (chez les Amérindiens de la côte du Pacifique, Fripon qui essaie de se montrer plus malin que les autres animaux) ; Femme araignée (Fripon divin des tribus indiennes Lakota) ; Esth (ancien dieu égyptien du chaos et de l'adversité) ; Esu (dieu de l'Afrique occidentale, symbolisant le passage et Fripon gardant la maison des dieux).

Tuteur : voir Mentor.

Vagabond : voir Explorateur de la spiritualité.

Vampire

Le Vampire est une créature mythique associée à l'érotisme et au vampirisme. Le Vampire a besoin de sang pour vivre et il s'en procure en mordant le cou de ses victimes pendant ses virées nocturnes. La victime féminine présente souvent des désirs antagonistes : d'un côté, elle veut repousser le Vampire et, de l'autre, elle accepte le rapport érotique qui s'établit entre elle et lui. Le Vampire revient chaque nuit à sa source d'approvisionnement jusqu'à ce que celle-ci soit tarie. Il existe de belles similitudes entre l'esprit de luxure des humains et l'attrait que le vampire ressent pour le sang. À mesure que le Vampire satisfait sa soif de sang, sa victime s'affaiblit et se soumet de plus en plus, même jusqu'à devenir à un certain moment totalement incapable de se protéger. Symboliquement, ce genre de rapports fait référence à la dynamique qui existe fréquemment dans les rapports entre homme et femme, rapports où l'homme soutire à la femme tout son pouvoir pour assurer la survie de sa propre psyché. Une fois qu'elle a été mordue, la femme se soumet, même si elle doit perdre tout pouvoir personnel. Dans certaines relations, les rôles peuvent cependant être inversés

Parfois, nous nous attachons psychiquement à d'autres personnes, et ceci au-delà du plan sexuel, parce que nous sommes attirés par leur énergie. Ce désir se manifeste par le besoin d'approbation, le besoin que l'autre prenne soin de notre survie et la peur d'être abandonné. Ce que les psychologues ont qualifié de relations de codépendance correspond assez bien au Vampire. Même si vous éprouvez de la difficulté à entrevoir le Vampire comme l'un de vos archétypes, il vous faudra tout de même vous pencher sur cet archétype. Les comportements répétitifs faisant entrer en jeu les plaintes chroniques, l'excès de dépendance, l'attachement émotif ou physique à une relation longtemps après que celle-ci soit terminée et les luttes de pouvoir constantes sont autant de signes indicateurs du Vampire. S'agripper à quelqu'un psychiquement est aussi réel que s'agripper à lui physiquement.

L'intérêt accordé au Vampire a connu une recrudescence dans les domaines littéraire et cinématographique. Il se pourrait bien que l'ouverture de la psyché sur le plan archétypal qui s'effectue depuis cinquante ans ait ravivé la présence du Vampire et lui ait conféré un pouvoir psychique qu'il n'avait pas auparavant.

FILMS : *Dracula* avec Bela Lugosi ; Tom Cruise dans *Interview with the Vampire (Entrevue avec un vampire)*.

ROMANS : *Dracula* de Bram Stoker ; *Chroniques des Vampires* d'Anne Rice ; *Le Vampire* de John Polidori.

RELIGIONS OU MYTHES : Vlad Tepes, alias Vlad l'Empaleur (au XVe siècle en Wallachie ou Roumanie actuelle, comte assoiffé de sang qui était réputé empaler et décapiter ses ennemis) ; Langsoir (vampire malais, fut une femme qui mourut en couches et entreprit de se venger en assaillant les bébés et les enfants).

Victime (voir le texte pour plus de détails)
Il va de soi que la Victime est un trait négatif. Cependant, si on le cerne bien, il peut grandement nous aider à savoir si nous nous apprêtons à tomber dans le jeu de la victime, souvent par passivité, mais aussi par des gestes impropres posés trop à la hâte. Nous avons beaucoup à gagner aussi lorsque nous savons reconnaître notre tendance à faire des autres nos victimes, surtout par intérêt personnel. En ce qui concerne l'ombre de la Victime, elle se manifeste lorsque nous aimons la victime parce que nous recevons un renforcement positif sous forme de sympathie ou de pitié. Notre but est toujours d'apprendre comment débusquer ces comportements impropres chez nous et chez les autres, et d'agir en conséquence.

FILMS : Hillary Swank dans *Boys Don't Cry* ; Jodie Foster dans *The Accused (L'accusé)* ; Meryl Streep dans *Sophie's Choice* (Le choix de Sophie) ; Glenn Close dans *Reversal of Fortune* (Le mystère von Bülow).

ROMANS : *Dr Jekyll et Mr Hyde* de Robert L. Stevenson ; *Misery* de Stephen King.

THÉÂTRE : *Personne n'est parfait* de Harvey Fierstein.

RELIGIONS OU MYTHES : Isaac (fils d'Abraham que Dieu ordonne de sacrifier) ; Hercule (fait prisonnier par Busiris, héros grec personnifiant la force qui refuse le rôle de victime en se servant de sa force pour briser ses chaînes et tuer Busiris).

Vierge (voir aussi Moine ou nonne)
On associe cet archétype à la pureté, surtout chez les jeunes filles. Les Vestales de Rome, dans l'Antiquité, vivaient pour servir une déesse et étaient souvent durement punies si elles perdaient leur virginité. La Vierge Marie, mère de Jésus, représente la pureté de la maternité et par conséquent, donne naissance à un dieu, la forme ultime du mâle. L'association à cet archétype doit se concevoir symboliquement comme un appel à la pureté et comme le point zéro de la création. Avoir des idées totalement neuves est autant un aspect de cet archétype que la préservation de certains lieux, entre autres celui des forêts vierges.

L'ombre de la Vierge se manifeste par le dégoût prude de la sensualité authentique ou encore la crainte de celle-ci. Résister à la sexualité non pas pour canaliser cette énergie vers d'autres activités, mais plutôt parce que c'est en soi dégoûtant, n'est pas une vertu mais la négation d'un aspect essentiel de la personne. Les moines et les nonnes chastes ont comme idéal d'apprendre à canaliser leur énergie sexuelle plutôt qu'à simplement la réprimer.

FILMS : Sean Connery dans *The Medicine Man*; Kirstin Dunst *et al.* dans *The Virgin Suicides* ; Jason Leigh dans *Fast Times at Ridgemont High.*

RELIGIONS OU MYTHES : Parthénos (terme grec signifiant « vierge » et qualifiant la déesse Athéna, qui était la mère vierge du foyer et, par conséquent, de la vie domestique).

Visionnaire (Rêveur, Prophète – Voir aussi Guide, Alchimiste)
L'archétype du Visionnaire vous permet d'imaginer des possibilités se

situant bien au-delà des limites de votre vie personnelle, qui bénéficieront à toute la société. Le Visionnaire nous fait entrevoir ce qui pourrait arriver si l'on faisait certains choix ou l'inévitable qui se produirait si les choix ont déjà été faits. Le Prophète livre des messages par lesquels l'aide divine entre en jeu. C'est le cas des prophètes hébreux, qui apparaissent également dans le Coran (l'islam vénère Jésus aussi bien que Jean-Baptiste en tant que prophètes). Le Visionnaire et le Prophète mettent leurs dons au service de l'humanité et non au leur. Le Prophète est souvent rejeté par le groupe vers lequel il a été envoyé, alors que le Visionnaire est bien accueilli pour savoir lire ce qui se profile à l'horizon.

L'ombre du Prophète ou du Visionnaire se manifeste par la propension à vouloir vendre ses dons de vision au plus offrant ou à modifier les visions pour les rendre plus acceptables aux yeux de la société. Dans des cas extrêmes, des visions déformées peuvent amener une nation entière à un déchaînement destructeur, voire meurtrier. À ce moment-là, le Destructeur prend la place du Visionnaire, comme ce fut le cas avec Hitler, Staline et Mao.

FILMS : Eriq Ebouaney dans *Lumumba* ; Peter Finch dans *Network* (ombre).

RELIGIONS OU MYTHES : Prophètes hébreux (Isaïe, Jérémie, Ezéchiel, etc. qui punirent souvent les grands chefs tout en attirant l'attention du peuple sur ses propres erreurs) ; Mahomet (le dernier prophète de l'Islam, qui transmit le message de Dieu au peuple arabe par le Coran) ; Baha'u'llah (prophète iranien du XIXe siècle ayant fondé la foi Bahaï qui préconise la cause universelle, une foi commune unique) ; Cassandre (dans la tradition grecque, la fille du roi et de la reine de Troie à qui Apollon attribua le don de prophétie dans l'intention de la séduire ; comme elle refusait toutes ses avances, il fit tomber toutes ses prophéties dans des oreilles de sourds) ; Zarathoustra (prophète et fondateur du zoroastrisme).

Voyageur : voir Explorateur de la spiritualité.

Guerrier (Soldat, Amazone, Mercenaire, Soldat de fortune, Samouraï, Bandit armé, Policier engagé dans la lutte contre le crime)
L'archétype du Guerrier représente la force physique et la capacité de défendre et de protéger ses droits, ainsi que de se battre pour eux. Alors que le Chevalier protège la Jouvencelle, le Guerrier a une connotation d'invincibilité et de loyauté. L'énergie du Guerrier est érotique, dans le cas de l'homme, car elle représente le summum de la virilité et de la force physique, de même que la ténacité de la volonté et de l'esprit. Être invincible et se battre jusqu'à la mort sont deux aspects de cet archétype. Le passage de l'adolescence à l'âge d'homme est également une caractéristique du Guerrier.

Le Mercenaire et le Soldat de Fortune sont des variantes du tueur à gages qui vend sa force, sans tenir compte de la cause de l'acheteur. Ces archétypes ressemblent à la Prostituée en ce sens que, malgré leur apparence négative, ils nous avertissent du risque que nous prenons en investissant notre force dans une cause injuste ou égoïste.

Le Bandit armé ou le Samouraï symbolisent le double tranchant de l'épée, c'est le cas de le dire. Ils font appel à nos aspirations à l'indépendance et au pouvoir de nous défendre nous et nos droits, tout en portant le poids d'un passé fait de mal débridé et féroce. D'un côté se trouvent tous les personnages héroïques joués par John Wayne, Gary Cooper, etc., qui s'élèvent contre l'injustice et qui se saisissent aisément des forces du mal. Le Cavalier solitaire américain et les samouraïs errants des films d'Akira Kurosawa incarnent ce fier guerrier indépendant, que ces deux nations (É.-U. et Japon) semblent avoir en commun. De l'autre côté, il y a tout le mal, les tueurs et les voleurs qui ne pensent qu'à eux et qui incarnent nos plus atroces cauchemars de la domination masculine sans foi ni loi. Quelque part entre les deux, on trouve les Policiers engagés dans la lutte contre le crime et les loups solitaires armés si bien rendus par Clint Eastwood, personnage dont l'héroïsme se teinte souvent de colère, d'esprit de vengeance et d'une certaine dose de sadisme.

L'ombre du Guerrier déforme ou délaisse la décence et les principes éthiques pour remporter la victoire à n'importe quel prix. Ce qui peut être une vertu – indifférence héroïque au danger et à la douleur – devient méprisable lorsque cette indifférence concerne les êtres.

L'archétype du Guerrier a autant rapport avec la psyché féminine qu'avec la psyché masculine. Les femmes défendent depuis longtemps leurs familles et les Amazones sont devenues légendaires en raison de leur capacité à s'engager dans de féroces combats, allant même jusqu'à sacrifier un attribut féminin, leur sein qu'elles faisaient brûler, pour mieux tirer à l'arc. La loyauté envers la famille et la tribu figurent parmi les grandes caractéristiques des Amazones, ainsi que le soin accordé à leurs enfants et la transmission des leçons de force et d'auto-défense. De nos jours, la Guerrière connaît de nouveaux moments de gloire grâce aux femmes qui en libèrent et protègent d'autres, surtout les mères de famille ayant besoin d'être entendues et de recevoir de l'aide financière.

Le concept du Guerrier spirituel a été avancé par Dan Millman (*Le guerrier pacifique*), le professeur Robert Thurman et d'autres. Ce concept fait référence aux classiques vertus du Guerrier que sont l'héroïsme, le stoïcisme et le sacrifice personnel dans l'intention de dépasser l'ego et de maintenir le contrôle sur la vie spirituelle.

FILMS : Gary Cooper dans *High Noon* (*Le train sifflera trois fois*) ; John Wayne dans *The Searchers* (*La prisonnière du désert*) ; Clint Eastwoood dans *Pale Rider* et *Unforgiven* (*Impitoyable*) ; Mel Gibson dans *Mad Max* et *Road Warrior*; Barbra Streisand dans *The Way we Were* (*Nos plus belles années*) (activiste politique) ; Shirley MacLaine dans *Terms of Endearment* (combat d'une mère pour mieux faire soigner sa fille en train de mourir d'un cancer) ; Denzel Washington dans *Glory* (soldat de la guerre civile) ; *Les sept samouraïs*.

TÉLÉVISION : *Buffy la tueuse de vampires* ; *Xena la Princesse guerrière*.

THÉÂTRE : *A Soldier's Story* de Charles Fuller.

ROMANS : *En un combat douteux* de John Steinbeck (émigrants ouvriers).

RELIGIONS OU MYTHES : Bhima (« le Terrible », guerrier héros du *Mahabharata*, bien connu pour sa grande force ; fils du dieu du vent Vayu et frère d'Arjuna, il devint un dieu guerrier hindou) ; Oya (femme guerrière de la mythologie Yoruba, déesse du feu, du vent, du tonnerre et du fleuve Niger) ; Andarta (guerrière celte et gaélique, déesse de la fertilité et patronne des Vocontii) ; Popocatepetl (guerrier aztèque qui, avec son compagnon, fut transformé en montagne par les dieux après que tous deux moururent de chagrin l'un pour l'autre) ; Brunnhilde (femme guerrière et une des Walkyries appartenant à l'épopée allemande *Niebelungenlied*) ; Aliocha Popovitch (héros épique et puissant guerrier du folklore russe) ; Durga (manifestation guerrière de la Déesse Mère hindoue).

Tisserand : voir Artiste.

Femme sage : voir Guide.

Sorcier : voir Alchimiste.

Bourreau de travail : voir Drogué.

Notes

INTRODUCTION

1. Cité par Sam Keen, *Fire in the Belly*, New York, Three Rivers, 1997.

CHAPITRE 1

1. Voir Rogert Woolger, Ph.D., *Other Lives, Other Selves : A Jungian Psychotherapist Discovers Past Lives*, New York, Doubleday, 1987, et Brian Weiss, M.D., *Through time into healing : Discovering the Power of Regression Therapy to Erase Trauma and Transform Mind, Body, and Relationships*, New York, Touchstone, 1993.
2. Gregg Levoy, *Callings : Finding and Following an Authentic Life*, New York, Three Rivers, 1997.
3. John O'Donohue, *Anam Cara : A book of Celtic Wisdom*, New York, Harper Collins, 1997.

CHAPITRE 2

1. Clarissa Pinkola Estés, Ph.D., *Women Who Run with the Wolves : Myths and Stories of the Wild Woman Archetype*, New York, Ballantine, 1997. En français : *Femmes qui courent avec les loups*, Grasset, 1996.
2. D. Jason Cooper, *Mithras : Mysteries and Initiation Rediscovered*, Tork Beach, Me., Samuel Weiser, 1996.
3. Anthony F. Aveni, « Other Stars than Ours », *Natural History*, 1er avril 2001.
4. Platon, *La République*, trad. de Robert Baccou, Garnier, 1966.
5. James Hillman, *The Soul's Code : In Search of Character and Calling*, New York, Random House, 1996. En français : *Le code caché de votre destin : prendre en main son existence en élevant sa conscience de soi*, Laffont, 1999.
6. Harold Kushner, *How Good Do We Have to Be? A New Understanding of Guilt and Forgiveness*, Boston, Little, Brown & Co., 199.
7. Joseph Campbell, *The Hero with a Thousand Faces*, Princeton, N.J., Princeton University Press, 1968. En français : *Les héros sont éternels*, Seghers, 1978.
8. Pour un exposé sur la question, voir Bruce Chilton, *Rabbi Jesus : An Intimate Biography*, New York, Doubledday, 2000; John Shelby Spong, *Born of a Woman : A Bishop Rethinks the Birth of Jesus*, San Francisco : Harper San Francisco, 1992); et John P. Meier, *A Marginal Jew : Rethinking the Historical Jesus*, New York, Doubleday, 1991.

CHAPITRE 3

1. Baba Ram Dass, *Be Here Now*, San Cristobal, N.M., Haniman Foundation, 1971.
2. Evelyn Underhill, *Mysticism : The Nature and Development of Spiritual Consciousness*, Oxford, Angleterre, Oneworld, 1993.
3. Thomas Cahill, *The Gifts of the Jews : How a Tribe of Desert Nomads Changed the Way Everyone Thinks and Feels*, New Yhork, Nan A. Talese, 1998).

4. Richard A. Horsley et Neil Asher Silberman, *The Message of the Kingdom : How Jesus and Paul Ignited a Revolution and Transformed the Ancient World*, New York, Grosset/Putnam, 1997.
5. Dr A. Zahoor et Dr Z. Haq, *Biography of Prophet Muhammad*, 1990, en ligne à http://users.erols.com/zenithco/muhammad.html
6. Martin Lings, *Muhammad : His Life Based on the Earliest Sources*, Rochester, Vt., Inner Traditions International, 1983.
7. Hilda Charlton, *Hell-Bent for Heaven : The Autobiography of Hilda Charlton*, Woodstock, N.Y., Golden Quest, 1990.
8. Lings, *Muhammad*.
9. Richard H. Robinson et Willard L. Johnson, *The Buddhist Religion : A Historical Introduction*, 3ᵉ éd., Belmont, Calif., Wadsworth, 1982.
10. Pour un exposé sur la carrière de Glassman, voir Peter Occhiogroso, *Through the Labyrinth : Stories of the Search for Spiritual Transformation in Everyday Life*, New York, Viking, 1991, chap. 9

CHAPITRE 4

1. Richard Tarnas, *The Passion of the Western Mind : Understanding the Ideas that Have Shaped Our World View* , New York, Harmony Books, 1991.
2. Ibid.
3. Jung reconnaissait cependant des correspondances avec des travaux antérieurs d'autres chercheurs en mythologie, en psychologie anima-le et en religion comparée, y compris Lucien Lévy-Bruhl et Adolf Bastian. « En s'appuyant sur ces références, écrivait-il, il est clair que mon idée de l'archétype (littéralement, forme préexistante) n'est pas isolée, mais a été reconnue et nommée dans d'autres champs de connaissance. » Voir *The Archetypes and the Collective Unconscious*, vol. 9 des *Collected Works of C.G. Jung*, édition et traduction de G. Adler et R. F. C. Hull, Princeton, N.J., Princeton University Press, 1970.
4. *The Portable Jung*, édité par Joseph Campbell, traduction de R. F. C. Hull, New York, Penguin, 1976, xxi.
5. Ibid., xxii.
6. C. G. Jung, *The Structure and Dynamics of the Psyche*, vol. 8 de *The Collected Works of C. G. Jung*, édition et traduction de G. Adler et R. F. C. Hull, Princeton, N.J., Princeton University Press, 1970.
7. Marie-Louise von Franz, in Carl G. Jung et al., *Man and His Symbols*, Garden City, N.Y., Doubleday, 1964, 3ᵉ partie. En français : *L'Homme et ses symboles*, Laffont, 1964.
8. Stanley Milgram, *Obedience to Authority : An Experimental View*, New York, HarperCollins, 1983. Voir aussihttp://www.stanleymilgram.com
9. L. Frank Baum, *The Wonderful Wizard of Oz*, Chicago, George M. Hill, 1900. Texte intégral disponible en ligne : http://www.bookval-ley.com/collections/ozwizard.
En français: *Le Magicien d'Oz*, Hatier, 1990.

CHAPITRE 6

1. Aldous Huxley, *The Perennial Philosophy*, New York, Harper & Row, 1944, introduction. En français : *La philosophie éternelle*, Seuil, 1977.
2. Malcolm X, avec Alex Haley, *The Autobiography o f Malcolm X*, New York, Ballantine, 1992.
3. Lex Hixon, *Mother of the Universe : Vision of the Goddess and Tantric Hymns of Enlightenment*, Wheaton, Ill., Quest Books, 1994, introduction. Pour les poèmes de Rumi en traduction moderne, voir *The Ruins of the Heart*, traduction de Edmund Helminski, Putney, Vt, Threshold, 1981, et *Unseen Rain*, traduction de John Moyne et Coleman Barks, Putney, Vt., Threshold, 1986.

CHAPITRE 7

1. *Egil's Saga*, traduction de Hermann Pálsson et Paul Edwards, New York, Penguin, 1977.
2. Jung. *The Structure and Dynamics of the Psyche*.

Bibliographie
sommaire

Angus, S. *The Mystery-Religions : A Study in the Religious Background of Early Christianity*, New York, Dover, 1975.

Baum, L. Frank. *The Wonderful Wizard of Oz*, Chicago, George. M. Hill, 1900.

Cahill, Thomas. *The Gifts of the Jews : How a Tribe of Desert Nomads Changed the Way Everyone Thinks and Feels*, New York, Nan A. Talese, 1998.

Campbell, Joseph. *The Hero with A Thousand Faces*, Princeton, N.J., Princeton University Press, 1968. En français : *Les héros sont éternels*, Seghers, 1978.

Castaneda, Carlos. *The Fire from Within*, New York, Pocket Books, 1991. En français : *Le feu du dedans*, Gallimard, 1998.

Charlton, Hilda. *Hell-Bent for Heaven; The Autobiogaphy of Hilda Charlton*, Woodstock, N.Y., Golden Quest, 1990.

Chilton, Bruce. *Rabbi Jesus : An Intimate Biography*, New York, Doubleday, 2000.

Cooper, D. Jason. *Mithras : Mysteries and Initiation Rediscovered*. Tork Beach, Me., Samuel Weizer, 1996.

D'Alviella, Goblet. *The Mysteries of Eleusis : The Secret Rites and Rituals of the Classical Greek Mystery Tradition*. Wellingborough, England, Aquarian Press, 1981.
- *Egil's Saga*, traduction de Hermann Pálsson et Paul Edwards. New York, Penguin, 1977.
- *The Encyclopedia Mythica : An Encyclopedia on Mythology, Folklore, and Legend*. En ligne : http://www.pantheon.org
- *The Encyclopedia of Eastern Philosophy and Religion*. Boston, Shambhala, 1989.

Estés, Clarissa Pinkola. Ph.D., *Women Who Run with the Wolves : Myths and Stories of the Wild Woman Archetype*. New York, Ballantine, 1997. En français : *Femmes qui courent avec les loups*, Grasset, 1996.

Gaster, Theodor H. *The Oldest Stories in the World*. Boston, Beacon Press, 1952.
Hillman, James. *The Soul's Code : In Search of Character and Calling*. New York, Random House, 1996. En français : *Le code caché de votre destin :*

prendre en main son existence en élevant sa conscience de soi, Laffont, 1999.

Hixon, Lex. *Mother of the Universe : Vision of the Goddess and Tantric Hymns of Enlightenment.* Wheaton, Ill. : Quest Books, 1994.

Horsley, Richard A. et Neil Asher Silberman, *The Message of the Kingdom : How Jesus and Paul Ignited a Revolution and Transformed the Ancient World*, New York, Grosset/Putnam, 1997.

Huxley, Aldous. *The Perennial Philosophy*, New York, Harper & Row, 1944. En français : *La philosophie éternelle*, Seuil, 1977.

Jordan, Michael. *Encyclopedia of Gods : Over 2,500 Deities of the World*, New York, Facts on File, 1993.

Jung, C. G. *The Structure and Dynamics of the Psyche*, vol. 8 de *The Collected Works fo C. G. Jung*, édition et traduction de G. Adler et R. F. C. Hull.
- *The Archetypes and the Collective Unconscious*, vol. 9 de *The Collected Works of C. G. Jung*, édition et traduction de G. Adler et R. F. C. Hull. Princeton, N.J., Princeton University Press, 1970.
Jung, C. G. et al. *Man and His Symbols*, Garden City, N.Y., Doubleday, 1964.

Keen, Sam, *Fire in the Belly*, New York, Three Rivers, 1997.

Kushner, Harold. *How Good Do We Have to Be? A New Understanding of Guilt and Forgiveness*, Boston, Little, Brown & Co., 1996.

Levoy, Gregg. *Callings : Finding and Following an Authentic Life*, New York, Three Rivers, 1997.

Lings, Martin. *Muhammad : His Life Based on the Earliest Sources*, Rochester, Vermont, Inner Traditions International, 1984.

Malcolm X et Alex Haley. *The Autobiograpbhy of Malcolm X*, New York, Ballantine, 1992.

Milgram, Stanley. *Obedience to Authority : An Experimental View.* New Yorki, Harper Collins, 1983.

Occhiogrosso, Peter. *The Joy of Sects : A Spirited Guide to the World's Religious Traditions*, New York, Image, 1996.
- *Through the Labyrinth : Stories of the Search for Spiritual Transformation in Everyday Life*, New York, Viking, 1991.

O'Donohue, John. *Anam Cara : A Book of Celtic Wisdom*, New York, HarperCollins, 1997.
The Portable Jung, édition de Joseph Campbell, traduction de R. F. C. Hull, New York, Penguin, 1976.

Ram Dass. *Be Here Now*, San Cristobal, N.M., Haniman Foundation, 1971.
Still Here : Embracing Aging, Changing, and Dying, New York, Riverhead, 2000. En français : *Vieillir en pleine conscience*, éd. du Relié, 2002.

Robinson, Richard H. et Willard L. Johnson. *The Buddhist Religion : A Historical Introduction*, 3ᵉ éd., Belmont, Calif., Wadsworth, 1982.

Rumi, Jelaluddin. *The Ruins of the Heart*, traduction de Edmund Helminski, Putney, Vt, Threshold, 1981.
- *Unseen rain*, trad. de John Moyne et Coleman Barks, Putney, Vt, Threshold, 1986.

Shealy, Norman, M.D. et Caroline Myss. *The Creation of Health : The Emotional, Psychological, and Spiritual Responses That Promote Health and Healing*, New York, Three Rivers, 1998.

Tarnas, Richard. *The Passion of the Western Mind : Understanding the Ideas That Have Shaped Our World View*, New York, Harmony Books, 1991.

Undershill, Evelyn. *Mysticism : The Nature and Development of Spiritual Consciousness*, Oxford, Angleterre, Oneworld, 1993.

Weiss, Brian, M.D. *Through Time into Healing : Discovering the Power of Regression Therapy to Erase Trauma and Transform Mind, Body, and Relationships*, New York, Touchstone, 1993.

Woolger, Roger, Ph.D. *Other Lives, Other Selves : A Jungian Psychotherapist Discovers Past Lives*, New York, Doubleday, 1987.

Zahoor, Dr. A. et Dr Z. Haq. *Biography of Prophet Muhammad*. 1990. http://users.erols.com/zenithco/muhammad.html

Gabarit pour les douze
maisons de la Roue archétypale

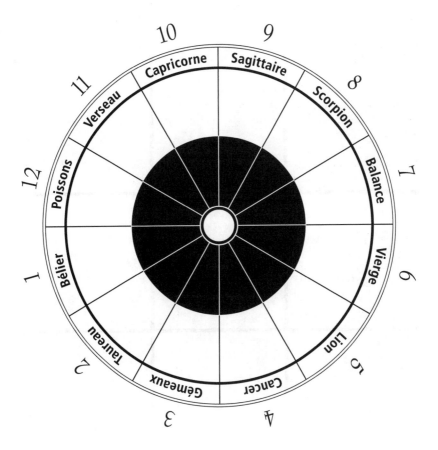

Photocopiez le gabarit ci-dessus et inscrivez-y les noms de vos archétypes pour tirer votre Roue d'Origine et toutes les roues de travail et de guérison subséquentes.

Faites deux photocopies de la grille de la page suivante. Sur l'une, écrivez les nombres 1 à 12. Sur l'autre, écrivez les douze archétypes que vous avez choisis pour votre groupe de soutien personnel.

À propos de l'auteur

Le docteur Caroline Myss est l'auteur des best-sellers *Anatomie de l'Esprit* et *Why People Don't Heal, and How They Can*. Conférencière appréciée dans de nombreux pays, elle fait figure de pionnière dans les domaines de la médecine énergétique et de la conscience humaine. Depuis 1982, elle travaille en tant qu'intuitive médicale : elle « voit » la maladie dans le corps d'un patient, par des moyens intuitifs. Elle aide des gens à comprendre les raisons émotionnelles, psychologiques et physiques pour lesquelles leur corps développe la maladie. Elle a également travaillé avec le Dr Norman Shealy, fondateur de l'American Holistic Medical Association, dans l'enseignement du diagnostic intuitif. Ensemble, ils ont écrit *The Creation of Health : Merging Traditional Medicine with Intuitive Diagnosis*. Elle habite à Oak Park, en Illinois.

Quelques titres de livres d'éveil
publiés par les Éditions Ariane

Anatomie de l'esprit
Marcher entre les mondes
L'effet Isaïe
L'ancien secret de la Fleur de vie, tomes 1 et 2
Les enfants indigo
Célébration indigo
Aimer et prendre soin des enfants indigo
Le futur de l'amour
Série Conversations avec Dieu, tomes 1, 2 et 3
L'amitié avec Dieu
Communion avec Dieu
Questions et réponses au sujet de Conversations avec Dieu
Moments de grâce
Le pouvoir du moment présent
Mettre en pratique le pouvoir du moment présent
Le futur est maintenant
Sur les ailes de la transformation
L'amour sans fin
Le retour

Série Soria :
Les grandes voies du Soleil
Maîtrise du corps ou Unité retrouvée
Voyage
L'Être solaire

Série Kryeon :
Graduation des temps
Allez au-delà de l'humain
Alchimie de l'esprit humain
Partenaire avec le divin
Messages de notre famille
Franchir le seuil du millénaire
Un nouveau départ